湖北省炎黄文化研究会选题并资助

千古风流

历代长江诗歌精选600首

LIDAI CHANGJIANG SHIGE JINGXUAN LIUBAI SHOU

罗福惠 袁巍/编著

武汉出版社
Wuhan Publishing House

(鄂)新登字 08 号

图书在版编目(CIP)数据

千古风流:历代长江诗歌精选 600 首/罗福惠,袁巍编著.
—武汉:武汉出版社,2018.4
ISBN 978-7-5582-2010-4
Ⅰ.①千… Ⅱ.①罗… ②袁… Ⅲ.①诗集—中国 Ⅳ.①I22
中国版本图书馆 CIP 数据核字(2018)第 059489 号

编　　著:罗福惠　袁　巍
责任编辑:李艳芬
封面设计:马　波
出　　版:武汉出版社
社　　址:武汉市江汉区新华路 490 号　　邮　编:430015
电　　话:(027)85606403　85600625
http://www.whcbs.com　　E-mail:zbs@whcbs.com
印　　刷:武汉中科兴业印务有限公司　　经　销:新华书店
开　　本:787mm×1092mm　1/16
印　　张:30.75　　字　数:552 千字　　插　页:1
版　　次:2018 年 4 月第 1 版　　2018 年 4 月第 1 次印刷
定　　价:78.00 元

序

马 敏

中国是诗歌的国度，长江是诗意的河流。犹如长江之水奔流不息，我国人民喜爱读诗写诗的文明传统从未间断。而近几年这种读诗写诗的风气更是超乎寻常的普及和兴盛，从黄口小儿到耄耋长者，从莘莘学子到城乡大众，几乎每年每月每天都在涌现出令人耳目一新的朗诵者和创作者。从他(她)们口中发出的声音和笔下流出的文字，丰富了人们的精神生活，陶冶着人们的情操，淳化了社会的气象气质，提升了民族的文化水平，塑造出新的诗意的国家形象。

上善若水。长江与黄河一样，是中华民族的母亲河。母亲的乳汁哺育了一代又一代的中华儿女。母亲壮美温柔的形象，广阔博大的胸怀，无穷的智慧和力量，永远值得生生不息的中国人崇敬、热爱和歌颂。于是，在母亲河上顾盼徜徉，在母亲身边行走吟唱，直至在遥远的异国他乡回味江水的甘甜，梦中耳畔回响起长江的涛声，都能唤起人们的乡愁，激发诗人的灵感。

说到所谓长江诗歌甚至长江文化的空间范围，我个人以为应该是指整个长江流域，时间范围则是从古到今的上下几千年。而文学或诗歌中的长江意象，更不限于长江的上中下游干流和支流本身，而凡是以这一流域的大山巨泽，古今名胜，人事往迹，诸如战时江上的船舰烽火，岸边的铁马金戈，平时商贾游人的沿溯，渔人钓客的出入风波，还有以长江为背景而抒发的感时论世，怀古慨今，家国情怀，离愁别恨等等入诗的，就都属于长江诗歌。然而众所周知，两千多年以来，中国诗歌的表现形式既多样也多变。大体上就作者而论有文人诗歌和民歌之分，就形式而言更有古体诗、近体诗乃至白话诗之别。如果把这些因素考虑进去，恐怕吟咏长江的诗歌之多，用汗牛充栋来形容也毫不过分。所以，长江水利委员会的陈元生先生在20多年前编选了两大本长江诗选，总量多达2000余首，但是还没有包括楚骚、汉赋、元曲小令和白话新诗，给读者留有未窥全豹的不足之感。

这本由罗福惠、袁巍两人编著的《千古风流——历代长江诗歌精选600首》，参考了众多历史文献和近人的编选、研究成果，择善而从且力图出新，因而具有如下特点。

其一是宏观上的选取范围开阔，兼顾古今不同体裁不同形式的诗歌，而又能从中精择细选，篇幅适当。对于若干确与长江相关，但对其是否属于“诗”仍有讨论的楚骚、汉赋、元曲小令、民歌、军歌等，都有少量甄选。尤其是对被视为“诗馀”的“词”和近现代大量出现的白话新诗和歌词，更占了本书一定篇幅。总而言之是在选材上有意打破了古诗、律诗、绝句三足鼎立的格局，从“诗词歌赋”的固有意义上恢复“诗歌”的多样化面相。而在扩大选材范围的同时，又依据“有真情实感”“有思想深度”“有审美价值”的标准确定取舍，最终把入选数量定在600首左右。这当中当然会有遗珠之憾，但鉴于《诗经》只有305篇，清人蘅塘退士选编的《唐诗三百首》最易普及，而本书取二者数字之和，篇幅还比较恰当。至于书名中的“千古风流”四字，来自宋代诗人苏轼的《念奴娇·赤壁怀古》中的“大江东去，浪淘尽千古风流人物”，在本书中既是指千百年来杰出的历史人物，也兼指超逸美妙的诗歌作品。社会和文化的发展业已证明，杰出人物和优秀诗文永远不会在历史的长河中湮没。

其二是把入选的诗人及其作品，按照中国历史上的既有朝代和时间先后来组织结构，甚至细致到对同一作者的几首诗歌，也认真考订出具体的创作时间，然后顺序安排。较之同类选编作品的按照地域划分排列，或者如《唐诗三百首》的依据诗歌体裁的分类排列，更能体现编著者“诗史互证”的意图。一方面，任何诗歌作品的产生，都是特定时空条件下，自然和社会的“客观”与作者“主观”互动的产物，因而通过诵读和研究诗歌作品，人们可以从这个特殊的途径，加深对各个时段的历史状况的认知了解。另一方面，读者通过连贯的或反复的阅读欣赏，也能清晰地感知两千多年来中国诗歌的发展演变，具体地体会诗歌发展中的继承和革新。通过实证了解古今一代又一代的诗人如何汲取前人诗歌中的精华，又如何推陈出新彰显自己的个性和创意。即使从同一作者先后作品的比较分析中，也可能发现其内容、情感和表达方式的或显著或微妙的变化。而这正是中国诗坛上人才迭出，各领风骚，给中国文化宝库留下取之不尽的各类珍品的原因所在。

其三是对于所编入的诗作，除尽可能采用原始版本，再参考权威精审的版本加以审订之外，对于入选的诗人都有“作者简介”。正如唐代诗人白居易所说，“文章合为时而著，歌诗合为事而作。”所以读诗而不能了解作者，不能结合认识“时”与“事”的真相，就可能停留于对字面的理解而难以深入。“作者简介”不仅一般介绍人物生平、略历，更侧重于突出其文化贡献，诗歌创作的个性与风格。然后用“题解”解释题意，再具体考察作者创作该诗的时间和社会背景，交代相关的人物、事件，并分析诗人的创作动机。继而加以必要的“注释”，或为帮助读者辨认一些生涩古奥的字、词，了解其含义；或是讲明所用典故的来源；或是指出某些词汇甚至语句如何借用、化用前人之作。而最后的“简析”，或是借鉴前已有之的“诗品”“诗评”“诗论”“别裁”中的一些精确点评，或者侧重文学的欣赏性，从现代美学的角度，概括作品的思想内容，分析其艺术特征。这样一来，本书选诗在600首左右，而出自编著者之手的文字却是原诗正文的几倍。

本书的两位编著者都是20世纪60年代的大学生，长期在高校从事文学、史学的教学和研究工作，所以本书是文史结合的产物，更是今天学人与前之诗人的交流对话。它以丰富的历史文化知识和开阔的文学视野，陪同读者亲临或神游长江上下南北，使我们更加热爱祖国的大好河山，和描绘这大好河山的诗词歌赋，享受自然的、艺术的审美愉悦；它引导读者认识作者或神交历代诗人，了解他们的创作语境，通过读其诗而识其人，直至知其世而悉其事，从而得到思想的拓展和启迪。而有志于学习和创作诗歌者，也能从作品的选材立意、遣词炼句，乃至比兴、寄寓、通感、移情等方法技巧上得到借鉴和提高。

当然，我这里匆忙写下的只言片语只是粗读书稿的一些感性认识，不一定到位，而编著者的用心和努力则是客观可见的。编著者的努力能否得到专家的认可和广大读者的认同，还须等待本书面世后的批评检验。是为序。

丁酉盛夏于武昌桂子山

目录

先秦诗歌

两汉诗歌

三国诗歌

两晋诗歌

南北朝诗歌

隋代诗歌

唐代诗歌

宋代诗歌

元代诗歌

明代诗歌

清代诗歌

近现代诗歌

先秦诗歌

◎诗经·国风·召南

江有汜

江有汜(1),之子归(2),不我以(3)。不我以,其后也悔。

江有渚(4),之子归,不我与(5)。不我与,其后也处(6)。

江有沱(7),之子归,不我过(8)。不我过,其啸也歌。

题解 《诗经》是我国第一部诗歌总集,共收入西周初年至春秋中叶约五百余年的诗歌305篇。包括“国风”160篇;“大雅”“小雅”105篇;“颂”40篇。“国风”包括15个“封国”和“方国”(十五“国风”中的“召南”“周南”就包括长江中游地区)的民间抒情歌谣,皆由各地诸侯协助,“行人”(周官职名)采集,献于“太师”后“比其音律,以闻于天子”。《诗经》与周代房陵(今湖北房县)人尹吉甫(约前852—前775年)有关,尹吉甫在周宣王(前827—前782年在位)时官至“内史”,曾主持反击北方猃狁和负责淮夷贡赋,故《诗经·小雅·六月》有“文武吉甫,万邦为宪”之语。尹吉甫参与过“国风”的采集或整理。《诗经》大约成书于公元前六世纪中叶,稍后孔子曾弦歌诗章甚或加以修订。

注释 (1)汜(sì),江水分流后又复合或分流之水无处流通,均为汜。 (2)归,女子出嫁夫家。 (3)不我以,不需要我。 (4)渚(zhǔ),水中的沙洲。 (5)不我与,不和我交往。 (6)处,决断、停止。 (7)沱,江水的支流,《易·离卦》有“出涕沱若”,形容涕泪如雨。 (8)不我过,不到我这里来。

简析 《江有汜》以第一人称的语气表现一对男女曾在江边相识、相恋,但最终女子嫁给他人,失恋的男子来到旧游之地,思绪万千,面对江水因沙洲阻障而出现的分流、复合或停滞,想象对方或后悔、或决绝的心情,但终究决定连交往也要回避,于是长歌当哭。诗中采用比兴手法,用江水的分合、流动、停滞来形容双方关系和情感的变化。诗中有三字句、四字句,形式灵活而工整,富于音乐节奏感。用字有意重复,只改变少数关键处,一唱三叹中又显示出层层递进,是失恋者欲说还休的真实写照。

◎诗经·国风·周南

汉　广

南有乔木，不可休息(1)。汉有游女(2)，不可求思。

汉之广矣，不可泳思(3)。江之永矣(4)，不可方思(5)。

翘翘错薪(6)，言刈其楚(7)。之子于归(8)，言秣其马(9)。

汉之广矣，不可泳思。江之永矣，不可方思。

翘翘错薪，言刈其蒌(10)。之子于归。言秣其驹(11)。

汉之广矣，不可泳思。江之永矣，不可方思。

题解　诗中“汉”是汉水，“汉广”形容汉水宽阔。“江”指长江，“江之永”形容长江水流之长。古代大体是按地段名江，如上游的川江、峡江，中游的荆江、皖江，下游的扬子江等，称“江”“大江”“长江”则是指长江整体或泛指。周王室统治中原，但文明教化已影响到长江流域，故历来诗家称《汉广》一诗表明“文王之道，被于南国，美化行乎江汉之间”。

注释　(1)息，《韩诗》作“思”，此从《毛诗》。诗中所有“思”字，均为语助词，略相当于“兮”。　(2)汉，汉水。游女，出游之女，此指歌者所倾慕的女子。　(3)泳，古义为在水中潜行，亦可解为游泳。　(4)江，长江。永，长。　(5)方，可两解，一是《国语》中的“方舟设泭”，即以两船并列或排木作筏以渡江。二是作计算或估量解，形容江水浩淼。　(6)翘翘，高出的样子。错薪，参差丛杂的树木柴草，此句写采薪割柴为婚礼作准备。魏源《诗古微》：“《三百篇》言娶妻者，皆以析薪取兴。盖古者嫁娶必以燎炬为烛。”　(7)言，语助词。刈(yì)，割。楚，荆条类灌木。此句亦写为嫁娶燎炬作准备。　(8)之子，那个女子。于归，出嫁。　(9)秣(mò)，用草料喂马，准备用车马迎亲。　(10)蒌(lóu)，蒌蒿，草类植物。　(11)驹(jū)，小马。

简析　诗的开头以乔木可能遮风挡雨起兴，比喻男子渴望娶到一名美女。按照当时男女婚嫁的习俗，需要采薪劈柴以备婚礼时燃起篝火，需要采割青草喂马和备好马车。男子做了许多努力，但两人之间的阻隔仿佛是难以逾越的汉水和长江，从而使得该男子追求而不可得。该诗看不出是第一人称即“我”的自歌自叹，还是第三人称即旁人的代发感慨。江汉宽阔，准备车马迎亲的不对路，均是隐喻两人之间不可跨越的婚姻障碍。

◎诗经·大雅

江　汉

江汉浮浮(1),武夫滔滔(2)。
匪安匪游(3),淮夷来求(4)。

题解　《诗经》中的"大雅"和"小雅"与基本来自各地民间的"国风"不同。前者极可能是公卿列士向周天子的献诗,用作朝会宴飨、庆典、祭祀时的乐歌,内容多为对神明和祖先的颂扬,或是叙述其文治武功,或是借此对上层进行教育训诫。作为历史叙事的成分较多,少数篇章描绘当时上层社会的生活状况。"雅"有大小之分,主要与音乐有关,如"律"有大、小"吕","诗"有大、小"明"。由于《乐经》早已失传,故对"雅"难分大小,争论千年但悬而未决。另一种说法见《诗序》:"言天下之事,形四方之风,谓之雅。雅者正也,言王政之所由兴也。政有小大,故亦有小雅焉,有大雅焉。"

注释　(1)浮浮,《诗传》:"众强貌。"一说水流貌。　(2)滔滔,《诗传》:"广大貌。"陈奂《传疏》以为当作"江汉滔滔,武夫浮浮"。"滔滔"与"武夫"对应。　(3)"匪"通"非",即出征将士不敢自安,不思游憩。　(4)淮夷,西周、东周时生活在淮水流域的古代非华夏族群。来,《论语》记孔子说善政能使"近者悦,远者来"。求,多作请求、要求解,但《大雅·下武》中有"世德作求",郑玄笺称"求,终也",也可理解为结束。

简析　"大雅"中有《皇矣》写周文王伐密、伐崇,《大明》写武王伐纣,《江汉》则是写周召公奉宣王之命讨伐淮夷。《诗笺》说:"江汉之水,合而东流,浮浮然。宣王于是水上命将率遣士众,使顺流而下,滔滔然。其顺王命而行,非敢斯须自安也,非敢斯须游止也。"《江汉》诗很短,没有后世叙事诗的动人情节和杀伐场面,但仍虎虎生动,句法整齐,语气流畅。"浮浮""滔滔"叠字的应用加强了军威气势,故能不战而屈人之兵,以淮夷臣服归顺作结。

◎屈　原

涉　江

余幼好此奇服兮(1),年既老而不衰。

带长铗之陆离兮[2]，冠切云之崔嵬[3]。
被明月兮珮宝璐[4]。
世溷浊而莫余知兮[5]，吾方高驰而不顾[6]。
驾青虬兮骖白螭[7]，吾与重华游兮瑶之圃[8]。
登昆仑兮食玉英[9]，与天地兮同寿，与日月兮齐光。
哀南夷之莫吾知兮[10]，旦余将济乎江湘[11]。
乘鄂渚而反顾兮[12]，欸秋冬之绪风[13]。
步余马兮山皋，邸余车兮方林[14]。
乘舲船余上沅兮[15]，齐吴榜以击汰[16]。
船容与而不进兮[17]，淹回水而凝滞[18]。
朝发枉陼兮[19]，夕宿辰阳[20]。
苟余心之端直兮，虽僻远其何伤！
入溆浦余儃佪兮[21]，迷不知吾所如[22]。
深林杳以冥冥兮[23]，乃猿狖之所居[24]。
山峻高以蔽日兮，下幽晦以多雨[25]。
霰雪纷其无垠兮[26]，云霏霏而承宇[27]。
哀吾生之无乐兮，幽独处乎山中。
吾不能变心以从俗兮，固将愁苦而终穷。
接舆髡首兮[28]，桑扈裸行[29]。
忠不必用兮，贤不必以[30]。
伍子逢殃兮[31]，比干菹醢[32]。
与前世而皆然兮[33]，吾又何怨乎今之人！
余将董道而不豫兮[34]，固将重昏而终身[35]！
乱曰[36]：鸾鸟凤皇，日以远兮[37]。
燕雀乌鹊，巢堂坛兮[38]。
露申辛夷，死林薄兮[39]。
腥臊并御，芳不得薄兮[40]。

阴阳易位，时不当兮[(41)]。

怀信侘傺，忽乎吾将行兮[(42)]！

作者简介 屈原（约前340—前277年），出身楚国贵族，博闻强记，娴于辞令，任楚怀王左徒，曾深得信任。但因贵族集团中的保守派排挤，屈原后来遭到疏远甚至放逐。怀王为群小包围，昏庸怯懦，内政腐败，外交失策，以致连连败于强秦，国都郢也被秦军攻破。屈原在长期流放中忧心国事，写下许多不朽诗篇，最后投汨罗江而死。其作品有《离骚》（长诗）、《九歌》（11篇）、《九章》（9篇）、《天问》《远游》《卜居》《渔父》等。

题解 《九章》包括9篇较短的诗，大都是屈原被放逐之后的诗作，由后人编辑在一起。这些诗表达的思想感情，和《离骚》相似。不过《离骚》是作者对自己身世进行宏观综合的描述，又通过神话传说来表达自己奇特的幻想，《九章》中的诗则多撷取自己实际经历的某些片段，并且直抒胸臆。《涉江》是《九章》中的第二篇，叙述了作者从鄂渚到溆浦的行程及所见所感。

注释 （1）余，第一人称，即我。兮，语助词，兮和《汉广》中的“思”一样，是“楚声”中的常用衬词，无具体意义。 （2）铗，剑柄，这里指剑。陆离，光彩闪烁状。 （3）冠，帽子，此处作动词用，戴。切云，高触云霄，此处为一种帽子的名称。崔嵬，高耸状。 （4）被，读披，披挂身上。明月，宝珠名，相传为古代随侯所得。珮，同佩，佩带。璐，美玉。 （5）溷浊，污秽。莫余知，“莫知余”的倒装句。 （6）方，正、刚刚，作“才”亦通。高驰，远走高飞。顾，回头。 （7）虬（qiú），传说中有角的龙。骖（cān），拉车的几匹马中位在两边的马。螭（chī），传说中没有角的龙。全句意为自己驾着青虬居中、白螭在两边的车。 （8）重华，舜帝的别号。瑶之圃，天帝的园子。 （9）食，吃。玉英，玉的精华。 （10）南夷，南方未开化之人，此指自己流放之地还很落后。莫吾知，不知道自己。 （11）旦，明日。济，渡过。 （12）乘，登上。鄂渚，地名，在今湖北武昌。反顾，回望。 （13）欸（āi），叹气。绪风，绪，残余。全句写在秋冬将近的寒风中叹息。 （14）步余马，让自己的马缓步徐行。邸余车，停下自己的车。方林，地名。 （15）舲（líng）船，有窗的小船。上沅，上溯沅水。 （16）齐，同时并举。吴，“䒱”（huá）或“鋘”的变音，和“榜”一样，都指划船的桨楫。汰，水波。 （17）容与，缓慢。 （18）淹，停留。回水，旋流水。 （19）枉陼，地名，在今湖南省常德市西南。 （20）辰阳，辰水之北，在今湖南省辰溪县境。 （21）溆浦，在今湖南省溆浦县。儃佪，徘徊不进。 （22）如，往。 （23）杳（yǎo），深远。冥冥，黑黝黝。 （24）狖（yòu），长尾猿。 （25）以，而且。 （26）霰，雪珠。垠，边际。 （27）宇，屋檐。 （28）接舆，春秋末楚国贤人，佯狂隐士。髡（kūn）首，接舆因愤世把头发剃掉。 （29）桑扈，亦为隐士。裸行，赤身裸体行走。两个隐士都有意作反常行为。（30）以，用。（31）伍子，伍子胥，其鉴于吴王被越王迷惑，尽忠直谏，反被吴王逼令自杀，沉尸于江，故称其逢殃。（32）比干，殷末贤臣，被纣王剖心而死。菹醢（zū hǎi），剁成肉酱。（33）与，一说读作“举”，整个之意。一说读“与”，意为数（动词），计算之意。（34）董，正。豫，疑惑、犹豫。全句说自己将依正道前行，毫不犹疑。（35）重昏，黑暗重重，一再陷入绝境。（36）乱，乐曲的末章，相当于尾声。（37）鸾鸟凤皇，珍奇的禽鸟，比喻贤人。日以远兮，离开朝廷越走越远。（38）燕雀乌鹊，却在神圣的庙堂上筑巢，比喻不足称道的小人当权。（39）露申，瑞香花。辛夷，又名木笔，高数丈，初春开花，花形如玉兰而色红紫。林薄，丛莽，香草美花死于丛莽，仍是比喻贤人遭到摈斥。（40）腥臊，腐臭之气，比喻小人、恶人。御，用。芳，香。薄，近。腥臊臭气盖过了芳香。仍是比喻小人得道，贤人失势。（41）阴，黑暗，比喻小人；阳，光明，比喻贤人。时不当，没有遇上好时机，全句感慨阴阳颠倒，自己时运不济。（42）怀信，满怀忠信。侘傺（chà chì），失意，不得志。忽，一说同远，一说为飘忽、迅速。全句是说自己满怀忠信，但志不得申，只能远远离开（很快就走了）。

简析　屈原一生因遭奸邪排挤陷害，两次被流放，第一次流放汉北，第二次流放江南（鄂南、湘中），共计将近十年。《涉江》真实记载他由鄂渚至方林、渡洞庭，上溯沅水，经枉渚达辰阳，又到溆浦的行程，途中舟车劳顿，风雨交迫，林深昏暗，景物荒凉，与作者低沉苦闷的心情相交织。但他仍不能忘怀祖国，不放弃自己的理想和主张，所以在篇中表示自己宁愿“愁苦而终穷”，也“不能变心以从俗”。《涉江》是纪实之辞，但仍然文字华美，情感强烈，其反复运用历史上的事例作比喻，以自然景物来分别象征美好与丑恶，增加了作品的表现力和感染力。

两汉诗歌

◎蔡　邕

汉津赋

夫何大川之浩浩兮，洪流淼以玄清[1]。
配名位乎天汉兮，披厚土而载形。
登源自乎嶓冢兮[2]，引漾澧而东征[3]。
纳旸谷之所吐兮[4]，兼汉沔之殊名[5]。
总畎浍之群液兮，演西土之阴精[6]。
遇万山以左回兮，旋襄阳而南萦。
切大别之东山兮[7]，与江湘乎通灵。
嘉清源之势体兮，澹澶湲以安流。
鳞甲育其万类兮，蛟螭集以嬉游。
明珠胎于灵蚌兮，夜光潜乎玄洲。
杂神宝其充盈兮，岂鱼龟之足收。
于是游目骋观，南援三洲，
北集京都，上控陇坻，下接江湖。
导财运货，懋迁有无[8]。
既乃风猋萧瑟，勃焉并兴。
阳侯沛以奔鹜，洪涛涌以沸腾。
愿乘流以上下，穷沧浪乎三澨[9]。
觑朝宗之形兆[10]，瞰洞庭之交会。

作者简介　蔡邕（132—192年），字伯喈，陈留圉（今河南杞县）人，少有文名，博学善词章，并精通音律。东汉灵帝时召拜郎中，校书东观，迁议郎。因弹劾宦官，被放逐朔漠。遇赦后不敢回乡，亡命江河，远迹吴会凡十二年。汉献帝时，蔡邕被董卓强迫出仕，董卓被诛，蔡邕亦被王允“下狱死”。蔡邕撰《汉史》未成，但辞赋、散文甚多。鲁迅称其为“一个有血性的人”。曹魏时女作家蔡琰（字文姬）即其女儿。

题解　赋，本为诵的意思。《汉书・艺文志》称：“不歌而诵谓之赋。”因《风赋》《高唐赋》《神女赋》《登徒子好色赋》等相传出自宋玉，故汉代著述称楚辞为赋，且辞赋混称。南宋朱熹称赋为"敷陈其事而直言之也"，乃是强调赋的铺张、直言特色。后人因汉赋同音乐距离渐远，强调辞、赋之别，以楚辞为诗歌，汉赋为押韵的散文。但汉赋明显承接楚辞的传统而来，如铺张、华丽，语句整齐押韵，使用"兮""思""些"等语助词。代表性的汉赋如贾谊的《吊屈原赋》等，和楚辞几无差别。因此与其说汉赋是押韵的散文，毋宁视其为押韵的散文诗。此赋题中的"汉"指汉水，"津"基本义是渡口，广义上是水道。

注释 (1)玄清，水因为深而呈黑色或深青色。 (2)嶓(bō)冢，山名。一在甘肃天水和礼县之间，一在陕西宁强北。被认为是汉水发源处。 (3)漾，《禹贡》称："嶓冢导漾，东流为汉"，此指西汉水上源。后人发现西汉水与汉水并不通流，又以陕西沔县西汉源为漾水。澧，澧水，一作酆水，源出秦岭，北流至西安市西北入渭水，渭水流入黄河，故澧水与汉水并不相通。 (4)旸(yáng)谷，《书·尧典》称："分命羲仲，宅嵎夷，曰旸谷"，亦作汤谷，传说中的日出处。 (5)兼汉沔之殊名，即有汉水、沔水两个名称。《汉书·地理志》称，"汉水受氐道水，一名沔。"《水经注》以为，汉水有西北二源，西源出自今陕西宁强北者为汉，北源出自陕西留坝西一名沮水者为沔，二源合流后沔汉通称。 (6)演西土之阴精，演，流。西土，古地区名，自今陕西商县至河南嵩县东北，凡黄河以南、熊耳山以北一带皆是。阴精，阴与阳相对，山南水北为阳，反之为阴，汉水上游在黄河以南，熊耳山以外，这一地区的水多汇入汉水。 (7)大别，今汉阳龟山的古称。 (8)懋迁，通贸迁，贸易往来。 (9)沧浪，青苍色。典出《孟子·离娄》，称孔子适楚，听到小儿唱"沧浪之水青"，含隐逸之意。《史记》称沧浪或是汉水本身，或是汉水别流支流，或是均县北某处地名。《水经注》说武当山西北汉水中有沧浪洲。三澨(shì)，或为水名，《书·禹贡》称："过三澨，至于大别。"孔安国释曰："三澨，水名，入汉。"胡渭《禹贡锥指》曰："三澨，当在淯水入汉处：一在襄城北，即大堤；一在樊城南；一在三洲口，皆襄城县地。" (10)朝宗，《周礼》称"春见曰朝，夏见曰宗。"原指诸侯朝见天子，借指百川入海。《诗·小雅·沔水》："沔彼流水，朝宗于海。"

简析 蔡邕"亡命江河"十二年，《汉津赋》是难得的以汉水为对象的作品。此赋开首四句总括汉水浩淼玄深如天河，又实存大地以载物，既而写其发源地、流经处，直至紧贴龟山与长江汇合，孕育丰富水产，还因舟楫之利而四通八达，为人们贸迁往来提供方便。最后"愿乘流以上下"四句直接表达自己的游兴，想历尽汉水源流，而且遥望长江上游如何与洞庭之水汇合，下游如何归入东海。通篇直言写实，也略含归隐自然的人生打算。

◎边 让

章华台赋并序

楚灵王既游云梦之泽，息于荆台之上[1]。前方淮之水，左洞庭之波，右顾彭蠡之隩，南眺巫山之阿。延目广望，骋观终日。顾谓左史倚相曰[2]："盛哉斯乐，可以遗老而忘死也。"于是，遂作章华之台，筑乾溪之室，穷木土之技，殚珍府之实，举国营之，数年乃成。设长夜之淫宴，作北里之新声。于是，伍举知夫陈、蔡之将生谋也[3]。乃作斯赋以讽之。

胄高阳之苗胤兮，承圣祖之洪泽[4]。建列藩于南楚兮，等威灵于二伯[5]。超有商之大彭兮，越隆周之两虢[6]。达皇佐之高勋兮[7]，驰仁声之显赫。惠风春施，神武电断，华夏肃清，五服攸乱[8]。旦垂精于万机兮，夕回辇于门馆。设长夜之欢饮兮，展中情之嬿婉。竭四海之妙珍兮，尽人生之秘玩。

尔乃携窈窕，从好仇，径肉林，登糟丘，兰肴山竦，椒酒渊流[9]。激玄醴于清池兮，靡微风而行舟。登瑶台以回望兮，冀弥日而消忧。于是招宓妃、命湘娥，齐倡列、郑女罗[10]。扬《激楚》之清宫兮，展新声而长歌。繁手超于北里，妙舞丽于《阳阿》[11]。金石类聚，丝竹群分。被轻袿，曳华纹，罗衣飘摇，组绮缤纷。纵轻躯以迅赴，若孤鹄之失群；振华袂以逶迤，若游龙之登云。于是，欢嬿既洽，长夜向半，琴瑟易调，繁音改弹。清声发而响激，微曲逝而流散。振弱支而纡绕兮，若绿繁之垂干[12]；忽飘摇以轻逝兮，似鸾飞于天汉。舞无常态，鼓无定节，寻声响应，修短靡跌。长袖奋而生风，清气激而绕结。

尔乃妍媚遽进，巧弄相加，俯仰异容，忽兮神化。体迅轻鸿，荣耀春华。进如浮云，退如激波。虽复柳惠，能不咨嗟！于是天河既回，淫乐未终。清籥发徵，《激楚》扬风。于是音气发于丝竹兮，飞响轶于云中。比目应节而双跃兮，孤雌感声而鸣雄。美繁節之轻妙兮，嘉新声之弥隆。于是众变已尽，群乐既考，归乎生风之广厦兮，修黄轩之要道。

携西子之弱腕兮，援毛嫔之素肘(13)。形便娟以婵媛兮，若流风之靡草；美仪操之姣丽兮，忽遗生而忘老。

尔乃清夜晨，妙技殚，收樽俎，彻鼓盘。惘焉若醒，抚剑而叹。虑理国之须才，悟稼穑之艰难。美吕尚之佐周，善管仲之辅桓(14)。将超世而作理，焉沉湎于此欢！于是罢女乐，堕瑶台。思禹夏之卑宫，慕有虞之土阶(15)。举英奇于仄陋，拔髦秀于蓬莱(16)。君明哲以知人，官随任而处能。百揆时叙，庶绩咸熙。诸侯慕义，不召同期。继高阳之绝轨，崇成、庄之洪基(17)。虽齐桓之一匡，岂足方于大持？尔乃育之以仁，临之以明，致虔报于鬼神，尽肃恭乎上京(18)，驰淳化于黎元，永历世而太平。

作者简介　边让（？—197年），汉末辞赋家。字文礼，陈留浚仪（今河南开封）人，聪明博学，能文善赋。大将军何进闻其名，征召至京封为令史，见者莫不羡其风采。议郎蔡邕亦深敬之，以为边让才高过人。后以高才屡获擢进，曾出为九江太守。汉献帝时朝中大乱，边让去官还乡。因恃才气不肯屈事曹操，并多轻侮之言，遭同乡人告发陷害，被陈留郡官府所杀。

题解　《国语》记载申胥（伍员）的话说："楚灵王……筑台于章华之上，阙为石郭，陂汉。"陂汉，截引汉水使其蜿蜒南流，绕章华台而过。《水经注》记此台说："台高十丈，基广十五丈。"按楚制，即台高三层，近十丈，占地面积十五平方丈。整个园囿范围是南北一公里，东西两公里。楚灵王六年（前535年）落成，地址在湖北潜江龙湾镇东。供楚王游乐、宴飨及接待诸侯使者，其气势雄伟和奇巧华美为各诸侯国称美。

注释　(1)楚灵王（？—前529年），即公子围，楚共王之子，楚康王之弟。前540年，公子围借探病之机杀死其兄康王，改名为虔，旋自立为王，即灵王。灵王好游乐、享受，在云梦之泽筑章华台，又好"细腰"和"巫音"，滥用民力，内政外交乖舛，终于在前529年伐徐之际，遭遇幼弟公子弃疾等联合陈、蔡之人发动兵变，灵王被迫从安徽亳县东南的乾溪回师，途中到河南南部的訾梁时，因兵溃自杀。(2)左史倚相，倚相，楚国学者，在灵王、平王、昭王时任左史（史官职称），能读当时的古籍三坟、五典、八索、九丘。识天文，亦能料敌，楚人尊之为良史、贤者、楚国之宝。　(3)伍举，楚国大夫，又名椒举，历仕楚康王、灵王。公元前535年章华台落成，灵王夸耀台美，伍举诤谏，讽劝灵王应以贤臣受宠为美，以民安为乐。还预料陈、蔡之人可能叛楚。　(4)胄高阳之苗胤，全同于《离骚》首句。高阳，帝颛顼氏国号,《史记》:“高阳者,黄帝之孙,昌意之子也。……楚其后也。”所以说楚王族是高阳氏的苗裔,承接了圣祖福泽。 (5)伯,霸主。春秋五霸,齐桓、晋文是最早的二霸。其后楚庄王也称霸中原,和齐桓、晋文一样风光。 (6)有商,即商朝。大彭,商代有名的封国。两虢,西周分封的同姓诸侯国,有东西之分,东虢在今河南荥阳,西虢在今陕西宝鸡。 (7)达皇佐之高勋,有辅佐天子的巨大功勋。 (8)五服,古代王畿以外的地方,按距离远近分为甸服、侯服、绥服、要服、荒服。攸,语助词,无意义。此数句赞扬楚国平定和治理南部半个中国,辅佐周天子的功劳。 (9)窈窕、好仇(qiú),出自《诗经·关雎》,指美女。肉林、糟丘、兰肴山竦、椒酒渊流,指美酒佳肴无尽其数。 (10)宓妃,指洛水神女。湘娥,指湘君,湘夫人,帝舜的两个妃子。齐倡、郑女,从齐国、郑国来的宫女。此四句指宫中美女如云。 (11)激楚、阳阿,流行于楚宫的歌、舞曲名。 (12)弱支,支同肢。细腰,软腰。 (13)西子,西施。西施、毛嫔都是春秋时期越国的美女,此处比喻宫中女性。 (14)吕尚,即姜尚,俗称姜太公,辅佐周文王、周武王灭商。管仲,齐相,辅佐齐桓公称霸。 (15)此两句指仿效夏禹和有虞氏。大禹的宫室低矮,有虞氏用土筑台阶而不用石。 (16)蓬莱,草莱,此两句指从民间、山野选拔俊才。 (17)成,楚成王,名恽,前671—前626年在位46年,成功拓展疆土,形成“楚地千里”局面。庄,楚庄王,名旅(又作吕、侣),前613—前591在位22年,春秋五霸之一。此两句是鼓励楚灵王好好守住先王的基业。 (18)上京,上天。

简析 《章华台赋》极写楚灵王的骄奢淫逸,不惜耗尽国帑民力,修成宏伟壮丽的章华台。继而园囿内酒池肉林,招来各地众多美女,作长夜之欢,极尽歌舞宴饮之乐。写作上运用排比、夸张等手法,对宫室的雄伟华丽,饮食的奢侈,美女的妍媚,歌舞的妙曼,极力反复铺陈。最后虚构楚灵王的幡然醒悟,励精图治,其实是借古喻今,希望现实中的最高权贵能听取劝诫,艺术上也收到抑扬顿挫,起伏跌宕的效果。

◎王　粲

登楼赋

登兹楼以四望兮,聊暇日以销忧。览斯宇之所处兮,实显敞而寡仇[1]。挟清漳之通浦兮,倚曲沮之长洲[2]。背坟衍之广陆兮,临皋隰之沃流[3]。北弥陶牧,西接昭丘[4];华实蔽野,黍稷盈畴。虽信美而非吾土兮，曾何足以少留[5]！

遭纷浊而迁逝兮，漫逾纪以迄今[6]。情眷眷而怀归兮，孰忧思之可任[7]？凭轩槛以遥望兮，向北风而开襟。平原远而极目兮，蔽荆山之高岑[8]。路逶迤而修迥兮，川既漾而济深。悲旧乡之壅隔兮，涕横坠而弗禁。昔尼父之在陈兮，有"归欤"之叹音[9]；钟仪幽而楚奏兮，庄舄显而越吟[10]。人情同于怀土兮，岂穷达而异心[11]！

惟日月之逾迈兮，俟河清其未极[12]。冀王道之一平兮，假高衢而骋力[13]。惧匏瓜之徒悬兮，畏井渫之莫食[14]。步栖迟以徙倚兮[15]，白日忽其将匿。风萧瑟而并兴兮，天惨惨而无色。兽狂顾以求群兮，鸟相鸣而举翼。原野阒其无人兮，征夫行而未息。心凄怆以感发兮，意忉怛而憯恻[16]。循阶除而下降兮[17]，气交愤于胸臆。夜参半而不寐兮，怅盘桓以反侧。

作者简介　王粲（177—217年），字仲宣，汉末献帝建安年间（196—219年）著名的"建安七子"之一。王粲能诗善赋，钟嵘在《诗品》中称其为"七子之冠冕"。公元192年董卓部将在长安作乱，王粲曾写下著名的《七哀》诗，记叙当时西京种种乱象和人民生活的凄凉困苦。

题解　长安之乱后，王粲离开中原，投靠荆州牧刘表（当时荆州牧治所在襄阳），《登楼赋》即登襄阳城楼所作。赋中称自己寄居襄阳"逾纪"，即超过了十二年之久。而赤壁之战发生在208年（建安十三年），战后王粲就侧身河北邺下曹氏父子集团了，故《登楼赋》应作于204年至208年之间的某个秋天。

注释　（1）显敞，宽敞。寡仇，少有匹敌。　（2）漳，漳水。浦，河水通往下游的入口。沮，沮水。沮水和漳水在湖北当阳南合流，称沮漳河。洲，水中岛。　（3）坟衍，高而平阔的地势。皋隰，水边低湿地。　（4）弥，尽。陶牧、昭丘，均为地名。　（5）信，实在。曾，语助词，舒缓语气。少，短时。　（6）纷浊，指时世动乱。迁逝，迁徙流亡。逾纪，超过十二年。　（7）孰，谁。任，禁受。　（8）岑，小而高的山。此处指荆山的山峰。　（9）尼父，孔子，字仲尼，父为古时对男子的尊称。在陈，《论语》载，孔子在陈地因绝粮而叹："归欤！归欤！"作者以此比喻自己在荆州刘表处的处境和心情。　（10）钟仪，春秋时楚国乐官，其被囚于晋国时仍弹奏楚乐。庄舄（xì），越人，因穷困来楚国做官，但又思念故国，唱越歌。　（11）怀土，怀念故土。穷，困穷。达，显达。此句意是人在异乡，无论是困穷还是显达，怀念故土的心情都一样。（12）河清，黄河变清，比喻天下太平。极，到。（13）冀，希望。王道一平，王朝统治稳定。假，借。高衢，大道。骋力，尽力驰骋。（14）匏瓜，一种葫芦，《论语》载，孔子说："吾岂匏瓜也哉，焉能系而不食？"徒悬，空悬，指无所作为。井渫之莫食，水井淘干净了，但是无人来饮。此两处比喻自己怀才不遇，才干无法施展。（15）栖迟，游息。徙倚，徘徊。（16）怛怛（dān dá），悲伤。憯（cǎn）恻，凄惨。（17）阶除，阶梯、台阶。

简析 《登楼赋》包含三层内容和思想。首先是登上城楼后远望的景物，如沮、漳二水，荆山，广阔田野上的庄稼，远近曲折的道路，萧瑟的秋风和将落的白日等，手法是弃华美而用白描，从而与低沉甚至悲凄的心情一致。第二层意思是写游子的乡愁，作者远离故土十余年之久，自然难免思乡怀土之情。第三层意思是感叹处于乱世，自己的才能和抱负无人赏识，不得一用，但又渴望能为天下太平尽一份力量。在这种乡愁和壮志未酬的双重感想中，"才气交愤于胸臆"，夜半反侧难眠。《登楼赋》写景与抒情结合，尽脱汉赋铺陈、堆砌、华美的习气，成为当时脍炙人口的抒情小赋。

◎ 汉代民歌

江南可采莲

江南可采莲（1），莲叶何田田（2），鱼戏莲叶间（3）。
鱼戏莲叶东，鱼戏莲叶西，鱼戏莲叶南，鱼戏莲叶北。

题解 在四言诗盛行的时代，五言诗即已萌芽。到两汉时，民间的五言歌谣谚语大盛，且在汉武帝之后被大量采入乐府，成为乐府歌辞。由于五言句能包含的词和音节比四言句多，运用起来伸缩性比较大，更便于叙事、写景状物和表达感情，故钟嵘的《诗品》说："五言居文词之要，是众作之有滋味者也"。

注释 （1）江南，应是泛指长江以南。采莲，喻指寻找爱人。莲，怜，同音双关，民歌中常用作暗喻。（2）何，多么，何等。田田，团团且圆，茂盛状。（3）鱼戏莲叶，鱼，民歌中象征匹偶或情侣。

简析 《江南可采莲》运用比兴、双关手法，名为采莲，实则描写采莲男女之间纯真的爱情。以鱼儿戏水于莲叶间暗喻青年男女相互表达爱恋之情的欢乐场景。全诗格调清新健康，语言天真活泼，形象生动自然，具有浓郁的生活气息。

◎ 汉代古诗

涉江采芙蓉

涉江采芙蓉(1),兰泽多芳草(2)。
采之欲遗谁(3)? 所思在远道(4)。
还顾望旧乡(5),长路漫浩浩。
同心而离居,忧伤以终老。

题解 《古诗十九首》载于《文选》,作者姓名和写作时间均无定论,虽非一人所作,风格却大体相近,多数研究者推断其创作于东汉后期数十年间,约140—190年。作者多为当时下层文士,思想内容或为热衷出仕,或为游子思归、闺人怨别,或为世事无常、友情凉薄,均带有人生短暂,节序如流的感伤,和及时行乐的情绪。而这正是危机四伏、动乱将临前夕,一些失意士人对现实生活和内心要求产生的各种矛盾和苦闷的一种反映。

注释 (1)芙蓉,荷花。 (2)兰泽,生长着兰草的沼泽洼地。 (3)遗(wèi),赠送。 (4)所思,所思念的人。远道,远方路上。 (5)还顾,回头。旧乡,故乡。

简析 历来对这首诗有两种理解。一认为是游子思归,即丈夫怀念故乡的妻子;一认为是"闺怨"之作,即留在家乡的妻子思念为求仕、求富贵的丈夫。应以后者为是。"所思在远道"意即所想念的人在远方路上,而离开旧乡走远道的人,在古代照例是男子。"还顾望旧乡"是妻子对男子在外状态的揣想,更显出对男子的信任。但夫妻不能团聚,自己只会始终忧伤愁苦。此诗受《诗经》《楚辞》影响明显,语言质朴,直抒胸臆,给人明白晓畅之感。思想情感层层推进,由"采芙蓉"提出"遗谁",由"遗谁"而"思远道",最后用"离居""忧伤"点明主题,表达一种凄美、执着的深厚恋情。

◎ 汉代绝句

日暮秋云阴

日暮秋云阴,江水清且深。
何用通音信(1)? 莲花玳瑁簪(2)。

题解 汉代刘向在《别录》一书中提及“隐书”，班固在《汉书·艺文志》“杂赋十二家，二百三十三篇”中记有“隐书十八篇”，但均缺具体的诗赋之名。《玉台新咏》和《古诗记》则把“日暮秋云阴”等四诗作为“隐书”篇章之一视为古诗。

注释 (1)何用，用什么。 (2)簪(zān)，古人用来插定发髻或把冠冕与头发连在一起的长针。起先男女均需用簪，后世才为女子专用。玳瑁，海中动物，形似大龟，角质板可制作纽扣、眼镜架、簪针等饰物。莲花指簪针头的形状。

简析 这首小诗表达爱情，“日暮秋云阴”用来烘托心境。“江水清且深”则既比喻相隔险阻又暗示二人感情深厚。末二句意谓无须文字表达，珍藏着前此赠送的“莲花玳瑁簪”就会心中充满温暖。因为古时男女都需用簪，所以该诗可以理解为男女双方的心声。

三国诗歌

◎曹 丕

至广陵于马上作诗

观兵临江水(1),水流何汤汤(2)。
戈矛成山林,玄甲耀日光(3)。
猛将怀暴怒,胆气正纵横。
谁云江水广,一苇可以航(4)。
不战屈敌虏,戢兵称贤良(5)。
古公宅岐邑(6),实始翦殷商(7)。
孟献营虎牢(8),郑人惧稽颡(9)。
充国务耕殖,先零自破亡(10)。
兴农淮泗间,筑室都徐方(11)。
量宜运权略,六军咸悦康。
岂如《东山》诗,悠悠多忧伤(12)。

作者简介 曹丕(187—226年),字子恒,曹操之子。216年(建安二十二年)被立为魏太子,二十五年代汉献帝自立,称魏文帝,在位七年。曹丕后段生活在赤壁之战奠定的天下三分局面中,过着贵公子、王太子和帝王的生活,政治上缺乏曹操的雄才大略,而追慕无为之治,实行了诸如轻刑罚、薄赋税、禁淫祀、简葬祭的开明措施。曹丕的文学素养丰厚,著有《典论》,其中仅存的《论文》,是中国古典文学批评的重要文献。流传有诗歌40首,虽气魄苍劲不及乃父,文采也不及其弟曹植,内容多取材于"闾里小事",如征人思归,男女别离等,少数能反映社会的贫富不均,明显倾向于民歌化。语言和文字风格受乐府歌谣影响,近乎口语而不加雕饰。

题解 《三国志·魏书·文帝纪》载:黄初六年(225年)"八月,帝遂以舟师自谯循涡入淮,从陆道幸徐。九月,筑东巡台。冬十月,行幸广陵故城,临江观兵,戎卒十余万,旌旗数百里。是岁大寒,水道冰。舟不得入江,乃引还。"亦有记载"谓吴兵强而退也"。故此诗为作者在广陵故城所作。广陵,郡名,临长江,是军事重镇,故城在今江苏扬州市东北。

注释 (1)观兵,《左传》有"观兵以威诸侯",即检阅军队以显示威风。江,长江。

（2）汤汤（shāng shāng），大水急流貌。 （3）玄甲，青赤色铠甲。 （4）一苇，《诗经·河广》："谁谓河广？一苇航之。"一苇，指一只小船。 （5）戢，收藏。兵，兵器。诗人希望不战屈敌。 （6）古公，指古公亶父，即周太王。周文王的祖父，周武王的曾祖父。由于戎狄游牧部落侵逼，他将周族由豳（bīng）地迁至岐山下，置建家园，使周逐步强盛。 （7）翦，除去。古公在岐山开发经营，为后来灭殷作了准备。 （8）孟献，孟献子，即春秋时鲁国大夫仲孙蔑。营，营建。虎牢，春秋时郑国城名，在今河南荥阳汜水镇。 （9）稽（qǐ）颡，跪拜。稽，磕头至地。颡，额头。此谓当时晋与郑发生战争，晋国采纳孟献子的建议，在地势险要的虎牢修筑城防，迫使郑国认输。 （10）充国，疑指赵充国，西汉大将，字翁孙，汉宣帝时被封营平侯，为与羌族作战，在西北屯田，发展农业生产。先零二字无确解，如非人名，而从字面看，或可理解为人财匮乏。 （11）兴农，发展农业生产。淮泗间，今河南、山东、江苏等地的淮河、泗水流域。都，汇聚。徐方，古诸侯国名，地在今安徽泗县。即在徐方修建房屋，集聚人口。 （12）《东山》诗，《诗经·东山》写士兵解甲归来，途中抒发自己背井离乡、征戍劳苦、家园荒芜、思念亲人的痛苦忧伤。岂如，哪会像？此两句表明曹丕不愿意手下将士长期遭受征戍之苦。

简析 《至广陵于马上作诗》写于作者逝世前一年。诗中前八句先点明观兵之地面临浩荡长江，魏军甲兵坚锐，士气高昂，大江天堑不成障碍。以下笔锋一转，用多于前面几乎一倍的字句表达自己的愿望，即主张不战而屈吴国。为此须在靠近前线的地方筑室聚民，发展农业生产，从而减轻将士的征战、戍守之苦。总之，无论是因为天寒水冻，还是吴军有备，曹丕停止了军事进攻。最后四句或许涉嫌标榜，但也符合作者性格。该诗一反作者多写劳人思妇的内容和民歌化的风格，意境开阔雄壮，文字古雅，屡用典故，可谓意外之笔。

◎曹　植

仆夫早严驾

仆夫早严驾(1)，吾行将远游。
远游欲何之(2)？吴国为我仇(3)。
将骋万里途，东路安足由(4)？
江介多悲风(5)，淮泗驰急流(6)。
愿欲一轻济(7)，惜哉无方舟(8)。

闲居非吾志，甘心赴国忧。

作者简介 曹植(192—232年)，字子建，曹操之子，曹丕之弟。曹植以才华深得曹操宠爱，几乎被立为太子，因此在曹丕即位后屡招猜忌和迫害。故其后期深感不平愤懑，年过四十即郁郁而死。

题解 曹植“生乎乱，长乎军”，早年随父南征北战，有强烈的功名事业心，希望西灭“违命之蜀”，东灭“不臣之吴”。曹丕称帝之后的黄初四年(223年)，曹植从自己的驻地山东鄄(juàn)城到洛阳朝见文帝曹丕，表达自己征吴的志向，未被采纳，在返程之前写下此诗。

注释 (1)仆夫，赶车的驭手。严驾，整治车马。 (2)何之，去哪里？ (3)当时蜀、吴与魏鼎立，互相仇视。 (4)东路，指由洛阳回到鄄城(今属山东省)的路。鄄城在洛阳东边。安足由，有什么值得走的。 (5)江介，犹江间。 (6)淮、泗，二水名。南征孙权的吴国，要经过淮水和泗水以达长江流域。 (7)一轻济，一下子飞渡江河。 (8)方舟，两船相并。

简析 曹植渴望建功立业，灭吴蜀而一统天下，但因曹丕的猜忌和压抑而志不得伸。怏怏返程之际，把自己的忧伤、愤慨倾注诗中。末二句慷慨激昂，将忧国报国的情怀推向了高峰。

南国有佳人

南国有佳人，荣华若桃李。
朝游江北岸，夕宿潇湘沚(1)。
时俗薄朱颜(2)，谁为发皓齿(3)。
俯仰岁将暮(4)，荣耀难久恃(5)。

题解 该诗为自伤之作。清人张玉谷《古诗赏析》称其“伤己之徒抱其才，仆仆移藩，无人调护君侧，而年将老矣。”

注释 (1)夕宿潇湘沚(zhǐ)，一作日夕宿湘沚。潇指潇水，湘指湘江，二水均在今湖南。沚，水中小洲。 (2)时俗，世俗和风尚。薄，轻视。朱颜，红颜，指佳人。 (3)谁为，为谁。发皓齿，开口启齿，指歌唱或言笑。皓，白。 (4)俯仰，俯仰之间，指瞬间。岁将暮，指年岁将老。 (5)荣耀，指女子美丽的容貌。恃，依赖。

简析 该诗以佳人自喻，以佳人的美好容颜比喻自己的才华，以佳人的南北迁徙比喻自己多次移藩，以“时俗薄朱颜”比喻自己不受朝廷待见。最后感叹韶华易逝，自己盛年将尽，抱负无由得施。诗作从立意，形象描绘和蕴涵表达都受到了屈原的影响。

◎阮　籍

咏　怀（二首）

其　一

二妃游江滨(1)，逍遥顺风翔。
交甫怀环佩(2)，婉娈有芬芳。
猗靡情欢爱(3)，千载不相忘。
倾城迷下蔡(4)，容好结中肠(5)。
感激生忧思，萱草树兰房。
膏沐为谁施，其雨怨朝阳(6)。
如何金石交，一旦更离伤(7)？

作者简介　阮籍（210—263年），字嗣宗，陈留尉氏（今河南开封）人。早年好读书，有济世志。入仕后正值魏齐王曹芳正始年间（240—249年），司马氏与曹魏统治者激烈争夺政权，政局混乱。阮籍的抱负无由施展，甚至自身安全也无法保障，于是转而以老庄的“自然”与司马氏假借的“名教”消极对抗。史载阮籍或“饮酒昏酣，遗落世事”；或“率意独驾，不由径路，车迹所穷，辄恸哭而返”。

题解　阮籍的五言《咏怀》诗多达82首，显然不是一时而是长期之作。他把蕴藏在内心无由发泄的痛苦和愤懑，在诗中用隐晦曲折的形式倾泄出来，真实地表现了诗人复杂的思想感情。虽然其中贯穿着老庄思想，但仍然反映了这一时期的现实，如曹魏集团的由盛而衰，荒淫腐朽；司马氏的咄咄逼人和黑暗残暴等。诗人虽处险境，因惧祸而心焦不安，但宁肯孤独索寞，还是要当守正不阿的君子。此处选录其为《咏怀》之二、之十二首。

注释　(1)二妃，两个神女。江滨，指汉水边。　(2)交甫怀环佩，《列仙传》：“江妃二女者，不知何所人也。出游于江汉之湄，逢郑交甫。见而悦之，不知其神人也。谓其仆曰：‘我欲下请其佩。’……（二女）遂手解佩与交甫。交甫悦，受而怀之中。趋去数十步，视佩，空怀无佩，顾二女，忽然不见。” (3)猗靡，缠绵。(4)倾城，汉代李延年曾歌：“北方有佳人，一笑倾人城。”迷下蔡，楚国宋玉《登徒子好色赋》：“臣东家之子，……眉如翠羽，肌如白雪，腰如束素，齿如含贝，嫣然一笑，惑阳城，迷下蔡。”下蔡，古邑名，故城在今安徽凤台县。 (5)容好，容貌姣美。结中肠，老是使人心中记挂。 (6)感激四句，皆借用《诗经・鄘风・伯兮》中“焉得谖草，言树之背”“岂无膏沐？谁适为容”“其雨其雨，杲杲初日”等诗句的意思，即与心爱的人分手了或好友反目，犹如种兰花的地方长满了萱草(忘忧草)；亦如自己懒得洗沐打扮，因为没有人值得你如此郑重；甚至如同盼望下雨偏偏出了太阳。总之是自己美好的感情、愿望都一一落空。 (7)金石交，情投意合的知己。更离伤，反而更使人痛苦悲伤。

简析 该诗前半部分借用《列仙传》中郑交甫遇汉水二妃赠佩，而又转瞬消失的故事，衬托诗人面临的人生世态。后半部分则用《诗经・伯兮》的比喻，形容金石之交的爱人或朋友因故分手，使得自己更加悲伤消沉。因而禁不住发问为什么会这样，所以该诗是一篇讽世之作。

其　二

湛湛长江水，上有枫树林(1)。
皋兰被径路，青骊逝骎骎(2)。
远望令人悲，春气感我心(3)。
三楚多秀士(4)，朝云进荒淫(5)。
朱华振芬芳(6)，高蔡相追寻(7)。
一为黄雀哀(8)，涕下谁能禁！

注释 (1)《楚辞・招魂》有“湛湛江水兮上有枫，目极千里兮伤春心”，抒写长江两岸一派春色引发的伤春之情。并由此导出对楚国历史的感伤咏叹。湛湛，水清澈状。 (2)《招魂》又有“皋兰被径兮斯路渐”，“青骊结驷兮齐千乘”，描写江岸兰草披覆的道路消失，楚王在岸边驰骋围猎。皋兰，水边兰草。径路，道路。青骊，黑马。逝骎骎，奔驰很快。 (3)春气感我心，即《招魂》“目极千里兮伤春心”之意。 (4)三楚，概指楚地。古称江陵即今湖北荆州一带为南楚，吴即今江苏苏州市一带为东楚，彭城即今江苏徐州市一带为西楚，合称三楚。秀士，有优秀才识的文士，如下文暗指的宋玉之辈，此语含讽刺。 (5)朝云，宋玉《高唐神女赋》写巫山神女“旦为朝云，暮为行雨，朝朝暮暮，阳台之下”，即随时可应楚王约会。 (6)朱华，红花。振芬芳，散发芳香。 (7)《战国策・楚策》载，庄辛谏楚襄王警惕亡国之危，打比喻说，蔡灵侯荒淫作乐，在高蔡田猎结果遭到袭击，作了亡国囚徒。 (8)黄雀终日在空中游戏，不知有人正准备拿弹弓射击它。居安不思危，最后免不了可悲下场。

简析 该诗首先化用《楚辞·招魂》语意，讽刺楚王因耽于游乐而导致亡国。继借古喻今之后，又以黄雀比喻当局毫无远大志向，只顾游憩而忘了迫在眉睫的危险。这首《咏怀》诗继承了《楚辞》《诗经·小雅》的手法，既用神话游仙作暗示，又用自然事物以象征，言在此而意在彼，隐曲地表现思想内容，如同《诗品》所说："言在耳目之内，情寄八荒之表。"因而对后世诗家产生了很大影响。

◎魏鼓吹曲辞

平南荆

南荆何辽远，江汉浊不清[(1)]。
菁茅久不贡[(2)]，王师赫南征[(3)]。
刘琮据襄阳[(4)]，贼备屯樊城[(5)]。
六军庐新野[(6)]，金鼓震天庭。
刘子面缚至[(7)]，武皇许其成[(8)]，许与其成抚其民。
陶陶江汉间，普为大魏臣。大魏臣，向风思自新。
思自新，齐功古人[(9)]。在昔虞与唐，大魏得与均[(10)]。
多选忠义士，为喉唇[(11)]。天下一定，万世无风尘[(12)]。

题解 南荆指荆楚一带地方，平南荆即指建安十三年(208年)的赤壁之战。魏鼓吹曲辞是曹魏的军乐。

注释 (1)江汉浊不清，江汉指荆楚之地。浊不清，溷浊混乱，指刘表、刘备在此割据。 (2)菁茅久不贡，此句借用春秋时期楚国不向周天子进贡苞茅的故事，比喻刘表、刘备不听朝廷号令。 (3)王师，此时曹操以汉丞相名义挟天子以令诸侯，故自称王师。赫，赫然，威武。 (4)此时荆州牧刘表病故，刘表次子刘琮驻在襄阳。 (5)贼备，骂刘备为贼。刘备此时驻扎在汉水西面的樊城，与襄阳成犄角之势。 (6)六军，古者天子率六军，此处代指曹军。庐新野，在新野扎起军帐。新野，指今河南新野县。 (7)刘子，指刘琮。面缚至，蒙上眼睛，来向曹操投降。 (8)武皇,指曹操,曹丕篡汉自立后追谥其父为魏武帝。许其成,允许其降顺。 (9)思自新,愿意洗心革面。齐功古人,与古代功臣一样,对统一大业有功勋。 (10)虞,虞舜。唐,唐尧。尧舜之世一直被视为上古太平之世。大魏得与均,尧舜之世即有魏氏部落。至西周,在今山西芮城有姬姓的魏国,东周(即战国时期)魏文侯建都安邑(今山西夏县北),称魏国,是战国七雄之一。220年曹丕在洛阳登基,国号魏。大魏,对魏的尊称。 (11)喉,喉咙,主要功能是发声。唇,唇吻,主要功能是进食。此处喉唇象征各类人才。 (12)风尘,风云烟尘,指战争、分裂等各种乱象。

简析 平南荆指喻赤壁之战。曹操素有统一中国的志向,因而在208年主动进军长江中游,意在得到荆州后顺江而下扫灭东吴。但孙权与刘备联手,在赤壁江上击败曹操,故此役的结局只是造成“天下三分”。《平南荆》夸大曹操的武功,并为曹魏“顺天应人”自饰,故对历史有所建构。该诗语句激昂,短促强烈的节奏,确有军歌风格。

◎ 吴鼓吹曲辞

伐乌林

曹操北伐拔柳城(1),乘胜席卷遂南征(2)。
刘氏不睦,八郡震惊(3)。
众既降,操屠荆,舟车十万扬风声(4)。
议者狐疑虑无成,赖我大皇发圣明(5)。
虎臣雄烈周与程(6),破操乌林,显章功名。

题解 乌林,地名,在长江北岸今湖北洪湖县,与南岸赤壁夹江相望,是三国时孙权、刘备联合打破曹军之处。《乐府诗集》卷十八冠以“吴鼓吹曲辞”,下标韦昭。表明该诗是吴地的军乐,韦昭或是作者。

注释 (1)拔柳城,东汉末,献帝建安十二年(207年),曹操领兵出北塞,历白檀,破三郡乌桓于柳城。此战发生在今河北东北部及辽宁,柳城在今辽宁朝阳附近。 (2)南征,指建安十三年(208年)曹操领兵南下荆州。 (3)此二句谓荆州牧刘表父子对迎拒曹军意见不一,导致曹军迅速占领荆州,因而引起长江流域益州、荆州、襄州、江州、庐州、扬州等各地震动。 (4)舟车十万,曹军号称十万之众。

(5)此二句谓东吴亦有迎操、拒操两派意见，相持不下，幸亏孙权作出决断。(6)周与程，领兵打败曹军的周瑜和程普。

简析 该诗记叙历史上著名的赤壁之战，先用笔墨渲染曹操势盛和刘表衰败引起的巨大震撼，后面侧重赞颂孙权的决策和东吴将领的功烈。辞藻平实庄重，叙事完整。

通荆门

荆门限巫山(1)，高峻与云连。
蛮夷阻其险(2)，历世怀不宾(3)。
汉王据蜀郡，崇好结和亲(4)。
乖微中情疑，谗夫乱其间(5)。
大皇赫斯怒，虎臣勇气震。
荡涤幽薮讨不恭(6)。
观兵扬炎耀，厉锋整封疆(7)。
整封疆，阐扬威武容。
功赫戏，洪烈炳章。
邈矣帝皇世，圣吴同厥风(8)。
荒裔望清化(9)，化恢弘。
煌煌大吴，延祚永未央(10)。

题解 诗题的荆门非指今宜昌市东的荆门山，而是以荆门代指刘备及其蜀汉政权。通，不是打通开通，而是交往通好之意。

注释 (1)此处荆门、巫山系实指。限，限制，包括。此句谓从奉节的巫山到宜昌东的荆门山连为一体。 (2)蛮夷，指巴人等非华夏族群。阻其险，利用这种险阻。 (3)历世，多少世代以来。怀，图谋，企图。不宾，不服从，不归顺。《史记·五帝本纪》："诸侯咸来宾从。" (4)汉王，刘备。崇好结和亲，指蜀吴交好联盟。 (5)乖微，小小的分歧，违离。中情，内心。谗夫，进谗言之人。此两句指留守荆州的关羽自大狭隘，加上有人挑拨离间，遂使吴、蜀为争夺荆州而启衅。 (6)大皇，指吴大帝孙权。幽薮，同渊薮，本意是鱼和鸟兽的聚集之所，引申为人物汇集的地方。《后汉书》："宛为大都，士之渊薮。"讨不恭，讨伐不恭顺之人。此句指吴蜀发生了夷陵之战。 (7)封疆,范围,疆界。 (8)邈,远。帝皇世,上古之世。圣吴,伟大的“吴”。同厥风,道一风同。此二句谓吴地很早开化,如吴泰伯在西周初即开创吴国。 (9)荒裔,蛮荒之地的人。望清化,渴望文明开化。 (10)大吴,同大魏一样的尊称本国。延祚,国祚延长。未央,没有尽时。

简析 《通荆门》从吴国的立场记叙赤壁战后,刘备入川到刘禅继位这段时间的吴蜀关系。这中间双方虽因争夺荆州启衅,关羽被杀,刘备发兵复仇,导致夷陵之战,但为对抗强大的曹魏,孙权和诸葛亮还是坚持“终复初好”。该诗淡化了双方的分歧乃至冲突,重视二者之间的交好联盟。

两晋诗歌

◎夏侯湛

江上泛歌

悠悠兮远征，倏倏兮暨南荆(1)。
南荆兮临长江，临长江兮讨不庭(2)。
江水兮浩浩，长流兮万里。
洪浪兮云转，阳侯兮奔起(3)。
惊翼兮垂天，鲸鱼兮岳跱。
蘪芜纷兮被皋陆(4)，修竹郁兮翳崖趾(5)。
望江之南兮遨目桂林(6)，桂林蓊郁兮鹍鸡扬音(7)。
凌波兮愿济(8)，舟楫不具兮江水深。
沈嗟回眄于北夏(9)，何归轸之难寻(10)。

作者简介 夏侯湛(243？—291年)，字孝若，沛国谯县(今安徽亳州)人，曹魏名将夏侯渊曾孙。《晋书》称其"文章宏富，善构新词"，曾充太子舍人，转尚书郎，出为野王(地名)令，晋惠帝时任散骑常侍。夏侯湛出生盛门，性格豪侈，然而才高位卑，钟情诗文，曾有文集十卷，《新论》十卷，俱佚。明人张溥在《汉魏六朝百三家集》中辑有《夏侯常侍集》。

题解 司马氏于265年取代曹魏建立西晋，仍然与割据长江流域的蜀、吴两国争夺疆土。在280年吴主孙皓投降之前，晋与吴在湖北荆州发生战争多次，首次在晋武帝泰始四年(268年)，《晋书》说："是年十月，吴将施绩入江夏，万郁寇襄阳，遣太尉义阳王望屯龙陂，荆州刺史胡烈击败郁。"同年"吴将顾容寇郁林"。从诗中文字可知作者亲历了此次胜负未决的战争。

注释 (1)倏倏，很快。暨，及，到。南荆，南土荆州。 (2)讨，征伐。不庭，反抗朝廷不肯归顺者。 (3)阳侯，波涛之神。高诱注《淮南子》说："阳侯，陵阳国侯也。其国近水，溺水而死。其神能为大波，有所伤害，因谓之阳侯之波。"下两句的"惊翼""鲸鱼"，仍是比喻波浪之高之大。 (4)蘪芜，一种长在野地的香草。被，披，遮盖。皋陆，水边陆地。 (5)修，长。翳，遮蔽。崖趾，山脚。 (6)遨目，远望，遐想。桂林，在今广西，距郁林(玉林)不远。 (7)鹍鸡，鸟名。《楚辞·九辩》有"鹍鸡啁哳而悲鸣"，此句暗指泰始四年晋吴在荆州交战的同时，因"吴将顾容寇郁林"而引起的战乱。 (8)凌波，驾于波上。济，渡过。 (9)沈嗟，深沉感叹。回盼,回眸,回望。北夏,北部中国。 (10)轸,本为车箱底部四面的横木,也代指车。归轸,即驾车而去。

简析 西晋初期,士族文人发展了形式主义的诗风,或者模拟前人,或者追求词藻及对偶,流于堆砌繁冗,呆板乏力,缺少社会内容。夏侯湛的这首诗略显例外,作者实地参与了公元268年在荆州的晋吴之战,正面描写了长江上波涛汹涌,水边香草侵路,修竹遮山的景观,更发挥想象,仿佛听到了数千里之外飞鸟悲鸣,比喻人民的战乱之苦。但这次战争终因晋军缺少水战工具无功而返。诗末二句说长叹中回望北方,回返的路真难寻找,实际是感叹自己寸功未建,回朝廷后恐怕没有多大前途。所以此诗无论是描写景观还是抒发思虑,都能去虚就实,情景结合,音韵铿锵。

◎张　华

游仙诗

乘云去中夏(1),随风济江湘(2)。
娓娓陟高陵(3),遂升玉峦阳(4)。
云娥荐瑶石,神妃侍衣裳(5)。

作者简介 张华(232—300年),字茂先,范阳方城(今河北固安县南)人。少时曾以牧羊为生。博闻强记,长于词赋,名重一时。魏末曾任佐著作郎、中书郎等职。入晋为黄门侍郎,与武帝、羊祜等共谋伐吴,任度支尚书,后以平吴有功,封广武侯。晋惠帝时,历任太子少傅、中书监等要职,官至司空。颇有理政才能,是名重一时的大臣。原有集十卷,已散佚,明人辑有《张司空集》。

题解 张华生活于老庄和道教盛行的时代,他喜欢搜罗记载神仙怪异之事。游仙诗还受到楚辞的影响,属于文学中的浪漫主义流派。

注释 (1)去,离开。中夏,中原。 (2)济,渡过。江湘,长江和湘水。 (3)娓娓,一作亹亹(wěi wěi),不停地行进。《楚辞·九辩》:“时亹亹而过中兮,蹇淹留而无成。”陟,升上。高陵,高丘。 (4)玉峦阳,玉山之南。 (5)云娥,神妃,皆指仙女,她们献上美玉作为礼物,又给来客更衣。

简析 作者善于运用简炼文句造成丰富多彩的画面,飘飘忽忽不给读者停顿时间。该游仙诗可能有残缺，但明显保留其诗风的特征，即想象丰富，辞藻华丽，风格典雅，习用对偶句。

◎陆　机

拟涉江采芙蓉

上山采琼蕊(1)，穹谷饶芳兰(2)。
采采不盈掬(3)，悠悠怀所欢(4)。
故乡一何旷(5)，山川阻且难。
沉思钟万里(6)，踯躅独吟叹(7)。

作者简介　陆机(261—303年)，字士衡，吴郡松江(今属上海)人，吴大司马陆抗之子。吴亡入洛阳，晋武帝末任祭酒，晋惠帝即位后，迁太子洗马、著作郎、尚书中兵郎。赵王伦辅政，引为相国参军。惠帝太安元年(302年)，晋皇室成都王颖起兵讨长沙王乂(yì)，假陆机为后将军、河北大都督，翌年为成都王颖所害，时年四十三岁。陆机著有《晋记》《洛阳记》，集四十七卷。

题解　“涉江采芙蓉”为汉代乐府诗句，表示男女之间的情爱。东汉以后诗人往往取该句为题，但作诗有“用乐府题目自作诗”，和“踵前人步伐，不能流露性情”的因袭敷衍两种情形。该诗为陆机《拟古诗十二首》中的第四首。

注释　(1)琼蕊，玉花，珍美的花。　(2)穹谷，深谷。饶，多。　(3)掬(jū)，用两手捧。不盈掬，不够一捧。　(4)欢，心爱的人。怀所欢即怀念爱人。　(5)旷，远。　(6)钟，聚集，指钟情。钟万里，钟情于万里之外的地方。　(7)踯躅，徘徊不定。

简析　该诗表面上写男子想念远在万里之外的家乡的情人，上山采摘鲜花，但因山河阻隔，路途遥远，故只能踯躅徘徊，独自吟叹。其实这很可能是一种比兴，因为作者远离江南家乡，在波谲云诡的都城做官，心中难免惶惑犹豫，故借思念情人委婉表达思归之意。

◎张　翰

思吴江歌

秋风起兮佳景时(1),吴江水兮鲈鱼肥(2)。
三千里兮家未归(3),恨难得兮仰天悲(4)。

作者简介　张翰,生卒年不详,字季鹰。吴郡吴(今江苏苏州)人。有清名美望,善属文,纵性不羁,时人比之为阮籍,号“江东步兵”。晋惠帝末年,大司马齐王冏执政,张翰任大司马东曹掾。旋弃官归吴,年五十七卒。原有集二卷,已佚,仅存诗六首。

题解　晋《文士传》说张翰“在洛见秋风起,思吴中菰饭莼羹鲈鱼脍。叹曰‘人生贵得适意耳。何能羁官数千里以要名爵乎!’因作此歌,遂命驾还。”《思吴江歌》在《诗记》中名《秋风歌》。

注释　(1)佳景时,《岁华纪丽》作“木叶飞”。　(2)吴江,今苏州。鲈鱼,一种体长、侧扁、银灰色、背和鳍上有小黑斑的鱼。多产于长江中下游和我国东部沿海。　(3)指洛阳距吴中有千里之远。　(4)“恨难得”一作“恨难禁”。仰天悲,望天悲叹。

简析　张翰的《思吴江歌》或曰《秋风歌》是西晋末年广为流传的怀乡思归诗作。诗中点出的莼菜鲈鱼,形成了此后“莼鲈之思”的成语。该诗言简意赅,除了思乡之情以外,言外之意是厌恶当时的政坛黑暗腐败,故写出该诗不久,诗人就弃官南归了。

◎郭　璞

江　赋

咨五才之并用(1),实水德之灵长(2)。惟岷山之导江(3),初发源乎滥觞(4)。聿经始于洛沫(5),拢万川乎巴梁(6)。冲巫峡以迅激(7),跻江津而起涨(8)。极泓量而海运(9),状滔天以淼茫(10)。总括汉泗(11),兼包淮湘(12)。并吞沅澧(13),汲引沮漳(14)。源二分于崌崃(15),流九派乎浔阳[16]。鼓洪涛于赤岸[17]，沦余波乎柴桑[18]。纲络群流[19]，商榷涓浍[20]。表神委于江都[21]，混流宗而东会[22]。注五湖以漫漭[23]，灌三江而漰沛[24]。滈汗六州之域[25]，经营炎景之外[26]。所以作限于华裔[27]，壮天地之崄介[28]。呼吸万里[29]，吐纳灵潮[30]。自然往复，或夕或朝。激逸势以前驱[31]，乃鼓怒而作涛[32]。峨嵋为泉阳之揭[33]，玉垒作东别之标[34]。衡霍磊落以连镇[35]，巫庐嵬崛而比峤[36]。协灵通气[37]，渍薄相陶[38]。流风蒸雷[39]，腾虹扬宵[40]。出信阳而长迈[41]，淙大壑与沃焦[42]。

若乃巴东之峡[43]，夏后疏凿[44]。绝岸万丈[45]，壁立赮驳[46]。虎牙嵥竖以屹崒[47]，荆门阙竦而磐礴[48]。圆渊九回以悬腾[49]，湓流雷呴而电激[50]。骇浪暴洒[51]，惊波飞薄[52]。迅澓增浇[53]，涌湍叠跃[54]。砅岩鼓作[55]，漰湱泶灂[56]。泶漠瀼淑，溃濩淢瀄[57]。潏湟淴泱，瀹润淪[58]。漩澴荥瀯，渨灅渍瀑[59]。溭淢浕涓[60]，龙鳞结络[61]。碧沙遗沲而往来[62]，巨石硉矶以前却[63]。潜演之所汩淈[64]，奔溜之所磢错[65]。厓隒为之泐嵃[66]，碕岭为之岩崿[67]。幽涧积岨[68]，礐硞磬礭[69]。

若乃曾潭之府[70]，灵湖之渊[71]。澄澹汪洸，瀇滉囦泫[72]。泓汯洞澋，涒邻渊潾[73]。混澣灦涣[74]，流映扬焆[75]。溟漭渺湎，汗汗沺沺[76]。察之无象，寻之无边。气滃渤以雾杳[77]，时郁律其如烟[78]。类胚浑之未凝[79]，象太极之构天[80]。长波浃渫[81]，峻湍崔嵬[82]。盘涡谷转[83]，凌涛山颓[84]。阳侯砐硪以岸起[85]，洪澜涴演而云回[86]。峾沦溛瀼[87]，乍浥乍堆[88]。豃如地裂[89]，豁若天开[90]。触曲厓以萦绕[91]，骇崩浪而相礧[92]。鼓㔕窟以漰渤[93]，乃溢涌而驾隈[94]。

鱼则江豚海狶[95]，叔鲔王鳣[96]，鮹鰊鳞鲉[97]，鲮鳐鲶鲢[98]。或鹿觡象鼻[99]，或虎状龙颜[100]。鳞甲镭错[101]，焕斓锦斑[102]。扬鳍掉尾，喷浪飞唌[103]。排流呼哈[104]，随波游延[105]；或爆采以晃渊[106]，或嚇鳃乎岩间[107]。介鲸乘涛以出入[108]，鮻鲨顺时而往还[109]。

尔其水物怪错[110]，则有潜鹄鱼牛[111]，虎蛟钩蛇[112]。蜦蝳鲎蝐[113]，鲼鼋鼍鼊[114]；王珧海月[115]，土肉石华[116]。三蝬虾江[117]，鹦螺蜁蜗[118]；璅蛣腹蟹[119]，水母目虾[120]。紫蚢如渠[121]，洪蚶专车[122]。琼蚌晞曜以莹珠[123]，石蜐应节而扬葩[124]。蜛蝫森衰以垂翘[125]，玄蛎魂螺而碨硱[126]。或泛潋于潮波[127]，或混沦乎泥沙[128]。

若乃龙鲤一角[129]，奇鸧九头[130]。有鳖三足，有龟六眸[131]。赪鳖胏跃而吐玑[132]，文魮磬鸣以孕璆[133]。儵鳙拂翼而掣耀[134]，神蜧蝹蛇以沉游[135]。騂马腾波以嘘蹀[136]，水兕雷咆乎阳侯[137]。渊客筑室于岩底[138]，鲛人构馆于悬流[139]。雹布馀粮[140]，星离沙镜[141]。青纶竞纠[142]，缛组争映[143]。紫菜荧晔以丛被[144]，绿苔鬖髿乎研上[145]。石帆蒙笼以盖屿[146]，萍实时出而漂泳[147]。

其下则金矿丹砾[148]，云精爥银[149]。瑌珋璿瑰[150]，水碧潜瑶[151]。鸣石列于阳渚[152]，浮磬肆乎阴滨[153]。或颎彩轻涟[154]，或焆曜崖邻[155]。林无不溽[156]，岸无不津[157]。

其羽族也[158]，则有晨鹄天鸡[159]，鴢鹜鸥䴔[160]。阳鸟爰翔[161]，于以玄月[162]。千类万声，自相喧聒[163]。濯翮疏风[164]，鼓翅翻翃[165]。挥弄洒珠[166]，拊拂瀑沫[167]。集若霞布[168]，散如云豁。产毻积羽[169]，往来勃碣[170]。

橉杞稹薄于浔涘[171]，栛槤森岭而罗峰[172]。桃枝篔筜[173]，实繁有丛[174]。葭蒲云蔓[175]，䙴以兰红[176]。扬皜毦[177]，擢紫茸[178]。荫潭隩[179]，被长江。繁蔚芳蓠[180]，隐蔼水松[181]。涯灌芊萰[182]，潜荟葱茏[183]。鲮鯥跻跼于垠隒[184]，獱獭睒瞲乎厱空[185]，迅蜼临虚以骋巧[186]，孤玃登危而雍容[187]。夔𤜵翘踛于夕阳[188]，鸳雏弄翮乎山东[189]。

因岐成渚[190]，触涧开渠[191]。漱壑生浦[192]，区别作湖[193]。磴之以瀿瀷[194]，渫之以尾闾[195]。标之以翠翳[196]，泛之以游菰[197]。播匪艺之芒种[198]，挺自然之嘉蔬[199]。鳞被菱荷[200]，攒布水蓏[201]。翘茎瀵蕊[202]，濯颖散裹[203]。随风猗萎[204]，与波潭淹[205]。流光潜映[206]，景炎霞火[207]。

其旁则有云梦雷池[208]，彭蠡青草[209]，具区洮滆[210]，朱浐丹漅[211]。极望数百[212]，沆瀁皛溔[213]。爰有包山洞庭[214]，巴陵地道[215]。潜逵傍通[216]，幽岫窈窕[217]。金精玉英瑱其里[218]，瑶珠怪石琗其表[219]。骊虬摎其址[220]，梢云冠其嫖[221]。海童之所巡游[222]，琴高之所灵矫[223]。冰夷倚浪以傲睨[224]，江妃含嚬而矊眇[225]。抚凌波而凫跃[226]，吸翠霞而夭矫[227]。

若乃宇宙澄寂，八风不翔[228]。舟子于是搦棹[229]，涉人于是檥榜[230]。漂飞云[231]，运艅艎[232]。舳橹相属[233]，万里连樯[234]。溯洄沿流[235]，或渔或商。赴交益[236]，投幽浪[237]。竭南极[238]，穷东荒[239]。尔乃䍐雺祲于清旭[240]，觇五两之动静[241]。长风飏以增扇[242]，广莫飚而气整[243]。徐而不飕[244]，疾而不猛。鼓帆迅越，趠涨截泂[245]。凌波纵柂[246]，电往杳溟[247]。雺如晨霞孤征[248]，眇若云翼绝岭[249]。倏忽数百，千里俄顷。飞廉无以睎其踪[250]，渠黄不能企其景[251]。

于是芦人渔子[252]，摈落江山[253]，衣则羽褐[254]，食惟蔬鲜[255]。栫淀为涔[256]，夹潨罗筌[257]。筒洒连锋[258]，罾罶比船[259]。或挥轮于悬碕[260]，或中濑而横旋[261]。忽忘夕而宵归，咏《采菱》以叩舷[262]。傲自足于一呕[263]，寻风波以穷年[264]。

尔乃域之以盘岩[265]，豁之以洞壑[266]，疏之以沲汜[267]，鼓之以朝夕[268]。川流之所归凑，云雾之所蒸液[269]。珍怪之所化产[270]，傀奇之所窟宅[271]。纳隐沦之列真[272]，挺异人乎精魄[273]。播灵润于千里[274]，越岱宗之触石[275]。及其谲变儵恍[276]，符祥非一[277]。动应无方，感事而出[278]。经纪天地，错综人术[279]。妙不可尽之于言，事不可穷之于笔。

若乃岷精垂曜于东井[280]，阳侯遁形乎大波[281]。奇相得道而宅神[282]，乃协灵爽于湘娥[283]。骇黄龙之负舟，识伯禹之仰嗟[284]。壮荆飞之擒蛟，终成气乎太阿[285]。悍要离之图庆，在中流而推戈[286]。悲灵均之任石[287]，叹渔父之棹歌[288]。想周穆之济师，驱八骏于鼋鼍[289]。感交甫之丧珮[290]，愍神使之婴罗[291]。焕大块之流形[292]，混万尽于一科[293]。保不亏而永固[294]，禀元气于灵和[295]。考川渎而妙观，实莫著于江河[296]。

作者简介 郭璞（276—324年），字景纯，河东闻喜（今山西闻喜县）人。西晋末为宣城（在皖南）太守殷佑参军。东晋初奏《南郊赋》，被晋元帝拜著作佐郎，先任扬州刺史王导的参军，后为大将军王敦记室参军。明帝太宁二年（324年），王敦谋反，郭璞以卜筮不吉阻之，遂被杀，后追赠弘农太守。郭璞是两晋时期著名文学家、训诂学家，通经术，好古文奇字；精天文历算，堪舆卜筮，为当时著名方术士；又善诗文歌赋，尤以《游仙诗》十四首名重当世。《诗品》称其"始变永嘉平淡之体，故称中兴第一"。曾为《尔雅》《方言》《山海经》《穆天子传》《葬经》作注。亦有人认为桑钦《水经注》的底本《水经》为郭璞所作。明人辑有《郭弘农集》。

题解 《晋书·郭璞》称："大兴初，……璞著《江赋》，其辞甚伟，为世所称。"李善注《文选·江赋》则说，"璞以中兴宅江外，乃著《江赋》，述川渎之美。""中兴"指西晋灭亡之后，晋室在永嘉年间南渡，迁都建业（南京）。"江外"指长江之南。近人陆侃如《中古文学系年》把《江赋》之作系于元帝大兴元年（318年），郭璞时在王导参军任上，作此赋有坚定朝野、士族戮力中兴晋室的用意。

注释 （1）咨，叹美之词。五材，亦作五才，指金、木、水、火、土。《左传》襄公二十七年："宋子罕曰：'天生五材，民并用之，废一不可。'" （2）水德，指水的品质、特性。李善注引《淮南子》曰："夫水者，不大可极，深不可测，无公无私，水之德也。"灵长，广大美好。吕向注："灵长，言上善柔德广大利物也。" （3）惟，发语词。岷山，位于今四川、甘肃交界处，是岷江、嘉陵江的发源地。导江，《尚书·禹贡》："岷山导江，东别为沱。"导，起源。古人以长江发源于岷山。 （4）滥觞，江河发源之处水势很小，仅能浮起酒杯，故以滥觞引申为江河发源或事物的起源。 （5）聿，语助词。经始，起初经过。洛，指雒江，在今四川广汉境内入沱江。沫，即今四川之大渡河。 （6）拢，收拢、汇合。巴，古代巴郡，在今重庆市一带。梁，古九州之一，辖境即今陕西南部及四川全部。 （7）巫峡，三峡之一。在长江上游，位于今重庆巫山县东，因巫山得名。 （8）跻，登。江津，地名，今重庆江津市，在长江岸边。 （9）极，穷尽。泓量，水深广貌。海运，海波动荡。《庄子·逍遥游》："是鸟也，海运则将徙于南溟。" （10）淼茫，即"渺茫"，水势广阔浩大貌。 （11）汉，汉水，亦称汉江，源出于陕西宁强县境嶓冢山，在武汉入长江。泗，泗水，亦称泗河，发源于山东泗水县陪尾山，后流入淮河。 （12）淮，淮河，古称淮水。源出河南桐柏山，东流入洪泽湖。湘，湘江，又称湘水，源起广西兴安县海阳山，北流至湖南注入洞庭湖。 （13）沅，沅水，即沅江，一源出贵州都匀县云雾山；一源出贵州瓮安县。二水汇合后流入洞庭湖。澧，澧水，源出湖南桑植县北，东流入洞庭湖。

（14）汲引，引入。沮，沮水，源于湖北保康县西南。漳，漳水。沮水、漳水在当阳县汇合，故名漳沮河，南流至江陵入长江。（15）岷峡，即岷山和邛崃山，皆位于四川西部。《山海经·中山经》："崃山，江水出焉，东流注大江。""岷山，江水出焉，东流注于大江。"（16）九派，九条支流。浔阳，古县名，在今江西九江市。应劭《汉书注》："江自庐江浔阳，分为九也。"（17）鼓，振起，掀起。赤岸，古地名，在今江苏扬州市一带。（18）沦，没也。柴桑，古县名，在今九江市西南。（19）网络，网罗，包罗。（20）商榷，商讨，此作汇总解。涓浍（kuài），细小的水流。（21）表，显示，表现。神委，积水深广貌。郑玄曰："委，流所聚。"刘良注："言深广，故曰神也。"江都，古县名，即今江苏扬州市。（22）混，汇合。流宗，流派，支流。东会，指长江东流注于海。（23）五湖，此指太湖。张勃《吴录》曰："五湖者，太湖之别名也，周行五百余里。"（24）三江，说法不一。李善注："《尚书》曰：'三江既入，震泽底定。'孔安国曰：'自彭蠡，江分为三，入震泽。'"《水经注·沔水》引郭璞注，则以岷江、松江、浙江为三江。漰沛，波涛激荡的声音。（25）滈（hào）汗，同浩瀚，广大貌。六州，指长江流经的益、梁、荆、江、扬、徐各州。大体包括今甘肃、四川、陕西、湖北、湖南、江西、安徽、江苏诸省之部分地区。这里极言长江流域之广。（26）经营，回旋往来。炎景，即烈日。李善注："南方火，故曰炎景。"（27）作限，成为险阻。华，中原地区。裔，蛮夷，此泛指偏远地区。（28）壮，壮伟，此处作动词用。崄（xiǎn）介，险阻。（29）呼吸万里，形容长江流势迅疾，呼吸之间可达万里。（30）吐纳，吐出、接纳。灵潮，潮水。潮水朝夕涨落，若有神掌控，故曰"灵潮"。（31）逸势，奔驰。迅疾的气势。（32）鼓怒，动怒。（33）峨嵋，即峨眉山。在四川峨眉山市西南。泉阳，县名。李善注："泉阳，即阳泉也。顾野王《舆地志》云：'益州阳泉县，蜀分绵竹立。'"故城在今四川德阳市西。揭，标记。（34）玉垒，山名，在今四川灌县西北。东别，岷江南流至灌县分内外二江，向东分出一条支流，即标之"东别"。《水经》曰："岷山导江，东别为沲。"沲同"沱"。标，标记。（35）衡，即南岳衡山，在湖南衡山县；霍，霍山，即安徽霍山县西北的天柱山；磊落，山高大貌。镇，一方之主山。李善注："《周礼》曰：'荆州之镇山曰衡山。'"（36）巫，巫山，在重庆巫山县东与湖北交界处。庐，庐山，在江西九江市南。嵬崛，山高大特出貌。峤，山尖而高。（37）协灵通气，即协通灵气。江水长流不息，可使山川之气相通。李善注："《庄子》曰：'川谷通气，故飘风。'"（38）渍薄，波浪激荡。相陶，指陶冶化育万物。李善注："《老子》曰：'阴阳陶冶万物。'"（39）流风，迅疾的风。蒸雷，腾起的雷声。蒸，上升。迅疾的山风狂吹波涛，巨大声响犹如惊雷。（40）水气上升为彩虹，腾空入云。（41）信阳，即信陵之阳。《晋书》："建平郡有信陵县。"在今重庆。长迈，长行。（42）淙，流注。大壑，大海。《庄子·天地》："夫大壑之为物也，注焉而不满，酌焉而不竭。"沃焦，传说的一座山，在东海南三万里。（43）巴东，县名，古属巴郡，今属湖北恩施州。从重庆奉节至湖北宜昌之间的长江两岸，山高谷深，形成无数峡谷。(44)夏后，大禹。后，君主，帝王。 (45)绝岸，陡峭的崖壁。 (46)赮，古“霞”字。驳，本指马毛色不纯。此处指岩壁色彩如云霞般斑斓。 (47)虎牙，山名。盛弘之《荆州记》：“郡西溯江六十里南岸有山，名曰荆门，北岸有山，名曰虎牙，二山相对，楚之西塞也。虎牙，石壁红色，间有白纹，如牙齿状。荆门上合下开，开达山南，有门形，故因以为名。”故此处荆门不是今之荆门市。嶻(jié)竖，突出耸立。屹崒(zú)，山势高峻貌。 (48)荆门，前注山名。阙竦(sǒng)，像耸立的高阙。阙，古代宫殿、祠庙等建筑物前所立楼观，左右相对，中间有路，故又称“双阙”。磐礴，通常写作“磅礴”。指山势高大，气势雄伟。 (49)圆渊，漩涡。张铣注：“峡间江水深急，激岸石而成圆流，故云圆渊也。”九回，多次回旋。悬腾，向空中腾涌。 (50)湓(pén)流，声响很大的急流。《仓颉篇》：“湓，水声也。”呴(hǒu)，同“吼”。电激，如闪电般急猛。 (51)暴洒，浪花四溅的样子。暴，突然，迅疾。 (52)飞薄，飞扬激荡。 (53)迅澓(fú)，迅疾的回流。增，通“层”。浇，回旋的水流。 (54)涌湍，汹涌的急流。叠跃，形容波浪奔腾，后浪推前浪。 (55)砯(pīng)，水浪击打岩石的声音。鼓作，如鼓声大作。 (56)澎(pēng)、濩(huò)、㶁(xiáo)、灂(zhuó)，李善注：“皆大波相激之声也。” (57)㴸(pīng)、濞(lèi)、澋(hōng)澮(kuài)、溃濩(huò)、泧(xù)瀄(huò)，李善注：“皆水势相激汹涌之貌。” (58)潏(yù)湟、淴(hū)泱、潝(shù)澖(shǎn)、瀋(shěn)瀹(yuè)，李善注：“皆水流漂疾之貌。” (59)漩澴(huán)、荥瀯(yíng)、渨(wēi)漯(lěi)、渍瀑，李善注：“皆波浪回旋渍涌而起之貌。” (60)溭(zé)淢(yù)、浕(jìn)涓，水波起伏貌。(61)龙鳞结络，李善注：“如龙之鳞，连结交络也。” (62)䨴(duì)㴔(duò)，沙石随水流动貌。 (63)硉(lù)矹(wù)，沙石转动貌。前却，进退。 (64)潜演，潜行地下的水流。汩淈(gǔ)，水涌出貌。 (65)奔溜，奔泻的水流。磢(chuǎng)错，碰撞，摩擦。指水流摩擦岩石。 (66)厓，“涯”的古字，水边，岸。隒(yǎn)，涯。泐(lè)，石头散裂开。巘(yǎn)，险峻的样子。岸边石头因被水冲击而散裂，显得石岸更加险峻。 (67)碕(qí)岭，连绵不断的山岭。岩崿(è)，急流冲击涯岸所形成的坎穴。 (68)磵，同“涧”。积，积聚，积累。岨(zǔ)，同“阻”，险要。幽涧中巨石积阻成险。 (69)嵓(què)硞(kù)、硌(luò)、礭(què)，李善注：“皆水激石险峻不平之貌。” (70)曾潭，重潭，深潭。府，王逸《楚辞注》：“楚人名渊曰潭府。”意为如府库深不可见。 (71)灵湖，深湖。灵湖之渊，深渊。 (72)澄澹、汪洸(huǎng)、㲿(wǎng)滉(huàng)、囦(yuān)泫(xuán)，李善注：“皆水深广之貌。” (73)泓汯(hóng)、洞(yǒng)澋(hòng)、涒(yūn)邻、渊潾(lín)，李善注：“皆水势回旋之貌。” (74)混澣(huàn)、灦(xiǎn)涣，水势清深而闪亮貌。 (75)映，光影。焆(juān)，光明。扬焆，水面上阳光闪耀。 (76)溟漭、渺湎(miǎn)、汗汗、沺(tián)沺，李善注：“皆广大无际之貌。” (77)滃(wēng)渤，雾气涌出而弥漫。

杳，幽暗深远。 (78)时，时时。郁律，水气上蒸貌。 (79)胚浑，混沌。古人指宇宙未形成的形态。李善注："言云气杳冥，似胚胎浑混，尚未凝结，又像太极之气，欲构天也。" (80)太极，中国古代哲学中所说一种原始的混沌之气，为宇宙万物的本源。《周易·系辞上》："易有两极，是生两仪，两仪生四象，四象生八卦。"构天，指天地万物的形成。 (81)浹(xiá)渫(dié)，水波连续貌。 (82)描写水流湍急，涌起高浪，如山一般崔嵬。 (83)盘涡，漩涡。谷转，顺着山谷流转。(84)此句形容飞腾起的波涛落下就如同高山倒塌。 (85)阳侯，传说中的水神。后以阳侯指代巨浪。砐(è)硪(é)，水波摇动貌。岸起，指浪高如崖岸。 (86)涴(wǎn)演，水势回曲貌。云回，像云一样回绕。 (87)沺(yín)沦，水流回旋貌。溛(wā)瀤(huái)，水波起伏不平状。 (88)乍浥(yà)，水突然落下。堆，指水波高起。 (89)㵁(kàn)，幽深貌。吕向注："㵁，深穴。言水为烈风所吹，四面浪起，中为深穴，则㵁然如地裂。风波既息，烟雾尽销，则豁然若天开。" (90)天开，云开雾散。 (91)曲压，弯曲的山崖。 (92)崩浪，浪触崖而崩散坠落。相礧(léi)，互相撞击。 (93)㕁(kè)窟，山边洞穴。湍渤，水声。 (94)溢涌，水汹涌漫溢。驾，凌驾，漫过。隈(wēi)，山的弯曲处。 (95)江豚，一种鲸类，李善注引《南越志》："江豚似猪。"海狶(xī)，即海豚。郭璞《山海经注》曰："今海中有海狶，体如鱼，头似猪。" (96)叔鲔(wěi)，小鲟鱼。大者称"王鲔"，小者称"叔鲔"。王鳣，鳣鱼中之大者，即大鲟鳇鱼。 (97)䱻(huá)，李善注引《山海经》："䱻鱼，其状如鱼而鸟翼，出入有光，其音如鸳鸯。"鰊(liàn)，形状似绳的一种鱼。鰧(téng)，李善注引《山海经》曰："鰧，其状如鳜。"鲉(yóu)，一种体长似鳝的鱼。 (98)鲮(líng)，身体侧扁，口小，鳍长的鱼。鳐(yáo)，即文鳐鱼，又名飞鱼。鲶(lún)，一种形状似鲫、体有花纹的鱼。 (99)鹿觡(gé)，一种头长类似麋鹿角的鱼。李善注引《临海异物志》曰："鹿鱼，长二尺余，有角，腹下有脚，如人足。"象鼻，长得似象鼻的鱼。 (100)虎状，郭璞《山海经注》："今海中有虎鹿鱼，体皆如鱼，而头似虎鹿。"龙颜，一种长得似龙的鱼。 (101)锥(cuī)错，间杂交错貌。 (102)焕烂，光辉灿烂。锦斑，色彩艳丽斑斓。 (103)㳄(xián)，同"涎"，口沫。 (104)排流，逆水而上。呼哈，鱼在水中呼吸吞吐。 (105)游延，漫游。 (106)爆采，鱼在水面露出其色彩。晃渊，指鱼在深水中闪耀光辉。 (107)嚇(hè)，张开。(108)介，大。 (109)鯼(zōng)，即石首鱼。李善注引《字林》曰："鯼鱼，出南海，头中有石，一名石首。"鮆(jì)，即刀鱼。郭璞《山海经注》曰："鮆，狭薄而长头，大者长尺余，一名刀鱼，常以三月八月出，故曰顺时。" (110)怪错，奇怪杂错。(111)潜鹄，一种能潜水的水鸟。鱼牛，李善注引《山海经》曰："鱼牛，其状如牛，陵居，蛇尾，有翼。" (112)虎蛟，李善注引《山海经》曰："虎蛟，其状鱼身而蛇尾，有翼，其音如鸳鸯。"钩蛇，郭璞《山海经注》曰："今永昌郡有钩蛇，长数丈，尾歧，在水中钩取断岸人及牛马啖之。" (113)蛇(lún)，李善注引《说文》曰："蛇，蛇属也，黑色，潜于神泉之中，能兴云致雨。”鱄(tuán)，李善注引《山海经》曰：“鱄鱼，其状如鲋而彘尾。”鲎(hòu)，李善注引《广志》曰：“鲎鱼，似便面，雌常负雄而行，失雄则不能独活，出交阯南海中。”蝞(mèi)，一种形状似虾，寄生龟壳的水虫。(114)鲼(fèn)，鱼名。体如圆盘，口在腹下，尾端有毒。鼋(yāng)、鼊(mí)、鼊(má)，皆龟类。 (115)王珧(yáo)，大蚌，白如雪。海月，一种大海贝，白色，体圆如月。 (116)土肉，一种多足水生动物，黑色。石华，海中甲壳类动物，附石而生。 (117)三蝬(zōng)，介类动物，似蛤。虾(fóu)江，李善注：“旧说曰蚽江，似蟹而小，十二脚。” (118)鹦螺，李善注引《南海异物志》：“鹦鹉螺，状如覆杯，头如鸟头，向其腹视似鹦鹉，故以为名也。”蜁(xuán)蜗，一种小螺。 (119)璅(suǒ)蛣(jié)，介类动物，今称寄居蟹，长寸余，大者二三寸。腹蟹，腹中有一小蟹。

(120)目虾，水母无耳目，以虾为目。李善注引《南越志》曰：“海岸间有水母，……正白，濛濛如沫，生物有智识，无耳目，故不知避人。常有虾依随之，虾见人则惊，此物亦随之而没。” (121)紫蚢(háng)，大紫贝。渠，古代车轮的外圈。此句形容紫贝大如车轮。 (122)洪蚶(hān)，大蚶，一种软体动物，贝壳厚而坚硬。专车，指蚶大得可装满一车。 (123)琼蚌，蚌似玉，故名。晞(xī)曜，在阳光下闪耀。此指琼蚌开壳以向日。莹珠，指琼蚌所生的晶莹透亮的珍珠。 (124)石砝(jié)，蚌蚧类，李善注引《南越志》曰：“石砝，形似龟脚，得春雨则生花，花似草华。”因得春雨则生花，故曰“应节而扬葩”。 (125)蜛蝫(jū zhū)，虫名。李善注引《南越志》曰：“蜛蝫，一头，尾有数条，长二三尺，左右有脚，状如蚕，可食。”森衰，下垂状。翘，尾。 (126)玄蛎，形似马蹄的黑牡蛎。磈(kuài)磥(lěi)、碨(wēi)�(yā)，皆为不平状。 (127)泛潋，浮游。 (128)混沦，转动。 (129)龙鲤，即穿山甲，又名龙鱼。 (130)鸧(cāng)，传说中的九头鸟。 (131)李善注曰：“《山海经》曰：‘三足鳖，跂尾。’《尔雅》曰：‘鳖三足曰能。’郭璞曰：‘今吴兴县阳羡县山上有池，池中出三足鳖，又有六眼龟。’” (132)赪(chēng)鳖(biē)，龟的一种，李善注引《山海经》曰：“珠鳖之鱼，其状如胏而有目，六足，有珠。”胏(zǐ)跃，胏同“肺”。因赪鳖色红而似肺，故称其跃动为“胏跃”。玑，不圆的珠。 (133)文魮(pí)，鱼名。李善注引《山海经》曰：“文魮之鱼，其状如覆铫(有柄的小锅)，鸟首而翼，鱼尾，音如磬之声，是生珠玉。”孕璆(qiú)，藏着美玉。璆，美玉。 (134)鯈(tiáo)鳙(yōng)，传说中的动物，李善注引《山海经》曰：“鯈鳙，状如黄蛇，鱼翼，出入有光。”拂，抖动。掣耀，闪光。 (135)神蜧(lì)，神蛇，潜于深泉，也是传说中的动物。蝹(yūn)蛉(lún)，蛇爬行的样子。沉游，潜游。 (136)騂(bó)马，传说中的动物，李善注引《山海经》曰：“騂马，牛尾，白身，一角，其形如虎。”嘘，喷水。蹀，踏。騂马在水中一边踏浪而行，一边喷水。 (137)水兕(sì)，水兽名，形似犀牛。

(138)渊客，即鲛人，神话传说中的人鱼。 (139)构馆，构筑房舍。 (140)雹布，如雹散落，极言多。馀粮，即禹馀粮。传说大禹治水时弃其馀粮而化为石，色黄，可入药。一说为产于海中的一种草。（141）星离，如星斗陈列，极言多。离，陈列。沙镜，像云母一样发光的沙子。（142）青纶，像青丝带一样的海藻类植物。也叫“昆布”，包括海带、鹅掌菜、裙带菜等。竞纠，交相织。（143）缛，色彩繁丽。组，绶，丝带。缛组，海草像彩色丝带一样。（144）荧晔，光明的样子。丛被，丛生覆盖。（145）绿苔，又名海苔，生长在水中岩石上。鬖（sān）髿（suō），本指头发凌乱状，此指散乱。研，同“砚”，光滑的石头。（146）石帆，一种生长在海中沙洲山石上的海草。蒙笼，草木茂盛貌。（147）蓱（píng），同“萍”，水草。实，草籽。时出，不时出现。漂泳，漂浮。（148）其下，水下。丹砾，丹砂。（149）云精，云母。爥（zhú）银，精光闪烁的样子。爥同“烛”。（150）珕（lì），蜃类，大蚧。古以珕贝作刀鞘上的装饰品。珋（liú），有光的石头。璿（xuán）瑰，玉名。（151）水碧、潜瑉（mín），皆水玉。（152）鸣石，撞击可发出声音的美石，色青，似玉。阳渚，江北的沙滩。渚，水边。（153）浮磬，可制作磬之大石，露出水面，似漂浮水中。肆，陈列。阴滨，南岸水边。（154）颎（jiǒng）彩，明亮的光彩。颎同“炯”。轻涟，微波。（155）焆（juān）曜，照耀。崖邻，水畔。（156）溽（rù），湿润。（157）津，润。（158）羽族，指鸟类。（159）晨鹄，又名晨凫，即野鸭，常以晨飞，故名。天鸡，一种水鸟，即丹鸡。《尔雅·释鸟》：“鶾（hàn），天鸡。”郭璞注：“鶾鸡赤羽。”（160）鴢（yǎo），状如凫的一种水鸟，青身，朱目，赤尾。鷔（áo），水鸟名，李善注引《山海经》曰：“鷔，青黄，其所集者其国亡。”鸥，水鸟名。在海者称海鸥，在江者称江鸥。䲦（dài），传说中的鸟名。李善注引《山海经·中山经》：“（首山）其阴有谷，曰机谷，多䲦鸟，其状如凫面三目，有耳，其音如录。”（161）阳鸟，鸿雁之类的候鸟。爰，助词，用在句中加强语气。（162）玄月，农历九月。李善注引《尔雅》曰：“九月为玄。”（163）聒，喧扰，声音嘈杂。（164）濯，洗。翮，羽茎，代指鸟翼。疏风，临风梳理羽毛。疏，“梳”的本字。（165）翻（yù）翯（yuè），鸟鼓动翅膀貌。（166）挥弄，挥洒、舞弄。珠，水珠。（167）拊拂，拍打。瀑沫，飞溅的水沫。（168）集，群鸟聚集。霞布，彩霞满天。

（169）产，产卵。毻（tuò），脱毛。积羽，地名。张铣注：“积羽，地名。方千里，群鸟产乳毻毛之处。”（170）勃碣，地名。李善注引伏琛《齐地记》曰：“渤海郡东有碣石，谓之勃碣也。”（171）橉（lín），橝木。杞，杞柳。稹，稠密。薄，丛生。浔涘，水边。（172）櫔（lì）樚（lián），两种树木。森，树木丛生貌。罗峰，布满山峰。

（173）桃枝，即桃花枝，可织席作杖。篔（yún）筜（dāng），一种竹子，生水边。（174）实、有，皆助词。丛，丛生。（175）葭（jiā），芦苇。蒲，菖蒲。云蔓，形容多而无边。（176）樱（yìng），彩色相映。兰，泽兰。红，茏古，俗名红草，叶大，赤白色，生水泽中。（177）皜（hào），洁白。毦（ěr），草花。（178）擢（zhuó），抽发，蒙生。茸，草花。（179）荫，遮蔽。隩（yù），岸边弯曲处。（180）繁蔚，草木茂盛的样子。蓠，即江蓠，一种香草。（181）隐蔼，茂密繁盛的样子。水松，草名，可入药。(182)涯灌，水边丛生的草木。芊(qiān)蒨(liàn)，青翠茂盛貌。(183)潜荟，水中茂盛的植物。葱茏，青翠貌。(184)鲮，鱼名。见前注。鯥(lù)，传说中的一种鱼。李善注引《山海经》曰："有鱼状如牛，陵居，蛇尾，其名曰鯥。"踦(kuí)，跳跃。跼(jú)，曲身。垠，边际。隒(yǎn)，崖，岸。(185)獱(bīn)，小水獭。獭，水獭。睒(shǎn)，一瞥。瞲(xuè)，惊视。岴(qiān)，岸侧空处。(186)迅蜼(wèi)，行动敏捷的长尾猴。蜼，长尾猴。临虚，虚空。骋巧，显示灵巧。(187)玃(jué)，大母猴。危，险峻。雍容，从容不迫。(188)夔牨(hǒu)，夔牛犊。李善注："《山海经》曰：'岷山多夔牛。'郭璞曰：'今蜀山中有大牛，重数千斤，名为夔牛。'又《尔雅注》曰：'今青州呼犊为牨，牨，夔牛之子也。'"翘踛(lù)，举足跳跃。(189)鸳雏，凤凰一类的神鸟。山东，山的东面，与前句"夕阳"对应。(190)因，沿着。岐，山岸曲处。渚，水中小块陆地。(191)开，冲开。张铣对以上两句注曰："言江水潮，因曲成渚，山夹为涧，波潮触之，又为沟渠也。"(192)漱，冲刷。浦，水滨。(193)区别作湖，江水分流而形成湖泊。(194)磴(dèng)，本为石阶，此处指水势不断上涨。瀿(fán)，水暴涨。瀷(yì)，雨后地面积水。(195)渫(xiè)，排泄。尾闾，古代传说中海水排泄处。《庄子·秋水》："天下之水，莫大于海，万川归之，不知何时止而不盈；尾闾泄之，不知何时已而不虚。"(196)标，标志。翠翳(yì)，青翠茂密貌。(197)泛，漂浮。菰(gū)，即茭白。漂在水上，故曰游菰。(198)播，遍布。匪，通"非"。艺，种植。芒种，此处指稻麦。(199)挺，生长。自然，天生的。嘉蔬，美味蔬菜。(200)鳞被，指菱荷之多如鳞片覆盖水面。菱荷，菱角、荷叶。(201)攒(cuán)，聚集。蓏(luǒ)，草类植物的果实。(202)翘，挺，举。瀵(fèn)，水浸。蕊，花。(203)颖，穗。裹，水草的果实。(204)猗萎，随风飘摇貌。(205)潭沲(tuó)，随波漂浮貌。(206)流光，指各种花草散发出的光彩。潜映，映入水中。(207)炎，盛。赮，原作"霞"，据李善注"赮与霞同"改。李善对以上两句注曰："言草木之花蕊流耀，潜映波澜，景色外发，炎于赮火。"(208)云梦，即云梦泽。春秋时楚国著名的大沼泽，在今湖北，本为二泽，跨长江两岸，江南为梦，江北为云，面积广八九百里，后世淤塞。雷池，水名。古雷水自今湖北黄梅县东流，经今安徽宿松县，于望江县东南积而成池，故名。(209)彭蠡，即鄱阳湖，在今江西。青草，即青草湖，亦名巴丘湖，南接湘水，北通洞庭湖，水涨则与洞庭湖相接，所谓重湖。在今湖南。(210)具区，即今太湖，在江苏吴县市西南。洮(yáo)，湖名，在今江苏溧阳市和金坛市境内。滆(gé)，湖名，在今江苏常州市西南。(211)朱，湖名，李善注引《山海经》："朱湖在溧阳。"浐(chǎn)，湖名，李善注引《水经注》："沔水又东得浐湖，水周三四百里。"丹，湖名，在今江苏丹阳市。漅(chǎo)，即巢湖，在今安徽巢湖市。(212)极望，极目远望。数百，数百里。(213)沆(hàng)瀁(yǎng)，广大貌。皛(xiǎo)溔(yǎo)，水深白貌。(214)爰，于是，于此。包山，即苞山，即今太湖中的西洞庭山。洞庭，包山下的地穴。 (215)巴陵，郡名，今湖南岳阳市。地道，地穴。(216)逵，四通八达的道路。潜逵，指水下的穴道。 (217)幽岫(xiù)，幽深的山洞。窈窕，指地穴幽深曲折貌。 (218)金精，黄金。李善注引《穆天子传》，“河伯曰：‘示汝黄金之膏。’”郭璞注曰：“金膏，其精汋(chuò)也。”玉英，有英华之色的玉。瑱，本指充耳之玉，引申为填充。 (219)瑶珠，美玉珍珠。琗(cuì)，珠玉光彩相杂错。 (220)骊虬(qiú)，骊龙。摎(jiū)，纠结，盘绕。址，地基，水底。(221)梢云，瑞云，祥云。李善注引孙氏《瑞应图》曰：“梢云，瑞云。人君德至则出，若树木梢梢然也。”嘌(biǎo)，山巅。 (222)海童，传说中的海中仙童。 (223)琴高，传说中的仙人。李善注引《列仙传》曰：“琴高浮游冀州二百余年，后入砀水中，乘赤鲤鱼来，出泊一月，复入水去。”娇，飞。 (224)冰夷，传说中的河神。《山海经·海内北经》：“纵极之渊深三百仞，维冰夷恒都焉。”郭璞注：“冰夷，冯夷也。”《庄子·大宗师》：“冯夷得之，以游大川。”《释文》：“司马(彪)云：《青泠传》曰：华阴潼乡堤首人也。服八石，得水仙，是为河伯。”傲睨，傲然斜视，目空一切。(225)江妃，传说中的汉水女神，参见后面第(290)条注释。嚬(pín)，忧愁貌。瞲(mián)眇，远视貌。 (226)抚，拍，按。凌波，起伏的波浪。凫跃，像凫一样腾跃水面。 (227)翠霞，彩霞。李善注：“《陵阳子明经》曰：‘春食朝霞。’朝霞者，日始出之赤气也。”神话传说中仙人吸食霞露。夭娇，自得貌。 (228)八风，四面八方之风。《吕氏春秋·有始》：“何谓八风？东北曰炎风，东方曰滔风，东南曰熏风，南方曰巨风，西南曰凄风，西方曰飂(liù)风，西北曰厉风，北方曰寒风。”不翔，不飞，不吹。 (229)舟子，船夫。搦(nuò)，握，持。棹(zhào)，船桨。搦棹意为划船。 (230)涉人，船夫。檥(nǐ)榜，意为停桨靠岸。檥，停止。榜，船桨。(231)飞云，船名。《吴都赋》刘渊林注曰：“飞云，吴楼船之有名者也。” (232)艅(yú)艎(huáng)，船名。李善注引《左传》：“楚败吴师，获其乘舟艅艎。” (233)舳(zhú)舻(lú)，船只。舳，船尾。舻，船头。属，连接。 (234)樯，桅杆。 (235)溯洄，逆流而上。沿，顺流而下。 (236)交，即交州，今广东、广西部分地区。益，即益州，故地大部分在今四川。 (237)投，到。幽，即幽州，故地在今河北北部及辽宁一带。浪，即乐浪郡，汉武帝时始置，地在今朝鲜境内。 (238)竭，尽。南极，南方极远之地，非谓今之“南极”。 (239)穷，尽。东荒，东方荒远之地。(240)䙰(lì)，窥视，观测。雰(fēn)，气。祲(jìn)，邪气，妖气。郑玄《礼记注》：“祲，阴阳气相浸渐以成灾也。”清旭，清晨。 (241)觇(chān)，窥视，观测。五两，古代测风器。李善注：“《兵书》曰：‘凡候风法，以鸡羽重八两，建五丈旗，取羽系其巅，立军营中。’许慎《淮南子注》曰：‘綄，候风也，楚人谓之五两也。’” (242)长风，大风。飕(wěi)，风大貌。扇，吹。 (243)广莫，即广莫风，指北风。飈(lì)，风急貌。整，肃。 (244)飋(ruí)，风力迟缓貌。 (245)趋(pāi)，越过。涨、洞，皆江水深广貌。截，横渡。 (246)凌波，越过浪头。柂(duò)，同“舵”。纵柂，自由行驶。 (247)电往,形容船行迅疾如闪电。杳溟,渺茫极远之地。 (248)霨(duì),云疾飞的样子。晨霞,朝霞。征,行。 (249)眇,辽远,高远。云翼,此指大鹏。《庄子・逍遥游》:“(鹏)怒而飞,其翼若垂天之云。”故此用“云翼”代指大鹏。绝岭,飞度山岭。 (250)飞廉,传说中的风神。李善注引《史记》曰:“飞廉善走。”睎(xī),望。 (251)渠黄,骏马名。李善注引《穆天子传》曰:“天子之八骏曰渠黄。”企,同“跂”,踮起脚跟看。景,同“影”。 (252)芦人渔子,采芦捕鱼之人。 (253)摈,弃,被排斥。落,飘落。 (254)羽褐,用粗毛、粗布制成的衣服。 (255)鲜,小鱼。 (256)栫(jiàn),用柴木堵塞。淀,较浅的水。涔(cén),积柴于水中捕鱼。 (257)潨(cóng),小水流入大水。夹潨,指用两面夹堵的方式使小水流入大水。罗,张设网具。筌,竹制的捕鱼器。 (258)筒(tǒng),捕鱼器。此指用“筒”捕鱼。洒,此指设钓钩。锋,此指钓钩。连锋,指钓鱼具相连。 (259)罾(zéng)、罍(léi),皆渔网名。比,并列。 (260)轮,收卷钓丝的转轮。碕(qí),曲折的堤岸。悬碕,陡峭而曲折的崖岸。 (261)中濑,湍急的水流中。横旋,横舟盘旋。 (262)《采菱》,歌曲名。叩舷,拍打船舷。 (263)傲,傲然,骄傲自满的样子。呕,同“讴”,歌唱。 (264)寻,追逐。穷年,终年。 (265)域,限制在固定范围上。盘岩,大山。盘,通“磐”,巨大石头。 (266)豁,疏通。洞,深。壑,海。洞壑,大海。 (267)沲(tuò),通“沱”,江水支流的通名。汜(sì),水分岔流出后又回到主流。 (268)鼓,鼓荡。朝夕,即“潮汐”。 (269)蒸,蒸腾。液,指江水。此句言江水蒸腾为云雾。 (270)怪,奇异的,不常见的。化产,孵化繁殖。 (271)傀(guī),怪异的。窟宅,穴居。 (272)纳,容纳。隐沦,神人。李善注引《桓子新论》:“天下神人五:一曰神仙,二曰隐沦,三曰使鬼物,四曰先知,五曰铸凝。”列真,列仙,诸仙人。道家称得道的人为真人。 (273)挺,使突出,使特出。异人,特出不凡的人。精魄,精神。 (274)灵润,云雨。 (275)岱宗,泰山的别称。旧以泰山为五岳之宗。触石,指云雾触石,化为雨。 (276)谲变,奇异变化。儵(shū),同“倏”,疾速。怳(huǎng),忽,一会儿。 (277)符祥,吉祥的征兆。非一,只一件。 (278)动应,应验。无方,无常。感事,与人事相感应。 (279)经纪,营料理。错综,交错综合。人术,人事,此两句指合理处置世上各种事物。(280)岷精,岷山的精灵,即岷山之神。东井,星名,二十八宿之一,即井宿。(281)阳侯,同注(85),水神,波神。 (282)奇相,传说中的江神。李善注引《广雅》曰:“江神谓之奇相。”宅神,居江为神。 (283)协,合。灵爽,魂魄,精神。湘娥,帝舜二妃娥皇、女英,传说坠湘水而溺死,死后为湘水之神。 (284)骇,惊骇,吃惊。伯禹,大禹。李善注引《吕氏春秋》曰:“禹南省,方济乎江,黄龙负舟,舟中之人五色无主,禹仰视天而叹曰:‘吾受命于天,竭力以养民。生,性也,死,命也,余何忧于龙焉!’龙俯耳曳尾而逃。” (285)荆飞,春秋时期楚国勇士佽(cì)飞。成气,指佽飞杀蛟龙前显示的英勇气概得以实现。太阿,古代著名的宝剑名。李善注引《吕氏春秋》："荆有佽飞者，得宝剑于干遂（高诱注："干遂，吴邑。"），反涉江至于中流，有两蛟夹绕其舡（小船），佽飞拔宝剑曰：'此江中腐肉朽骨也。'赴江刺蛟，杀之。荆王闻之，仕以执珪。" （286）悍，强悍，勇悍。要离，春秋时刺客。曾受命替吴公子光（阖闾）谋杀王子庆忌。图庆，图谋杀王子庆忌。推戈，举剑，挥戈。李善注引《吕氏春秋》曰："要离走往见王子庆忌于卫，庆忌喜，要离曰：'请与王子往夺之国。'王子庆忌与要离俱涉于江，拔剑以刺王子庆忌，捽（zuó）（揪，抓）而投之于江，浮出，又取而投之于江，如此者三。其卒曰：'汝天下之国士也，幸汝以成名。'要离不死，归吴矣。" （287）灵均，即屈原。《离骚》："名余曰正则兮，字余曰灵均。"任石，怀石，抱石。《史记·屈原贾生列传》："乃作《怀沙》之赋……于是怀石，自投汨罗以死。" （288）渔父，《楚辞》中有《渔父》篇。写屈原放逐后行吟泽畔，遇渔父，遂相应答。其中既赞扬了屈原不与世俗同流合污的高洁人格，也表现了渔父避世隐身的人生态度。棹（zhào），船桨。棹歌，《楚辞·渔父》："渔父莞尔而笑，鼓枻（yì）（船舷）而去，歌曰：'沧浪之水清兮，可以濯吾缨；沧浪之水浊兮，可以濯吾足。'" （289）周穆，即周穆王。济师，师旅过河渡江。李善注引《纪年》曰："周穆王三十七年征伐，大起九师，东至于九江，叱鼋鼍以为梁。"八骏，李善注引《列子》曰："周穆王远游，命驾八骏之乘，骅骝、绿耳、赤骥、白仪、渠黄、逾轮、盗骊、山子。"鼋，大鳖。鼍，扬子鳄。 （290）交甫之丧珮，李善注引《韩诗内传》曰："郑交甫遵彼汉皋台下，遇二女，与言曰：'愿请子之珮。'二女与交甫。交甫受而怀之，超然而去，十步循探之，即亡矣。回顾二女，亦即亡矣。" （291）愍，哀怜。神使，神灵的使者，这里指神龟。李善注引《庄子》曰："宋元君夜半梦人被发而窥阿门曰：'予自宰露之泉，为清江使河伯所，渔者豫且得予。'元君觉，召占梦者占之曰：'此神龟也。'元君乃刳龟以卜，七十钻（灼之使裂而看裂纹占卜）而无遗策（卦皆灵）。"婴罗，被捕鱼网所缠绕，意为被捕捉。 （292）焕，光亮，鲜明。大块，自然。流形，变动成形，指万物的品类形态。 （293）混，混同，汇合。万，此指万川。尽，尽归。科，坎，此指长江。 （294）不亏，指长江之水永不枯竭。 （295）禀，承受。元气，天地未分前的混沌之气。李善注引《春秋元命苞》曰："水者，五行始焉，元气之凑液也。"灵和，美善，和谐。 （296）考，考察。川渎，江河。观，景观。著，明显。江河，偏义复合词，此处指长江。最后两句的意思是，要考察了解江河的奇妙，最突出者就是长江。

简析 《历朝赋格》称赞《江赋》："首段溯源穷委以尽其大概，次写出峡之险峻，状江湖之渊泓，罗括物产，刻画舟航，义无余蕴，美无剩观。"不仅可见作者博物之长，更有知识之富和文采之美。其对长江的由衷赞颂，除了对自然的热爱之外，也有奉劝南渡朝野人士利用大江条件，"中兴"国家的深意。《江赋》在表现形式上，运用大赋的铺排、夸饰，气势雄伟，生动传神，而又层次分明、脉络清晰，声色并茂，情感真实。

◎ 释慧远

庐山东林杂诗

崇岩吐清气，幽岫栖神迹[1]。
希声奏群籁[2]，响出山溜滴。
有客独冥游，径然忘所适[3]。
挥手抚云门[4]，灵关安足辟[5]。
流心扣玄扃[6]，感至理弗隔。
孰是腾九霄，不奋冲天翮[7]。
妙同趣自均，一悟超三益[8]。

作者简介　慧远(334—416年)，东晋著名高僧。俗姓贾，雁门楼烦(今山西宁武附近)人。慧远早年学儒，博综六经，尤善老庄。晋穆帝永和十年(355年)，二十一岁的慧远和弟弟惠持一起在太行恒山出家为僧，384年入庐山，居东林寺，在山三十余年，研治佛经，同时结交达官贵人、名流学者，弘扬佛学，对南方的佛教传播推动极大，后被唐代净土宗尊为初祖。慧远于佛学著作有《法性论》，于文学著作有《匡山集》，尤善山水诗文。

题解　慧远精通佛学的“般若性空之学”，在庐山东林寺传授佛法时，弟子信众如云，为便于徒众对佛法的理解和接受，其方法之一就是把东林寺周围的山水胜景信手拈来，使其与佛法理致“连类”，自然而然地介绍了自己的感悟和心怀。

注释　(1)岫(xiù)，山穴。　(2)希声，轻疏之声。籁，从山林孔穴中发出的自然声响。　(3)所适，所到之处。　(4)云门，天门。　(5)灵关，群灵出入之门。　(6)玄扃(jiōng)，扃为门窗上的插关，“玄扃”意即玄关，为入佛之门。《普灯录》说：“玄关大启，正眼流通。”正是说的这个意思。　(7)翮(hé)，羽毛，引申为翅翼。　(8)三益，《论语·季氏》：“益者三友……友直，友谅，友多闻，益矣。”意思是与正直的人、信实的人、见闻广博的人交朋友，就能获益。

简析　该诗首先可看作一首山水诗，前六句写自己眼中的庐山，从高岩、幽穴到清气、天籁，无不使人赏心悦目，物我两忘。继而自然往佛家的境界深入：天门可及，玄关大开，俗世的人和佛家的“至理”，实可由“悟”而通。而这个“悟”或由学问积累而水到渠成，或因生活经验而得到启发，或在游赏山水时触类旁通，总之是一种不期而然得之意外的“开悟”或“觉悟”，而这个体悟的途径比起孔子的“益者三友”更高超。该诗把描写山水自然与“悟道”之乐结合,平淡而有理趣。

庐山诸道人游石门诗

超兴非有本(1),理感兴自生(2)。
忽闻石门游,奇唱发幽情(3)。
褰裳思云驾(4),望崖想曾城(5)。
驰步乘长岩(6),不觉质自轻(7)。
矫首登灵阙(8),眇若凌太清(9)。
端坐运虚轮(10),转彼玄中经(11)。
神仙同物化(12),未若两俱冥(13)。

题解 石门在庐山西南,因有铁船峰与天池山相对并峙,形如双阙,故名石门或石门山。又有石门瀑布,极壮观。诸道人指与作者同趣共游者多人。汉末佛教传入中国后,有一段时间常以中国传统的道人、道士称呼佛教徒。

注释 (1)超兴,特别的兴致。本,原因、理由。 (2)理感,心中想到,感觉到。 (3)唱,同倡,倡导,建议。 (4)褰(qiān),撩起、揭起。云驾,驾云者,指仙人。 (5)曾城,地名,在今江西省星子县城南滨湖二里。 (6)驰步,快步。乘,登。 (7)质,身体、体重。 (8)矫,矫正,此处意为转动、转过来。灵阙,指神仙所居的宫殿。 (9)眇,同渺,渺茫、遥远。凌,升高而接近。太清,天空。古人认为天系清而轻的气所构成,故称为太清。 (10)运,旋转。轮,指法轮,佛法也。 (11)玄中经,意为极其高深玄妙的理论。 (12)物化,原意为变幻、变化,如庄周之梦中化蝶,后引申为死亡。 (13)未若,不如。冥,晦暗不清。末二句谓既然神仙也和我们一样有生有死,那就任其含糊不清,无须作过深的探究。

简析 该诗前面有六百余字的长序,叙述石门形势,游山缘起,览胜观感。继而作者又用诗句概括序文内容,主要是以奇景引发奇情,由奇情而感悟深理。正如作者用“诸道人”来称呼同游者一样,慧远在诗中有意淡化佛道之别,同样以神仙视之,赏景、羡仙一任自然。

◎ 湛方生

帆入南湖诗

彭蠡纪三江[1]，庐岳主众阜[2]。
白沙净川路[3]，青松蔚岩首。
此水何时流，此山何时有。
人运互推迁[4]，兹器独长久[5]。
悠悠宇宙中，古今迭先后。

作者简介 湛方生，东晋人，生卒爵里不详，卒于陶潜之后。《艺文类聚》和《诗纪》载其曾为卫军谘议参军，有集十卷，已佚。

题解 帆代指船。南湖即诗中的彭蠡湖，今称鄱阳湖或波阳湖，庐山在其侧旁。

注释 （1）纪，条贯，归纳融汇。三江，应是指江西境内流入彭蠡湖的赣江、信江、修水等河。 （2）庐岳，指庐山。主众阜，为众山之首。 （3）川路，水道。 （4）人运，人事与天运（大势）。互推迁，相互作用而推动变迁。 （5）兹器，此处的山水。

简析 该诗首二句从大处着眼，书写彭蠡和庐山的气势之大，继以白沙、川路、青松、岩首从细处补描，笔墨洗练。诗的主题则是对历史和自然的思考，强调在人事和天运推动的世界变化之中，古今先后相连续，而高山长水恰如见证。

帆船而还都

高岳万丈峻，长湖千里清。
白沙穷年洁[1]，林松冬夏青。
水无暂停流，木有千载贞[2]。
寤言赋新诗[3]，忽忘羁客情。

注释 （1）穷年，终年，长年。 （2）贞，坚贞，贞干。《论衡》：“夫三公鼎足之臣，王者之贞干也。” （3）寤言，志同道合的人相对交谈。刘向《列女传·鲁黔娄妻》：“君子谓：黔娄妻为乐贫行道，诗曰：‘彼美淑姬，可与寤言。’”此句指诗人与松林、流水等自然物互相契合。

简析 该诗前半部分写景，语意承接前一首诗而略有变化，不仅收景入目，并且随心寄意，如随水悟理，因木发思。诗末才点出自己的羁客身份，以神契自然、翻愁为安收结。

◎陶 潜

辛丑岁七月赴假还江陵夜行涂口作

闲居三十载，遂与尘事冥(1)。
诗书敦宿好(2)，园林无俗情。
如何舍此去，遥遥至西荆(3)。
叩枻新秋月(4)，临流别友生(5)。
凉风将夕起，夜景湛虚明(6)。
昭昭天宇阔(7)，皛皛川上平(8)。
怀役不遑寝(9)，中宵尚孤征(10)。
商歌非吾事(11)，依依在耦耕(12)。
投冠旋旧墟(13)，不为好爵萦(14)。
养真衡茅下(15)，庶以善自名(16)。

作者简介 陶潜(365—427年)，字渊明，一字元亮，浔阳柴桑(今江西九江市)人。他生活在东晋末年和南朝刘宋初年，虽为太尉长沙公陶侃之曾孙，但其家并非门阀士族，到他这一代更是亲老家贫。二十九岁后出仕，只担任祭酒、参军等卑职，最后的官职是彭泽令，在官仅八十余日，因不屑为五斗米折腰，毅然解印去职，归隐田园。所作诗文多描写农村景色，开我国"田园诗派"的先声。其对后世影响最大的是散文《桃花源记》《五柳先生传》和《归去来辞》。

题解 辛丑岁是401年，陶潜三十六岁，出仕小官七年，此时正在湖北。西晋末年左右政局的门阀士族和军阀争权夺位，政治黑暗已极，作者的济世抱负无由施展，而且还要降志辱身在官场周旋，因而思想苦闷，怀念自己三十岁之前的田园耕读生活。此诗为401年初秋作者调任江陵，在涂口夜行时所作。江陵，今湖北荆州市。涂口，在武昌南六十里，即今金口镇，当涂水(今称陆水)入江之口，故名涂口。

注释 (1)尘事,俗事。冥,远隔。 (2)敦,厚重。《左传》僖公二十七年:“说(悦)礼乐而敦诗书。” (3)西荆,即荆州。时京都在东边的建业(南京),故称荆州为西荆。 (4)枻(yì)栧,船桨。 (5)友生,朋友,或称学生。《诗经·小雅·棠棣》:“虽有兄弟,不如友生。” (6)湛(dān 耽),喜乐。或读 zhàn,澄清之意。 (7)昭昭,光明,明亮。《淮南子》:“觉视于昭昭之宇。”天宇,天空。 (8)皛(xiǎo、又读 jiáo),洁白光明貌。川上,江上。 (9)怀役,放不下所任的职务。不遑,无暇。寝,睡觉。《诗经·小雅·小弁》:“不遑假寐。” (10)中宵,夜半。孤征,独自行走。 (11)商歌,商,秋声,五音之一。《礼记·月令》:“孟秋之月,其音商。”《淮南子》:“宁戚商歌牛下,而桓公慨然而悟。”许慎注曰:“宁戚,卫人,闻齐桓公兴霸,无由自达,将车自往。”按宁戚亦作宁武,怀才不遇,隐于商贾,宿齐东门外。桓公外出,他正在喂牛,叩牛角而歌。桓公闻而异之,谋于管仲,管仲根据宁戚的擅长,向桓公推荐他为“大田”(农官),主管农业生产,而作者表示不愿这样求官。 (12)依依,不舍状。耦耕,两人各执一耜骈肩而耕。《论语·微子》:“长沮、桀溺(两隐士名)耦而耕。” (13)投冠,弃官。旋,归。旧墟,故里。 (14)好爵,好的官职。萦,萦念。《周易》:“我有好爵,吾与尔縻之。” (15)衡茅,衡门茅茨,指简陋的屋。衡门,横木为门。茅茨,茅草盖的屋子。 (16)《后汉书》中马援曰:“吾从弟少犹曰:‘士生一世,乡里称善人,斯可矣。’”意思是能被乡里称为善人就很好。

简析 魏晋南北朝时代由于战乱和政治黑暗,导致老庄思想和隐逸风气盛行。陶潜快三十岁才离家出仕,但沉沦下僚,降志辱身,深感“志意多所耻”和“违己交病”。此诗抒写自己在初秋的深夜赶赴任所,风尘仆仆,舟车劳顿,故美好的江上秋月在他眼中也不过尔尔。虽然挂心公务,内心的呼唤却是“不如归去”。当时贵族文坛的山水诗讲究“富艳难踪”,而陶潜的田园诗却是平淡自然而清腴峻洁。

于王抚军座送客

秋日凄且厉,百卉具已腓(1)。
爰以履霜节(2),登高饯将归(3)。
寒气冒山泽(4),游云倏无依(5)。
洲渚思缅邈(6),风水互乖违(7)。
瞻夕欲良宴(8),离言聿云悲(9)。
晨鸟暮来还,悬车敛余晖(10)。

逝止判殊路(11)，旋驾怅迟迟(12)。

目送回舟远，情随万化遗(13)。

题解 陶潜在晋安帝义熙二年(406年)辞去最后的官职彭泽令，隐居庐山。王抚军即王弘(379—432年)，字休元，东晋丞相王导曾孙，在晋末义熙十四年出任江州刺史，曾亲往拜访陶潜，此后见陶"辄于林泽间候之，至于酒米乏绝，亦时相赡"。故此诗只能作于418年左右的某个秋天。王弘遣朋友送来酒肴，陶潜和友人登高饮酒之后，于暮色中目送客舟离去。

注释 (1)百卉，百草。腓，草木枯萎。《韩诗》："秋色凄凄，百卉具腓。" (2)爰，于是。履霜节，霜降的时节。 (3)饯，送行饮酒，饯别。 (4)冒，覆盖。 (5)倏，飘忽不定。《楚辞·九歌》："倏而来兮忽而逝。" (6)缅邈，遥远貌，含有"瞻望弗及"的意思。 (7)乖违，不和谐。 (8)瞻夕，夜中望着。 (9)离言，离别之言。聿，语助词，无义。 (10)悬车，古代记时的名称，指黄昏前的一段时间。《淮南子·天文训》："(日)至于悲泉，爰止其女(汝)，爰息其马，是谓悬车。至于虞渊，是谓黄昏。"敛，收。 (11)《说文》："逝，往也。"判，分。殊路，指去者、送者各有不同的路途。 (12)旋驾，谓送人返归。迟迟，徐行貌，迟缓。 (13)遗，遗忘。谓我心已随万物俱忘。

简析 《楚辞·秋声赋》说"悲哉秋之为气也"，伤春悲秋，于困顿中的诗人尤为难免。何况是送别，而且来客又是代挚友送来酒肴，一同登高饮酒的知己！故诗中先写萧瑟秋景，继写送别深情。然而作者毕竟是胸怀旷达的隐逸之士，故末句"情随万化遗"又能放下一切，心物俱忘。其胸次浩然，于"清腴""峻洁"之外，又别有一番"闲远"与"冲和"。

南北朝诗歌

◎谢　瞻

王抚军庾西阳集别时为豫章太守庾被征还东

祗召旋北京(1),守官反南服(2)。
方舟析旧知(3),对筵旷明牧(4)。
举觞矜饮饯(5),指途念出宿(6)。
来晨无定端(7),别晷有成速(8)。
颓阳照通津(9),夕阴暖平陆(10)。
榜人理行舻(11),辎轩命归仆(12)。
分手东城闉(13),发棹西江隩(14)。
离会虽相杂(15),逝川岂往复(16)。
谁谓情可书,尽言非尺牍(17)。

作者简介　谢瞻(385—421年),字宣远,陈郡(今河南淮阳)人。幼能属文,东晋末任安西参军,入宋任中书、黄门侍郎。其弟谢晦显贵,谢瞻忧惧,并时警醒之。宋武帝刘裕即位之初,以谢瞻为豫章太守。谢瞻与王弘、庾登之为好友。

题解　王抚军即前诗注的王弘,当时仍在九江刺史任上。庾西阳即庾登之(382—443年),东晋末任参军,入宋后官至太尉主簿。宋武帝永初二年左右,即420或421年前后,庾登之卸西阳太守职,还都建业任太子庶子,而谢瞻赴豫章(今南昌)任太守职,两人同时经过九江,王弘遂在九江东的湓口南楼为庾、谢行宴。

注释　(1)祗(zhǐ),恭敬。司马贞《索隐》:“祗,敬也。言祗敬迟回。”旋,回。北京,指当时建业,因其在江西的东偏北。　(2)守官,居官。反同“返”。南服,南方五服,泛指南部。　(3)方舟,两船相并。析,分开。旧知,旧时知己。　(4)旷,心旷神怡,开朗。旧知指庾登之。明牧,贤明的牧守,指王弘。　(5)矜,通“怜”,怜悯、同情。　(6)念,怀念。出宿,《诗经·邶风·泉水》:“出宿于济(地名),饮饯于祢(地名)。”　(7)无定端,意想不到。　(8)晷,日影。有成速,别时容易。　(9)颓阳,斜阳。通津,水道。　(10)平陆,平原陆地。　(11)榜人,船夫。舻,船头。　(12)辎轩,轻便车。归仆,官员出外所带的仆从。　(13)闉,城曲重门。(14)隩,江东人呼浦为隩,水边。　(15)离会相杂,意为有离有合。　(16)逝川,《论语·子罕》:“子在川上曰:‘逝者如斯夫,不舍昼夜。’”但时不我留。　(17)末二句意为离别后写信,总难尽达情意。尺牍,书信,古时长函约一尺,故曰尺牍。

简析 东晋和南朝时内乱与干戈连绵不歇，豪门和武人你方唱罢我登场。一主二宾既是朋友，更是地位相埒的官员，他们在匆忙的相聚即离别的时刻，是担忧或感叹时局变幻，还是暂借山水宴乐浇愁？诗中记酒筵很简略，对政局更为回避。诗眼一是“指途念出宿”，即我从何处来，归宿在何处？一是“逝川岂往复”，时光一去不复返。故文字虽然平淡，但思绪万千，难以“尽言”，可留读者想象。

◎谢灵运

从游京口北固应诏诗

玉玺戒诚信(1)，黄屋示崇高(2)。
事为名教用，道以神理超。
昔闻汾水游(3)，今见尘外镳(4)。
鸣笳发春渚，税銮登山椒(5)。
张组眺倒景(6)，列筵瞩归潮。
远岩映兰薄(7)，白日丽江皋(8)。
原隰荑绿柳(9)，墟囿散红桃。
皇心美阳泽，万象咸光昭。
顾己枉维絷(10)，抚志惭场苗(11)。
工拙各所宜(12)，终以反林巢(13)。
曾是萦旧想(14)，览物奏长谣(15)。

作者简介 谢灵运（385—433年），祖籍陈郡阳夏（今河南太康一带），出生于会稽。为东晋车骑将军谢玄之孙，袭封康乐公，世称谢康乐。晋末为晋世子左卫率。刘裕代晋，任为散骑常侍。宋少帝时先后任永嘉太守、秘书监、临川内史等职。宋文帝元嘉八年(431年)在临川内史任上被人以叛逆罪弹劾。流徙广州，两年后在广州被杀，时年四十九岁。谢灵运少时博览群书，天资过人，诗、书、画都有很高造诣。性好山水，并以山水风光作为诗歌的审美对象和表现题材，语言富有色泽，被誉为山水诗的开创人。其诗以五言为主，描写山水景物细致入微，境界优美。有《谢康乐集》传世。

题解 此处从游指随从南朝宋武帝刘裕出游。京口即今江苏镇江。北固指北固山，在京口江边，一称北顾山。用北固取稳固之意，称北顾则取北望之意。应诏诗是应帝王之命而作的诗。

注释 (1)玉玺，专指皇帝的玉印。 (2)黄屋，古代帝王专用的黄缯车盖，这里借指帝王之车。 (3)汾水游，语出《庄子·逍遥游》，说尧为政事前往汾水北面的姑射山拜见四位得道的高士，不禁茫然忘掉自身所居天下之位。后以"汾水游"形容超然物外的处世态度。 (4)镳，本义为马嚼子，借指马。 (5)税銮，解马停车。税通"脱"。山椒，山顶。 (6)张组，排成队伍。 (7)兰薄，兰草丛生的地方。 (8)江皋，江岸。 (9)原隰(xí)，广平低湿的地方。荑(tí)，初生的茅草嫩芽。这里用作动词，泛指草木发芽。 (10)维絷(zhí)，系缚，羁绊。 (11)抚志，所持志向。惭场苗，不如园圃中的苗木。 (12)工，工致巧妙。拙，笨拙。各所宜，各有所宜。 (13)反，返。林巢，野外。 (14)萦旧想，放不下从来的愿望。 (15)览物，看过了景物。奏长谣，献上这支长歌。

简析 该诗开篇极言皇权之崇高威严，继写从游之宏大场面和京口风景之丽，以衬托皇心之仁泽被万物，辞藻富丽堂皇，雍容华贵，显见应诏诗一般特征。最后六句表明心迹，即看到场苗之欢欣，顿生己身维絷之惭，而有回返林巢之想，与前"汾水游"相照应，表达了诗人入宋后未获信任，常怀愤懑的情绪。作为应诏诗能不失本心，还是难得。

登庐山绝顶望诸峤

山行非有期，弥远不能辍(1)。
但欲淹昏旦(2)，遂复经圆缺(3)。
积峡忽复启(4)，平途俄已绝(5)。
峦垅有合沓(6)，往来无踪辙(7)。
昼夜蔽日月(8)，冬夏共霜雪(9)。

题解 谢灵运出身豪门，十八岁就袭封康乐公，本能地热衷政治权势。但刘裕代晋以后，他的特权地位受到威胁，故从宋武帝永初三年(422年)担任永嘉(今温州)太守以后，就肆意遨游山水，不以政务为心。后来更一度辞官回会稽(今绍兴)，到处探奇访胜。故其留下的山水诗，大多作于上述两地。由于他和住在庐山的名僧慧远友善，曾在晋末安帝的义熙七、八年(411—412年)两次到庐山游览，故《登庐山绝顶望诸峤》和《入彭蠡湖口》均应作于此时，是作者二十六七岁时的诗作。绝顶，山岭最高峰、最高处。峤（jiào），高而尖的山峰。

注释 （1）弥，更加。辍，停止。开头两句是说游山不受时间限制，更远的地方也不能不去。（2）昏，黄昏。旦，早晨。淹昏旦即不分早晚。（3）遂，于是。此句指月亮圆了又缺。（4）积峡忽复启，经过众多山峡，忽然找到出口。（5）平途俄已绝，平坦的道路突然断绝。（6）垅，丘垄。沓（tà），多而重复。（7）辙，车轮压出的痕迹。（8）昼夜蔽日月，因山高林密，白昼不见太阳，夜晚不见月亮。（9）冬夏共霜雪，庐山由于地势高峻，夏天也非常清凉。古书有"时见山翁来取雪"的记载，可知在树木茂盛的峡谷中，夏天尚有残雪。

简析 东晋时期因政局混乱和佛、道思想的传播，清淡玄理的风气盛炽，诗坛上流行超然物外，以玄言佛理装点门面的玄言诗。但这种"理过其辞，淡乎寡味"的诗作给人空虚枯燥、读之生厌的感觉。南朝伊始，就出现了陶潜的田园诗和谢灵运的山水诗。不过早期的山水诗仍然带有玄言诗的若干色彩，如忘却世事，"虚述人外"，如刘勰所批评的"山水不足以娱其情，名理不足以解其忧"。

入彭蠡湖口

客游倦水宿[1]，风潮难具论。
洲岛骤回合[2]，圻岸屡崩奔[3]。
乘月听哀狖[4]，浥露馥芳荪[5]。
春晚绿野秀，岩高白云屯。
千念集日夜，万感盈朝昏[6]。
攀崖照石镜[7]，牵叶入松门[8]。
三江事多往[9]，九派理空存[10]。
灵物叁珍怪[11]，异人秘精魂[12]。
金膏灭明光[13]，水碧缀流温。
徒作千里曲[14]，弦绝念弥敦[15]。

题解 彭蠡，即鄱阳湖，其"口"即"湖口"，为湖口县所在，长江在此与鄱阳湖汇合。谢灵运此诗亦作于411—412年游览庐山期间。

注释 （1）客，指诗人自己。倦水宿，日夜在船，颇多倦意。（2）洲岛，指水中的陆地。骤回合，很快地一个接一个。（3）圻岸，矗立在江边的险峻崖岸。崩奔，崩落到水中。（4）狖，一种黑猿，月夜间哀啼。（5）浥，湿。馥，香气。荪，古书上说的一种香草。（6）千念、万感两句，承上两句绿野秀色，高岩聚云而言，称沿途感想千头万绪，早晚萦怀。（7）石镜，庐山东面有镜峰，石平如镜。与石镜峰紧相连的金珠峰下，诗人的外祖父王羲之曾筑有别墅，后改作归宗寺。（8）松门，地名，在都昌县南20里。三百余年后，李白《入彭蠡经松门观石镜缅怀谢康乐，题诗书游览之志》一诗，有"谢公之彭蠡，因此游松门"句。（9）三江，三江说法很多，这里泛指长江中下游。（10）九派，原指江西九江市北的一段长江，因江水有九个支流，故称九派。郭璞《江赋》中有"流九派乎浔阳"。（11）悋，一作吝，吝惜之意。（12）秘，闭。精魂，精神魂魄。（13）金膏，仙药。（14）千里曲，曲名，即《千里别鹤》曲。（15）弦绝，曲终。念弥敦，思念更加迫切。

简析 《入彭蠡湖口》用工细精致的语言，描绘了鄱阳湖口的自然景物，很像一篇清丽简短的湖中游记。《文心雕龙》说山水诗必须"情必极貌以写物，辞必穷力而追新"。谢灵运于后者做得颇到位，诗中"春晚绿野秀，岩高白云屯"，确如鲍照所说的"如初发芙蓉，自然可爱"，做到了客观逼真地写景。但该诗一如作者别的山水诗，于"情"秘而不宣，故其"千念""万感"些什么，也像"异人秘精魂"，不见内心，情景不能交融，只能留下猜想。

◎ 颜延之

始安郡还都与张湘州登巴陵城楼作

江汉分楚望(1)，衡巫奠南服(2)。
三湘沦洞庭(3)，七泽蔼荆牧(4)。
经途延旧轨(5)，登闉访川陆(6)。
水国周地险，河山信重复。
却倚云梦林(7)，前瞻京台囿(8)。
清氛霁岳阳(9)，曾辉薄澜澳(10)，
惨矣自远风，伤哉千里目。
万古陈往还(11)，百代劳起伏(12)。
存没竟何人(13)，炯介在明淑(14)。
请从上世人(15)，归来艺桑竹(16)。

作者简介 颜延之(384—456年),生活于东晋孝武帝太元至南朝宋孝武帝孝建年间,字延年,琅琊临沂(今山东临沂北)人。好读书,文章之美,冠绝当时,与谢灵运齐名。东晋末内史刘柳任其为行军参军,入宋后任太子舍人、正员郎、员外常侍等官职。他作诗喜用典故,讲究雕琢字句,反映魏晋以来诗文创作单纯追求形式美的倾向。代表作有《北使洛诗》。原集散佚,明人辑有《颜光禄集》。

题解 始安郡,三国吴置,在今广西桂林地区。都,指建业(今南京)。宋少帝时,作者出任始安太守,仅三四年,宋文帝元嘉三年(427年)被征为中书侍郎。张湘州即张邵,时为湘州刺史。湘州,辖今湖南省及两广之旧韶州、桂林诸府地,治临湘。巴陵,今湖南岳阳。故此诗作于427年。

注释 (1)楚望,诸侯受命祀其国中山川为望,祭不越望。江、汉、濉、漳,四水在楚地,称为楚望。《左传》哀公六年:“江、汉、濉、漳,楚之望也。” (2)衡巫,衡山、巫山。奠,定。南服,南方。 (3)三湘,《寰宇记》以湘乡、湘潭、湘阴为三湘。一说沅湘、潇湘、蒸湘或漓湘、潇湘、蒸湘为三湘。前者以地名而言,后者以河名而言。 (4)七泽,旧在湖北境内,云梦为七泽之一。蔼,润泽。荆牧,荆地(楚地)的郊外。 (5)旧轨,来时的道路,或熟悉的行程。 (6)闉(yīn),古代城门外层的曲城。川陆,水陆两地。 (7)却倚,后靠。云梦林,云梦地的树林。 (8)京台,即荆台。旧在今湖北监利县北。《渚宫故事》:“昭王欲游荆台,司马子期进曰:‘荆台之游,其乐使人遗老而忘死,大王无游焉!’”囿,园林。 (9)清氛,清气。霁,雨止天晴。 (10)曾辉,日光。薄,迫近。澜,水波。澳,水曲处。 (11)陈,陈列,宣示。 (12)劳,费、烦。起伏,此起彼伏,新陈代谢。 (13)存,留名。没,淹没。此句意为历史上留下美名或恶名的是些什么人呢? (14)炯,明。介,操。炯介,亦作“耿介”,正大光明意。明淑,明洁贞淑,比喻人的品行高洁。 (15)上世人,上古之人。《论衡》:“上世之人,质朴易化。” (16)艺,种植。

简析 该诗起首四句极具气魄,江汉衡巫,三湘七泽,高度浓缩楚地的名山大川于诗句。继之具体记述自己的行程所见,山重水复,树林城廓只是应景,意味深长的是云梦荆台,由楚王游乐之地引出历史兴亡和人生感悟。所以全诗的三层结构依次是:地理的大空间——作者的行程中所见——自己的内心所思。所思的最后是志向:人生世上,最后是留下光明美洁的声名还是被历史淹没不彰呢?还是正直耿介好吧,否则归隐田园,种桑麻,植木竹,也不失为最后的退路啊。所以该诗的气魄和格调还有可取。

望庐山石门

访世失隐沦[(1)]，从山异灵士[(2)]。
明发振云冠[(3)]，升峤远栖趾[(4)]。
高峰插半天，长崖断千里。
氛雾承星辰[(5)]，潭壑洞江汜[(6)]。
崭绝类虎牙，巑岏象熊耳[(7)]。
埋冰或百年，韬树必千纪[(8)]。
鸡鸣清涧中，猿啸白云里。
瑶波逐空开，霞石触风起。
回互非一形，参差悉相似。
倾听凤管宾[(9)]，缅望钓龙子[(10)]。
松桂盈膝前，如何秽城市[(11)]。

作者简介　鲍照（405—466年），字明远，东海（今江苏灌云县）人。出身寒微而富文学才华，因献诗临川王刘义庆，擢为侍郎，继任秣陵令、永嘉令，最后任临海王刘子顼（xū）前参军。刘子顼谋反被赐死，鲍照也在荆州为乱军所杀。鲍照以善乐府诗闻名，所写边塞战争和征夫戍卒的生活，情感鲜明。代表作有《行路难》十八首，纵横挥洒，风格雄峻，表现强烈的愤世不平。有《鲍参军集》传世。

题解　石门一名障山，位于庐山北部，离慧远所建龙泉精舍十余里。慧远《庐山诸道人游石门诗序》说，石门"体绝众阜，辟三泉之会，并立而开流，倾岩玄映其上，蒙形表于自然，故因以为名"。由于此处"悬濑险峻"，"路阻行难"，故虽有奇观而"未睹者众"。鲍照在宋文帝元嘉十六年（439年）任临海王刘子顼（时在江州即九江）前参军时曾游庐山，故该诗大约作于此时。

注释　(1)访世，在人世寻访。失，没遇见。隐沦，隐居没落之人。　(2)从山，沿着山，到山里来。异，不同于。灵士，灵人，仙人。此两句是说自己在人世寻访不到隐士，到山中也没见着仙人。　(3)明发，黎明。　(4)升峤，高而尖的山峰。远栖趾，距离人迹很远。　(5)承，连接。　(6)洞，穿越、洞开。汜（sì），分流后又复合，或分流之水无处流通。　(7)巑岏（cuán wán），山峰峻峭状，如竖着的熊耳。

(8)此两句估计庐山的形成年代久远。韬树，隐蔽之处的树。 (9)凤管宾，手握凤管的人。凤管，笙箫的美称。《洞冥记》：汉武帝"见双鹄集台之上，倏忽变为二神女舞于台，握凤管之箫。" (10)钓龙子，钓龙的人。钓龙可能由钓鳌变化而来，《列子·汤问》："龙伯之国有大人，举足不盈数步而暨五山之所，一钓而连六鳌。" (11)秽，污浊。末二句以为污浊的城市如何也不能与山林相比。

简析 鲍照在门阀特权盛行的时代，虽郁郁不得志，却始终不甘隐沦，不羡神仙。该诗写庐山的高峰、长崖、潭壑、清涧、霞石、古树，而不写花草小径，亦可见其雄健奔放。"高峰插半天，长崖断千里"两句气势不凡。唐代李白受其影响，杜甫也称赞"俊逸鲍参军"，不为无故。

上浔阳还都道中作

昨夜宿南陵(1)，今旦入芦洲(2)。
客行惜日月(3)，崩波不可留(4)。
侵星赴早路(5)，毕景逐前俦(6)。
鳞鳞夕云起(7)，猎猎晚风遒(8)。
腾沙郁黄雾(9)，翻浪扬白鸥(10)。
登舻眺淮甸(11)，掩泣望荆流(12)。
绝目尽平原，时见远烟浮。
倏忽坐还合(13)，俄思甚兼秋(14)。
未尝违户庭(15)，安能千里游(16)。
谁令乏古节(17)，贻此越乡忧(18)。

题解 浔阳为九江古称，还都是返回都城建康(今南京)，题目表明该诗是作者从九江回返，故时间应该是在初来九江的439年以后的一两年，季节则是春天。

注释 (1)南陵，故城在今安徽繁昌县西北。 (2)芦洲，历史上有两处与楚国人伍子胥(即伍员)有关的芦洲：一是今湖北鄂州西二十里的芦州，又称罗洲，为伍子胥渡江处；一是今安徽马鞍山附近，为伍子胥渡江奔吴处。从上下两句的联系来看，此处的芦洲应是后者。因为作者从九江返回建康，不太可能从南陵上溯鄂州又赶回。 (3)惜日月，爱惜时光。 (4)崩波，犹奔波。 (5)侵星，披星戴月。 (6)毕景，看不到(前人)的影子。逐前俦，追赶前人。 (7)鳞鳞，云层如鱼鳞状。 (8)猎猎，风声。遒，劲疾。 (9)腾沙郁黄雾，北方飘来的沙积成黄色的云雾，古时多为春季特有。（10）翻浪扬白鸥，鸥鸟始终在波浪上翻飞。（11）舻，船头。淮甸，指淮南地区。甸，郊外。（12）荆流，从上游荆江流来的江水。（13）倏忽，忽忽，转眼之间。坐还合，形容远烟漂浮不定。（14）俄思，短暂，转瞬之间。兼秋，隔了一年。《诗经·王风·采葛》："一日不见，如三秋兮。"（15）违，离开。户庭，家庭。此句是说以前还未曾长期离家。（16）安能，怎能。千里游，比喻离家远游。（17）令，使。乏，缺少。古节，古人的气节。（18）贻，给予。越乡忧，离开家乡的忧愁。《左传》襄公十五年："小人怀璧，不可以越乡。"

简析 鲍照的这首乐府诗，为其首次远离家庭经年之后，匆忙返回途中所作。"客行惜日月，崩波不可留"，正如俗言的归心似箭，故江景虽美，却无心欣赏，文字一出于平淡。末四句直抒千里游时的乡愁，正是贫贱之士满怀抱负不能施展，反而为了生计汲汲奔走的苦闷心情的宣泄。

还都道中

风急讯湾浦(1)，装高偃樯舳(2)。
夕听江上波，远极千里目。
寒律惊穷蹊(3)，爽气起乔木。
隐隐日没岫(4)，瑟瑟风发谷。
鸟还暮林喧，潮上冰结洑(5)。
夜分霜下凄，悲端出遥陆。
愁来攒人怀(6)，羁心苦独宿(7)。

题解 鲍照为求生计或实现抱负奔走，离都还都反复多次，此篇与上篇《上浔阳还都道中作》可看成姊妹篇。《还都道中》的写作年代应该在442年之后450年之前，季节则明显为冬天。

注释 （1）讯湾浦，探问何处有湾浦可以避风。（2）装高，船上装载什物很高。偃，放倒。樯，桅杆。舳，船后持舵处。（3）寒律，寒冷的节奏。穷蹊即荒蹊。蹊，道路。（4）岫，山穴，山谷。（5）洑，洄流貌，或潮水涌上冰面后的状态。（6）攒，聚集。谢灵运《浮云赋》："俄而就飞散，岂得复攒聚。"（7）羁心，羁旅的心情。

简析 《还都道中》写自己在冬天乘船江行的景况和心情。时在冬日的黄昏，太阳已经隐没山后，飞鸟急于还林，四野苍茫，风急浪高，故急于找到安全的避风之所。故此诗既是写景，又是形象的比喻，流离颠沛的行人急于找到可以安身立命的港湾，其凄惨愁苦，跃然纸上。

发后渚

江上气早寒，仲秋始霜雪。
从军乏衣粮，方冬与家别(1)。
萧条背乡心(2)，凄怆清渚发(3)。
凉埃晦平皋(4)，飞潮隐修樾(5)。
孤光独徘徊，空烟视升灭。
途随前峰远，意逐后云结(6)。
华志分驰年(7)，韶颜惨惊节(8)。
推琴三起叹，声为君断绝(9)。

题解　渚是水中的小块陆地。后渚在南京城外江中，为泥沙累积而成，古时常作为船舶的停靠之地和上下货物的码头。此诗大约作于南朝宋文帝元嘉十七年(440年)的初冬，诗人刚与家人团聚，席不暇暖，又从后渚启程奔赴广陵(扬州)。

注释　(1)方，将，将近冬季却要离家。　(2)萧条，本指景物的凋零与寂寥，此处借指心情的落寞沉重。　(3)凄怆，凄凉悲伤。清渚，秋冬水流较缓，因而后渚的江水转清。　(4)凉埃，变冷的大地。晦，昏暗。皋，水边的高地。　(5)修，长。樾，长长的树荫。　(6)意，指离乡之情。逐，随着。结，郁结，聚集。　(7)华志，美好的志向。分驰年，分散、消失在飞快的年月中。　(8)韶颜，青春的容颜。惨惊节，在惊骇的季节里惨淡无光。此处年、节均表示时光。　(9)末二句说放下瑶琴，不停地叹息，琴声不再响。君，你，泛指。

简析　《发后渚》出自鲍照的乐府诗《拟行路难》。《拟行路难》多写边塞戍卒的生活及思妇寡居的悲叹，继承了汉魏乐府诗的现实主义精神。不过《发后渚》写的是诗人自己，直接描写出发地后渚的秋寒、江雾、平陆、潮水等景物，抒发自己留恋家乡，倦于行役的心情，诗中荒寒肃杀的自然景观和愁惨的情绪高度融合。

芜城赋

沵迤平原，南驰苍梧涨海，北走紫塞雁门(1)。柂以漕渠，轴以昆岗(2)。重江复关之隩,四会五达之庄(3)。

当昔全盛之时,车挂轊(4),人驾肩(5),廛闬扑地(6),歌吹沸天。孳货盐田,铲利铜山(7)。才力雄富,士马精妍(8)。故能侈秦法(9),佚周令(10),划崇墉(11),刳浚洫(12),图修世以休命(13)。是以板筑雉堞之殷(14),井干烽橹之勤(15),格高五岳(16),袤广三坟(17),崪若断岸(18),矗似长云。制磁石以御冲,糊赪壤以飞文(19)。观基扃之固护,将万祀而一君(20)。出入三代(21),五百余载,竟瓜剖而豆分。

泽葵依井,荒葛罥涂(22)。坛罗虺蜮,阶斗麏鼯(23)。木魅山鬼(24),野鼠城狐,风嗥雨啸(25),昏见晨趋。饥鹰砺吻,寒鸱吓雏(26)。伏虣藏虎,乳血飧肤(27)。崩榛塞路,峥嵘古馗(28)。白杨早落,塞草前衰(29)。棱棱霜气,蔌蔌风威(30)。孤蓬自振,惊沙坐飞(31)。灌莽杳而无际,丛薄纷其相依(32)。通池既已夷,峻隅又已颓(33)。直视千里外,唯见起黄埃。凝思寂听,心伤已摧(34)。

若夫藻扃黼帐(35),歌堂舞阁之基;璇渊碧树(36),弋林钓渚之馆(37);吴蔡齐秦之声(38),鱼龙爵马之玩(39);皆薰歇烬灭(40),光沉响绝(41)。东都妙姬(42),南国丽人(43),蕙心纨质(44),玉貌绛唇(45),莫不埋魂幽石(46),委骨穷尘(47)。岂忆同舆之愉乐(48),离宫之苦辛哉(49)!

天道如何,吞恨者多(50)!抽琴命操(51),为芜城之歌。歌曰:边风急兮城上寒(52),井迳灭兮丘陇残(53),千龄兮万代(54),共尽兮何言(55)!

题解 芜城指广陵(江苏省扬州市),其荒芜源于两次大破坏。一是宋文帝元嘉二十七年(451 年)冬十二月,北魏南侵,广陵太守刘怀之焚城而逃,广陵遭大破坏。二是孝武帝大明三年(460 年)四月,竟陵王刘诞据广陵城造反,孝武帝派沈庆之讨伐,交战半年多,破城之日,杀广陵男丁三千余,以女子为军赏,宫室烧尽。该诗是作者于第二次战乱后的当年或翌年(即 460 年或 461 年)登广陵城的凭吊之作。

注释 (1)沵迤(mǐ yǐ),平坦。苍梧,汉郡名,在今广西苍梧县。涨海,南海别称。走,与"驰"同是延伸之意。紫塞,长城。因长城一带土、石多紫色,故名。雁门,汉郡名,治所在今山西代县。 (2)柂(duó),引导,沟通。漕渠,古运粮河道,指江苏江都至淮安一段,后又称邗沟。轴以,以……做轴心。昆岗,又名广陵岗,在扬州城西北郊。《郡国志》:“广陵城置在陵上,大阜曰陵,一名阜冈,一名昆仑冈。” (3)重江复关,重重复复的江河关口。澳(ào),藏。庄,交通要道。 (4)轊(wèi),车轴顶头。 (5)驾,迫挤起来。 (6)廛(chán),城市居民区。闬(hàn),里门。扑地,遍地。 (7)孳,通滋,滋生。铲,取。铜山,产铜的山。 (8)才,通“财”。士马,兵马。妍,形容盛锐。 (9)侈,本义奢侈,此处为超越。 (10)佚,通轶,本义为后车超前车,此处意为超过。 (11)划崇墉,筑起高大城墙。划,开发。 (12)刳浚洫(kū jùn xù),开挖疏通很深的护城河。 (13)修,长,永。休命,美好的天命。 (14)板筑,修建的意思。雉堞(zhì dié),城上女墙。雉,古时城墙长三丈、高一丈为一雉。殷,盛。 (15)井干,建筑时所搭木架。烽橹,城上望楼。勤,尽力,辛勤。 (16)格,格局。 (17)袤(mào)广,南北距离长度为袤,东西距离长度为广。三坟,一说为九州之地。一说为扬州附近的三坟。《尚书·禹贡》:“兖州土黑坟,青州土白坟,徐州土赤坟。” (18)崒(zú),险而高峻。 (19)磁石,以磁石做城门。《三辅黄图》:“阿房前殿以木兰为梁,磁石为门,怀刃者止之。”赪(chēng)壤,赤色泥土。飞文,如飞的文采。 (20)基扃(jiǒng),城阙。固护,牢固。万祀,万年。 (21)出入,经历。三代,此处指汉、魏、晋。 (22)泽葵,莓苔。荒葛,蔓生荒草。葛,蔓草。罥(juān),挂,绕。 (23)坛,庭院或中庭。罗,布,列。虺蜮(huì yù),毒蛇与短狐。相传蜮能含沙射人,又称射工。麇(jūn),又作“麕”,一种小鹿。一说指獐子。鼯(wú),一种野鼠。 (24)木魅,树木精怪。 (25)嗥,吼叫。啸,呼啸。 (26)砺(lì),磨。吻,嘴。鸱(chī),猫头鹰或说鹞鹰。吓,威吓,威逼。 (27)虣(bào),一作“彪”,白虎。飧(sūn),一本作“飡”,食、吃。肤,肉。 (28)榛,丛生树木。峥嵘,高峻貌。此处形容阴森。馗(kuí),同“逵”,四通八达的大道。 (29)塞草,城垣上的草,或作荒草。前,提前。 (30)棱棱,严寒貌。蔌(sù),风声疾劲。 (31)孤蓬,孤单的蓬草。振,飞。惊沙,被风卷起的沙。坐飞,无故而飞。 (32)杳,幽深。丛薄,丛杂草木。相依,形容纠缠一起。 (33)通池,城壕,护城河。夷,平。峻隅,高峻的城墙。颓,倾倒。 (34)摧,悲伤至极。 (35)藻扃,有彩绘的门窗。黼(fǔ)帐,有花纹的幔帐。 (36)璇渊,玉池。碧树,玉树。 (37)弋(yì),射猎。渚,水中小洲。这里指河溪等地。馆,宫馆。 (38)吴蔡齐秦,古时四国。古以为吴蔡之女善歌,齐秦之女善奏。 (39)鱼龙爵马,各类杂戏。爵,通“雀”。 (40)熏,香气。歇,消。烬,火烧余物。 (41)光沉响绝,光彩淹没,乐响消失。 (42)东都,洛阳。妙姬,妙龄美女。 (43)南国,南方之国,泛指吴、越等国。 (44)蕙,芳香的兰草。此处形容女子芳洁的心。纨(wǎn),细绢。此处形容女子身躯之美。 (45)绛,红色。 (46)幽石,幽深的碑石或泉石。 (47)委,弃。尘,土。 (48)舆,车,一本作“辇”。 (49)离宫,帝王行宫。此处指嫔妃所居冷宫。 (50)天道,天命,社会兴衰的常道。吞恨,抱恨。 (51)抽,引。命操,作曲。 (52)急,一本作

"起"。 (53)井迳,田间小路。一本作"井径"。丘陇,坟墓、田地。 (54)龄,年。 (55)共尽,同归于尽。

简析 《芜城赋》通过对广陵盛衰的强烈对比,抒发了社会兴亡替废的感慨,控诉了统治者的罪恶。在艺术手法上,既继承了汉赋铺陈、渲染的特色,又兼取赋家、诗人之长,使其气势雄峻,句式整饬,韵律清朗。清人姚鼐在《古文辞类纂》中称该赋:"驱迈苍茫之气,惊心动魄之词,皆赋家之绝境也。"

采菱歌

鹜舲驰桂浦(1),息棹偃椒潭(2)。
箫弄澄湘北(3),菱歌清汉南(4)。

题解 四部丛刊本《鲍氏集》卷六有《采菱歌》七首,是诗人失职闲居飘零楚地时所作。七首《采菱歌》或清新可喜,或飘逸悲慨,但都能独立成章,本书选录的是其第一首。

注释 (1)鹜舲,野鸭状的小船。桂浦,长满桂树的水边。 (2)息,偃,均为停下歇息。棹,代指小船。椒潭,长满山椒的水潭。 (3)箫弄,箫曲。澄,水清而静貌,此处作动词用。湘北,湘水之北。 (4)清,澄澈,此处作动词用。汉南,汉水之南。

简析 该诗以作者身经目历的景象,触发联想的情境,造出清幽空旷、令人心神并爽的境界。语言上炼字琢句,描绘自然,质朴平淡中蕴含着丰富隽永的诗情画意。

登黄鹄矶

木落江渡寒(1),雁还风送秋。
临流断商弦(2),瞰川悲棹讴(3)。
适郢无东辕(4),还夏有西浮(5)。
三崖隐丹磴(6),九派引沧流(7)。
泪竹感湘别(8),弄珠怀汉游(9)。
岂伊药饵泰(10),得夺旅人忧(11)?

题解 黄鹄矶在武昌蛇山头，蛇山古又称黄鹄山。《元和郡县志》载："吴黄武二年城江夏，以安屯戍地也。城西临大江，西南角因矶为楼，名'黄鹤楼'。"该楼历代屡毁屡建。《登黄鹄矶》作于南朝宋孝武帝大明六年(462年)，为现存最早吟咏黄鹤楼的诗作。

注释 (1)木落，入秋后树叶飘落。江渡寒，寒气渡江而至。 (2)断商弦，弹琴时感情急切使弦为之断。商弦，"商"本为中国传统的五声音阶(宫、商、角、徵、羽)之一，又用来表示古琴的弦名，第二弦为商弦。一说旧以"商"为五音中的金音，与肃杀的秋气相应。 (3)瞰川，俯视大江。棹讴，船夫曲。棹本意为船桨，讴为歌曲。 (4)适，去，往。郢，楚国都城，在今湖北江陵，南朝时属荆州。辕，车辕木，车前驾牲口的直木，代指车。东辕，武昌在江陵东，意指从东西去的车。(5)夏，夏水之口，在今荆州东南。浮，漂浮，引申为行船。《楚辞》中有"过夏首而西浮"之句。 (6)三崖，三为多数之意，此指江边崖石。丹磴，红色的石级。(7)九派，九亦为多数，长江中游水流众多。故《荆州记》说："江至浔阳，分为九派。" (8)泪竹，舜帝南巡，至九嶷山而死。《博物志》："尧之二女，舜之二妃，曰湘夫人。舜崩，二妃啼，以涕挥竹，竹尽斑。" (9)弄珠怀汉游，张衡《南都赋》："游女弄珠于汉皋之曲。"汉皋，汉水边的山。 (10)岂伊，难道，表示反诘。"药饵"有作"乐饵"，前者为药剂，后者表示音乐和食物。泰，太，好。 (11)得夺旅人忧，能解除旅人的忧愁吗?

简析 鲍照远离家乡奔赴荆州作吏时，已经年过五十，因而不免壮志难酬之慨和离乡背井的感伤，这样的双重情感成了该诗的主调。在作者笔下，秋日的黄鹄矶雄伟壮观，但又清寒萧瑟。诗中引用的神话传说，都体现出作者的离愁别绪，然而笔调浑朴，情景交融，全诗仍然充满苍劲的气势和飘逸的美感。

◎ 吴迈远

楚朝曲

白云萦绕荆山阿(1)，洞庭纵横日生波。
幽芳远客悲如何(2)，绣被掩口越人歌(3)。
壮年流瞻襄成和(4)，清贞空情感电过(5)。
初同末异忧愁多(6)，穷巷恻怆沉汨罗(7)。

延思万里挂长河(8),翻惊汉阴动湘娥(9)。

作者简介 吴迈远(?—474年),生卒爵里不详,曾任江州从事,好为篇章且月旦(评论)他人。南朝宋明帝刘彧(yù)在位时(465—472年)曾召见而未大用。后废帝元徽二年(474年)坐桂阳之乱诛死。《诗纪》称其有集八卷。

题解 "楚朝曲"属南朝乐府诗。该诗暗指战国末年楚国诗人屈原事迹。

注释 (1)山阿,大的丘陵或山的曲隅。 (2)幽芳远客,暗指屈原被流放远地。 (3)掩口,噤声。越人歌,一首美人暗恋王子的乐府诗,本书后面有录。 (4)流瞻,得志貌。襄成和,助成和局,指屈原促成楚国与齐国交好。 (5)清贞,高洁忠贞,感电过,像闪电一样很快过去。 (6)初同末异,其初君臣同心,后来主张相异。 (7)穷巷,比喻穷途末路。恻怆,痛苦悲怆。沉汨罗,在汨罗沉江自杀。 (8)此句谓后人的思念像万里长河一样,永不停息。 (9)汉阴,汉水之南,泛指楚地。湘娥,湘水女神,即帝舜二妃娥皇、女英。

简析 该诗以作者自比屈原的方式,表达为臣者有才而忠心,但不被为君者重用,因而满腹幽怨、愁苦,终至发出穷途末路的悲叹。诗末二句则表示相信自己会和屈原一样,获人神共鉴而流芳长久。

◎王　融

采菱曲

炎光销玉殿(1),凉风吹凤楼(2)。
雕辎傃平隰(3),朱棹泊安流(4)。
金华妆翠羽(5),鹢鸟画飞舟(6)。
荆姬采菱曲,越女江南讴(7)。
腾声翻叶静(8),发响谷云浮(9)。
良时时一遇,佳人难再求。

作者简介 王融(?—494年),字元长,琅琊临沂(今山东临沂)人,出自王氏士族。东晋末举秀才,任安南参军。入宋历晋陵王司徒法曹参军,迁丹阳(今江苏丹阳)丞,中书郎兼主客郎。入齐,竟陵王萧子良以其为宁朔将军军主。齐郁林王隆昌元年(494年)被下狱,赐死。有集十卷。

注释 (1)炎光,夏日的阳光。销,(几乎要)熔化。 (2)凉风,秋风。风楼,与上句玉殿对应,均指华屋。 (3)雕辎,雕花的车。傃(sù),向、往……去。平隰,平坦且潮湿的地方。 (4)朱棹,红色的桨,此处代指船。安流,平静的水面。 (5)翠羽,仪仗中用青绿色鸟羽装饰的旗。 (6)画着鹢鸟的快船。鹢,一种像鹭鹚的水鸟,能高飞。 (7)荆姬、越女,泛指长江中下游各地采菱的女子。讴,歌。 (8)腾声翻叶静,欢声笑语赛过树叶、荷叶等自然声响。 (9)歌声在白云山谷间回荡。

简析 王融出自高门士族,起居排场,生活华侈,故诗如其人。采菱场面中如玉殿、风楼的远景,雕车画船的交通工具,金华翠羽的仪仗,荆姬越女的歌声和欢笑,煞是快活之至!此种铺张炫耀、奢华轻巧的"宫体诗",与前面鲍照清新简洁的采菱诗,当然是另外一种风格。

◎ 释宝月

估客乐(二首)

其一

郎作十里行,侬作九里送。
拔侬头上钗,与郎资路用(1)。

其二

有信数寄书,无信心相忆(2)。
莫作瓶落井,一去无消息。

题解 "估客乐"属南朝乐府诗。《诗纪》记载:齐武帝萧赜(zé)布衣时,尝游樊城、邓州。齐永明六年(488年),追忆往事,作"估客乐",使宝月奏之管弦。宝月又上此二曲。可知"估客乐"最先为齐武帝创作,僧人宝月接着依曲仿意作此二词。估客,商贾。

注释 (1)此二句说女子取下头上簪钗,声称给男子帮作旅途费用。 (2)此二句是女子叮嘱男子多写书信,不写书信时心里也不要忘了自己。

简析 这两首乐府诗描摹女子送别生意人男子的情形。女子一直主动，送了老远老远，不仅取下头上簪钗帮作路费，还反复叮嘱男子来信，不要忘了自己。末二句尤其表现出女子对生意人一去不返的担心。通俗流畅是此类诗歌的特点。

◎江　淹

从冠军行建平王登庐山香炉峰

广成爱神鼎[(1)]，淮南好丹经[(2)]。
此峰具鸾鹤[(3)]，往来尽仙灵。
瑶草正翕赩[(4)]，玉树信葱青[(5)]。
绛气下萦薄[(6)]，白云上杳冥[(7)]。
中坐瞰蜿虹，俯伏视流星。
不寻遐怪极，则知耳目惊。
日落长沙渚[(8)]，层阴万里生[(9)]。
藉兰素多意，临风默含情。
方学松柏隐，羞逐市井名[(10)]。
幸承光诵末[(11)]，伏思托后旌[(12)]。

作者简介 江淹（444—505年），字文通，济阳考城（今河南兰考）人。少年丧父，家贫力学。成年后历仕宋、齐、梁三个朝代。作诗善仿前人，钟嵘《诗品》评为“诗体总杂，善于摹拟”。后期安于高官厚禄，创新情绪更衰，故《梁书》称其“晚节才思微退，时人皆谓之才尽”。唯王夫之对“江郎才尽”理解为“彼自不屑尽其才”。有《江文通集》传世。

题解 冠军行建平王指刘景素。南朝宋文帝刘义隆之孙，袭其父（文帝第七子，建平王刘休度）爵为建平王。冠军，冠军将军的简称。行，袭封之意。《宋书》说：“景素好文章书籍，招集才义之士，倾身礼接，以收名誉。”江淹长期跟随刘景素。香炉峰在庐山南秀峰寺后，《星子县志》：“香炉峰在开先文殊塔后。……江文通有《从冠军行建平王登庐山香炉峰》诗。”此诗大约写于470年。

注释 （1）广成，古代仙人广成子，传说为黄帝时人，居崆峒山中。神鼎，仙人炼丹用的容器。 (2)淮南，西汉初刘邦之孙刘安被封为淮南王。《抱朴子》云："淮南王刘安好道术之士，于是八公乃往授丹经。" (3)具，多有。鸾鹤，凤凰与白鹤。 (4)瑶草，仙草。翕艳，红色。 (5)信，真正。 (6)绛气，红云。萦薄，环绕，笼罩。 (7)杳冥，极远的天空。 (8)长沙渚，长沙的江中沙渚，刘景素此前任过湘州刺史。 (9)层阴，浓厚的阴云。 (10)此两句鼓励刘景素仿效深山中的松柏，不要追逐世间名位。 (11)光诵，华章，此句恭维建平王的作品。 (12)后旌，后乘，紧跟之意。作者表示愿意效忠。

简析 作者跟随建平王游览庐山香炉峰，有意把香炉峰一带写成仙境，夸耀环境之美，实具深意。因其已经觉察建平王有不轨之心，故诗的开头即把广成子长生不老，刘安谋反身败名裂加以对比，诗末更明白劝喻建平王仿效山中松柏，不要贪求世间名位。最后两句既是由于作者早年遭人诬陷时，曾蒙建平王信任，故心存感激，也是表示愿意效忠，以免触怒。

渡西塞望江上诸山

南国多异山，杂树共冬荣(1)。
潺湲夕涧急(2)，嘈嘈晨鹍鸣(3)。
石林上参错，流沫下纵横。
松气鉴青蔼(4)，霞光铄丹英(5)。
望古一凝思，留滞桂枝情(6)。
结友爱远岳，采药好长生(7)。
常思佳人晚(8)，秋兰伤紫茎(9)。
海外果可学，岁暮诵仙经(10)。

题解 西塞，山名，在湖北大冶东，今属黄石市区。《水经注·江水》谓："江之南山连延江侧，东山偏高，谓之西塞。"江，长江。此诗作于南朝宋明帝泰始七年(471年)冬，即在与建平王同登庐山之后。

注释 (1)冬荣，冬天枝叶繁茂，长绿不凋。荣，繁荣，盛多。 (2)潺湲，水流声。屈原《九歌·湘夫人》："观流水兮潺湲。"涧，夹在两山间的流水。 (3)嘈嘈，喧闹声，指鸟鸣。鹍，鹍鸡，鸟名，似鹤，黄白色。 (4)鉴，照，映照。青蔼，青色的雾气。"蔼"通"霭"。 (5)铄，同烁，光亮辉映。丹英，红花。 (6)桂枝情，清淡高雅之美。此两句说面对江山美景，思绪停留在古代先哲们美好脱俗的情怀之中。 (7)以上两句从鲍照《代升天行》而来:“穷途悔短计,晚志重长生。从师入远岳,结友事仙灵。”因与仙人结友而爱深山采药,保全性命。 (8)思,一作“畏”。佳人,喻君。晚,迟暮。屈原《离骚》:“惟草木之零落兮,恐美人之迟暮。” (9)此句反用屈原《九歌·少司命》诗意:“秋兰兮青青,绿叶兮紫茎。满堂兮美人,忽独与余兮目成。” (10)海外,指世外求仙之事。仙经,成仙求道之书。

简析 西塞山突兀江边,到冬天依然一片葱荣,诗人的心情亦因之开朗明快。但自然的山水未能尽解作者的心结,故在诗作的后半部分仍然反复表达希望建平王和自己一道避世的愿望,以“结友爱远岳,采药好长生”二句明确标示。诗人写山水而意不在山水,羡仙也是出于对政争的恐惧和厌倦。

望荆山

奉义至江汉(1),始知楚塞长(2)。
南关绕桐柏(3),西岳出鲁阳(4)。
寒郊无留影,秋日悬清光。
悲风挠重林(5),云霞肃川涨(6)。
岁晏君如何(7),零泪沾衣裳(8)。
玉柱空掩露,金尊坐含霜(9)。
一闻苦寒奏,再使艳歌伤(10)。

题解 荆山为荆楚境内名山,从今湖北保康、南漳两县迤逦于沮、漳二水之间。《水经注》称荆山“高峰霞举,峻竦层云”。盛弘之的《荆州记》记述荆山中的青溪山水之幽美广为人知。荆山为楚地之镇,而分流于荆山东西的沮、漳二水,也与江汉同为“楚之望”。南朝宋建平王刘景素于明帝泰豫元年至后废帝元徽二年(即472—474年)镇守荆州,江淹作为僚属随同,故《望荆山》诗应作于此际。

注释 (1)奉义,有两解,一说犹慕义,因建平王此前于作者有恩。一说江淹到荆州出任刘景素的僚属,是朝廷的旨意。 (2)楚塞,楚地关塞,此处指荆山。(3)南关,荆山南端的关口。桐柏,山名,在今河南信阳西面,鄂、豫两省之间。(4)西岳,荆山西部的峰岭。鲁阳,关名,在今河南鲁山县西南。 (5)悲风,秋风。挠,屈曲,使……弯曲。 (6)肃,萧条。此句记载这年秋天沮漳两河意外地涨大水。 (7)岁晏,岁晚,一年将近。君,指建平王刘景素。 (8)沾,一作染。此句描写作者因担忧而落泪。 (9)玉柱,柱为瑟的安弦部件,多以玉做成,玉柱指整个琴瑟。金尊,酒器。坐与上句中的空相对应。这两句是说演奏和宴饮结束后,一片狼藉。 (10)苦寒,《苦寒行》,乐曲,相传为曹操北征时所作。艳歌,《艳歌行》,相传为楚地乐曲。这两句以北曲和南曲为喻,担忧南朝宋廷内乱,北魏可能乘机南侵。

简析 南朝刘宋政局混乱,建平王图谋不轨,江淹极力谏阻。前面四句写荆山形胜及其屏障荆州的重要,接下来四句写寒郊、清光、悲风、大水,烘托自己的忧生惧乱之情。末二句既有直接发问,也有含蓄比喻。临海王刘子顼和鲍照的悲剧才过去七八年,所以江淹以此诗表达自己的国事之忧和身世之愁。《梁书·江淹传》记有江淹对刘景素的直谏:“殿下不求宗庙之安,而信左右之计,则复见麋鹿霜露栖于姑苏之台矣。”可视为该诗注脚。

江上之山赋

潺湲澒溶兮(1),楚水而吴江。刻划崭崪兮(2),云山而碧峰。挂青萝兮万仞(3),竖丹石兮百重(4)。嵯峨兮岩崿(5),如斫兮如削。峣嶷兮尖出(6),岩岍兮空凿(7)。波潮兮吐纳,嶕峰兮积沓(8)。鲷鳙兮赤尾(9),鼋鼍兮匼匝(10)。见红草之交生(11),眺碧树之四合。草自然而千花,树无情而百色。

嗟世道之异兹(12),牵忧恚而来逼(13)。惟炉炭于片景(14),抱丝绪于一息(15)。每意远而生短(16),恒轮平而路仄(17)。信悬天兮窈昧(18),岂系命于才力(19)?既群龙之咸疑(20),焉众状之所极(21)!俗逐事而变化,心应物而回旋。既欻翕其未悟(22),亦纬缅而已迁(23)。伊人寿兮几何?譬流星之殒天(24)。怅日暮兮吾有念,临江上之断山(25)。虽不敏而无操(26),愿从兰芬与玉坚(27)。

乱曰(28):折芙蓉兮蔽日(29),冀以荡夫忧心(30)。不共爱此气质(31),何独嗟乎景沉(32)!

题解 江淹的赋比他的诗更好,如《恨赋》《别赋》历来脍炙人口。《江上之山赋》沿袭了楚辞、汉赋的虚拟、铺排、夸张等方法和风格,表达自己的愿望。故江上之山非确指具体之山,写作时间亦不详。

注释 (1)潺湲,水流动貌。澒(hòng)溶,水深广貌。 (2)刻划,如同砍削过一般。崭崪,山势险峻之貌。形容鬼斧神工的山势。 (3)萝,藤蔓植物。仞,古代测高单位，一仞约等于七尺。此句谓山有万仞之高，故其上青萝亦悬万仞之上。（4）此句谓山上红色巨石重重叠叠。（5）嵯峨，高峻貌。岩崿，石崖。（6）峣嶷，高峻巍峨。（7）此句谓险峻的巨石上又有洞穴。（8）嵁峰，悬崖峭壁。积沓，重叠迭累而起。（9）鰅(yú)鳙，皆鱼名。赤尾，鱼尾呈红色。（10）鼋(yuán)，大鳖。鼍(tuó)，鳄鱼。匼匝(kē zā)，环绕。（11）交生，交错丛生。（12）嗟，叹词。世道，指人类社会。异兹，与此不同。指人世与自然界的和谐、自得生趣不同。（13）此句谓人类社会却充满忧愁、愤恨。（14）惟，想。炉炭于片景，炉中之炭只能发短暂的红光，比喻人生短促。（15）息，呼吸。此句谓人生犹如春蚕吐丝，呼吸之间生命即告结束。（16）每，每每。意远，志向高远。生短，生命短暂。（17）恒，总是。轮平，车轮运转正常。路仄，道路不平。（18）信，诚，确实。悬天兮窈昧，谓命运不可测。（19）此句谓人的命运哪会由自己的才能和力量决定？（20）群龙，指高明之人。咸疑，都感到疑惑。（21）众状，指一般的人。极，透彻，弄清楚。（22）欻翕(xū xì)，忽然。此句谓在还未明白的瞬间。（23）纬繣(huà)，违背，乖戾。迁，改变。此句谓也已经违背意愿随流变化了。（24）伊，语助词。此两句还是说人的生命短促，就如流星从天上陨落。（25）断山，指高耸入云的孤山。（26）无操，无德行，没有什么建树。（27）兰芬，兰花的芳香。玉坚，玉石的坚贞。（28）乱，乐曲的末章，相当于尾声。（29）此句谓折来荷花荷叶遮挡阳光。（30）冀，希望。荡，涤除，排解。（31）此句谓士人不能共同享受这种自然和谐的处世格调。（32）嗟，叹息。景沉，日落，比喻世道衰微没落。此句谓我为什么要独自慨叹世风的沉沦呢？

简析 这是一篇写景抒情的小赋。作者运用夸张的手法，描绘出江上之山的雄壮。又以江水之浩荡，衬托高山之嵯峨。浩荡嵯峨之中却不乏和谐：山上草木，水中鳞介，百色千姿，悠然自得。于是触景生情，发出世道异兹之慨叹。盖有感于皇族和军阀争夺杀伐不休，政局变幻难测。赋中表达个人志向的关键两句，一是“愿从兰芬与玉坚”；即像屈原一样，绝不同流合污。一句是“何独嗟乎景沉”，即何必独自慨叹世道衰微呢？作者实际的人生轨迹表明，他放弃了前者而选择了后者，终于随世俯仰，安于高官厚禄了。后世称江郎才尽，而才尽的根本原因在其志趣的堕落。

◎范　云

巫山高

巫山高不极[1]，白日隐光辉[2]。
霭霭朝云去，溟溟暮雨归[3]。
岩悬兽无迹，林暗鸟疑飞。
枕席竟谁荐[4]？相望空依依。

作者简介　范云（451—503年），字彦龙，南乡舞阴（今河南泌阳北）人。年八岁即能赋诗，南朝齐皇族竟陵王萧子良在湖北开西邸，网罗文士，范云为“竟陵八友”之一。在齐任零陵内史、广州刺史等职。后与沈约等助萧衍称梁武帝，任侍中、吏部尚书，官至尚书右仆射，封霄城县侯。

题解　“巫山高”，汉铙歌名，相传铙歌有十八曲，巫山高是其中之一。思归之曲，杂以阳台神女之事。巫山在今重庆市巫山县东南，有十二高峰及神女庙。长江由此穿过，形成巫峡。

注释　(1)高不极，在江中船上仰看巫山高峰，高不见顶。(2)此句谓山高峡窄，看不到太阳。(3)此两句谓峡中早上多云，黄昏多雨。(4)宋玉《高唐赋》：“昔者先王尝游高唐，怠而昼寝，梦见一妇人，曰：‘妾巫山之女也，为高唐之客，闻君游高唐，愿荐枕席。’王因幸之。去而辞曰：‘妾在巫山之阳，高丘之阻，旦为朝云，暮为行雨。朝朝暮暮，阳台之下。’旦朝视之如言。故为立庙，号曰朝云。”此即巫山神女故事。

简析　全诗八句，用六句摹写巫山山高蔽日，朝云暮雨，悬岩暗林和走兽飞鸟，抓住了巫峡突出之点。惟末二句的联想和抒情落入老套路，不过是依附权贵文士的无名惆怅。

登三山诗

仄径崩且危[1]，丛岩耸复垂。
石藤多卷节，水树绕蟠枝[2]。
海中昔自重[3]，江上今如斯[4]。

题解　三山在今南京西南板桥镇三山村,南北相连的三个山峰突出江岸,古称金陵十八景中的第一景,因其形胜又被称为护国山。

注释　(1)仄径,逼仄的山路。崩且危,路上多已崩裂危险的乱石。　(2)此两句谓水边的树木被岩上藤蔓缠绕。　(3)此句指传说中的海中三仙山,蓬莱、方壶、瀛洲。自重,因不为世人所知,能保持自我。　(4)此句因对比海上三山和金陵三山,感叹后者因人为的原因而难以自全。

简析　该诗写景平淡无奇,重点是末二句的抒怀,表明诗人对依附权贵和卷入政治还是心有不愿,故钦羡海上仙山而代金陵三山抱不平。

之零陵郡次新亭诗

江干远树浮(1),天末孤烟起(2)。
江天自如合(3),烟树还相似(4)。
沧流未可源(5),高帆去何已(6)。

题解　零陵在今湖南宁远县东南。新亭在今南京江宁县南的江滨山上,永嘉南渡之后,从中原避难南迁的上层人士常在新亭游宴,或遥望家乡,相对而泣。此诗写自己从建业(今南京)起程,远赴零陵任内史,在新亭停歇的所见所感。时间在南齐末明帝建武二年(495 年)左右。之,往、赴。次,旅次,停歇。

注释　(1)江干,江岸、江滨。　(2)天末,天尽处,极远之地。　(3)形容江天浑然如一。　(4)远方的烟雾和树林几乎不能分辨。　(5)沧流,大水奔流。未可源,不能穷其源头。　(6)高帆,船上高挂风帆。去何已,到哪里才停止?末二句谓水程行役之劳。

简析　该诗在写景上由近及远,先是从山上新亭俯看近处江面,江滨的树林仿佛浮在江水上。更远处的天际,烟雾迷蒙,江天一色,烟雾树林也难以分辨。面对淡远、寥阔的江景,诗人由外及内,难免涌发迷惘之情;江流不可穷源,客舟行驶不停,自己因要漂流远方而心事重重。诗的笔调疏淡,语言清丽,有如一幅水墨画。

◎虞　羲

见江边竹诗

挺此坚贞性，来树朝夕池(1)。
秋波漱下趾(2)，冬雪封上枝(3)。
葳蕤防晓露(4)，葱蒨集羁雌(5)。
含风自飒飒(6)，负雪亦猗猗(7)。
金明无异状(8)，玉洞良在斯(9)。
但恨非嶰谷(10)，伶伦未见知(11)。

作者简介　虞羲(xī)，字子阳，会稽(今浙江绍兴)人。南朝齐始安王引为侍郎，不久兼建安征虏将军功曹，后兼记室参军事。梁武帝天监(502—520年)中卒。有集十卷。

注释　(1)树，立。朝夕池，海的别称，朝夕即潮汐，江海相通，这里指滨海的江边。(2)漱，荡涤。下趾，指竹的根部。　(3)封，覆盖。上枝，指竹在地面以上的部分。　(4)葳蕤，枝叶繁盛。东方朔《七谏》："使娟之修竹兮，寄生乎江潭。上葳蕤而防露兮，下泠泠而来风。"　(5)葱蒨，青翠。集羁雌，失群的鸟儿宿集其上。枚乘《七发》："暮则羁雌迷鸟宿焉。"　(6)飒飒，风雨声。此句谓竹含蕴清风而自生风雨之声。　(7)猗猗，美盛貌。此句谓寒雪压竹，竹依然多姿而旺盛。(8)金明，色泽明亮如金。无异状，始终不变。　(9)玉洞，箫笛之类乐器上的孔，此处代指箫笛。王褒《洞箫赋》："洞条畅而罕节。"此句谓做箫笛的好料就是竹。(10)嶰(xiè)谷，昆仑山北谷之名。《吕氏春秋·古乐》："昔黄帝令伶伦作为律。伶伦自大夏之西，乃之阮喻之阴，取竹于嶰溪之谷。"　(11)伶伦，即上引《吕氏春秋·古乐》中传说黄帝时的乐官。未见知，江边之竹未被发现。

简析　该诗咏物言志，字面写竹能抗水冲激，顶住冰雪封冻，给失群之鸟栖息，更自生天籁，色彩光洁，都是用来比喻人的品格才调。而最终以江竹未被乐工发现制成玉箫来比喻人才不得其用，表明该诗所抒发的是怀才不遇的幽怨之情。值得欣赏的是诗中所写的竹之美贞。

◎谢　朓

和伏武昌登孙权故城

炎灵遗剑玺(1),当涂骇龙战(2)。
圣期阙中壤(3),霸功兴宇县(4)。
鹊起登吴台(5),凤翔陵楚甸(6)。
襟带穷岩险(7),帷帟尽谋选(8)。
北拒溺骖镳(9),西龛收组练(10)。
江海既无波,俯仰流英眄(11)。
衮冕类禋郊(12),卜揆崇离殿(13)。
钓台临讲阅(14),樊山开广宴(15)。
文物共葳蕤(16),声明且葱倩(17)。
三光厌分景(18),书轨欲同荐(19)。
参差世祀忽(20),寂寞市朝变(21)。
舞馆识余基(22),歌梁想遗转(23)。
故林衰木平,荒池秋草遍。
雄图怅若兹(24),茂宰深遐睠(25)。
幽客滞江皋(26),从赏乖缨弁(27)。
清卮阻献酬(28),良书限闻见(29)。
幸藉芳音多(30),承风采余绚(31)。
于役倘有期(32),鄂渚同游衍(33)。

作者简介　谢朓(464—499年),南朝齐诗人,字玄晖,陈郡阳夏(今河南太康)人,世称小谢,以别于大谢谢灵运。初任竟陵王萧子良、随王萧子隆属下参军、功曹、文学等职,以文采见赏,为“竟陵八友”之一。明帝时为中书郎,出任宣城太守。建武四年(497年),迁南海太守、尚书礼部郎。后被人构陷,下狱死。其诗平仄协调,音韵铿锵,词采华丽,对仗工整。有《谢宣城集》。

题解　伏武昌指伏曼容,作者的友人之一,在梁朝曾任武昌太守。此诗中的孙权故城即指鄂城,当时号武昌。《九州记》:“鄂,今武昌也。孙权以魏黄初元年自公安徙此，改曰武昌县。……至黄龙元年，权迁都建业。”伏曼容任武昌太守时有登孙权故城之作，谢朓闻而遥和。时在南朝齐武帝永明十年(492年)。

注释 (1)炎灵，指汉朝，汉以火德王，故谓炎。剑玺，汉高祖刘邦的斩蛇之剑与传国之玺，比喻权力帝位。 (2)当涂，指曹魏。李善注引《献帝纪》：“太史丞许芝奏故白马令李云上事曰：‘许昌气见于当涂高者，魏也。……当道而高大者，魏也，当代汉。’”龙战，指群雄割据争霸。李善注引《周易》：“龙战于野，其血玄黄。” (3)圣期，指出现帝王的年代。李善注引《论衡》：“孟子云：‘五百年有王者兴。’五百年者，以为天出圣期也。”中壤，中原，中国。 (4)霸功，群雄争霸以立功业，此指魏蜀吴三国混战。宇县，区宇郡县，此指天下。 (5)鹊起，比喻乘时奋起。李善注引《庄子》：“鹊上城之垝，巢于高榆之巅，城坏巢折，陵风而起。”吴台，指武昌，孙吴奠基之地。 (6)凤翔，比喻帝王兴起。楚甸，指建邺。孙吴建都之地。吴并楚地而得之，故谓楚甸。 (7)襟带，衣襟腰带，比喻山川环绕，形势险阻。班固《西京赋》：“岩险周固，衿带易守。” (8)帷帟(yì)，帷幄，军中帐幕。谋选，谋臣皆为精选者。 (9)北拒，指吴将周瑜破曹军于赤壁。骖镳(cān biāo)，比喻军队。骖，辕马边的马。镳，马嚼子。 (10)西龛，指吴将陆逊败刘备于猇亭。龛通“戡”，平定。组练，组甲被练，指将士的战服，比喻精锐的军队。 (11)俯仰，比喻时间短促。流，转动。英眄(miǎn)，敏锐的眼光。此句说孙吴欲图中原，希求霸业。 (12)衮冕，古时帝王祭天时所穿戴的礼服礼帽。禋郊，祭祀天地。禋(yīn)，置牺牲玉帛于柴上，烧柴起烟，以告天地。郊，于郊外祭天地。 (13)卜揆(kuí)，卜占吉凶测度日影。古代帝王建都必占卜择地，筑宫室必测度日影以正方位。崇，建筑。离殿，离宫别殿，孙吴曾奠都武昌，其后复迁建邺，故言此为离殿。 (14)钓台，台名，在武昌。李善注引《吴志》：“孙权于武昌临钓台饮酒，大欢。”讲阅，讲武阅兵。 (15)樊山，山名，在武昌。李善注引《水经》：“武昌郡治城南有袁山，即樊山也。北背大江，江上有钓台。”广宴，盛大的宴乐。 (16)文物，指礼乐制度。葳蕤(wēi ruí)，原为草木茂盛，比喻繁荣昌盛。 (17)声明，教化文明。葱倩，意与葳蕤同。 (18)三光，指日月星，此指天意。分景，分射光辉。景，光。此句谓天意不欲分裂。 (19)书轨，文字车轨，指人事。同荐，统一呈献。 (20)参差，形容时序运行不停。世祀，世代，指孙吴帝位。忽，倏忽而去，《左传》：“其亡也忽焉。” (21)寂寞，空虚。市朝，市集与官府，均指争名夺利之所。 (22)余基，残剩的建筑基址。 (23)歌梁，歌声缭绕的梁栋，指歌楼。古有女歌手韩娥，东游齐国，卖歌求食，既去，余音绕梁，三日不绝。遗转，余响。 (24)雄图，指孙吴统一天下的谋划。怅，失意的样子。若兹，如此。 (25)茂宰，贤能的府宰，此指武昌太守伏曼容。遐睠，深远的怀念。 (26)幽客，幽居的人，此处指作者自己。滞，留。江皋，江岸。 (27)从赏，跟随游赏。乖，离开。缨弁，指士大夫或官绅。缨，帽带。弁，皮革制的帽子，皆士大夫所用。 (28)清卮，清酒。

卮,酒器,此代酒。献酬,敬酒相劝。《诗经·楚茨》:“为宾为客,献酬交错。” (29)良书限闻见,意谓再好的书信所传达的见闻也有限制。 (30)幸藉,有幸凭借。芳音多,此指伏曼容诗作多丰。 (31)风,风雅,指伏曼容的风范品德。采,摘取。余绚(xuàn),富有文采。此两句为赞许之词。 (32)于役,行役,在外勤劳王事。《诗经·王风》:“君子于役,不知其期。” (33)鄂渚,武昌地名。屈原《九章·涉江》:“乘鄂渚而反顾兮,欸秋冬之绪风。”游衍,游乐。末二句是说如果公事有闲下来的时候,希望同游鄂渚。

简析 该诗前面述古,称述孙吴北抗曹魏、西胜刘蜀的武功,声教文明的业绩及欲图中原的志向。继而述今,描写孙权故城的荒凉破败。古今相对,其中包含诗人对世代演变之快的感慨和对国家统一的良好愿望。历来评论谢朓者多赞其五言小诗清词丽句,美景隽秀,然此诗扫视古今,情志高远,时空互转,铺排开张,全篇三十六句一韵到底,足见诗人的气骨与才力非仅限于清丽隽秀一格。

江上曲

易阳春草出(1),踟蹰日已暮(2)。
莲叶尚田田,淇水不可渡(3)。
愿子淹桂舟(4),时同千里路。
千里既相许,桂舟复容与(5)。
江上可采菱,清歌共南楚(6)。

题解 此诗为作者滞留荆州时所作,主旨是挽留一位打算北归的友人,劝他留在南方与自己同游。

注释 (1)易阳,和煦的阳光。 (2)踟蹰(chí chú),徘徊不进,犹豫。 (3)淇水,水名,古为黄河支流,南流至今河南汲县东北的淇门镇南入河。东汉后改道成为卫河支流,因不再与黄河相通,故曰“不可渡”。 (4)子,你。淹,留。桂舟,桂树做的船。 (5)容与,缓慢不进。屈原《涉江》:“船容与而不进兮,淹回水而疑滞。” (6)南楚,古称今湖北、湖南等地为南楚。

简析 东晋和南北朝时期的社会动乱及分裂割据,导致人民群众和士人大批迁徙流离。移民主流是“衣冠南下”,亦有少数人因种种原因北返。作者的这位友人正为是否北返举棋不定,诗人遂写诗劝阻,挽留其与自己一起在南楚同游。诗意委婉,情感真挚。

暂使下都夜发新林至京邑赠西府同僚

大江流日夜，客心悲未央[(1)]。
徒念关山近，终知反路长[(2)]。
秋河曙耿耿[(3)]，寒渚夜苍苍。
引领见京室[(4)]，宫雉正相望[(5)]。
金波丽鳷鹊[(6)]，玉绳低建章[(7)]。
驱车鼎门外[(8)]，思见昭丘阳[(9)]。
驰晖不可接[(10)]，何况隔两乡[(11)]！
风云有鸟路，江汉限无梁[(12)]。
常恐鹰隼击[(13)]，时菊委严霜。
寄言罻罗者，寥廓已高翔[(14)]。

题解 南朝齐武帝永明九年(491年)到十一年(493年)，谢朓在荆州任随王萧子隆的文学(官职名)，因有人密告朝廷，称谢朓“年少相动”，朝廷敕令其返都(建业)。此诗为谢朓离开荆州，已快到都城的时候所作。暂使，暂时行役，谢朓此时还以为只是短暂离开荆州。下都，指建业，因其地处下游。新林即新林浦，在今南京市西南。京邑指都城建业。西府指荆州隋王府。此诗作于493年。

注释 (1)客，此指诗人自己。未央，未已。 (2)关山，关隘山岭。反路，返回荆州西府的路程。 (3)秋河，指银河。耿耿，光亮貌。 (4)引领，伸长脖颈远望。 (5)宫雉，宫墙。 (6)金波，指月光。鳷鹊，汉代宫观名，此句谓月光下的宫观更美丽。 (7)玉绳，星名，此处代指群星。建章，京城建业的建章宫。 (8)鼎门，建康城南门。 (9)昭丘，楚昭王墓，在荆州当阳东。 (10)此句的“晖”，紧承上句双关语的“阳”，阳光温煦，暗喻隋王对自己的知遇。 (11)荆州、建业两地远隔。 (12)梁，桥梁，以江汉阻隔比喻以后难以相见。 (13)鹰隼，鹰和雕，皆猛禽。 (14)罻(wèi)罗，小网。《礼记·王制》：“鸠化为鹰，然后设罻罗。”寥廓，空旷高远。末二句告诉设下网罗的人，鸟儿已经高飞入云了。

简析 该诗工于发端，错综今古，一唱三叹，把自己忧惧谗忌，远离知己友人，又欣赏恋慕繁华京都，以及最终仍然企羡轻松自由的内心变化，与附着的江山、宫阙景观，层次清晰地一气呵成，给人苍劲雄浑而又沉郁顿挫之感。

入朝曲

江南佳丽地，金陵帝王州[1]。
逶迤带绿水，迢递起朱楼。
飞甍夹驰道[2]，垂杨荫御沟。
凝笳翼高盖，叠鼓送华辀[3]。
献纳云台表[4]，功名良可收。

题解 南朝齐武帝永明十一年(493年)，谢朓离开荆州来到都城建业(今南京)，故称“入朝”。此诗摹写都城的风光和“帝王之气”。

注释 (1)南京古称金陵。据《金陵图》曰：“昔楚威王见此有王气，因埋金以镇之，故曰金陵。” (2)飞甍(méng)，凌空欲飞的屋檐尖角。甍原意谓瓦。驰道，宫中行车的道路。 (3)凝笳，断续如哽咽的胡笳声。叠鼓，持续的鼓声。高盖，饰有华盖的车。辀(zhōu)，本意为小车中间的弯曲车杠，此处理解为车。 (4)献纳，臣下提出的建议被君主采纳。云台，汉代台名，《后汉书》：“显宗追感前世功臣，乃图画二十八将于南宫云台。”

简析 诗人把远眺和近观结合，呈现出都城绿水环绕，宫室巍峨，华盖如云，鼓乐不绝，终日迎来送往等繁华景象。作者来到帝都，自然免不了好奇欣喜，同时也表达了自己或可在此建功立业的一线希望。该诗文字简洁而气势宏大，格调高昂，为李白所欣赏。

新亭渚别范零陵云

洞庭张乐地[1]，潇湘帝子游[2]。
云去苍梧野[3]，水还江汉流。
停骖我怅望[4]，辍棹子夷犹[5]。
广平听方籍[6]，茂陵将见求[7]。
心事俱已矣[8]，江上徒离忧[9]。

题解 新亭渚在今江苏南京市南。《晋书·王导传》：“过江人士，每至暇日，相要出新亭饮宴。周觊中坐而叹曰：‘风景不殊，举目有江山之异。’皆相视流涕。”范云亦为谢朓友人，当时被任为湖南零陵郡内史，也即将离建业赴任。此际约在495年。

注释 (1)张乐，奏乐。《庄子·天运》："帝张《咸池》之乐于洞庭之野。"《咸池》为古乐舞名，相传为黄帝所作，尧增修而用之。 (2)潇湘，水名。《山海经》："洞庭之风，帝之二女居之，是常游于江浦。澧沅之风，交潇湘之川。"帝子，指帝尧二女娥皇、女英，为帝舜之二妃。 (3)苍梧，山名。即九嶷山，在湖南宁远县。帝舜南巡，崩于苍梧，二女随从投湘水死，是为湘水之神，一名湘灵。 (4)骖，一车三马或四马中的两旁马匹。停骖，停车。 (5)辍棹，停下船桨。子，你，与上句的我相对。夷犹，犹豫。 (6)广平，晋周处为广平太守，滞讼三十年，一朝决断。听，听讼。方籍，有好的声誉。此句预祝范云官声广誉。 (7)茂陵，《司马相如传》："相如既病免，家居茂陵。"将见求，将有求于君。此句谦称自己只会请求朝廷让自己免官回家。 (8)已矣，完了，罢了，绝望之词。 (9)离忧，离愁别绪。《楚辞》："思公子兮徒离忧。"

简析 该诗可与前录范云《之零陵郡次新亭诗》对看，便可知范诗侧重写景，而谢诗侧重抒情。相较之下，谢朓的情绪更低沉忧伤，既是由于与友人分别，也是因为自己此前遭到中伤，担忧此后有不测之祸。

晚登三山还望京邑

灞涘望长安(1)，河阳视京县(2)。
白日丽飞甍(3)，参差皆可见(4)。
余霞散成绮，澄江静如练(5)。
喧鸟覆春洲，杂英满芳甸。
去矣方滞淫(6)，怀哉罢芳宴(7)。
佳期怅何许(8)，泪下如流霰(9)。
有情知望乡，谁能鬒不变(10)！

题解 山谦之《丹阳记》："江宁县北十二里滨江，有三山相接，即名为三山，旧时津济道也。"按"三山"一名护国山，晋太康中王浚伐吴，自牛渚顺流鼓棹，径造三山，即此处。京邑，都城，此指建业(今南京)。此诗写于495年作者离开之时。

注释 (1)灞涘，灞水之岸。长安，古帝都，在今陕西，灞水为长安周边的八水之一。此句仿王粲《七哀诗》中"南登灞陵岸，回首望长安"之意而来。 (2)河阳，东汉时县名，故城在今河南梦县西，潘岳曾任河阳令，写有《河阳县》诗："引领望京室"。开篇两句是用王粲望长安，潘岳望洛阳来比喻自己望建业。 (3)丽，照耀。甍(méng)，屋脊。飞甍，形容屋脊凌空欲飞。 (4)参差，高低不齐貌。(5)练，洁白的熟绢。 (6)滞淫，淹滞，淹留。 (7)怀哉，思念之意。《诗经·扬子水》："怀哉怀哉！曷月予旋归哉。" (8)怅何许，怅念何所。 (9)霰，寒天降水，直径比雪大，《楚辞·九章·哀郢》："涕淫淫而若霰。" (10)鬒(zhěn)，黑发。

简析 该诗首二句将长安、洛阳比拟建业(南京)，用王粲、潘岳比拟自己。诗人登上三山回望建业，映入眼帘的首先是高低错落的宫殿檐脊，然后是霞光中的长江，江中洲渚上的喧鸟杂花。这种春晚江景，自然牵动诗人去国离乡的惆怅和凄寂。末四句表达因归期渺茫而内心悲苦，故在三山盘桓而不忍遽去。可谓情景两真，毫无做作。

之宣城郡出新林浦向板桥

江路西南永(1)，归流东北骛(2)。
天际识归舟，云中辨江树。
旅思倦摇摇(3)，孤游昔已屡(4)。
既欢怀禄情(5)，复协沧洲趣(6)。
嚣尘自兹隔(7)，赏心于此遇(8)。
虽无玄豹姿，终隐南山雾(9)。

题解 此诗为谢朓出为宣城太守，由新林浦至板桥途中所作。宣城郡，治今安徽宣城。新林浦，在南京市西南。板桥，在南京市大胜关南，旧为水上南北结浮桥渡水处，又称板桥浦。此诗与作者前两首诗是同时之作。

注释 (1)江路，长江水道。永，水长流，《诗经·汉广》："江之永矣，不可方思。"(2)骛，趋之若骛，形容江水争相向东偏北方向涌流。 (3)摇摇，形容心神不安。《诗经·黍离》："行迈靡靡，中心摇摇。" (4)孤游，独游。屡，多次。 (5)欢，喜爱。怀禄，眷怀利禄，留恋官场。 (6)协，适宜，适合。沧州，滨水的地方，古时常用来称隐士的居处。 (7)嚣尘，嘈杂而肮脏。《左传》："子之宅近市，湫隘嚣尘，不可以居。"自兹隔，从此隔离。 (8)赏心，心情欢畅。此遇，这次遭遇，指离京外任的机会。 (9)汉代刘向《列女传》："陶答子治陶三年，名誉不兴，家富三倍。其妻抱儿而泣，姑怒以为不祥。妻曰：'妾闻南山有玄豹，隐雾而七日不食，欲以泽其毛而成文章，藏以远害；至于犬豕，肥以取之，逢祸必矣。'期年，答子之家,果被盗诛。”末二句意谓诗人明白为官求财的危险,表示要像南山的玄豹一样,最终隐居下来。

简析 齐明帝建武二年(495年),谢朓出任宣城太守,该诗为其乘船溯江赴任时所作。流水滔滔,前路漫漫,诗人凝眺水云江树和天际的归舟,流露出去国离乡的悲凉。但诗的后半部又以离开政治中心可以避难远害来作自我慰藉,认为自己的志趣本来不耐烦嚣,更适合幽隐,故以清廉为政自期。该诗情景交融,心绪变化多端而一出乎自然。

◎江朝请

渌水曲

塘上蒲欲齐(1),汀洲杜将歇(2)。
春心既易荡,春流岂难越(3)?
桂棹及晚风(4),菱江映初月(5)。
芳香若可赠(6),为君步罗袜(7)。

题解 渌水在今南京附近。渌为清澈之意。作者江朝请,生卒爵里不详。该诗因附在谢朓《谢宣城诗集》中同题诗作之下而得以留存。

注释 (1)塘,池沼。蒲,一种水生植物,又名香蒲、菖蒲。欲齐,喜欢群生。(2)杜,木名,即棠梨、甘棠。将歇,将要零落。 (3)此二句谓春心既动,春水还不容易渡过? (4)桂棹,桂树做的桨,代指船。及,趁。 (5)初月,新月。(6)芳香,代指情感。 (7)步罗袜,脱下鞋履,只穿罗袜渡水。

简析 这是一首爱情诗。在池边香蒲竞长,沙洲上甘棠零落的春季,少男少女不惧阻隔,在月下的河上驶船来往。全诗充满青春生气。

◎沈　约

登北固楼诗

六代旧山川[1]，兴亡几百年[2]。
繁华今寂寞，朝市昔喧阗[3]。
夜月琉璃水[4]，春风柳色天。
伤时为怀古，垂泪国门前[5]。

作者简介　沈约（441—513年），字休文，吴兴永康（今浙江永康）人。历仕宋、齐、梁三朝，梁武帝天监十二年（513年）卒。著有《晋书》一百一十卷，《宋书》一百卷，《齐纪》二十卷，《宋世文章志》三十卷，还有文集一百零一卷。沈约深究诗歌声律，根据四声和双声叠韵来探讨诗句中声、韵、调的配合，指出写诗必须避免平头、上尾、蜂腰、鹤膝、大韵、小韵、旁纽、正纽"八病"，引导诗歌从自由、任意到讲究格律，形成齐、梁时的"永明体"新诗。

注释　（1）六代，可能从春秋时的吴国算起，而主要是指三国之吴、东晋、宋、齐、梁（沈约去世时陈朝未立）等。这些朝代都以吴越之地为"国"之根本。　（2）从东汉后的三国开始，到沈约所在的梁，将近三百年。　（3）朝市，朝廷和市集，两者都是都城的主要构成。喧阗（tián），热闹繁盛。　（4）琉璃，一种矿石质的有色半透明材料，多用作宫室之瓦。此句意谓琉璃瓦上月光如水。　（5）国门，东晋和南朝只有东南半壁江山，故京口（今镇江）江边的北固（顾）山几被视为边哨。

简析　沈约是历史学者兼诗人，故其有些诗作颇能纵览古今，发为王朝兴亡浩叹。《登北固楼诗》严格按照诗歌格律写成，却能避免因形式主义造成的平庸空泛，视野阔大，文句通畅，情感充沛，声调铿锵，一如作者自夸的"至于高言妙句，音韵天成，皆暗与理合，匪由思至"。

◎柳　浑

江南曲

汀洲采白蘋[1]，日落江南春。
洞庭有归客，潇湘逢故人[2]。

故人何不返？春华复应晚[3]。
不道新知乐，只言行路远。

作者简介 柳浑（465—517年），字文畅，河东解（今山西永济）人。梁天监元年（502年）为长史兼侍中，与沈约共定诗歌新律。曾两度出任吴兴（今浙江湖州）太守，故后人称“柳吴兴”。工诗，音调高昂，无六朝纤靡绮丽之习，后仅存诗十八首。

题解 “江南曲”和“西洲曲”一样，属于南朝乐府民歌中的“清商曲辞”。民歌多以市井女子的语气抒发情感，一些文人的仿作则能突破男女感情的范围。

注释 （1）汀，水边平地。洲，水中沙洲。白蘋，浅水处所生水草。由此句导出晚唐诗人温庭筠《望江南》中的名句“肠断白蘋洲”。 （2）潇湘，湖南的两条江。潇水发源于湖南蓝山县九嶷山，湘水发源于广西灵川县海阳山，二水在零陵县蘋洲合流。 （3）春华复应晚，春花又开过了。

简析 这是一首怀念友人的诗歌。“洞庭有归客，潇湘逢故人”是羡慕他人老友相聚，与自己的“故人何不返”恰成对比。“日落江南春”“春华复应晚”分别点出地点和时节，惋惜这个春天是不能和旧友相聚了。“不道新知乐，只言行路远”两句推测故人隐瞒实情而借口路远爽约。“故人”与“新知”相对，也有人视此诗为代女子嗔怪失约男友之作。

◎陆 厥

临江王节士歌

木叶下，江波连，秋月照浦云歇山[1]。
秋思不可裁[2]，复带秋风来。
秋风来已寒，白露惊罗纨[3]。
节士慷慨发冲冠，弯弓挂若木[4]，
长剑竦云端[5]。

作者简介 陆厥（472—499年），字韩卿，吴郡（今江苏苏州）人，生活于南朝宋末至齐末。少有风概，善属文，齐武帝永明九年（491年）举秀才。东昏侯永元元年（499年）其父受谋反案株连被杀，虽旋即获平反，但陆厥已因过度悲痛而卒，年仅二十八岁。

题解 “临江王节士歌”为乐府中的“杂歌谣辞”名之一。节士,节操高尚之士。

注释 (1)浦,水边。 (2)裁,断绝,清除掉。 (3)罗纨,薄绸。此句谓薄绸不敌秋寒。 (4)若木,传说中长在昆仑山极西的神树。《离骚》:“折若木以拂日兮。” (5)竦,高耸。

简析 节操高尚之士未必无情。此诗表现两种绝然不同的格调,前面七句写闺中思妇的伤秋和隐藏在背后的挂念,后面三句展现节士的慷慨豪壮,又化用《楚辞》语意和荆轲的典故,多情美人与豪气壮士彼此衬托,诗格归于雄浑高亮。

南郡歌

江南可采莲,莲生荷已大(1)。
旅雁向南飞,浮云复如盖(2)。
望美积风露(3),疏麻成襟带(4)。
双珠惑汉皋(5),蛾眉迷下蔡(6)。
玉齿徒粲然(7),谁与启含贝(8)?

题解 南郡即荆州,在湖北江陵县,今为荆州市区。

注释 (1)莲生荷已大,写自然的情形,莲花开放尤其在长出莲蓬时,荷叶已经很大,但此句实暗示士族内部的分化和矛盾。 (2)盖,顶。此句以浮云如盖比喻寒素之士难见天日。 (3)望美,声望美好的人。积风露,招来风吹雨打。 (4)疏麻,粗麻,比喻才能品格差的人。成襟带,成了上层统治者须臾不离的心腹。 (5)双珠句袭用《列仙传》郑交甫在汉滨遇二女赠佩珠的故事。 (6)蛾眉句仍是借用《登徒子好色赋》的“惑阳城,迷下蔡”,此二句讽喻上层统治者喜欢巧言佞色之辈。 (7)玉齿,像玉一样的牙齿。徒,白白地。粲然,美好漂亮。 (8)启,开启,使……张开。含贝,《登徒子好色赋》:“齿如含贝。”末二句意同曹植《南国有佳人》中“谁为发皓齿”。

简析 联系诗人陆厥的父亲遭诬陷遇害的实事,可知士族内部亦是矛盾重重。对比阮籍的《咏怀》(二妃游江滨),曹植的《南国有佳人》,加上作此诗的陆厥,虽然出身经历有所不同,然而都属于因不幸而心怀不平的人,但不幸的人各有不幸的原因和遭遇。相比之下,陆厥此诗的悲痛更为深沉。

◎何　逊

登南洲浦

幽栖多暇豫(1),从役知辛苦(2)。
解缆及朝风(3),落帆依暝浦。
违乡已信次(4),江月初三五(5)。
沈沈夜看流,渊渊朝听鼓(6)。
霜洲渡旅雁,朔风吹宿莽(7)。
夜泪坐淫淫(8),是夕偏怀土(9)。

作者简介　何逊(472?—519年),字仲言,东海郯(今山东郯城西北)人,八岁能赋诗。梁武帝天监(502—520年)中,迁中卫建安王水曹行参军事,又迁江州,犹掌书记。还为安西安成王参军事,兼尚书水部郎。母忧服阙,任仁威庐陵王记室。故世称"何水部"或"何记室"。今有中华书局点校本《何逊集》。

题解　南洲浦在今湖北赤壁市(原蒲圻县)境内,《水经注》:"南洲洲头即蒲圻县治也。"

注释　(1)幽栖,隐居。暇豫,悠闲逸乐。　(2)从役,在外从事公务。　(3)及,趁。朝风,早晨的风。　(4)违乡,离开家乡。信次,《左传》:"一宿为命,再宿为信,过信为次。"　(5)初,正当。三五,农历十五。　(6)渊渊,鼓声。《诗经·采芑》:"伐鼓渊渊。"六朝时,长江已有行船击鼓之举,以便夜航和雾行时避免相撞。　(7)朔风,北风。宿莽,王逸《楚辞注》:"草冬生不死者,楚人名之曰宿莽。"　(8)淫淫,雨水或眼泪不停地流。《楚辞·九章·哀郢》:"涕淫淫其若霰。"　(9)怀土,怀念乡土。

简析　何逊的诗作多写羁旅行役之思,风格婉转清新,为当时名流所重。《登南洲浦》写秋季的一个月圆之夜在长江支流上停留的所见所感,侧重抒发思乡之情。

还渡五洲

我行朔已晦(1),溯水复沿流(2)。
戎伤初不辨(3),勋默自相求(4)。
眷言还九派(5),回舻出五洲。

萧散烟雾晚，凄清江汉秋。
沙汀暮寂寂，芦岸晚修修(6)。
以兹南浦夜(7)，重此北门愁(8)。
方圆既龃龉(9)，贫贱岂怨尤(10)。

题解 五洲，江中五个沙洲相接。《水经注》："江水又东，经轪(dài)县故城南。城在山之阳，南对五洲也。江中有五洲相接，故以为名。"轪，西汉侯国，后改县，故城约在今湖北浠水兰溪镇附近。

注释 (1)朔，农历初一。晦，农历三十。 (2)逆流为溯，顺流为沿。 (3)戎伤，疑为"戎商"，从军与经商。陶潜诗："问君今何行，非商复非戎。" (4)勋默，建立功勋或默默无闻。 (5)眷，关心，怀念。《诗经・皇矣》："眷言顾之，潸焉出涕。"九派，郭璞《江赋》："流九派乎浔阳。" (6)修修，高而整齐貌。 (7)南浦，泛指江南水边。 (8)北门愁，比喻失意。《诗经・北门》："出自北门，忧心殷殷。终窭且贫，莫知我艰。已焉哉！天实为之，谓之何哉！" (9)方圆既龃龉，方圆凿枘(ruì)之意，两者格格不入。 (10)怨尤，怨天尤人。

简析 《还渡五洲》依然是作者在湖北江上往来时的所见所感，与《登南洲浦》的抒发思乡之情不同，此诗侧重于抒发自己仕宦的不得志。诗中的"勋默自相求"，"贫贱岂怨尤"与引用《诗经・北门》，清晰地显示出这些皆属正话反说。南朝是门阀世胄当权的时代，寒士们只能以诗作对社会的不公表达抗议。

◎ 刘孝绰

棹歌行

日暮楚江上，江深风复生。
所思竟何在(1)？相望徒盈盈(2)。
舟子行催棹，无所喝流声(3)。

作者简介 刘孝绰(480—539年)，本名冉，彭城(今江苏徐州)人。其家弟妹子侄多人皆善诗文。梁武帝天监(502—520年)初，起家著作郎，迁秘书丞，甚为武帝萧衍和昭明太子萧统赏识，历任廷尉正、御史中丞、尚书吏部郎、临贺王长史。但因负才仗气，屡受同僚打击，五次遭到免官。其辞藻为后世所重。

题解 棹(zhào),摇船的橹,也代指船。《楚辞·九歌·湘君》:"桂棹兮兰枻。"棹歌行属歌行体诗。

注释 (1)所思,所怀念的人。 (2)盈盈,水清浅貌。《古诗十九首》:"盈盈一水间,脉脉不得语。" (3)无所,"所"通"数",即无数。喝流声,即棹歌声或行船的号子声。

简析 日暮行舟在楚江之上,江阔水深又刮起了风。诗人怀念的人在哪里?相隔盈盈一水,却只可相望而不可相逢。该诗的特点是含蓄,除了时间是日暮时分,地点是楚江之外,人和事均无确指,从而给读者多样的想象空间。

太子洑落日望水

川平落日迥(1),落照满川涨(2)。
复此沧波地,派别引沮漳(3)。
耿耿流长脉,熠熠动微光。
寒鸟逐查漾(4),饥鹈拂浪翔(5)。
临泛自多美(6),况乃还故乡。
榜人夜理楫(7),棹女暗成妆(8)。
欲待春江曙(9),争涂向洛阳(10)。

题解 太子洑在今湖北黄梅江滨,九江对岸。洑为水中漩涡。

注释 (1)迥(jiǒng),远。 (2)落照,落日。 (3)沮漳,沮水和漳水。两水在湖北当阳两河口合流,经江陵注入长江。 (4)查,"植"的本字,水中漂浮物。(5)鹈,鹈鹕,水鸟名,俗称"淘河"。 (6)临泛,临流。 (7)榜人,船夫。理楫,修理船桨。 (8)棹女,驾船的女人。成妆,梳妆打扮完毕。 (9)曙,天将破晓。 (10)涂,通"途",道路。洛阳,指代都城建康。

简析 此诗大约写于归途之中,"临泛自多美,况乃还故乡"点明了此际心情,榜人和棹女也都归心似箭。故诗句不见悲苦而只有兴奋。"争涂向洛阳"也令后世读者联想到杜甫的诗句"便下襄阳向洛阳"。

月半夜泊鹊尾洲

客行三五夜(1),息棹隐中洲。
月光随流动,山影逐波流。

题解 鹊尾洲在今安徽无为县长江边,春秋时称鹊岸。

注释 (1)三五夜,即诗题中的月半夜,农历十五,正是月圆之夜。

简析 该诗短短四句二十字,却将节令、地址和最鲜明的景致囊括无余,同时也隐见诗人归途中的心情愉快。“月光随流动,山影逐波流”更明显为“拂墙花影动”“月移花影动”等句之先声。

◎ 刘孝威

帆渡吉阳洲诗

江风凌晚急,钲鼓候晨催(1)。
幸息榜人唱,聊望高帆开。
联村倏忽尽,循汀俄顷回。
疑是傍洲退,似觉前山来(2)。
将与图南竞(3),谁云劳溯洄(4)。

作者简介 刘孝威,孝绰弟。南朝齐、梁间人,初为晋安王法曹,授太子洗马,累迁中舍人兼通事舍人。梁武帝太清三年(549年),侯景在建康发动叛乱,孝威于围中得出,西上至安陆遇疾卒。

题解 吉阳洲在今安徽东流县北三十里的吉阳镇附近,亦为长江边沙洲。

注释 (1)钲鼓,古代行军时用的两种乐器。钲似钟而狭长,有长柄可执,口向上,以物击之而鸣。《诗经·采芑》:“钲人伐鼓。”《毛传》:“伐,击也。钲以静之,鼓以动之。” (2)此二句形容帆船鼓风前行很快,故给乘客旁边的沙洲后退,前边的山迎面而来的感觉。 (3)图南,《庄子·逍遥游》:“背负青天,而莫之夭阏(è)(摧折意)者,而后乃今将图南。”意谓大鹏升到高空开始飞向南海。用以比喻远大的前途。 (4)溯洄,《毛传》:“逆流而上曰溯洄。”

简析 该诗似为刘孝威从建康突围之后西上荆州时所作,故诗情充满“钲鼓候晨催”的紧迫感,而从“将与图南竞,谁云劳溯洄”二句来看,作者还担负有某种使命,故不辞辛劳攒程西行。诗意不在写景,而在表现心急船快。

◎王 泰

赋得巫山高诗

迢递巫山竦(1),远天新霁时(2)。
树交凉去远,草合影开迟。
谷深流响咽(3),峡近猿声悲。
只言云雨状(4),自有神仙期(5)。

作者简介 王泰,字仲通,琅琊临沂(今山东临沂)人,南朝齐司空王僧虔之孙。齐东昏侯永元(499—501年)末,后宫火,延烧秘阁,图书散乱殆尽,王泰上表校订缮写,从之。梁武帝天监(502—520年)中为秘书丞。历中书侍郎等职,出为新安太守。卒年四十四岁。

题解 “巫山高”为汉铙歌名,十八曲之一,多写思归之情,杂以高唐神女故事。

注释 (1)迢递,高远貌。竦(sǒng),通“耸”,耸立。 (2)新霁,雨后新晴。 (3)咽,幽咽,低沉之声。 (4)此句只说巫山的朝云暮雨形状。 (5)期,相会。自然有神女来约会。

简析 王泰出身高门士族,有文化素养但缺少社会体验。如果不以人废言的话,该诗的写景还算清丽可喜。但诗末的“云雨”“神仙”又落窠臼。

◎费 昶

巫山高

巫山光欲晚,阳台色依依(1)。

彼美岩之曲(2),宁知心是非(3)。
朝云触石起,暮雨湿罗衣。
愿解千金佩(4),请逐大王归(5)。

作者简介 费昶,梁江夏(今湖北武汉)人,善为乐府,又作鼓吹曲,梁武帝萧衍重之,赞曰:“才意新拔,有足嘉异。”赐绢十匹。费昶曾官新田(今湖南)令。有集三卷。

注释 (1)阳台,宋玉《高唐赋》:“昔者楚王尝游高唐,怠而昼寝,梦见一妇人,……去而辞曰:‘妾在巫山之阳,高丘之阻,旦为朝云,暮为行雨,朝朝暮暮,阳台之下。’” (2)彼美,指巫山神女。岩之曲,山岩的曲折处。 (3)宁知,哪会知道。心是非,人心的善恶。 (4)佩,佩玉,古时贵族妇女身上所佩戴的玉器。刘向《列仙传》载:江妃二女,游于江汉之滨。逢郑交甫,交甫求其佩,遂解而与之。后交甫寻佩,视女忽皆不见。江妃二女指帝舜二妃娥皇、女英。 (5)大王,应指帝舜而非楚王。帝舜南巡,崩于苍梧之野,其二妃奔丧,亦死于湘水。

简析 费昶此诗揉合巫山神女和帝舜二妃两个故事,虽都不离男女之情,但于前者用了“彼美岩之曲,宁知心是非”之语,暗示神女会楚王不过是梦里一瞬。于后者却用了“愿解千金佩,请逐大王归”,乃称赞二妃终是追随帝舜而去。梁武帝所称“才意新拔”,由此或可一见。

◎萧　衍

登北顾楼

歇驾止行警,回舆暂游识(1)。
清道巡丘壑,缓步肆登陟(2)。
雁行上差池,羊肠转相逼(3)。
历览穷天步,曬曬尽地域。
南城连地险,北顾临水侧。
深潭下无底,高岸长不测。
旧屿石若构,新洲花如织(4)。

作者简介 萧衍(464—549年),即南朝梁代开国君主梁武帝。字叔达,南兰陵(今江苏武进西北)人。青年时曾以文学游于齐竟陵王萧子良门下,以后任过将军、刺史。继而乘齐内乱,起兵夺取政权,502年在建康即帝位,立国号为梁。在位四十八年,广建寺院,力弘佛教,长于文学、乐律、书法,遗著二百余卷,明人辑有《梁武帝御制集》。

题解 北顾楼在今江苏镇江市东北江滨的北固山上,此地北临长江,山壁陡峭,形势险固,因名北固。据《梁书》载:梁武帝于大同十年登京口(今镇江)北固楼,北览长江壮丽景色,乃更名北顾山,楼亦因之为北顾楼。此诗写于南朝梁大同十年(544年)。

注释 (1)歇驾,停止随从的警卫人员。迴舆,乘车周迴。 (2)清道,指古代天子出行派人清扫道路遣散行人。登陟(zhì),登高。 (3)雁行,指雁群斜向而飞,此喻山路迂曲,远望攀登者如雁飞之行列。差(cī)池,参差不齐。《诗经·燕燕》:"燕燕于飞,差池其羽。"羊肠,小路。相逼,彼此隔得很近。 (4)旧屿,江中原有的小岛。石若构,礁石像人工构筑。新洲,江中新出现的洲渚。

简析 萧衍与前面入选本诗集中的江淹、范云、谢朓等同为竟陵八子,擅长诗文。当了皇帝之后也不废风雅,《登北顾楼》诗气势阔大,不事雕琢而清新晓畅,但有景无情的缺失难掩。

首夏泛天池诗

薄游朱明节(1),泛漾天渊池。
舟楫互容与(2),藻苹相推移。
碧沚红菡萏,白沙青涟漪(3)。
新波拂旧石,残花落故枝。
叶软风易出,草密路难披(4)。

题解 首夏即夏季之初,系与仲夏、盛夏相对而言。泛指泛舟。天池指建康城内的天渊池,为南朝宋文帝元嘉二十三年(446年)开凿的人工湖。

注释 (1)薄游,短暂的游玩休息一下。朱明节,夏季,《尔雅·释天》:"夏为朱明。" (2)容与,悠闲,迟缓不进貌。《楚辞·涉江》:"船容与而不进兮,淹回水而凝滞。" (3)沚,水中的小洲。菡萏(hàn dàn),荷花。涟漪,水波。 (4)披,拨去,劈开。《史记》:"黄帝披山通路,未尝宁居。"

简析　该诗与《登北顾楼》诗相比，因视野所限而缺乏阔大气势，但于小环境的描写依旧生动自然而对仗工整。从“薄游”二字可推测，做了皇帝可能日理万机，心事也不好披露，所以诗作中同样有景无情。

◎萧　统

咏同心莲诗

江南采莲处，照灼本足观(1)。
况等连枝树，俱耀紫茎端(2)。
同踰并根草，双异独鸣鸾(3)。
以之代萱草(4)，必使愁人欢。

作者简介　萧统(501—531 年)，字德施，梁武帝萧衍长子，天监元年(502 年)立为太子。性好学，论文著述习以为常。又广纳文学之士，撰著辑录《正序》十卷，《文选》三十卷。武帝中大通三年(531 年)未即位而病卒，追谥昭明太子。有《昭明太子集》。

题解　同心莲俗称并蒂莲，水面上一支莲茎顶端长出两支莲花。

注释　(1)照灼，鲜明光亮。足观，可观。　(2)俱耀，同时闪亮。紫茎端，暗红色莲茎的顶端。莲茎上部常呈黑红色。　(3)鸾，传说中凤凰一类的鸟。《山海经》：“西南三百里曰女床之山……有鸟焉，其状如翟而五采文，名曰鸾鸟。”　(4)萱草，古人以为可以使人忘忧的一种草。嵇康《养生论》：“合欢蠲忿，萱草忘忧，愚智所共知也。”

简析　古代皇室兄弟之间为争夺皇位必先争当储君(太子)。萧统出生后一年被立为太子，小两岁的萧纲和小七岁的萧绎等长大后未必甘心。故萧统在诗中把民间通常喻作夫妇的并蒂莲接过来喻作兄弟，表示自己愿意与同根者共生共荣，劝慰其不必担心和忧愁。诗句通俗易懂而情深意切。

◎萧　纲

蜀道难

巫峡七百里(1),巴水三回曲(2)。
笛声下复高(3),猿啼断还续。

作者简介　萧纲(503—551年),字世缵,小字六通,南兰陵(今江苏常州西北)人。南朝梁武帝萧衍之子,自幼癖爱诗文。为太子时与徐摛、庾肩吾等结交,提倡淫艳的“宫体诗”。550年即位,年号大宝,翌年即为侯景所杀。追谥简文帝。

题解　“蜀道难”为乐府诗题之一。《乐府古题要解》:“蜀道难,备言铜梁玉垒之险。”系指从蜀中往北,通往关中的旱路。此诗则写从蜀中往东,通往长江中游的水路。

注释　(1)巫峡,西起大宁河口,东至巴东官渡口,峡道全长四十二公里。此处称七百里,是依据《水经注》所言,概指三峡全长。(2)巴水,《三巴记》:“阆(làng)、白二水南流,曲折如巴字。”三回曲,三为多意,指峡江曲折。(3)下复高,即时低时高。

简析　该诗紧扣山峡、江水、笛声、猿啼四者,极为简洁精炼,对仗工整而自然。于其多数轻浮艳丽的宫体诗可谓例外。

泛舟横大江

沧波白日辉,游子出王畿(1)。
旁望重山转,前观远帆稀。
广水浮云吹,江风引夜衣。
旅雁同洲宿,寒凫夹浦飞(2)。
行客谁多病(3)?当念早旋归。

题解　此诗约写于作者即帝位之前,地点则在建康(今南京)江上。大江指长江。

注释　(1)王畿,古代称都城四周的地域。(2)凫,野鸭。浦,水滨之地。(3)病,恨。《左传》文公十八年:“与刖其父而弗能病者何如?”杜预注:“言不以父刖为病恨。”刖(yuè),断足,古代的一种酷刑。

简析　该诗抒写"游子"和"行客"行舟大江时的所见所思，实际上主要是诗人自己的观感，因为景致平平甚至略呈暗淡冷清，因此恨不能早些归去。

◎鲍　泉

江中望月诗

客行钩始悬[1]，此夜月将弦[2]。
川澄光自动，流驶影难圆。
苍苍随远色[3]，漾漾逐漪涟[4]。
无因转还泛[5]，回首眷前贤[6]。

作者简介　鲍泉(？—551年)，字润岳，东海(今江苏涟水县北)人。博涉史传，文笔甚工。少事梁元帝，授常侍，累迁信州刺史。元帝长子方诸任郢州刺史时，鲍泉为长吏。简文帝大宝二年(551年)侯景陷郢，被害。有《新仪》三十卷。

注释　(1)钩，指新月如钩，约在农历初三、初四之夜。　(2)弦，指上弦月，约在农历初八、初九之夜，开首两句意谓自己乘船已四五日了。　(3)苍苍，深青色。　(4)漪涟，微波。《诗经·伐檀》："河水清且涟猗。"猗，语助词，犹兮，后加水旁作漪。左思《吴都赋》："濯明月于涟漪。"涟漪即漪涟。　(5)无因，犹无从，没有机会，没有门径。还泛，回船。　(6)眷，眷念，怀念。

简析　该诗因作者一连几天行舟江上，因而主要是抒发时光易逝，人生无法从头再来的感慨。"回首眷前贤"有自励之意。

◎伏　挺

行舟值早雾诗

水雾杂山烟，冥冥不见天[1]。
听猿方忖岫[2]，闻濑始知川[3]。
渔人惑澳浦，行舟迷溯沿[4]。

日中氛霭尽，空水共澄鲜[5]。

作者简介 伏挺(？—约552年)，字士操，一说字士标，山东安丘人。作五言诗善仿谢灵运"康乐体"。梁武帝天监(502—520年)中，拜中书参军，迁侍御史。大宝二年(551年)，侯景乱中卒。有《迩说》十卷、集二十卷。

注释 (1)冥冥，亦作"溟溟"，昏暗状。 (2)忖(cǔn)，思量，揣度。《诗经·巧言》："他人有心，予忖度之。"岫(xiù)，山穴。陶潜《归去来辞》："云无心以出岫。" (3)濑，从沙石上流过的急水。王充《论衡·书虚》："溪谷之深，流者安祥，浅多沙石，激扬为濑。" (4)溯沿，逆流为溯，顺流为沿。 (5)空水，天空与江水。澄鲜，清新。

简析 该诗描写雾中行舟的景致和困难，"听""闻"二字表示雾中视野模糊，而全凭听觉行事，可见描写细致。诗末二句景中寓情。

◎江　洪

江行诗

日没风光静，远山清无云。
潮落晚洲出，浪罢沙成文[1]。
挟琴上高岸，望月弹明君[2]。
去家未千里，断绝怨离群[3]。

作者简介 江洪，济阳(今河南兰考)人，梁末为建阳令，工诗文，与萧文琰、丘令楷等人齐名。后坐事死，有集二卷。

题解 该诗题为"江行"，或并非行船江上，而是在江岸行吟。

注释 (1)文，同"纹"。此句形容水退之后，岸边的细沙留下一道道波纹。(2)明君，即汉王昭君，引申为《王昭君辞》。《唐书·乐志》："《明君》，汉曲也，汉人怜嫱(昭君字)远嫁，为作此歌。"一名《昭君叹》，晋人避文帝讳，改称《明君》。(3)断绝，音讯不通。离群，离开同伴。

简析 该诗抒写诗人日暮时分行吟江岸的情景，犹如一幅疏淡宁静的山水画，而思乡之情油然而生。

◎朱　超

舟中望月诗

大江阔千里，孤舟无四邻。
唯余故楼月[1]，远近必随人[2]。
入风先绕晕[3]，排雾急移轮[4]。
若教长似扇[5]，堪拂艳歌尘[6]。

作者简介　朱超，生平爵里不详，仅知其曾仕梁为中书舍人，有集一卷。

注释　(1)故楼月，千百年来一直照耀人间楼台的月亮。　(2)无论是远是近，明月总是随着人舟而行。　(3)晕，苏洵《辨奸论》："月晕而风。"月晕表示有风的兆头。　(4)排雾，风吹雾散。轮，月轮。此句是说风吹云雾移，倒好像是月亮很快移动。　(5)若教长似扇，假如让清风长此吹扇下去。　(6)艳歌，艳词淫曲。尘，灰霾，比喻不洁不雅的东西。

简析　朱超留下的诗作极少，原因盖在其不趋附时流，"孤舟无四邻"正象征其孤芳自赏。"入风先绕晕，排雾急移轮"观察细致。诗末二句表明作者鄙视当时流行的浮靡香艳之作，愿清风长扇，让美丽的千古明月照亮人寰。

◎萧　绎

折杨柳

巫山巫峡长，垂柳复垂杨。
同心且同折[1]，故人怀故乡。
山似莲花艳[2]，流如明月光[3]。
寒夜猿声彻[4]，游子泪沾裳。

作者简介　萧绎(508—554年)，即南朝梁元帝，字世诚，祖籍南兰陵(今江苏武进西北)，梁武帝萧衍第七子，初封湘东王，后两度担任荆州刺史。简文帝大宝二年(551年)侯景反，梁皇室遣王僧辩攻讨，侯景被诛，萧绎即位江陵，是为梁元帝，然仅三年。承圣三年(554年),西魏雍州刺史萧察引军来攻,元帝战败被俘杀。此役使数百年汇聚荆州之十四万卷公私典籍付之一炬。萧绎能诗文,然轻浮艳丽一如其兄简文帝。文集十五卷散佚,后人辑有《梁元帝集》。

题解 “折杨柳”为横吹曲辞,属梁鼓角横吹曲之一,多写送别之情。

注释 (1)古时有折柳送别之习,送行者和离去者在路边折柳互赠。 (2)春夏之季山上开满各种鲜花,故如莲花般鲜艳。 (3)流,水流。 (4)彻,连贯,此句说猿啼整夜。

简析 这是一首抒写游子思乡的诗,文字清丽,而且“巫”“垂”“同”“故”四字有意重复,诵读时琅琅上口。

望江中月影诗

澄江涵皓月(1),水影若浮天。
风来如可泛(2),流急不成圆。
秦钩断复续(3),和璧碎还联(4)。
裂纨依岸草(5),斜桂逐行船(6)。
即此春江上,无俟百枝然(7)。

注释 (1)涵,涵蓄,沉浸。 (2)泛,搅动,繁复。 (3)秦钩,指新月如钩。《汉书·地理志》云:秦地迫近戎狄,以射猎为先,故秦地盛产弓矢。钩,古兵器名,似剑而曲,又作镰刀名。 (4)和璧,和氏璧。《韩非子·和氏》云:楚人卞和在山中得一璞玉,献给厉王,王使玉工辨识,说是石头,遂以欺君罪断卞和左足。后武王即位,卞和又献玉,仍以欺君罪再断其右足。及文王即位,卞和抱玉哭于荆山下,文王派人问他,他说:“吾非悲刖也,悲夫宝玉而题之以石,贞士而名之以诳。”文王使人剖璞,果得宝玉,因称和氏璧。五、六句谓因为风吹水流,无论是弦月还是圆月在水中的倒影,都会出现断续、散聚的变化。 (5)纨,细致洁白的薄绸,此句谓月光给江岸的青草铺上了一层洁白的薄绸。 (6)斜桂,欹斜的桂影,传说月中有桂树。 (7)无俟,不须等待,不用。枝同支,然同燃。此句谓在月光下的江中行船,不用点很多火把。

简析 该诗最突出的特点在视角,即诗人描摹的对象不是月亮本身,而是月亮在江中的投影和江边的月光,如同写镜中景物,体现了作者别出心裁的构思和表达。

泛芜湖诗

桂潭连菊岸，桃李映成蹊[1]。
石文如濯锦[2]，云飞似散圭[3]。
桡度菱根反[4]，船去荇枝低[5]。
帆随迎雨雁，鼓逐伺潮鸡[6]。

注释 (1)蹊，山路，亦泛指小路。《史记·李将军传赞》：“谚曰：‘桃李不言，下自成蹊。’” (2)文，同“纹”。此句是说水中石上的花纹像锦帛一样美丽。 (3)圭，古玉器名。长条形，上端呈三角状。 (4)桡，船桨。度，渡过，划动。反同“返”。此句说船桨划过后，冲散的菱叶又自动恢复原状。 (5)荇，荇菜，一种多年生的水生草本。《诗经·关雎》：“参差荇菜，左右流之。” (6)潮鸡，潮来时的鸡鸣声。《舆地志》：“移风县(故治在今越南北境)有鸡，雄鸣长且清，如吹角。每潮至则鸣，故呼为潮鸡。”末句写行船击鼓声、潮水声、鸡鸣声响成一片。

简析 作者对船行时的岸边景致，天上云彩，以及水中的菱叶、荇菜等观察细致入微。末二句又写视角所见和听觉所闻，略显气魄。

赴荆州泊三江口诗

涉江望行旅，金钲间彩斿[1]。
水际合天色[2]，虹光入浪浮。
柳条恒拂岸[3]，花气尽熏舟[4]。
丛林多故社[5]，单戍有危楼[6]。
迭鼓随朱鹭[7]，长箫应紫骝[8]。
莲舟夹羽氅[9]，画舸覆缇油[10]。
榜歌殊未息，于此泛安流。

题解 三江口在洞庭诸水入长江处。《元和志》：“巴陵江对三江口，岷江为西江，澧江为中江，湘江为南江。”此诗为作者首次赴任荆州刺史，带领人马船队经过岳阳附近时所作。

注释 (1)钲，古代军乐器之一。形似钟而狭长，有长柄，口向上，以物击之而鸣。

鸣钲作为行船的一种信号。间，参杂。旒(liú)，古代旌旗的下垂饰物。 (2)此句谓远处天水一色。 (3)恒，常常。 (4)熏，气味侵袭。 (5)丛林，茂密的树林。社，祭祀社神之所，俗称土地庙。 (6)单戍，孤单的戍军。危楼，高楼。 (7)迭鼓，连绵的鼓声。朱鹭，一名红顶鹤，秋季飞到南方的候鸟，多在沼泽河湖近旁越冬。 (8)紫骝，紫色的良马。此句谓箫声和马的嘶鸣相应。 (9)莲舟，采莲船。羽氅(chǎng)，古代用羽毛做成的一种仪仗旗幡。 (10)画舸，绘有彩纹的游船。缇(tí)油，一种丹黄色或浅绛色的船用油漆。

简析 萧绎惯写风花雪月、轻歌曼舞的宫体诗，此诗是一例外，可说是山河壮诗情吧，然而外部气势虽大，诗骨仍然欠缺。虽然金钲、危楼、长箫、紫骝等不乏大气，然而杂以彩旒画舸，依旧难掩富贵公子的派头。

◎阴 铿

江津送刘光禄不及

依然临江渚(1)，长望倚河津。
鼓声随听绝，帆势与云邻(2)。
泊处空余鸟，离亭已散人(3)。
林寒正下叶(4)，晚钓欲收纶(5)。
如何相背远(6)，江汉与城闉(7)。

作者简介 阴铿(？—566年)，字子坚，祖籍武威姑臧(今甘肃武威)，东晋末其高祖迁居南平(今湖北公安县东北)。阴铿在梁武帝时曾任湘东王萧绎的法曹参军。陈文帝天嘉(560—566年)中先任始兴王陈伯茂的中录事参军，后迁晋陵太守、员外散骑常侍。以写山水诗见长，尤工五言，善炼字造句，风格清新秀美，与梁时诗人何逊合称“阴何”。杜甫自言“颇学阴何苦用心”。曾有《阴常侍集》三卷，散佚，今仅存诗三十五首。

题解 此处江津指江边渡口。刘光禄指光禄卿刘孺。刘孺字孝稚，彭城(今江苏徐州)人，刘孝绰从弟。梁武帝萧衍赞赏其文采，曾任太子中庶子、王府记室、散骑侍郎。武帝大通(527—529年)间兼光禄卿。有文集二十卷。此诗作于527—529年间。

注释 (1)依然,依依不舍的样子。江渚,江边沙洲。 (2)鼓声,古代开船时击鼓为号。听绝,听不到。帆势与云邻,形容船帆已高高升起。 (3)离亭,渡口送行的亭子。此两句形容送行人离开后的冷清场景。 (4)下叶,落叶。 (5)纶,钓鱼杆上的丝线。 (6)如何,为何。 (7)江汉,指朋友所去之处。城闉(yīn),此处指作者将返回的地方。

简析 该诗是古代有名的送别诗作。首联点出送行不及,伫立渡口的遗憾。三四句“鼓声随听绝,帆势与云邻”,用“通感”手法将友人渐行渐远,自己的孤独怅惘交织在一起。五六句写鸟迹空余,人去亭静的清净寂灭。七八句补出时间,冬天的黄昏,树叶飘落,渔者归家。一种寂寥落寞的艺术境界和诗人的失落悲情,层次分明地逐一呈现出来。

晚出新亭

大江一浩荡(1),离悲足几重?
潮落犹如盖(2),云昏不作峰(3)。
远戍唯闻鼓(4),寒山但见松。
九十方称半(5),归途讵有踪(6)?

题解 新亭又称新亭渚,在建康(今南京)南。《晋书·王导传》:“过江之士,每至暇日,相要(邀)出新亭饮宴。周觊(jì)中坐而叹曰:‘风景不殊,举目有江山之异。’皆相视流涕。”阴铿此诗可能作于出仕不久的青年时期,其即将离开建康,行前出新亭步江滨。

注释 (1)一,何,多么之意。 (2)此句谓落潮如车盖。枚乘《七发》:“素车白马帷盖之张”以比喻涨潮。 (3)此句谓云天昏暗,云层没有变作山峰状。 (4)鼓,戍楼上的更鼓,作报时之用。 (5)行百里者半九十,暗指后面的路还难走。(6)讵(jù),岂,哪里。踪,踪迹。

简析 该诗首联气势博大,且点明诗眼“离悲”,以大江千重浪比喻离悲重重,既悲且壮。继之“潮落”“云昏”“远戍”“寒山”四句,沉郁苍劲,用语清新,被视为千古名句。诗中“离悲足几重”和“归途讵有踪”两个反问句,分别表现自悲和自勉。该诗开合自如,意境完整,情景交融,格律讲究,历来称为唐人五言诗的嚆矢。

和登百花亭怀荆楚

江陵一柱观(1),浔阳千里潮(2)。
风烟望似接,川路恨成遥(3)。
落花轻未下,飞丝断易飘。
藤长还依格(4),荷生不避桥(5)。
阳台可忆处,惟有暮将朝(6)。

题解 梁元帝萧绎称帝前曾任荆州刺史和江州刺史,阴铿一直在其幕中。萧绎于梁武帝大同六年(540年)至太清元年(547年)任江州刺史时,作有《登江州百花亭怀荆州诗》,阴铿作此诗唱和,由此可知此诗亦写于540—547年间。诗题中的百花亭亦在江州(今九江)。史载湖北江陵县东四十里处亦有百花亭,但这个百花亭显然不是萧绎和阴铿诗中的百花亭。

注释 (1)一柱观,在今湖北松滋县东丘家湖中。《渚宫故事》:"宋临川王(刘)义庆代江夏王镇江陵,于罗公洲立观甚大而唯一柱。" (2)浔阳,亦称江州,今为江西九江市。 (3)川路,水路。遥,远。此句谓江陵(即荆州)与江州风烟相接,水路却很远。 (4)格,树木的枝条。依格,附着树枝。 (5)避,躲开,让开。 (6)阳台,仍是指巫山神女故事,引申为男女幽会之所。将,与。末两句谓阳台可以值得回忆之处,惟有朝云和暮雨而已。

简析 在梁、陈两朝轻浮华丽的宫体诗盛行之际,阴铿的羁旅行役及游览赠别之作,却能独具风格,显得朴雅庄重,清新自然。诗末二句,如果理解为对萧绎任荆州刺史时耽于享乐的暗讽,似乎也符合阴铿的人生态度和性格。

晚泊五洲

客行逢日暮(1),结缆晚洲中(2)。
戍楼因嵯险(3),村路入江穷(4)。
水随云度黑(5),山带日归红(6)。
遥怜一柱观(7),欲轻千里风(8)。

题解 五洲,《水经注·江水三》云:"轪(dài)县故城,南对五洲也。江中有五洲相接,故以五洲为名。"轪,西汉侯国,后改县,故城约在今湖北浠水兰溪镇附近。

注释 (1)客,作者自称。日暮,日落时分。 (2)结缆,停船后把系船的缆绳拴牢。 (3)戍楼,守军的瞭望楼。嵁(kān),凸凹不平的山。 (4)穷,穷尽。 (5)云度,云层移动。 (6)日归,日落。 (7)遥怜,远怀。一柱观,见上首《和登百花亭怀荆楚》注释1。 (8)欲轻千里风,希望轻风相送千里。

简析 此诗写于溯江而上欲归江陵途中。黄昏时分泊船五洲,但见戍楼矗立山头,村路延伸江滨,暮云映照江面,江水显得黯黑,而落日余晖又给山峦抹上红晕。诗人由此怀念起远在千里之外的家乡,希望来日顺风相送。诗中佳句"水随云度黑,山带日归红",尤其为人称道。而从李白的"朝辞白帝彩云间,千里江陵一日还",和杜甫的"月明垂叶露,云逐度溪风""江入桃花嫩,春归柳叶新"等句,不难看出阴诗的影响。

登武昌岸望

游人试历览[1],旧迹已丘墟。
巴水萦非字[2],楚山断类书[3]。
荒城高仞落[4],古柳细条疏。
烟芜遂若此[5],当不为能居。

题解 武昌时为今鄂州的称谓,三国时孙权曾短暂定都于此,历经三国至南朝战乱,已经破败不堪。

注释 (1)游人,作者自称。试,尝试。历览,遍览。 (2)巴水,源出大别山南罗田县,经浠水县再西南流入黄冈后注入长江,其萦回形如非字。 (3)楚山,泛指长江中游之山。类书,始于魏文帝曹丕主持编修的《皇览》,专门辑录、编列各门类的资料。此句意谓楚地山川城邑已大变化,只能再见于类书了。 (4)仞,古时长度单位,八尺为一仞。落,倾圮,倒塌。 (5)烟芜,人烟寥落。

简析 该诗描写曾是三国吴都的鄂州此时的残破凋敝和环境荒凉,不胜物、人两非的感叹,内中隐含对战乱的遗憾和对时光流逝的感慨。惟末句的意义和辞气平平如蛇尾,实为不足。

渡青草湖

洞庭春溜满[1],平湖锦帆张。

沅水桃花色(2),湘流杜若芳(3)。
穴去茅山近(4),江连巫峡长。
带天澄迥碧(5),映日动浮光。
行舟逗远树(6),度鸟息危樯(7)。
滔滔不可测(8),一苇讵能航(9)?

题解 青草湖,一名巴丘湖,在今湖南岳阳西南,为湘水所汇,因湖中多青草得名。

注释 (1)春溜,春水。 (2)桃花色,桃花水,俗称桃汛,沅水流经桃花源之地。 (3)湘流,湘水。杜若,香草名。芳,一作香。 (4)茅山,在江苏太湖附近,汉代茅盈与弟茅衷、茅固得道于此,故称茅山。传说洞庭湖有地穴,下可通达太湖。太湖亦称洞庭。 (5)迥,远。指水色共长天而远碧。 (6)逗,通“投”,目光投向。 (7)度鸟,飞鸟。息,栖息。危樯,高耸的船桅。 (8)滔滔,水流貌或水势盛大貌。 (9)一苇,小船的代称。《诗经·河广》:“谁谓河广,一苇杭之。”杭通航。讵(jù)能,岂能。

简析 该诗描写巴丘湖南连沅湘,西通巫峡,可谓眼界开阔,气势恢宏。“带天”二句一静一动,形容水天相接;“行舟”二句一远一近,观察入微。诗人用审美眼光抒发渡湖时的感受,显得深切细致,生动自然。

和傅郎岁暮还湘洲诗

苍茫岁欲晚(1),辛苦客方行(2)。
大江静犹浪(3),扁舟独且征。
棠枯绛叶尽,芦冻白花轻。
戍人寒不望(4),沙禽迥未惊(5)。
湘波各深浅(6),空轸念归情(7)。

题解 傅郎为作者的知交傅縡。傅縡,字宜事,北地灵州(今宁夏吴忠县境)人,梁武帝太清(547—550年)末携母南奔避难,曾依湘州(今长沙)刺史萧循。傅縡学博多识,陈后主时遭佞倖施文庆等构陷下狱,在狱中上书后主时仍直言不挠,竟被后主赐死,时年五十五岁。由此可推知阴铿此诗应作于梁末的550年左右。

注释 (1)岁欲晚,与诗题中的岁暮一致,即一年将尽。 (2)方行,才启程。(3)大江静犹浪,字面上是写长江无风也有三尺浪,实则暗喻政局隐藏风险。

(4)戍人,泛指戍边和为公事奔忙之人。不望,不顾。 (5)迥,远。未惊,未受到惊动。 (6)湘波各深浅,湘水有深有浅。 (7)轸,原意为古代车箱底部四周横木,这里代指车。末句意谓朋友乘舟归去,作者面对留下的空车也产生了思归之情。

简析 南朝梁、陈间的动乱,造成大批士人流离辗转。行役之苦、朋友聚散和乡关之思是当时诗中常见的主题,该诗篇幅虽小,却已把三者尽融其中。“棠枯绛叶尽,芦冻白花轻”二句,把岁末江畔的萧条凄清几乎写尽。

◎魏 收

棹歌行

雪溜添春浦(1),花水足新流。

桃发武陵岸(2),柳拂武昌楼(3)。

作者简介 魏收(505或506—572年),字伯起,小字佛助,钜鹿下曲阳(今河北晋西县)人。少善属文,以才名称于当世。东魏、北齐时,历任齐州刺史、中书侍郎等职。北齐文宣帝天保二年(551年)奉敕编纂《魏书》,三年后成一百三十卷。因在修撰中有酬恩报怨及受贿行为,致有“秽史”之称。该书宋初已残缺,今本曾经宋人校补。

注释 (1)雪溜,雪水流动。春浦,春天的水滨。 (2)武陵,郡名。在今湖南常德市西。郡属桃源县以盛产桃花驰名,东晋陶潜有《桃花源》诗文。 (3)东晋陶侃镇武昌(今湖北鄂州)时,曾于军门外广植柳树,后称武昌柳。

简析 该小诗描写春雪后的水滨景致,大地和花木得到充分滋润,武陵源桃花初发,柳丝轻拂武昌城楼,生机盎然。虽不直抒胸臆,但足以表达作者轻松愉悦之情。

◎庾 信

舟中望月诗

舟子夜离家,开船望月华。

山明疑有雪，岸白不关沙[1]。
天汉看珠蚌[2]，星桥视桂花[3]。
灰飞重晕阙[4]，蓂落独轮斜[5]。

作者简介 庾信(513—581年)，字子山，南阳新野人。初仕梁，与父庾肩吾及徐摛、徐陵父子出入宫廷，擅写绮丽诗文，世称“徐庾体”。侯景乱后，梁元帝承圣三年(554年)奉命出使西魏，同年西魏灭梁，陷江陵，遂被迫留居长安。北周代魏，任骠骑大将军等职。然而高官厚禄难抵羁旅之愁。其诗文代表作有《哀江南赋》《枯树赋》《拟咏怀二十七首》等，抒发眷念故国和感伤身世的情怀，形成了苍劲悲凉的独特风格。有《庾子山集》。

题解 此诗应该是写于梁武帝太清二年(548年)侯景之乱前。此前庾信多次来往于建康(今南京)和江陵之间。

注释 (1)岸白，江岸发白。不关沙，与沙无关。此句谓江岸一片白色。 (2)天河，银河，《诗经・大东》:“惟天有汉，监亦有光。”珠蚌，蚌产的珍珠，形容明月如蚌珠。 (3)星桥，星河。苏味道《正月十五夜诗》:“火树银花合，星桥铁锁开。”桂花，传说月中有桂树，故月亦称“桂魄”。 (4)本句意指灰色的光照射在模糊不明的宫阙上。 (5)蓂，蓂荚，传说帝尧时的一种瑞草，从初一到十五每天生一荚；十六日以后，每天落一荚。本句谓农历十五日以后，观看荚落，月轮就开始斜缺了。

简析 该诗是庾信从轻佻早年到萧瑟暮年的过渡诗作，表现在渐洗浮华，微显老成。不仅初步融合南北诗风，在格律上也摸索出成熟的五言律诗形式，在句数、章法、对仗等方面成为唐人五言诗的先驱。

和赵王送峡中军

楼船聊习战[1]，白羽试抟军[2]。
山城对却月[3]，岸阵抵平云[4]。
赤蛇悬弩影[5]，流星抱剑文[6]。
胡笳遥警夜，塞马暗嘶群[7]。
客行明月峡[8]，猿声不可闻[9]。

题解 赵王，北周文帝宇文泰之子宇文招(？—580年)，明帝武成初年(559年)

封赵国公，武帝建德三年（574 年）进爵为赵王，曾拜为柱国，出为益州（今四川）总管。武帝天和元年（566 年），曾指挥北周军讨平信州（治白帝，即今重庆市奉节县）蛮的战事。宇文招写有《送峡中军》诗，因此庾信的唱和之作也当在 566 年或者稍后。

注释 （1）楼船，有叠层的大船，多作为战船。（2）白羽，白羽毛扇。㧑（huī），通“挥”，指挥。宇文招好诗文，庾信在这里比其为诸葛亮，战阵上也执羽扇。（3）却月，《水经注》：“沔左有却月城，亦曰偃月垒。”（4）阵，兵阵。抵，接。平云，山上不高处的云彩。（5）赤蛇，汉汲令应彬请主簿杜宣饮酒，其时壁上悬有赤弩，照杯中如蛇，宣恶之。彬曰：“此弩影似耳。”（6）流星抱剑文，意谓杯中映射着宝剑的花纹如流星闪耀。（7）胡笳，管乐器名，汉时流行于塞北和西域一带。塞马，北地边塞之马。此两句写戒备之状。（8）明月峡，在宜昌市西陵峡中。宇文招从益州随军而下，送至明月峡而作《送峡中军》诗。（9）猿声句谓猿的啼号，其声多悲，故令人不忍闻。

简析 庾信羁留西魏三年之后，西魏被北周取代。北周皇族的宇文招附庸风雅，“学庾信体”，庾信亦与宇文招唱和。此诗明显带有阿谀之迹，但在诗风上确如杜甫所说的“庾信文章老更成”，即一改青年时的轻浮华丽，走上深沉苍健之途。

奉和泛江

春江下白帝[1]，画舸向黄牛[2]。
锦缆回沙碛[3]，兰桡避荻洲[4]。
湿花随水泛，空巢逐树流[5]。
建平船柿下[6]，荆门战舰浮[7]。
岸社多乔木，山城足迴楼[8]。
日落江风静，龙吟回上游[9]。

题解 梁朝在长江上中游控制的益、梁、郢、雍（即今四川和湖北的中西部）等地，地理位置与西魏（557 年被北周取代）和东魏（550 年被北齐取代）相接。在庾信奉命出使西魏的前一年（即 553 年），西魏军队已经攻陷四川，占据上游。北周取代西魏之后，继续在上游制造战船，操练水师，准备东下。不知庾信此诗是与谁唱和，但参照《和赵王送峡中军》，就可推知《奉和泛江》应该是写于晚年，即南朝最后一个王朝灭亡之前。

注释 （1）白帝，白帝城，在今重庆市奉节县东。为刘备夷陵战败后病亡之处。（2）黄牛，黄牛峡，在今湖北宜昌市西。《荆州记》："宜都西南峡中有黄牛山，江湍纡回，途经信宿，犹望见之。行者语曰：'朝发黄牛，暮见黄牛，三朝三暮，黄牛如故。'" （3）锦缆，拉船的纤绳。沙碛，峡中的沙石成堆。回，绕。 （4）兰桡，船桨，此处喻指船。荻洲，长满芦苇的沙渚。 （5）从岸边冲入江中的树木上还有空鸟巢。 （6）柿（fèi），削下的木片，俗称"刨花"。《晋书》："王浚造船于蜀，其木柿蔽江而下，（东）吴建平（今巫山县治）太守吴彦取流材以呈孙皓曰：'晋必有攻吴之计，宜增建平兵。'" （7）荆门，指荆门山，在今湖北宜都县西北五十里大江南岸，与北岸虎牙山相对。《水经注》："荆门虎牙，楚之西塞。" （8）足，足够，多。迥楼，远楼。 （9）龙吟，琴曲名，亦形容笛声。此处似指帝王之业。《汉书·项籍传》："古之帝者，必居上游。"

简析 《奉和泛江》与《和赵王送峡中军》一样，可能是应景之作，但依其诗作技巧和早年往来江上的经验，把峡江水势和可能发生战斗的情景表现得十分逼真生动。诗的末句暗示梁、陈失去长江上游屏障，统一大局不久将成，自己由南入北虽非所愿，但也无可奈何，故杜甫有"庾信生平最萧瑟，暮年诗赋动江关"之语。

◎张正见

赋得雪映夜舟诗

黄云迷鸟路（1），白雪下凫舟（2）。
分沙映冰浦（3），照鹤聚寒流。
樯风吹影落（4），缆锦杂花浮（5）。
船梁若是桂，翻如月照秋（6）。

作者简介 张正见，字见颐，东武城（今山东武城县西）人。梁简文帝在东宫时，正见年仅十三，献颂获赞赏。预讲筵决疑义，进退详雅，吐纳和顺，引人瞩目。入陈后累官通直散骑侍郎。有诗文集十四卷。

注释 （1）黄云，云层昏黄。 （2）凫舟，凫形的小船，亦作"凫船"或"凫舫"。（3）分沙，雪分散在沙上。冰浦，冰冻的水边。 （4）风吹而樯影晃动，似欲坠落。 （5）缆索裹雪似锦，掺杂着水花浮动。 （6）船梁，船身拱起的部分。桂，月中桂树。翻如，宛如。月照秋，秋月照临。

赋得岸花临水发

奇树满春洲，落蕊映江浮。
影间莲花石(1)，光涵濯锦流(2)。
漾色随桃水(3)，飘香入桂舟(4)。
别有仙潭菊，含芳独向秋(5)。

注释 (1)影，花影。间，混合，掺杂。莲花石，石形如莲花。 (2)光，花的光。涵，沉浸。濯锦流，洗涤丝织品的水流。成都有锦江，相传因濯锦得名，因该江水流清澈，濯锦更鲜艳。 (3)漾，水波晃动。桃水，春天桃花开时多成水汛，俗称桃花汛或桃花水。 (4)桂舟，桂树制造的船。 (5)仙潭菊，长在深潭边的菊。向秋，等待或向往秋天。

简析 张正见的这两首诗，一是冬天江景，侧重于写雪和舟；一是江岸春景，侧重写花和水。两首诗皆造句清新，辞藻华美。区别在前诗见景隐情，后诗的末二句却含有深意，其赞赏菊花不与春花争艳，含芳待秋的特性，或许是一种自喻。

◎ 陈叔宝

巫山高

巫山巫峡深，峭壁耸春林。
风岩朝蕊落，雾岭晚猿吟(1)。
云来足荐枕(2)，雨过非感琴(3)。
仙姬将夜月(4)，度影自浮沉(5)。

作者简介 陈叔宝(553—604年)，即史上通称的陈后主，字元秀，吴兴长城(今浙江湖州属长兴县)人。583年即帝位，在位六年，骄奢淫逸，歌舞升平，日与宠妃狎客游宴，制作艳词，荒于朝政。公元589年隋将韩擒虎率军攻破建康，后主为隋军俘获，在洛阳委屈偷生十五年后死去。有集传世。

注释 (1)霁，雨后天晴。 (2)云来，指神女如朝云而来。荐枕，即荐枕席，女子陪男子同寝。此句袭用巫山神女故事。 (3)雨过,指云雨之事已毕。非,不。感琴,此处用西汉司马相如以琴声挑引卓文君的故事。 (4)仙姬,指神女。将,与,随。 (5)度同“渡”。浮沉,显现和隐没。此句谓神女的身影随着夜月浮沉而来去。

简析 该诗形式上对仗工整,音韵铿锵。但内容浅陋,津津乐道于旧典,难脱猎奇享乐之习。

幸玄武湖饯吴兴太守任惠诗

寒云轻重色(1),秋水去来波。
待我戎衣定(2),然送大风歌(3)。

题解 玄武湖,金陵四十八景之一,古名桑泊、秣陵湖。南朝刘宋元嘉年间,湖中两次出现“黑龙”,因名玄武湖。从东晋至宋、齐、梁、陈四朝,一直是皇家游乐之地。还有昆明湖、饮马塘、练湖、习武湖等名称。吴兴,今浙江湖州。

注释 (1)秋天云薄则色浅,云厚则色浓。此句谓天上的云时薄时厚。 (2)戎衣,即“大殷”。《礼记·中庸》:“壹戎衣而有天下。”郑玄注:“衣读如殷,声之误也。齐人言殷声如衣。”戎,大。“壹戎衣”即歼灭大殷(商朝),统一天下。 (3)汉高祖刘邦得天下后,回乡时作《大风歌》:“大风起兮云飞扬,安得猛士兮守四方。”

简析 小诗前两句写景,仅呈现天上的云和湖面的水,却富于视听和动感,文字简洁。后两句既显得踌躇满志,也是表达对家乡父母官的勉励。可惜的是他这个亡国之君与刘邦相去不可以道里计,于是诗句的豪言只成后世笑谈。

◎ 南朝乐府·西曲

襄阳乐

江陵三千三(1),西塞陌中央(2)。
但问相随否,何计道里长(3)。

题解 南北朝出现的乐府民歌是继周代民歌(《诗经》中的“国风”)和汉代乐府民歌之后,比较集中出现的又一批群众口头创作。《乐府诗集》称“艳曲兴于南朝,胡音生于北俗”,故此际乐府诗歌有南北之分。南朝乐府民歌有“清商曲辞”“杂曲歌辞”“杂歌谣辞”等分类。又按产生的地域分为“西曲歌”(142首)和“吴声歌”(326首)。《古今乐录》谓:“‘西曲歌’出于荆(今湖北荆州)、郢(今湖北钟祥)、樊(今湖北襄阳)、邓(今河南邓州)之间。”西曲有34种曲名(此外还有“倚歌”等),“襄阳乐”是其中之一。《古今乐录》曰:“‘襄阳乐’者,宋随王(刘)诞之所作也。诞始为襄阳郡,……夜闻诸女歌谣,因而作之,故歌中有‘襄阳夜作乐’之语也。”可知多数乐府歌谣其始出自民间,而后经过了上层统治者或文士们的加工。“襄阳乐”歌辞9首,这里选一首。

注释 (1)三千三,形容江陵到建康一带的长江水路之远。 (2)西塞,山名,在今湖北黄石市东江边,是长江上的险要所在。陌,本指田间小路,这里即指路途。 (3)道里,道路。

简析 南朝乐府诗歌都很短小,词句通俗,但极富感情韵致。该诗的意思是,从江陵到下游建康,不管路途如何险阻遥远,两人始终愿意相随相伴,表达了对爱情或友谊的坚定不移。

莫愁乐(二首选一)

闻欢下扬州(1),相送楚山头。
探手抱腰看(2),江水断不流(3)。

注释 (1)欢,心爱者,男女互称对方之词。 (2)探,伸出。此句谓两人互挽着腰往下看。 (3)江水停歇不流,此句极度夸张。

简析 该诗以女子的口气用夸张手法描写一对恋人依依不舍的景况。

三洲歌(三首选二)

(一)

送欢板桥湾,相待三山头(1)。
遥见千幅帆,知是逐风流(2)。

(二)

风流不暂停,三山隐行舟(3)。
愿作比目鱼,随欢千里游。

题解 《唐书·乐志》说:“‘三洲歌’,商人歌也。《古今乐录》:‘商客数游巴陵三江口往还,固共作此歌。’”可知三洲歌是洞庭湖南北商贾妇女流行的情歌。

注释 (1)此二句谓送行者和出行者在三山头等待。 (2)逐风流,追逐江风和流水。 (3)三山隐行舟,行者已去,三山遮住了舟帆。

简析 这两首诗一写等待和相送时的场景,一写行舟已去的场景和别后思绪,共同构成商、妇相别的完整过程和心理活动。特点是逼真生动。

女儿子

巴东三峡猿鸣悲[1],夜鸣三声泪沾衣。
我欲上蜀蜀水难[2],踏蹀珂头腰环环[3]。

题解 “女儿子”属于西曲中的“倚歌”。《乐府诗集》中载“女儿子”二首,这里选一首。

注释 (1)《古今乐录》称三峡为广溪峡、巫峡、西陵峡,广溪峡一名夔峡,今称瞿塘峡。峡中有猿,以啼声呼朋引类,而行人闻之,皆因离家历险以猿鸣为悲声。(2)此句谓逆流入蜀之难。 (3)踏蹀,原意为舞蹈时踏地为节,此处描写众纤夫步伐一致,有节奏感。珂,石头。腰环环,腰间缠着纤绳。

简析 南朝乐府的共同内容是所谓“郎歌妙意曲,侬亦吐芳词”,即大多为情歌。这首《女儿子》例外地以峡江纤夫为描写对象,简短几句就勾勒出苦力的形象和思想感情,故难能可贵。

那呵滩(六首选二)

(一)

沿江引百丈[1],一濡多一艇[2]。
上水郎担篙[3],何时至江陵?

(二)

江陵三千三,何足特作远[4]?
书疏数知闻[5],莫令信使断。

题解 《古今乐录》说:"'那呵滩',旧舞十六人,梁八人。其和云'郎去何当还'?多叙江陵及扬州事。那呵,盖滩名也。"可知那呵滩是歌舞曲,需十六人或八人边舞边唱,唱中还要以短句应和。

注释 (1)引百丈,拉纤的缆绳又长又多。 (2)濡,延迟,濡滞。此句谓多一条船就行走更慢一点。 (3)担,担任。篙,撑船的竹篙。 (4)何足特作远,哪里算得上特别远? (5)疏,稀少。闻,问。此句谓因书信稀少,多次向人打听。

简析 这两首诗仍是以女子的口吻唱出。前面一首正面描写纤夫和船上撑篙者的劳作,情歌中并不多见。后面一首略带埋怨,理由是江陵又不是特别遥远,书信为何这样稀少?嗔怪口气里饱含深沉的挂念和感情。

◎ 南朝乐府·吴歌

华山畿

相送劳劳渚(1),长江不应满,是侬泪成许(2)。
啼著曙(3),泪落枕将浮,身沉被流去(4)。

题解 《乐府诗集》中收录"吴声歌"326首,并谓"盖自永嘉渡江之后,下及梁、陈,咸都建业(建康),吴声歌曲,起于此也。"《宋书·乐志》也说:"吴歌杂曲,并出江东,晋宋以来,稍有增广。"吴歌中亦有"华山畿""长干曲""子夜歌""懊侬歌""浔阳乐""那呵滩""读曲歌""乌栖曲""夜度娘""长乐佳"等曲名。此外还有"神弦曲",和《楚辞·九歌》的特点相近。

注释 (1)劳劳渚,地名,在今南京市西南江边,附近有劳劳亭,为送别之所。或说为桃叶渡。 (2)侬,我。许,如此,这样。意谓长江水本不应满,现在如此之满,是我的泪水使它这样。 (3)啼,哭。著,到。曙,天明。从夜间啼哭到天将破晓。 (4)此句夸张泪水之多,枕头浮起,被子流去。

简析 该诗写女子对丈夫或情人的不舍,先是送至江边,挥泪道别。别后独自难以成眠,夜间啼哭到天亮。突出之点在写泪,相别用江水比喻,夜宿时用泪水浮起枕头,冲掉被子来形容,可谓夸张到极致。

长干曲

逆浪故相邀(1),菱舟不怕摇(2)。
妾家扬子住(3),便弄广陵潮(4)。

题解 长干为古时南京城内著名地址,大致在秦淮河以南,雨花台以北。"长干曲"为吴歌曲名之一,属"清商曲辞"。

注释 (1)逆浪,迎着波浪。故,故意。 (2)菱舟,采菱的小船,或像菱角状的小船。 (3)扬子,指扬子津,在扬州近郊,是长江下游著名的古渡口。 (4)便,习惯。广陵,扬州。广陵潮,扬子江的潮水。

简析 这首小诗勾画出一个单舟弄潮的船女形象,她敢于驾舟迎浪而上,体现出令人意外的刚毅果敢和技术娴熟。末二句交代原因,原来她自小生活在江边渡口,故能轻巧地出没风波。诗意婉曲回还,耐人寻味。在一派郎情妾意的吴歌声中也属例外。

子夜歌(四首选一)

自从别欢来,奁器了不开(1)。
头乱不敢理,粉拂生黄衣(2)。
欢愁侬亦惨,郎笑我便喜。
不见连理树(3),异根同条起。

题解 吴歌是乐府诗中的吴地歌谣,内容多为情侣的欢声笑语,或失恋和离别后的悲吟低叹,极其缠绵悱恻。吴歌中以《子夜》为题者最多,亦最具特色。《唐书·乐志》说:"晋有女子名子夜,造此声,声过哀苦。"《乐府诗集》中有分别吟唱春夏秋冬的《子夜四时歌》《大子夜歌》《子夜变歌》等。

注释 (1)奁器,女子梳妆用的镜匣之类。了不,略不,不常。 (2)粉拂,粉扑,粉拍,女子沾粉拍脸所用。黄衣,粉拍日久变成黄色。 (3)连理树,不同根生而枝叶相连的树,常用作比喻夫妻。

简析 这是一首以女子口吻写的爱情诗。前四句是表达两者分离之后,女子无心梳洗打扮,有如《诗经·伯兮》中的"岂无膏沐,谁适为容"之意。后四句则是女子在心里向男子表示忠爱，决心同甘苦共命运，于悱恻忧愁中更见坚贞。

◎南朝乐府·神弦曲

越人歌

今夕何夕兮，搴洲中流(1)。
今日何日兮，得与王子同舟？
蒙羞被好兮，不訾诟耻(2)。
心几顽而不绝兮(3)，得知王子。
山有木兮木有枝(4)，心说君兮知不知(5)？

题解 《越人歌》最先见于西汉刘向的《说苑》，《乐府诗集》收录时改末句"心悦君兮君不知"为"心悦君兮知不知"。原本的故事是：春秋时，楚共王之子，楚康王母弟鄂君子皙（一说为楚怀王之弟，封君启）乘舟游玩，划船的越女唱为此歌，表达她的爱慕之情。越人是春秋时中国南方的非华夏族群，因而语言有异，故此后历代诸家对歌辞的译述不同，诗题亦有《拥楫歌》《鄂君歌》等别名。

注释 (1)搴(qiān)，拔取。《玉台新咏》作"搴舟中流"，清末孙诒让以为更通。(2)此两句谓虽然害羞，蒙王子喜爱，我也不怕被人笑骂了。(3)几顽，《乐府散论》以为当是"颉顽"二字的音讹形误，形容越女内心矛盾忐忑不安，但又不能平静下来。(4)木，树。枝，用谐音法，枝同知。(5)说，通悦，喜爱。

简析 该诗写一个地位低下的船女为一贵公子驾舟时的所遇所感，通篇皆为女子的内心独白。犹如灰姑娘与王子有缘相遇，顿时心生爱慕，以为如能被爱，自己将不顾訾耻，以自媒之惭解贵公子之犹疑。但贵公子是否有意，不得而知，心烦意乱，想问又难以启齿。所以历来诗家皆以为此诗"婉丽清扬""曼声婉调，直足使听者意移"。由于该诗末句"心说君兮知不知"比《楚辞·九歌》中的"思君子兮未敢言"更琅琅上口，使得梁启超称赞其优美"殊不在《风》《骚》之下"。

◎南朝乐府·杂曲歌辞

西洲曲

忆梅下西洲(1),折梅寄江北(2)。
单衫杏子红(3),双鬓鸦雏色(4)。
西洲在何处?两桨桥头渡(5)。
日暮伯劳飞(6),风吹乌臼树。
树下即门前,门中露翠钿(7)。
开门郎不至,出门采红莲(8)。
采莲南塘秋,莲花过人头。
低头弄莲子,莲子清如水(9)。
置莲怀袖中,莲心彻底红。
忆郎郎不至,仰首望飞鸿(10)。
鸿飞满西洲,望郎上青楼(11)。
楼高望不见,尽日栏杆头(12)。
栏杆十二曲,垂手明如玉(13)。
卷帘天自高,海水摇空绿(14)。
海水梦悠悠(15),君愁我亦愁。
南风知我意,吹梦到西洲(16)。

题解 《乐府诗集》把《西洲曲》归入“杂曲歌辞”,对这首诗的产生时代和具体作者历来众说纷纭。《乐府诗集》和《古诗纪》视其为时代不详的“古辞”,《玉台新咏》以为作者是江淹(但宋本未载),《诗镜》以为作者是梁武帝萧衍。从内容和风格来看,《西洲曲》当是经过了文士加工润色的南朝乐府民歌。

注释 (1)下,飘落。西洲,诗中男女幽会之处,地址不详。(2)江北,指男子所去之地。这两句谓因回忆落梅时节两人曾在西洲相会,所以折梅花寄给已去江北的情人。(3)单衫杏子红,描写女子衣裳的颜色。(4)鸦雏,小乌鸦。指女子的头发像小乌鸦的羽毛一样黑亮。(5)两桨桥头渡,划着双桨就可以抵达西洲。(6)伯劳,一种喜欢单栖的鸟,暗示男子单独外出。(7)翠钿(diàn),用翠玉制作或镶嵌的花朵形首饰,这里代指女子。(8)莲,与“怜”谐音,意思双关。怜,爱。(9)莲子清如水,与“怜子清如水”谐音双关。子,你,指男子。“清如水”比喻男子的品行。(10)望飞鸿,指盼望音信。古代有鸿雁传递音信的说法。(11)青楼,涂饰青漆的楼,指女子所居之处,此句应理解为女子上青楼望郎。(12)此句谓女子成天倚栏远望。(13)垂手明如玉,形容女子垂放在栏杆上的双手白皙光润。(14)海水,形容秋夜的蓝天。摇空绿,天空一碧万里。(15)海水梦悠悠,思念情人的梦像天和海一样悠悠无边。(16)诗末二句意谓南风如果懂得我的思念之情,就把我送到与情人西洲相会的梦中去吧。

简析 该诗把作者的叙述和诗中女子的抒情糅和在一起,用洗炼而流畅的语言,在诗情画意中塑造一个情感丰富细腻的女子形象。她从白天到夜晚,从春天到秋天,始终念念不忘相爱之人。以至在相会无期的愁苦中,祈求两人能在梦中团聚。诗中运用的“谐音双关”“接字钩句”等手法,正是南朝民歌的特点。

隋代诗歌

◎ 李孝贞

巫山高

荆门对巫峡[1]，云梦迩阳台[2]。
燎火如奔电，坠石似惊雷。
天寒秋水急，风静夜猿哀。
枕席无由荐，朝云徒去来[3]。

作者简介 李孝贞，字元操，赵郡柏（河北赵县）人。仕北齐官至黄门侍郎。入北周，转吏部下大夫。隋文帝开皇（581—601年）初，历蒙州刺史，征拜内史侍郎，参典文翰，出为金州刺史。

注释 (1)荆门，此处荆门指荆门山，在湖北宜都市长江南岸，与宜昌市东长江北岸的虎牙山隔江相望。巫峡则在上游的巫山。 (2)云梦，古云梦泽，在今江汉平原。迩，近。阳台，在巫山县阳台山上。 (3)朝云，巫山神女之名。此处仍用楚王与神女约会故事，不过用意相反。

简析 历来以"巫山高"为题作诗者众多，但此诗稍有新意。"燎火"二句令人惊心动魄。"枕席"二句虽仍沿用楚王会神女的旧典，但用意相反，意谓楚王早已作古，神女徒自来去，大有江山依旧，人事已非之慨。

◎ 崔仲方

夜作巫山诗

荆门秋水急，巫峡断云轻[1]。
若为教月夜[2]，长短听猿声。

作者简介 崔仲方，字不齐。少有文武才略。周武帝有灭齐志，仲方献二十策。581年隋文帝受禅，崔仲方出为虢州刺史，又上书论取陈之策，及大举伐陈，以为行军总管。平诸羌，历信都太守。乞归卒。

题解 该诗一题作《夜宿巫山》，为诗人亲历巫山时作。

注释 (1)此处荆门仍是荆门山。断云,片云,孤云。 (2)若为,如何,那堪。教,使,令。

简析 小诗前两句写白天所见秋水孤云,后两句写夜间月下猿鸣,表达旅人的哀愁心绪。

◎柳　辩

奉和晚日扬子江应教诗

大江都会所(1),长洲旧有名(2)。
西流控岷蜀,东泛迩蓬瀛(3)。
未睹纤罗动(4),先听远涛声。
空蒙云色晦,浃迭浪华生(5)。
欲知暮雨歇,当观飞旆轻(6)。

作者简介 柳辩(539—610年),字顾言,襄阳人。初仕梁,梁亡入隋,为晋王杨广谘议参军。隋文帝仁寿(601—605年)初,引为东宫学士,为太子所亲狎。炀帝继位,任秘书监,封汉南县公,常入宫与炀帝谈文对酒,是隋代文坛的领军人物。

题解 柳辩以文采获隋炀帝宠信,炀帝两下扬州,柳亦随从,歌诗唱和。此诗写于炀帝大业六年(610年)作者从游江都之时。

注释 (1)都,总绾(wǎn)。此句谓大江汇聚众流。 (2)长洲,江苏地名,此处泛指江中大洲。 (3)迩,近。蓬瀛,蓬莱和瀛洲,古代传说中的海上仙山。 (4)纤罗,细微的丝织物。 (5)浃迭,同"浃渫"。水流连续貌。郭璞《江赋》:"长波浃渫,峻湍崔嵬。"华,同"花"。 (6)旆,旗帜。末二句谓要知道暮雨是否停歇,应当看看船上的旗帜能否轻轻飞扬。

简析 柳辩的诗文风格承袭了南梁昭明太子萧统"丽而不浮,典而不野,文质彬彬,有君子之致"的文学主张,因而其诗有别于梁、陈两朝那种纤巧华靡的"宫体诗""徐庾体",做到了弃"轻艳"而趋"典丽"。然而作为文学侍臣,该诗也只能做到写景平实细致而少抒情,更不能以诗言志。

◎杨　广

泛龙舟

舳舻千里泛归舟(1),言旋旧镇下扬州(2)。
借问扬州在何处?淮南江北海西头。
六辔聊停御百丈(3),暂罢开山歌棹讴(4)。
讵似江东掌间地(5),独自称言鉴里游(6)。

作者简介　杨广(569—618年),即隋炀帝,一名英,隋文帝杨坚次子。文帝开皇元年(581年)封晋王,以心计得立为太子。公元605年弑父自立为帝,在位十三年,曾西巡张掖,开发西域,修建东都洛阳,又继续其父已经动工开挖连通的大运河工程,三下江都(扬州),最后在江都为权臣所杀。隋文帝在位时,倡导平实文风,批评南北朝时的浮艳华侈。杨广"初习艺文,有非轻侧之轮",迎合其父之意,内心实则倾向于梁、陈宫体诗作,故"暨乎即位,一变其风",带头写起了粉饰太平、荒淫享乐的诗歌。

题解　此诗"泛龙舟"非指端午前后民间的赛龙舟,乃是天子的御船在大运河(具体河段名通济渠)上航行。时间是公元605年。

注释　(1)舳舻,大船相连。《汉书·武帝纪》:"舳舻千里,薄枞阳而出。"归舟,回家乡的船。　(2)旋,回。旧镇,旧时所曾镇守之地。杨广为晋王时曾任扬州总管,镇守江都,他又"好吴语",故称下扬州为旋旧镇。　(3)六辔,古代天子出巡以六匹马拉座车。百丈,纤缆。此句谓暂时停下六匹马拉的车,而改乘纤缆拉拽的大船。　(4)开山,暗指通西域,汉代把开通西域称"凿空"。歌棹讴,唱船歌。　(5)江东,或称江左,今江苏一带地区。掌间地,手掌大的地方,比喻统一天下,一切尽在掌握之中。　(6)鉴,古代青铜做的器具,形似大盆,用以盛水照影。

简析　此诗为杨广即位当年率领浩浩荡荡的船队驶向江都时作。排场之大,气派之雄,尽显笔下。诗末两句尤其志满意得,富贵温柔的江左之地尽在掌握之中,龙舟泛航运河,更像在大盆里戏水。王夫之评论此诗说:"神采天成,此雷塘骨少年犹有英气。"雷塘在扬州城北,是杨广死后的葬身之地。杨广生前滥耗国财民力,转瞬间国破身亡,"神采""英气"也只留在文字中了。

江　　都

黄梅细雨麦秋轻(1)，枫树萧萧江水平(2)。
飞楼绮观轩若惊，花簟罗帏当夜清。
菱潭落日双凫舫，绿水红妆雨摇漾。
还似扶桑碧海上(3)，谁肯空歌采莲唱？

题解　江都，亦称广陵，旧城在扬州附近。杨广在位时曾三次游历江都，本书所选四首诗均作于605—618年间。

注释　(1)黄梅雨，江南梅子黄熟时多雨，称梅雨。麦秋轻，有版本作麦秋横。(2)《楚辞》中有“湛湛江水兮上有枫”。　(3)扶桑，神话中树木名。《山海经》：“汤谷上有扶桑，十日所浴。”陆机《日出东南隅行》：“扶桑升朝晖，照此高台端。”

简析　该诗中有夏有秋，有细雨有落日，可知不是写一时一地之景，而是时空穿插。末二句是一种联想，境界阔大，但其诗终不离绮丽华侈之风，三至六句尤甚。

春江花月夜

暮江平不动(1)，春花满正开。
流波将月去(2)，潮水带星来。

题解　“春江花月夜”是南朝乐府的清商曲辞，吴声歌曲之一。郭茂倩《乐府》：“《春江花月夜》《玉树后庭花》《堂堂》，并陈后主所作。后主常与宫中女学士及朝臣相和为诗，太常令何胥善于文令，采其尤艳丽者以为此曲。”即此辞原为南陈后主陈叔宝所作，但其辞已佚，后之作者只用其名而已。

注释　(1)暮江，黄昏时分的江水。　(2)将，随。

简析　小诗描写春天黄昏之后的江景，江水平缓流淌，两岸鲜花盛开，星月初显，一派温柔平静。

夏日临江诗

夏潭荫修竹，高岸坐长枫(1)。

日落沧江静(2),云散远山空。
鹭飞林外白(3),莲开水上红。
逍遥有余兴(4),怅望情不终。

注释 (1)夏潭,夏天的水潭。修竹,长得很高的竹子。坐,位于,引申为生长于。此二句可倒过来理解,即修竹遮蔽着夏潭,长枫生于高岸。 (2)沧江,大江。(3)此句谓鹭飞出林,上空一片白色。 (4)逍遥,悠然自得,《诗经·清人》:“河上乎逍遥。”即逍遥于河上。

简析 不以人废言,《夏日临江诗》当属清丽可喜,“日落沧江静,云散远山空。鹭飞林外白,莲开水上红”也足称佳句。末句“怅望情不终”更显帝王心机难测。

◎ 诸葛颖

春江花月夜

张帆渡柳浦,结缆隐梅洲(1)。
月色含江树,花影覆船楼(2)。

作者简介 诸葛颖(?—615年),字汉,丹阳建康(今江苏南京)人。八岁能属文。初仕梁,侯景乱,奔北齐。炀帝即位,迁著作郎,甚见亲倖,后从驾北巡,卒于道。有《銮驾北巡记》《幸江都道里记》《洛阳古今记》等。

题解 该诗系作者与隋炀帝杨广同题诗的奉和之作。

注释 (1)隐,停。梅洲,长满梅树的洲渚。 (2)含,涵溶,笼罩。覆,盖。

简析 历来唱和之作犹如主唱宾随,难免被动。该诗有辞藻之美,对仗之工,心情亦含而不露。

◎孔德昭

赋得涉江采芙蓉诗

莲舟泛锦碛(1),极目眺江干(2)。
沿流渡楫易,逆浪取花难。
有雾疑川广,无风见水宽。
朝来采摘倦,讵得久盘桓(3)。

作者简介 孔德昭(?—621年),会稽(今浙江绍兴)人。隋末窦建德称王,孔德昭任中书令。唐高祖武德四年(621年),窦建德败,孔德昭被杀。

题解 《涉江采芙蓉》是《古诗十九首》中比较优秀的诗篇。此诗题下多以游子思乡,或留家女子折芳遗所思为内容。

注释 (1)锦碛,水中明亮的沙石之类。 (2)江干,江岸。 (3)讵得,岂能。

简析 此诗仍写留家女子思念外出未归之男的行动和心情。她以采莲为由渡江,“极目眺江干”,却始终未见归人。“沿流”“逆浪”“有雾”“无风”四句,写渡江的种种情形,细致自然。末二句写女子一早出来盘桓,身心俱疲之态。

唐代诗歌

◎陆　敬

巫山高

巫岫郁岧峣(1)，高高入紫霄(2)。
白云抱危石，玄猿挂迥条(3)。
悬崖激巨浪，脆叶陨惊飙(4)。
别有阳台处(5)，风雨共飘摇。

作者简介　陆敬，一作凌敬。曾为隋末窦建德部祭酒。秦王李世民进军武牢时，他向窦建德进言自太行上党进攻，乘唐之虚以取山右(今山西省)。建德未从，以致于败。后归唐。

注释　(1)岫(xiù)，山穴，峰峦。郁，集结。　(2)紫霄，紫色的天空，因云霞映日而成。　(3)迥条，远处长长的树枝。　(4)飙，疾风，暴风。　(5)阳台，旧时称男女欢会之所为阳台。

简析　该诗描写巫山高入云霄，白云环抱，猿猴戏舞，巨浪拍崖，落叶惊风等景物，仍以巫山神女的故事结尾，但"风雨共飘摇"既发思古之幽情，亦给人"风流总被雨打风吹去"的感慨。

◎陈子良

入蜀秋夜宿江渚

我行逢日暮，弭棹独维舟(1)。
水雾一边起，风林两岸秋。
山阴黑断碛(2)，月影素寒流。
故乡千里外，何以慰羁愁(3)。

作者简介　陈子良(？—632年)，吴(今苏州)人。在隋时为杨素记室(秘书)。入唐，官右卫率府长吏，与萧德言、庾抱同为隐太子(唐高祖李渊长子、太宗李世民之兄李建成)学士。贞观六年(632年)卒。

注释 （1）弭，停止。棹，船或桨。维舟，系船。（2）碛（qì），浅水中的沙石。（3）羁愁，旅人的愁思。

简析 全诗为读者营造一种孤独凄清的语境，末二句更点破诗人心境，格调低徊，充满哀愁。

◎ 郑世翼

巫山高

巫山凌太清(1)，岧峣类削成(2)。
霏霏暮雨合(3)，靄靄朝云生(4)。
危峰入鸟道(5)，深谷写猿声(6)。
别有幽栖客(7)，淹留攀桂情(8)。

作者简介 郑世翼，一作郑翼，河南荥阳人。弱冠有盛名。唐高祖武德（618—627年）中，历任江西万年县丞、扬州录事参军，能直言，故终以言辞获咎。贞观（627—650年）中，坐怨谤，流放至西昌卒。

注释 （1）凌，高升。太清，即天空。（2）岧峣，山高峻貌。削成，刀削斧凿，形容陡峭。（3）霏霏，形容雨雪之密。《诗经·采薇》："今我来思，雨雪霏霏。"（4）靄靄，亦作蔼蔼，云密集貌。陶潜《停云》诗："靄靄停云，蒙蒙时雨。"（5）危峰，高峰。鸟道，鸟飞行的路。形容山路险峻狭窄，只有飞鸟可度。（6）写，通泻，流下。（7）幽栖客，指隐士。（8）攀桂，犹折桂。《晋书·郤（xì）诜（shēn）传》："武帝于东堂会选，问诜曰：'卿自以为何如？'诜对曰：'臣举贤良对策，为天下第一，犹桂林之一枝，昆山之片玉。'"后因以"折桂"比喻科举及第。淹留，亦作"奄流"，停留。

简析 在为数众多以《巫山高》为题的诗作中，郑世翼的此诗独给人出新之感。首二句写巫山高耸陡峻，次写暮雨、朝云、鸟道、猿声等多样情景，但仍是围绕山高这一核心。诗中也有暮雨、朝云，但跳出了楚王会神女的老套故事，却抒发了诗人既想隐居山林，又想蟾宫折桂（比喻留恋朝廷官禄）的矛盾心情。

◎李百药

渡汉江

东流既弥弥(1),南纪信滔滔(2)。
水激沉碑岸(3),波骇弄珠皋(4)。
含星映浅石(5),浮盖下奔涛(6)。
樯乌转轻翼(7),戏鸟落飞毛。
客心既多绪(8),长歌且代劳(9)。

作者简介 李百药(565—648年),字重规,定州安平(今属河北)人。其父李德林曾任隋内史令,撰有《齐史》。隋文帝时百药仕太子(杨勇)舍人、东宫学士。炀帝衔之,夺爵还乡里。后归唐,拜中书舍人、礼部侍郎、散骑常侍。为人耿直,曾进谏唐太宗取消诸侯,被采纳。受命修订五礼、律令。贞观元年(公元627年)奉诏撰《齐书》。百药藻思沉郁,尤长五言诗。虽樵童牧子,亦皆吟讽。存诗一卷。

注释 (1)弥弥,渐渐。 (2)南纪,南方。《诗经·四月》:"滔滔江汉,南国之纪。"此二句是说汉江水势很大,流到南方更见其滔滔。 (3)沉碑岸,襄阳城西北有万山,其下有沉碑潭,在县西北五里。《晋书·杜预传》:"预好为后世名,常言:'高岸为谷,深谷为陵'刻石为二碑,纪其功勋,一沉万山之下,一立岘山之上,曰:'焉知此后不为陵谷乎!'" (4)珠皋,即解佩渚。据《襄阳府志》载:郑交甫在这里遇二女佩两珠,大如荆鸡之卵。交甫索佩,二女解配以赠,转身走了十来步,珠玉和二女都不见了。 (5)含星,珠玉曰含,是说星光如玉。 (6)浮盖,漂在水上的船。 (7)樯乌转轻翼,船桅上的乌鸦轻轻的翻动着羽翼。 (8)多绪,满腹愁绪。 (9)代劳,替代。

简析 全诗极具动感。船行江中由上游而下,途径襄阳正值拂晓,因此江水便有弥弥之感。"水激""浪骇",皆为听觉。舟中夜行彻夜无眠,可见客心多绪。长歌一曲所驱散的不仅是旅途的疲劳,更多的则是心中的疲惫。可见"藻思沉郁"之评不虚。

郢城怀古

客心悲暮序(1),登墉瞰平陆(2)。
林泽窅芊绵(3),山川郁重复(4)。

王公资设险(5),名都踞江隩(6)。
方城次北门(7),溟海穷南服(8)。
长策挫吴豕(9),雄图竞周鹿(10)。
万乘重沮漳(11),九鼎轻伊谷(12)。
大蒐云梦崦(13),壮观章华筑(14)。
人世更盛衰(15),吉凶良倚伏(16)。
遽见邻交断(17),仍睹贤臣逐(18)。
南风忽不竞(19),西师日侵蹙(20)。
运圮属驰驱(21),时屯恣敲扑(22)。
莫救夷陵火(23),无复秦庭哭(24)。
鄢郢遂丘墟(25),风尘俄惨黩(26)。
狐兔时游践(27),霜露日沾沐(28)。
钓渚故池平(29),神台尘宇覆(30)。
阵云埋夏首(31),穷阴惨荒谷。
怅矣洲壑迁(32),悲哉年祀倏(33)。
虽异三春望(34),终伤千里目(35)。

题解 郢是楚国都城。楚国历史长久,且曾经繁荣强大,但最后被秦国击败灭亡,郢都也一蹶不振。后人多将楚国败亡归因于楚国后期统治者的昏聩骄奢,李百药作为历史学家,却更多把结局归于不可避免的历史盛衰模式。

注释 (1)客心,游客的心情,即作者自谓。暮序,一年之末,指暮冬。 (2)登墉,登上垒土而成的城墙,此处指郢城墙。瞰,从高处往低看,即俯视。平陆,平野。 (3)窅(yǎo),沉远貌。绵,草木茂密繁盛状。 (4)郁,结。重复,山重水复,此指山川纵横交错。 (5)资,依靠,凭借。设险,设防。 (6)名都,郢城。踞,据守,盘踞。江隩,水流弯曲处。 (7)方城,春秋时楚国北面的长城,古为中国九塞之一。《左传》僖公四年:“楚国方城以为城,汉水以为池。”次,连接。 (8)溟海,本为神话中的海,此泛指楚国南边的深海。穷南服,楚国疆域一直到达了当时中国极南的地方。 (9)挫吴豕,这是骂吴国的话,语出《左传》定公四年:伍员率吴兵攻楚,入郢,楚大夫申包胥乞秦师救楚,哭于秦廷七日,说“吴为封豕长蛇,以荐食上国”。 (10)竞周鹿,竞鹿,逐鹿,与周天子争夺天下。 (11)万乘,《孟子·梁惠王》:“万乘之国,弑其君者,必千乘之家。万乘,谓天子也;千乘,诸侯也。”这里指楚王。沮漳,沮水和漳水。（12)九鼎,相传大禹铸九鼎。九鼎象征天子的权力。东周时首都在洛水之阳。伊谷,伊水和谷水。（13)大蒐(sōu),古代春猎为蒐,天子出猎于春日为大蒐。云梦崦,楚国为古云梦七泽之地。此句谓楚王出猎时声势浩大。（14)章华,即章华台,为楚灵王所筑。《左传》昭公七年:“楚子成章华之台。”（15)更,替换。（16)吉凶良倚伏,《老子》:“祸兮福所倚,福兮祸所伏。”指祸福相因而互倚。（17)遽,急速,匆忙。邻交断,楚怀王为张仪连横计所误,与齐、赵等国断交。（18)贤臣逐,指屈原两次被楚王放逐。(19)南风,指楚国,楚国地处南方。不竞,后继乏力。（20)西师,指秦国,秦国地处西方。日侵蹙,因为秦国侵迫楚国疆土日渐缩小。（21)运圮(pǐ),国运衰败。属驰驱,指楚国后期都城不断辗转迁移。（22)时屯,《易·屯》:“彖(tuàn)曰:屯,刚柔始交而难生。”比喻时事艰难。恣敲扑,恣,恣意、任意。敲扑,语出贾谊《过秦论》,指强秦对六国任意挞伐凌辱。（23)夷陵火,夷陵,今宜昌,楚先王的陵墓在此地。公元前278年,秦将白起攻破郢都,火烧夷陵。（24)无复,不再有。秦庭哭,即前注申包胥哭于秦廷使楚国得救之事。（25)鄢郢,故址在今宜城南境内。《元和郡县图志》卷二十一:“故宜城,在县南九里。本楚鄢县,秦昭王使白起伐楚,引蛮水灌鄢城,扙之,遂取鄢。”扙(zhàng),《集韵》:“扙,伤也。”郢为楚都城。丘墟,废墟。（26)俄,一会儿,很快。墋(chěn)黩,昏暗貌,《文选》:“茫茫宇宙,上墋下黩。”（27)狐兔时游践,狐狸与兔子时常出没在郢城的废墟上。（28)沾沐,侵蚀。（29)钓渚,楚庄王所筑的诸侯台,在纪南城东不远处。（30)神台,指历代楚王所建的游乐之所。（31)阵云,浓云。埋,遮盖。夏首,夏水的上游。《汉书·地理志》:“夏水首受江。”夏水在今江陵县境。（32)洲壑迁,意指沧海桑田,山水已非昔貌。（33)年祀倏,指对楚先王的岁时祭祀,如今已倏然不复举行。（34)异,不同于。此诗作于岁末,故与春景有异。（35)末句谓极目千里,终究难免伤怀。

简析　这首怀古诗是李百药传世作品中最优秀的诗作,篇幅较长且多用典故,把楚国数百年的历史用诗的语言表现出来,风格沉郁,气韵通畅,具有史诗气质。

◎马　周

凌朝浮江旅思

太清上初日(1),春水送孤舟。

山远疑无树，潮平似不流。
岸花开且落，江鸟没还浮。
羁望伤千里[2]，长歌遣四愁[3]。

作者简介　马周(601—648年)，字宾王，博州茌(chí)平(今山东茌平)人。少孤好学，太宗贞观(627—650年)初至长安，寄住中郎将常何家，时代常何上书，得太宗赏识，授监察御史，累迁中书令。

注释　(1)太清，天空。初日，朝阳。　(2)羁，羁旅，羁泊，留寓外地。千里，形容离家之远。　(3)遣，排遣。四愁，东汉张衡作有《四愁诗》。

简析　诗如其人，马周少贫力学，入仕后以务实得为大臣，其诗不染华丽，而以感觉为发端。“岸花开且落，江鸟没还浮”既充满动感，又隐含人生世态变幻之慨。

◎ 阎立本

巫山高

君不见巫山高高半天起，绝壁千寻尽相似[1]。
君不见巫山磕匝翠屏开[2]，湘江碧水绕东来。
绿树春娇明月峡[3]，红花朝霞白云台[4]。
台上朝云无定所，此中窕窈神仙女。
仙女盈盈仙骨飞，清容出没有光辉。
欲暮高唐行雨送，今宵定入荆王梦[5]。
荆王梦里爱秾华[6]，枕席初开红帐遮。
可怜欲晓啼猿处，说到巫山是妾家。

作者简介　阎立本(?—673年)，雍州万年(今陕西西安)人。太宗时为主爵郎，后为将作大臣，代兄立德为工部尚书。高宗时，迁右相，后改中书令。是我国古代著名的画家，绘有《秦府十八学士图》及贞观《凌烟阁功臣图》等。

注释　(1)寻，古代八尺为一寻。　(2)磕匝，环绕。翠屏，形容山峰如绿色屏风。　(3)明月峡，此明月峡在巴东境内。　(4)白云台，即阳台。　(5)荆王，楚王。

(6)秾华,繁盛的鲜花,指仙女。

简析 阎立本是画家,诗中前半部所写巫山景致亦如山水画。后半部写楚王与神女二人形象,又如衣带飘飘。于是全诗成了山水人物图。

◎王 勃

山 中

长江悲已滞(1),万里念将归(2)。
况属高风晚(3),山山黄叶飞。

作者简介 王勃(650—676年),字子安,绛州龙门(今山西河津)人。隋代文中子王通之孙。未冠即应举及第,授朝散郎,沛王李贤召署府修撰。与杨炯、卢照邻、骆宾王齐名,为"初唐四杰"之首。代表作《滕王阁序》,有《王子安集》。

题解 王勃在沛王府时,遇诸王斗鸡为戏。因戏为沛王写了一篇对英王之鸡挑战的檄文,唐高宗李治意其挑拨诸王关系而怒斥于他。王勃因而被逐出长安,于高宗总章二年(669年)入蜀,寄居剑南。此诗约作于671年,时诗人滞留剑南已逾二年。

注释 (1)悲已滞,江水因诗人的悲愁而呜咽甚至凝滞。 (2)万里念将归,身处离家万里之外,有家归不得。 (3)况属,又当。高风,大风。

简析 这是一首写乡愁的诗,时序已是深秋,江水枯浅,故水声低徊甚至时断时续,落叶纷飞,有如人的身世飘零。全诗顺手写来,完全不加雕琢,却天然古拙,悲凉浸骨。

江亭夜月送别一首

江送巴南水(1),山横塞北云。
津亭秋月夜(2),谁见泣离群(3)?

题解 该送别诗仍然作于诗人滞留蜀中期间,时间也在秋天。

注释 (1)江,应是长江支流的嘉陵江。巴南,巴蜀(今四川)南部地区。 (2)津亭,江边渡口处的亭子。 (3)泣,抽泣,无声哽咽。离群,孤单之人。

简析 小诗用“江送巴南水,山横塞北云”起兴,视界阔大,但又以水、云暗喻人生踪迹难定,亲友常为山水阻隔。该诗虽仍然偏重于个人生活及感受,但清新质朴,琅琅上口。

重别薛华

明月沉珠浦(1),秋风濯锦川(2)。
楼台临绝岸,洲渚亘长天(3)。
旅泊成千里(4),栖遑共百年(5)。
穷途唯有泪,还望独潸然(6)。

题解 《重别薛华》为《别薛华》的姊妹篇。诗人与挚友薛华在绵州相逢后很快分手。在一个清秋月夜,他与薛华再次分别于锦江边,写下此诗作别。

注释 (1)沉珠浦,沉珠的水浦。 (2)濯,洗濯。锦川,锦绣般的江河,诗中指锦江。 (3)洲渚,水中的小块陆地、沙洲。亘,连接,蔓延。 (4)旅泊,飘泊。(5)栖遑,忙碌不安,奔忙不定。陆机《演连珠》:“是以利尽万物,不能叡童昏之心;德表生民,不能救栖遑之辱。”百年,指人的一生。 (6)潸(shān)然,落泪的样子。

简析 此诗先描写了秋月西沉,江风乍起,楼临绝岸,洲连长天的景色,以烘托与薛华再次分别的凄清气氛;继而又抒发了二人漂泊天涯,惴惴不安的心情。当望着朋友远去的时候,诗人不禁潸然泪下。凄清空寂的景色与悲苦彷徨的心情融合在一起。

滕王阁诗

滕王高阁临江渚(1),佩玉鸣鸾罢歌舞(2)。
画栋朝飞南浦云(3),珠帘暮卷西山雨(4)。
闲云潭影日悠悠(5),物换星移几度秋(6)。
阁中帝子今何在(7)? 槛外长江空自流。

题解 滕王阁,江南三大名楼之一,位于今江西南昌市赣江东岸。楼始建于高宗永徽四年(653 年),以主其事者李元婴(高祖李渊之子、太宗李世民之弟)的封号滕王得名。王勃客居蜀中数年后补虢州参军,不久又获罪除名,其父福畤亦因之左迁交趾(在今越南)令。王勃遇赦后,于高宗上元三年(676年)探父,途经洪州(今南昌),应阎都督宴请,即席作《滕王阁序》,序末附此诗。王勃随后渡海时溺水,惊悸而死,年二十八岁。

注释 (1)江,指赣江。渚,江中小洲。 (2)佩玉鸣鸾,身上佩戴的玉饰、响铃。 (3)南浦,地名,在南昌市西南。 (4)西山,南昌名胜,一名南昌山、厌原山、洪崖山。 (5)日悠悠,每日无拘无束的游荡。 (6)物换星移,比喻万物更迭,时代变迁。 (7)帝子,指滕王李元婴,唐高祖李渊的第二十子。为人骄奢淫逸,毫无政绩。

简析 该诗前五句细腻地描述了滕王阁昔日的歌舞升平及画栋珠帘、闲云潭影等景物,然后感叹斗转星移,物是人非。这一切都在万物更替,时空变迁中经历了多少个春秋。最后两句诗人自然发问:当年那位享尽荣华富贵、极尽骄奢淫逸的滕王哪里去了?剩下的只有滕王阁外永不停息的江水奔流。本诗内涵深刻、意境优美、音韵流畅,极富艺术感染力。

◎杨　炯

广溪峡

广溪三峡首(1),旷望兼川陆。
山路绕羊肠,江城镇鱼腹(2)。
乔林百丈偃,飞水千寻瀑。
惊浪回高天,盘涡转深谷(3)。
汉氏昔云季,中原争逐鹿(4)。
天下有英雄(5),襄阳有龙伏(6)。
常山集军旅(7),永安兴版筑(8)。
池台忽已倾,邦家遽沦覆。
庸才若刘禅,忠佐为心腹。
设险犹可存(9),当无贾生哭(10)。

作者简介 杨炯(650—693年),陕西华阴人。年十一举神童,授校书郎,为崇文馆学士。武后时,左转梓州(今四川三台、中江、盐亭、射洪等县地)司法参军。后迁婺州盈川(今浙江衢县南)令。卒于官。炯为"初唐四杰"之一,常自谓"吾愧在卢前,耻居王后"。有《盈川集》。

注释 (1)广溪峡,即瞿塘峡,又名夔峡,为长江三峡之首。 (2)鱼腹,古县名,治所在今奉节东白帝城。三国蜀汉刘备为吴将陆逊所败,退居于此,又改名永安(一说永安宫在今奉节城内)。 (3)盘涡,漩涡水。郭璞《江赋》:"盘涡谷转,波涛山颓。" (4)中原逐鹿,以鹿比喻帝位。逐鹿比喻群雄并起,争夺天下。《汉书·蒯通传》:"秦失其鹿,天下共逐之。" (5)《三国志·蜀志·先主传》:"曹公(操)从容谓先主(刘备)曰:'今天下英雄,惟使君(备)与操耳。'" (6)诸葛亮隐居襄阳,司马徽称他为伏龙,孔明亦自号卧龙先生。 (7)常山,即常山阵,首尾相呼应的阵法。《孙子·九地》:"故善用兵者,辟如率然。率然者,常山之蛇也。击其首则尾至;击其尾则首至;击其中则首尾俱至。" (8)版筑,土墙。用两板相夹,装满泥土,以杵筑之使坚实,即称一版高的墙。后泛指土木营造之事。 (9)设险,设防于要隘之地。《易·坎》:"王公设险以守其国,险之时用大矣哉!" (10)汉文帝时,天下初定,制度疏阔,论者皆言天下已安。贾谊独以为不然,因上疏陈治安之策,言天下事可为痛哭流涕长太息(见《汉书贾谊传》)。

简析 该诗前八句概写瞿塘峡景致,主要描绘其山高水险,以引出惊心动魄之感。接下来更多篇幅以诗的语句写蜀汉兴亡,称颂刘备、诸葛亮等英雄而责备后主刘禅庸懦,以表达自己的政治抱负。

巫 峡

三峡七百里,唯言巫峡长。
重岩窅不极(1),叠嶂凌苍苍(2)。
绝壁横天险,莓苔烂锦章(3)。
入夜分明见(4),无风波浪狂。
忠信吾所蹈(5),泛舟亦何伤。
可以涉砥柱(6),可以浮吕梁(7)。
美人今何在,灵芝徒有芳(8)。
山空夜猿啸,征客泪沾裳(9)。

注释 （1）窅（yǎo），本意为目深貌，引申为远望深邃。不极，无边。（2）苍苍，深青色，引申为天空。《庄子·逍遥游》："天之苍苍，其色正邪。"（3）莓苔，苔藓植物之类。烂，有光彩。《诗经·女曰鸡鸣》："明星有烂。"锦章，有彩色花纹的衣服。（4）此句谓夜间山光水影历历可见。（5）蹈，顿脚踏地，履行。（6）砥柱，在黄河三门峡河段内，该段水流极险。（7）吕梁，指运河山东境内的一段浅险水道。"忠信吾所蹈"四句表达作者不畏巫峡山水之险的气魄。（8）灵芝，本为菌类，喻为芳草。上句美人暗喻巫山神女。神女不见，芳草徒香，可能是暗示空有才华而不被重视。（9）征客，远行之人。

简析 该诗极言巫峡之长之高，借以抒发自己不畏山水之险的志趣。惟末二句似不免感伤，正可谓山水曲折，心绪万千。

西陵峡

绝壁耸万仞，长波射千里。
盘薄荆之门（1），滔滔南国纪（2）。
楚都昔全盛，高丘烜望祀（3）。
秦兵一旦侵，夷陵火潜起（4）。
四维不复设（5），关塞良难恃。
洞庭且忽焉（6），孟门终已矣（7）。
自古天地阔，流为峡中水。
行旅相赠言，风波无极已（8）。
及余践斯地，瑰奇信为美。
江山若有灵，千载伸知己（9）。

注释 （1）盘薄，犹磅礴，一作"旁薄"，广大无边貌。荆之门，指西陵峡以东的荆门山，习称"川鄂咽喉"，或指西陵峡为荆州的门户。（2）南国，南方诸侯之国。纪，综理，整理。《诗经·四月》："滔滔江汉，南国之纪。"郑玄笺："江也，汉也，南国之大水，纪理众川，使不壅滞。"（3）烜（xuān），盛大或显著。又读（huǐ），火。望祀，古代祭山川的专名，望而祭之。（4）夷陵，战国楚邑，在今宜昌市东南。楚顷襄王二十一年（前278年），秦将白起击败楚军，烧楚先王墓于此，故名夷陵。（5）四维，一说是"礼、义、廉、耻，国之四维，四维不张，国乃灭亡。"一说是指东南、西南、东北、西北四隅。（6）忽焉，倏忽，突然。（7）孟门，古隘道名，在今河南辉县西。一说古山名，绵亘黄河两岸，位于龙门之北，又称龙门上口。已矣与上句忽焉意同，均为完了之意。（8）走过三峡的人都说风浪极大。（9）伸同申，陈述，表白。末二句谓江山有知的话，会引喜爱的人为知己。

简析 该诗先写西陵峡因地处险要而为荆州门户，次写秦楚之战及楚国的失败，但主要的意思如同杜甫的“国破山河在”，江山依旧瑰奇壮美，表达作者对大好河山的喜爱。

◎卢照邻

江中望月

江水向涔阳[1]，澄澄写月光[2]。
镜圆珠溜彻[3]，弦满箭波长[4]。
沉钩摇兔影[5]，浮桂动丹芳[6]。
延照相思夕[7]，千里共沾裳。

作者简介 卢照邻（约636—约680年），字升之，自号幽忧子，幽州范阳（治今河北定兴县）人。卢照邻出身望族，曾为王府典签，又出任益州新都（今四川成都附近）尉。文学上与王勃、杨炯、骆宾王齐名。后因手足残疾，自沉颍水而死。有7卷本的《卢升之集》和明人张燮辑注的《幽忧子集》存世。

注释 （1）涔（cén）阳，澧州（今湖南澧县）境内有“涔阳古道”，古属楚荆州。屈原《离骚》：“望涔阳兮极浦。”（2）写，通泻。（3）溜彻，描述月亮溜圆明亮。（4）弦满，形容月亮如弓弦满张，即满月。（5）沉钩，月亮的倒影。宋人夏竦：“霞散绮，月沉钩，帘卷未央楼。”兔影，传说中月宫玉兔的影子，又称月兔。（6）浮桂，传说月宫中的桂花树在水中浮动的倒影。（7）延照，月光普照。延，原意是延长、伸展，此处引申为铺展的意思。

简析 月圆之夜，诗人独立江畔，看长江之水流向千里之外的涔阳，望天上满月、水中倒影，更加思念远方的亲友，大有“共饮一江水”，“千里共婵娟”之意。诗中运用了贴切的比喻，借用了神话传说，形象优美，情感丰富细腻。

◎ 骆宾王

在军登城楼

城上风威冷，江中水气寒。
戎衣何日定(1)，歌舞入长安(2)。

作者简介 骆宾王(640？—684年)，婺州义乌(今浙江义乌)人。历官长安县主簿、临海县丞、侍御史等职。唐高宗永徽(650—656年)后，武则天权势渐大，骆宾王数次上书言天下大计，触怒武氏，曾获罪下狱。骆宾王生活经历丰富，在初唐四杰中作诗最多。

题解 据陈熙晋《略临海集笺注》："临海从军二次，一塞外，一姚州。……考旧书《则天纪》，嗣圣元年九月，徐敬业据扬州起兵，则此诗当在广陵军中作也。"唐中宗嗣圣元年为684年，武则天临朝，改元光宅，徐敬业在扬州举兵讨伐武氏，骆宾王投靠徐敬业，写下著名的《讨武曌(zhào)檄》和这首《在军登城楼》。同年徐敬业兵败，诗人被杀。

注释 (1)戎衣，有两解，一为军服。二为"大殷"，《礼记·中庸》："壹戎衣而有天下。"《尚书·康诏》作"殪(yì)戎殷"，为歼灭大殷之意。此处宜采后解。 (2)载歌载舞，顺利进入长安。长安，唐代国都，今西安。

简析 骆宾王卷入政争，始终以李唐为正统而反对武则天。该诗前两句气氛肃穆，暗喻事态严重。后两句以为正义在己，成竹在胸，可以一鼓而胜。当然结局是一场噩梦。

◎ 陈子昂

合州津口别舍弟至东阳峡步趁不及眷然有忆作以示之

江潭共为客，洲浦独迷津(1)。
思积芳庭树(2)，心断白眉人(3)。
同衾成楚越(4)，别岛类胡秦(5)。
林岸随天转，云峰逐望新。

遥遥终不见，默默坐含嚬(6)。
念别疑三月，经游未一旬。
孤舟多逸兴(7)，谁共尔为邻。

作者简介 陈子昂(661—702 年)，字伯玉，梓州射洪(今四川射洪)人。二十四岁举进士入京，上书论政，得到武后重视，任麟台正字，迁右拾遗。曾两次从军边塞，后一次因与主将武攸宜意见不合，遭受排斥打击，三十八岁就辞职还乡。四十一岁仍时被武承嗣指使当地县令加以迫害，旋冤死狱中。

题解 唐代合州辖境包括今四川的合川、铜梁、武胜、大足等县。东阳峡即温阳峡，与合州相邻，以附近有东阳镇得名。诗人与胞弟已在合州渡口相别，又独自步行到东阳峡以图再送一程，但其弟已乘舟先行。

注释 (1)江潭，江水潴(zhū)积为潭。迷津，水边迷路。 (2)庭树，庭中所种的树木，比喻兄弟。陶潜《祭从弟敬远文》："庭树如故，斋宇廓然。"刘沧《旅馆书怀》："忽看庭树换风烟，兄弟飘零寄海边。" (3)白眉，旧称兄长为白眉。《三国志·蜀志·马良传》："马良，字季常，襄阳宜城人也。兄弟五人，并有才名。乡里为之谚曰：'马氏五常，白眉最良。'良眉中有白色，故以称之。"陈子昂字伯玉，故此句中白眉人或即诗人自己。 (4)同衾，同被共寝，比喻兄弟关系。楚越，形容两地相隔甚远。 (5)别岛，分别所在的岛屿。胡秦，亦指相隔很远。 (6)嚬，皱眉蹙额，乃至轻轻呻吟，不高兴的样子。 (7)逸兴，超逸豪放的意兴。李白《送贺宾客归越》诗："镜湖流水漾清波，狂客归舟逸兴多。"

简析 该诗为作者与胞弟在嘉陵江畔分别后的抒情之作。江潭、洲浦的写实，庭树、白眉的比喻，以及自己的若有所失和想象中弟弟豪兴的对比，均使诗人对手足的依依不舍之情跃然纸上。

白帝城怀古

日落沧江晚，停桡问土风(1)。
城临巴子国(2)，台没汉王宫(3)。
荒服仍周甸(4)，深山尚禹功(5)。
岩悬青壁断，地险碧流通。
古木生云际，孤帆出雾中。
川途去无限，客思坐何穷(6)！

注释 (1)停棹,停桨,停船。土风,当地的风俗、民风。 (2)巴子国,古国名,在今川东、鄂西一带。相传周以前居武落钟离山(今湖北长阳西北),廪君为著名首领,后向川东扩展。武王克商,因巴人参战有功,封为子爵,称巴子国。 (3)汉王宫,白帝城原为汉末公孙述所据,后蜀汉刘备征吴败还至此,改为永安宫。(4)荒服,《尚书·禹贡》把王畿以外之地以五百里为率,视远近划分为甸服、侯服、绥服、要服、荒服等五部分。荒服是最外围的地方。但古时又称城廓以外为郊,郊外称甸。 (5)尚,尊崇。禹功,大禹的功绩,相传大禹治水时疏凿三峡。(6)坐,因。何穷,哪会穷尽。

简析 该诗把描写白帝城的景物与思古幽情融为一体,表达了作者远大但又不太具体的志向,诗末二句正是写照。

渡荆门望楚

遥遥去巫峡(1),望望下章台(2)。
巴国山川尽,荆门烟雾开(3)。
城分苍野外,树断白云隈(4)。
今日狂歌客(5),谁知入楚来。

注释 (1)遥遥,距离遥远。《左传》昭公二十五年:"鸲鹆之巢,远哉遥遥。"去,离开。 (2)望望,远远地瞻望。《礼记·郑玄注》:"望望,瞻顾之貌也。"下,顺流直下。章台,即章华台。《左传》昭公七年:"楚子城章华之台。"地点在今湖北潜江。 (3)荆门,指荆门山。《清一统志》:"荆门山在宜都县西北五十里,与虎牙山相对。"两山均在今宜昌市东,夹江南北对峙。 (4)隈,山水尽头或曲深处。此句谓远处的白云遮掩了树林。 (5)狂歌客,春秋时楚国人陆通,字接舆,佯狂避世,躬耕以食。孔子适楚,接舆唱"凤兮"讥讽,后世称为楚狂接舆,是隐士兼狂士。

简析 陈子昂此诗历来被视为初唐五言律诗的佳作。诗人用气势流畅之笔,描绘离蜀途中所见巴楚的壮丽山川,充满新鲜兴奋,诗末直抒胸臆。全诗结构谨严,笔触细腻,寓情于景,含而不露。

◎ 苏味道

九江口南济北接蕲春南与浔阳岸

江路一悠哉(1),滔滔九派来(2)。
远潭昏似雾,前浦沸成雷(3)。
鳞介多潜育(4),渔商几溯洄(5)。
风摇蜀柿下(6),日照楚萍开(7)。
近漱湓城曲(8),斜吹蠡泽隈(9)。
锡龟犹入贡(10),浮兽罢为灾(11)。
津吏挥桡疾(12),邮童整传催(13)。
归心讵可问,为祝落潮回(14)。

作者简介 苏味道(648—703年),河北栾城人。工文辞,武后时擢进士第。累官凤阁侍郎,多识台阁故事,坐张易之事贬眉州(今四川眉山)。苏与李峤俱以文章显,时号“苏李”。

题解 诗题可断句为“九江口南济,北接蕲春,南与浔阳岸”。意谓从长江北的九江口南渡,此地北接蕲春,面对南岸的浔阳。

注释 (1)一悠哉,多么悠长。 (2)九派,分流众多,故名九派。 (3)此两句写江潭水雾缭绕,涛如鼎沸。 (4)鳞介,鱼豚龟蚌之类。 (5)溯洄,逆流而上。《诗经·蒹葭》:“溯洄从之,道阻且长。” (6)蜀柿(fèi),从四川流来的木片。《晋书·王浚传》:“浚造船,其木柿蔽江而下。” (7)楚萍,《孔子家语·致思》记云,楚昭王渡江获萍实,使人问孔子,孔子回答说可以剖食,且是吉祥之物。 (8)漱,本意为以水漱口,此处意谓歌声随江水传来。湓城,在今九江市,唐初改名浔阳。 (9)蠡泽,彭蠡泽,今鄂东赣北一带长江边的湖泊群。隈,山水曲折之处。 (10)锡龟,进贡大龟。《尚书·禹贡》:“九江纳锡大龟。” (11)浮兽,水中异物。王充《论衡》:“河有此异物,时出浮扬。”罢为灾,不再为灾异。 (12)津吏,管理渡口水上的小吏。挥桡疾,划桨快速追赶。 (13)邮童,邮差。传,递。 (14)为祝落潮回,希望随落潮回来。

简析 该诗先描绘九江两岸的景致,随后把主要内容放在书写渔民、商贾和津吏、邮差的行动,全诗构成一幅江上生活图景。作者适逢开元盛世,心绪平定,但略带些微思归之情。

◎杜审言

和晋陵陆丞早春游望

独有宦游人(1),偏惊物候新(2)。
云霞出海曙(3),梅柳渡江春。
淑气催黄鸟(4),晴光转绿苹。
忽闻歌古调(5),归思欲沾巾。

作者简介 杜审言(645? —708 年),字必简,襄州襄阳(湖北襄阳)人。后迁河南巩县(今河南巩义),系杜甫之祖父。唐高宗咸亨(670—674 年)进士。唐中宗时,曾被流放峰州(今越南河西省境内)。与李峤、崔融、苏味道被称为“文章四友”。明朝人辑有《杜审言诗集》。

题解 晋陵(今江苏常州)人陆某在江阴任县丞,与杜审言等诗友春游,陆丞作《早春游望》诗一首,作者写此诗与之唱和,时在 689 年前后。

注释 (1)宦游,泛指士人离乡求官奔波在外。 (2)物候,景物,风物。因其随季节而变化,故称物候。 (3)海曙,海上升起的曙光。 (4)淑气,春日温和之气。黄鸟,黄鹂。 (5)古调,在这里指陆丞作的《早春游望》。

简析 诗人仕途坎坷,飘泊宦海,此次与友人春游江南,满眼春光却引起他对物候变化、时光荏苒的无限感慨;而诗友一首吟咏春天的“古调”,更加触动他的心弦,使之泪湿衣襟。美好的江南春光与作者无尽的乡愁互衬,情感益发强烈。

登襄阳城

旅客三秋至(1),层城四望开(2)。
楚山横地出,汉水接天回。
冠盖非新里,章华即旧台(3)。
习池风景异,归路满尘埃(4)。

题解 杜审言祖辈及其本人,生活在南北朝和隋末唐初的动荡年代,家庭迁徙实为常态,故从杜审言到杜甫,其籍贯一直有湖北襄阳和河南巩县两说。襄阳对杜审言来说,无论是他本人的出生之地还是祖辈的生活之所,都带有故乡记忆。

注释 (1)旅客,诗人自称。三秋,深秋。 (2)层城,古代重要城市的城墙往往有内城、外城、瓮城等多重。四望,东南西北四个方向。 (3)冠盖,指权要、显贵之辈,如冠盖云集。因其乘坐之车有华盖装饰。章华,即楚王在云梦泽的行宫。 (4)习池,即襄阳岘山谷隐寺中的习家池,东晋末习凿齿家族的隐居读书之处。末句形容该处已经荒废。

简析 该诗抒写作者登襄阳城楼的所见所感。襄阳曾是杜家先辈的居留之地,但此刻于诗人却成了飘泊寄旅,故诗中只扼要地对楚山、汉水作了大写意的概括,而着重表达自己飘泊无依的乡愁。

◎李 峤

和杜学士江南初霁羁怀

大江开宿雨(1),征棹下春流。
雾卷晴山出,风恬晚浪收(2)。
岸花明水树,川鸟乱沙洲。
羁眺伤千里(3),劳歌动四愁(4)。

作者简介 李峤(644—713年),河北赞皇人。举进士,历事高宗、武后、中宗、玄宗四朝,累迁给事中。与苏味道齐名,合称“苏李”。又与杜审言、崔融合称“文章四友”。

题解 杜学士指杜审言。大约武后永昌元年(689年),杜审言在江阴担任县丞之类的小吏,曾写《江南初霁羁怀》诗,李峤写下该诗唱和。羁怀,羁旅之人抒发胸怀。

注释 (1)开宿雨,结合诗题的“初霁”(雨后初晴)二字,可知开宿雨即夜雨停歇之意。 (2)恬,安静。 (3)羁眺,羁旅之人远望(千里之外的)家乡。 (4)劳歌,送客之歌或服役者之歌。四愁,指张衡的《四愁诗》。

简析 雨过天晴,空中和心中的愁云都暂时消散,所以该诗心境两清,“雾卷晴山出”“岸花明水树”等句不失隽永。然而羁旅之情挥之不去,如才下眉头又上心头。

◎ 宋之问

巫山高

巫山十二峰(1),环合像昭回(2)。
俯眺琵琶弦(3),平看云雨台(4)。
古槎天外落(5),瀑水日边来。
何忽啼猿夜,荆王枕席间(6)。

作者简介 宋之问(？—712年),一名少连,字延清,虢州弘农(今河南灵宝)人。弱冠知名,曾任雒(luò)州参军、尚方监丞,预修《三教珠英》。后坐附张易之,左迁泷州(故治在广东罗定县东)。武三思用事,起为鸿胪丞。中宗景龙(707—710年)中,再转为考功员外郎,转越州刺史。睿宗即位(710年),徙钦州(现属广西),寻赐死。

注释 (1)巫山十二峰,江北有六峰,自上而下为登龙、圣泉、朝云(又名神女、美人、望霞)、松峦(又名帽盒)、集仙、剪刀;江南六峰,即飞凤、翠屏、聚鹤、净坛、起云、上升。后三峰在离江较远的后山。 (2)昭回,谓星辰光耀回转。《诗经·云汉》:“倬彼云汉,昭回于天。”后亦借指日、月为昭回。 (3)琵琶峡,应在巫山附近。具体位置不详。 (4)云雨台,即阳台。 (5)古槎(chā),古老的竹木。 (6)荆王,即楚王。枕席,枕头和席子,泛指卧具,多暗示男女之间的爱情,此句仍是袭用楚王会神女的故事。

简析 此诗仍然是写巫山景致,但诗人气魄宏大,仿佛居高临下,故有“俯眺”和“平看”的视角。结合作者生平时而得宠,时而遭贬的遭遇,或不难看出末二句的弦外之音。

内题赋得巫山雨

神女向高唐,巫山下夕阳。
裴回作行雨(1),婉娈逐荆王(2)。
电影江前落,雷声峡外长。
霁云无处所(3),台馆晓苍苍(4)。

注释 (1)裴回,同徘徊,来回走动貌。 (2)婉娈,恋慕,眷念。《诗经·甫田》:

"婉兮娈兮,总角丱(guàn)兮。" (3)霁云,雨后明亮之云。(4)台馆,指高唐阳台。晓苍苍,明亮青葱貌。

简析 该诗气势流畅,语言锤炼。"电影江前落,雷声峡外长"琅琅上口,洵为佳句。故《新唐书·宋之问传》称其"回忌声病,约句准篇,如锦绣成文"。

江亭晚望

浩渺浸云根(1),烟岚出远村(2)。
鸟归沙有迹,帆过浪无痕。
望水知柔性,看山欲断魂(3)。
纵情犹未已(4),回马欲黄昏。

注释 (1)浩渺,指江水。云根,即云。此句是说浩渺的江水与云相接。(2)烟岚,山中蒸润的云气。(3)看山欲断魂,意谓山势雄伟,令人惊心动魄。(4)纵情,放任情怀,作各种遐想。

简析 诗人观察自然的山水细致入微,但觉得人生却充满不确定性。"纵情犹未已,回马欲黄昏",是感慨韶华易逝,还是迷茫于前路不明,足够读者品味。

渡汉江

岭外音书断(1),经冬复历春(2)。
近乡情更怯,不敢问来人(3)。

题解 宋之问早年先后依附张易之和武三思,唐中宗李显即位后,于神龙元年(705年)将其贬往泷州(今广东罗定县东)。一年之后,作者才从泷州逃回洛阳。此诗为作者返回途中经过汉水时所作,故时为706年。

注释 (1)岭外,岭南,此处具体是指广东的泷州。音书,传达音讯的书信。(2)此句谓经过了一冬又一春,表示一年时间。(3)怯,心中紧张。因为作者从泷州回洛阳是私下违法之行,故害怕走漏风声。但不明史实的后人读此二句,多按常情理解为生怕家中发生了不幸,所以不敢打听。

简析 磨难能丰富人生经历,以真情实感入诗才能引人共鸣。"近乡情更怯,不敢问来人"二句,虽然历来被人传诵,但原因和心情原本各不相同。

◎沈佺期

巫山高

巫山高不极(1),合沓状奇新(2)。
暗谷疑风雨,阴崖若鬼神。
月明三峡曙(3),潮满九江春(4)。
为问阳台客(5),应知入梦人(6)。

作者简介 沈佺期(656? —713年),字云卿,河南内黄(今安阳市内黄县)人,进士及第,武后长安(701—704年)中,累官给事中考功。以媚附张易之及坐贿赂事,流放驩(huān)州(今越南河静省及义安省南部)。中宗神龙(705—707年)中起为修文馆学士,终太子少詹事。长于诗作,与宋之问齐名,时称“沈宋”。有《沈佺期集》。

注释 (1)极,顶端,最高点,尽头。 (2)合沓,有重叠,纷至沓来的意思。贾谊《旱云赋》:“遂积聚而合沓兮,相纷薄而慷慨。” (3)曙,光亮。 (4)九江,众水,当指长江三峡的大小水流。九,在此处是虚数,众多之意。 (5)阳台客,指楚怀王。楚怀王曾游阳台,梦遇巫山神女。 (6)入梦人,指进入楚怀王梦境中的神女。

简析 该诗以夸张的笔法描绘了巫山的既高且奇,极力渲染巫峡的阴森幽暗及景色变幻,再借楚王与神女的传说,把读者带入一个如梦如幻的意境。

十三四时常从巫峡过他日偶然有思

小度巫山峡(1),荆南春欲分(2)。
使君滩上草(3),神女馆前云。
树悉江中见(4),猿多天外闻。
别来如梦里,一想一氛氲(5)。

注释 (1)小度,小时候曾经过。 (2)荆南,亦称南楚,今湖南、湖北之地。春欲分,春天将尽。 (3)使君滩,三峡中浅滩名,有二说。一说在宜昌西大江中,益州刺史刘璋迎接刘备入川时经此;一说在重庆万县东,《水经注》:“江水东经羊肠虎臂滩。杨亮为益州,至此覆舟,惩其波澜,蜀人至今犹名之为使君滩。” (4)此句谓人在江中可以清晰看到两岸的树木,而非谓树木在江中倒影,浅滩激流是不可能形成倒影的。（5）此句中的两个一字，宜作逐一理解。氛氲，纷纭丰富。

简析 该诗写记忆中的巫峡景致。使君滩上青草离离，神女馆前白云朵朵，从江中可清晰看到两岸树木，空中更有猿狖啼鸣，而成年后只能与巫峡在梦里相遇，逐一回念，构成思绪纷纭。

◎姚 崇

夜渡江

夜渚带浮烟[1]，苍茫晦远天[2]。
舟轻不觉动，缆急始知牵[3]。
听草遥怜岸[4]，闻香暗识莲。
唯看孤帆影，常恐客心悬[5]。

作者简介 姚崇（650—721年），本名元崇，字元之，硖州硖石（今河南三门峡市东南）人。历任武则天、睿宗、玄宗诸朝宰相，与张柬之等共诛张昌宗、张易之等，封梁国公。他整纲纪，修制度，遂成开元之治。后引宋璟自代，璟亦有贤名，世称“姚宋”。

注释 （1）夜渚，夜晚的水中沙洲。（2）晦远天，天空昏暗不明。（3）缆急，缆绳紧绷。（4）怜，喜爱，盼望快点到达岸边。（5）客心，旅人之心。悬，悬挂，悬浮，心里不踏实。

简析 该诗写自己夜间渡江的感觉和感受，由于天昏地暗，看不到人们通常所写的花草树木，只能凭感觉体会。“舟轻不觉动，缆急始知牵。听草遥怜岸，闻香暗识莲”四句，尤其细致真切。末二句写孤舟夜航和旅人的心悬半空，把握分寸也是恰到好处。

◎张　说

送梁六自洞庭山作

巴陵一望洞庭秋[1],日见孤峰水上浮[2]。
闻道神仙不可接[3],心随湖水共悠悠。

作者简介　张说(yuè)(667—730年),字道济,又字悦之,洛阳人。二十二岁制科考试,策论第一,授任太子校书。武后长安二年(702年)改任内供奉,凤阁舍人。翌年得罪张易之,贬官钦州(今属广西)。中宗神龙元年(705年),回朝历任中书侍郎、太子(李隆基)侍读,进同中书门下平章事,监修国史。玄宗开元元年(713年)拜中书令,封燕国公,旋因与宰相姚崇不洽,被贬岳州刺史。开元四年(716年)改任荆州长史。开元十二年(724年)复官中书令,翌年拜集贤院学士。有《张燕公集》。《全唐文》收录其文221篇,《全唐诗》收录其诗293首。

题解　该诗写于张说贬官岳州的713—715年间。梁六为作者友人,潭州(今长沙)刺史梁知微,途经岳州入朝,作者送至湖边,遥望洞庭湖中的君山时作。

注释　(1)巴陵,即今湖南的岳阳,亦称岳州,在东洞庭湖滨。《元和郡县志》:"后羿屠巴蛇于洞庭,其骨若陵,因曰巴陵。"一望,满眼。　(2)孤峰,指洞庭湖中的君山。　(3)神仙,传说帝舜二妃娥皇、女英到过君山。《拾遗记》又说君山"其下有金堂数百间,玉女居之。"接,近,见。

简析　张说贬官居岳州,适逢友人北上入朝,故其至湖滨送别时,别有一番滋味在心头。洞庭满眼皆秋,自是一派萧瑟,君山孤峰犹如自己,这里写景不渲染,不著色,只是简淡。由目睹孤山而心接传说,然而神仙不得见,诗人不禁心事浩茫,像湖水一样悠悠不息。这首七言绝句风致天然,"惟在兴趣",言有尽而意无穷。

岳州西城

水国何辽旷,风波遂极天[1]。
西江三纪合[2],南浦二湖连[3]。
危堞临清境[4],烦忧暂豁然。
九围观掌内[5],万象阅眸前[6]。
日去长沙渚[7],山横云梦田。

汀葭变秋色(8),津树入寒烟。
潜穴探灵诡(9),浮生揖圣仙(10)。
至今人不见,迹灭事空传。

注释 (1)极,穷尽。 (2)三纪,三江。《水经·湘水注》:“巴陵西对长洲,其洲南鐼(fén)湘浦,北届大江。故曰三江也。三水所会,亦可谓之三江口矣。” (3)二湖,指岳阳南面的青草湖和滃(yōng)湖(《水经注》名之瓮湖)。 (4)危堞(dié),城墙上高耸的矮墙,亦称女墙。 (5)九围,九州。掌内,手掌上。 (6)眸前,眼前。 (7)日去,日落。 (8)汀葭,沙洲上的芦苇之类。 (9)潜穴,下潜探洞,即《君山记》《拾遗记》等传说中君山下的深穴。 (10)浮生,与上句的潜穴对应,可理解为在水上生活。揖,拜。圣,指治水的大禹。仙,指《拾遗记》中所说居于金堂的玉女。

简析 该诗应作于诗人来岳州未久之时,故能“烦忧暂豁然”,心态平和地描写水国景致,甚至探灵拜仙。“九围观掌内,万象阅眸前”二句,显示作者对自己才能抱有信心,在岳州不过是蓄以待时。诗末二句更表达自己无愧圣人不羡仙的抱负。

岳州作

水国生秋草,离居再及瓜(1)。
山川临洞穴(2),风日望长沙。
物土南州异(3),关河北信赊(4)。
日昏闻怪鸟(5),地热见修蛇(6)。
远人梦归路,瘦马嘶去家(7)。
正有江潭月,徘徊恋九华(8)。

注释 (1)离居,《礼记·檀弓》:“吾离群而索居亦已久矣。”及瓜,《左传》庄公八年:“齐侯使连称、管至父戍葵丘,瓜时而往,曰‘及瓜而代。’”意谓当年种瓜时节派往,瓜熟时派人接替。后世遂以“及瓜”表示任职期满,以“瓜代”表示由他人继任。再及瓜,再次成熟,表示已是第二年了。 (2)山川临洞穴,陶澍《君山记》:“君山有穴,通吴之包山。郭璞《江赋》所言巴陵地道也。” (3)物土,风物、风土。南州,南方。此句说南方风土及产物(与中原)不同。 (4)北信,北方来信。赊,稀少、渺茫。 (5)怪鸟,指鹏鸟。贾谊《鹏鸟赋序》:“谊为长沙王傅。三年,有鹏鸟飞入谊舍,止于坐隅。鹏似鹗,不祥鸟也。谊既以谪居长沙,长沙卑湿,谊自伤悼，以为寿不得长，乃命赋以自广。” (6)修蛇，长蛇。参见《送梁六自洞庭山作》注释(1)巴陵。 (7)嘶去家，嘶鸣着离开。 (8)九华，九，多数。古代宫室器物饰以华采者，每以九华为名。此处借指京城。

简析 张说贬官岳州时间将近三年，心情渐由开始时的还算平静转为幽愤。该诗反复表现对岳州生活的不适及思乡之情，更以贾谊自况，怀念朝廷。结合作者生平事迹，应理解其心态不是热衷爵禄，而是有一番政治抱负。

四月一日过江赴荆州

春色沅湘尽(1)，三年客始回(2)。
夏云随北帆，同日过江来。
水漫荆门出(3)，山平郢路开(4)。
比肩羊叔子(5)，千载岂无才。

题解 张说在岳州任刺史三年后，玄宗开元四年(716年)改任荆州长史。虽然未能回到都城，但毕竟离长安、洛阳近了一些，而且表明玄宗并未忘却他。此诗作于716年农历四月初。

注释 (1)沅湘，沅水和湘水，此处代指湖南之地。 (2)回，往回走，而非回到都城和家乡的意思。 (3)荆门，指宜都县西北的荆门山。 (4)郢路，通往昔日楚都郢的道路。 (5)比肩，相等。羊叔子即羊祜(hù)(221—278年)，西晋大将，269年任都督荆州诸军事，驻襄阳，大兴学校，垦田储粮，缮修军备，训练士卒，屡次上表请求伐吴而为朝议所阻。临死举荐杜预以自代，两年后杜预果然一举灭吴。

简析 该诗简淡朴实，但喜悦之情充溢言外。诗末两句尤其自负，相信自己能建立一番千秋功业。

◎张　均

九日巴丘登高

客心惊暮序(1)，宾雁下沧洲(2)。
共赏重阳节，言寻戏马游(3)。

湖风摇戍柳(4),江雨暗山楼。

且酌东篱酒(5),聊祛南国忧。

作者简介 张均,张说长子,玄宗开元初的713—715年随侍贬官的父亲居岳州。开元中历官大理卿,后受安禄山伪命为中书令。肃宗立,免其死,长期流放岭南。

题解 九日指农历九月初九日,即重阳节,旧俗此日应登高,饮菊花酒。巴丘即巴陵,亦称岳阳。

注释 (1)暮序,本指一年之末,即农历十二月,此处扩展到秋季也算岁晚。(2)宾雁,《礼记·月令》:"鸿雁来宾。"沧州,江湖中的洲渚,秋冬大雁来此越冬。(3)戏马,今江苏徐州铜山县有戏马台,传为项羽所筑。东晋刘裕曾在戏马台大会群僚。(4)戍柳,营垒城池边的柳树。(5)东篱,朝东边的竹篱。陶潜《饮酒》:"采菊东篱下,悠然见南山。"

简析 张均随父寄寓岳阳,离家日久,又适逢重阳节,难免每逢佳节倍思亲。故此诗心情暗淡,充满无可奈何之意。

岳阳晚景

晚景寒鸦集,秋风旅雁归。

水光浮日出,霞彩映江飞。

洲白芦花吐,园红柿叶稀。

长沙卑湿地(1),九月未成衣(2)。

注释 (1)长沙,此处代指古云梦泽附近的大片地区。卑湿,地势低下潮湿。贾谊《鹏鸟赋》:"长沙卑湿,谊自伤悼。"(2)未成衣,没备好寒衣。《诗经·七月》:"七月流火,九月授衣。"

简析 该诗仍是抒发自己羁留岳州的悲秋之情,但写景佳句足臻上乘,"水光浮日出,霞彩映江飞"不亚于王勃写滕王阁,"洲白芦花吐,园红柿叶稀",启白居易《琵琶行》之先。

◎张若虚

春江花月夜

春江潮水连海平,海上明月共潮生。
滟滟随波千万里(1),何处春江无月明!
江流宛转绕芳甸(2),月照花林皆似霰(3)。
空里流霜不觉飞(4),汀上白沙看不见。
江天一色无纤尘,皎皎空中孤月轮(5)。
江畔何人初见月?江月何年初照人?
人生代代无穷已,江月年年望相似(6)。
不知江月待何人,但见长江送流水。
白云一片去悠悠,青枫浦上不胜愁(7)。
谁家今夜扁舟子?何处相思明月楼(8)?
可怜楼上月徘徊,应照离人妆镜台。
玉户帘中卷不去(9),捣衣砧上拂还来。
此时相望不相闻,愿逐月华流照君。
鸿雁长飞光不度,鱼龙潜跃水成文(10)。
昨夜闲潭梦落花,可怜春半不还家。
江水流春去欲尽,江潭落月复西斜。
斜月沉沉藏海雾,碣石潇湘无限路(11)。
不知乘月几人归,落月摇情满江树(12)。

作者简介 张若虚(660?—720?),江苏扬州人。曾任兖州兵曹。唐中宗神龙(705—707年)中,与贺知章、贺朝、万齐融、邢巨、包融以文词俊秀驰名于京都;与贺知章、张旭、包融并称"吴中四士"。张若虚的诗仅存二首于《全唐诗》中。其中《春江花月夜》是一篇脍炙人口的千古名作。

题解 《春江花月夜》为乐府吴声歌曲名,相传为南朝陈后主所作,原词已不传。其后隋炀帝也曾以此曲名赋诗。张若虚的这首为拟题作诗,与原先的曲调已不同,却最富盛名。

注释 (1)滟滟,水浮动貌,形容水波闪动的样子。(2)芳甸,芳草丰茂的原野。甸,古代称郊外之地。(3)霰,空中降落的白色不透明的小冰粒。此处形容月光映照下春花显得更加晶莹剔透。(4)流霜,飞霜,古人误以为霜与雪一样,都是从空中飘落下来的。在这里比喻月光皎洁,月色迷离,不觉得有霜霰飞扬。(5)月轮,满月,形容月圆时像车轮一样。(6)江月年年望相似,仰望江上明月,似乎年年相似。(7)青枫浦上,青枫浦,地名,今湖南浏阳县境内有青枫浦。这里泛指游子所在的地方。(8)明月楼,月光下的闺楼。诗中指闺中思妇。(9)玉户,以玉石装饰门户。此处形容楼阁华丽。(10)文,同"纹"。(11)潇湘,湖南的潇水与湘水。碣石,地名,全国有多处。这里应是指秦皇岛的碣石,以符合与潇湘南北路程遥远的含义。(12)摇情,情思激荡。钟敬伯《唐诗归》:"落月摇情,情满江树。摇字满字幻而动,读之目不能瞬。"

简析 《春江花月夜》是一首七言古诗。此诗共三十六句,四句一换韵,音韵流畅优美。诗人以敏锐的目光,捕捉到春江花月夜的景物特征,以形象而瑰丽的语言,生动地描绘了江南春夜空灵、静美、广袤无边的景色,宛若一幅月夜万里长江画卷。画幅中寄寓了游子的离别相思之苦,抒发了富有人生哲理意味的感慨。本诗意境幽寂而深邃,词语清丽优美,韵调宛转悠扬,乃千古之绝唱,后世誉之为"孤篇盖全唐"。

◎ 张九龄

登荆州城望江二首

其 一

滔滔大江水,天地相终始。
经阅几世人(1),复叹谁家子!

其 二

东望何悠悠,西来昼夜流。
岁月既如此(2),为心那不愁!

作者简介 张九龄(678—740年),字子寿,韶州曲江(今属广东)人。唐中宗景龙

(707—710年)初中进士,历任校书郎、右拾遗、左补阙、中书舍人、洪州(今南昌)督,以张说荐为集贤殿学士,拜中书侍郎同平章事。玄宗开元二十四年(736年)受李林甫排挤,罢政事,贬为荆州长史。在荆州时与孟浩然等结交。有《曲江集》传世。

注释 (1)经阅,经历。 (2)岁月既如此,时光就像这流水。如孔子说:"逝者如斯夫,不舍昼夜。"

简析 诗人从京城贬落荆州,难免怏怏失意,加上人近暮年,难免江河长流,人生短暂的感慨。

初发江陵有感

极望涔阳浦(1),江天渺不分。
扁舟从此去(2),鸥鸟自为群。
他日怀真赏(3),中年负俗纷(4)。
适来果微尚(5),倏尔会斯文(6)。
复想金闺籍(7),何如梦渚云(8)。
我行多胜寄(9),浩思独氛氲(10)。

注释 (1)涔阳浦,由荆州通往洞庭湖的一条水道。屈原《九歌》:"望涔阳兮极浦。"《文选》吕向注:"涔阳浦接于楚都。" (2)扁舟,小船。 (3)真赏,真诚的赏识。《南史·王筠传》:"知音者稀,真赏殆绝。"此处也可理解为赏识推荐诗人的张说等。 (4)暗指遭李林甫排挤陷害。 (5)微尚,有那么一点点高尚。微,自谦词。 (6)倏尔,很快。会斯文,遇到了有教养的人士,指结识了孟浩然等。 (7)金闺籍,朝廷官员之列。金闺即金马门,天子之门。韦应物《答韩库部》:"名列金闺籍,心与素士同。" (8)梦渚云,云梦泽的云。 (9)胜寄,极好的精神寄托。 (10)浩思,长思,永久的记忆。氛氲,温暖丰厚。

简析 该诗应该是作者在荆州生活了一段时间后又离去时所作。全诗层次分明,包括出发时的江天景致,回顾自己的人生浮沉,来荆州后的交游和思想变化,以及此次出发时的感奋,都显得平易真实。

送窦校书见饯得云中辨江树

江水天连色，无涯净野氛(1)。
微明岸畔树，凌乱渚前云。
举棹形徐转(2)，登舻意渐分。
渺茫从此去(3)，空复惜离群。

题解 校(jiào)书有两解，一指古代掌管校理书籍的官吏，一为旧时对妓女的雅称。此处应指前者。"云中辨江树"为汉乐府诗句。

注释 (1)野外空气洁净，一望无涯。 (2)棹，船桨，桨举船移。 (3)渺茫从此去，此后彼此远隔，音容阻断。白居易《长恨歌》："一别音容两渺茫。"

简析 该诗为饯别之作，全诗情景交融，对友人充满惺惺相惜之意。

江上遇疾风

疾风江上起，鼓怒扬烟埃(1)。
白昼晦如夕，涛声响若雷。
投林鸟铩羽(2)，入浦鱼曝鳃(3)。
瓦飞屋且发(4)，帆快樯已摧(5)。
不知天地气，何为此喧豗(6)。

注释 (1)烟埃，烟雾和尘埃。 (2)铩羽，羽毛摧落，通常比喻因挫折而失意。铩为兵器，引申为杀伤。 (3)入浦鱼曝鳃，水浅之处的鱼被浪冲到岸滩上，遭到日晒。 (4)发，动摇。 (5)樯，船上的桅杆。摧，折断。 (6)喧豗(huī)，轰响声。

简析 该诗从疾风、烟埃、怒涛、昼晦等景物描写江上飓风，进而以鸟、鱼、瓦屋、帆樯遭风摧残的惨像显示风灾之烈，读来令人如临其境。但诗人并未流露恐惧之情，也没有如当时人的归因于神怪，而是冷静地思索天地之气为何致此，体现出其思深力道、性格刚健的诗风。

◎孙　逖

夜到润州

夜入丹阳郡(1),天高气象秋。
海隅云汉转(2),江畔火星流(3)。
城郭传金柝(4),闾阎闭绿洲(5)。
客行凡几夜,新月再如钩。

作者简介　孙逖(695—761年),潞州涉县(今河北涉县)人。玄宗开元(713—742年)中三擅甲科,后迁中书舍人,终太子詹事。

题解　隋朝始置润州,以州东有润浦得名,治所在延陵,唐代改名丹徒(今称镇江)。润州辖境包括今江苏的镇江、丹阳、句容、金坛等地。

注释　(1)丹阳郡,西汉置,治所在宛陵(今安徽宣城),辖境甚广。三国吴移治所至建业,辖境渐缩。隋炀帝大业三年(607年)改蒋州为丹阳郡,辖境相当于今之江苏省的南京市,溧水、高淳两县及安徽省的芜湖市和当涂、繁昌两县。　(2)云汉,银河,《诗经·云汉》:"倬彼云汉,昭回于天。"　(3)火星,此处指渔火。　(4)金柝,用金属做成的报更器具。《木兰辞》:"朔气传金柝,寒光照铁衣。"　(5)闾阎,里巷。王勃《滕王阁序》:"闾阎扑地,钟鸣鼎食之家。"

简析　该诗纯粹写景,时间是在秋夜舟行抵达丹阳之际。天高气爽,江城一派祥和,作者也心情平静。全诗声韵嘹亮,当对仗处工整谨严。

下京口埭夜行

孤帆度绿氛(1),寒浦落红曛(2)。
江树朝来出,吴歌夜渐闻。
南溟接潮水(3),北斗近乡云(4)。
行役从兹去(5),归情入雁群(6)。

题解　京口即今江苏镇江。埭(dài)为土堰,为船舶征榷处。两岸立转轴以绳系船,或以人、畜之力挽船过堰。

注释　(1)绿氛,绿色的烟雾,此处指江水的颜色。　(2)红曛,红色的落日。

(3)南溟,南海。 (4)乡云,故乡方向的云。 (5)行役,指因军务、劳役或公务而在外奔走。《诗经·陟岵》:"嗟!予子行役,夙夜无已。" (6)归情,思归之情。入雁群,随大雁而生。

简析 从诗中"孤帆""寒浦""乡云""雁群"等词汇入手,不难发现该诗与上篇相比,已流露出因离家日久的思归之情。诗末点明自己在勤劳王事,所以也没有过度渲染。

扬子江楼

扬子何年邑(1)? 雄图作楚关(2)。
江连二妃渚(3),云近八公山(4)。
驿道青枫外,人烟绿屿间(5)。
晚来潮正满,数处落帆还。

题解 古时分段名江,长江在皖江(安徽境内长江之称)之下才称扬子江,可知扬子江楼在江苏境内。但此楼何时建在江苏何地,史书未载,故扬子江楼或是泛指。

注释 (1)邑,城邑,有时作动词使用,意为筑城、建城。该句的疑问句式表明作者也不明确。 (2)雄图,雄图大业。楚关,楚国的关隘,当在吴头楚尾的安徽境内。 (3)二妃,指帝舜的两个妃子,即娥皇、女英。二妃渚泛指长江中的沙渚。 (4)八公山,最著名的八公山有两处,一在淝水,即东晋时发生的淝水之战处;一在今安徽和县北,相传有八位仙人饮酒弈棋于此。此处八公山应指后者。 (5)屿,水中的小岛小山。

简析 该诗略含思古幽情而以现实写景为主。"江连二妃渚,云近八公山"二句写大江之长,"驿道青枫外,人烟绿屿间"则表现景致之美和世道太平。

◎崔 翘

送友人使夷陵

猿鸣三峡里,行客泪沾裳。
复道从兹去,思君不暂忘(1)。

开襟春叶短[2],分手夏条长[3]。

独有幽庭桂,年年空自芳[4]。

作者简介 崔翘,玄宗开元(713—742年)中任中书舍人,升礼部尚书,赠荆州大都督。夷陵在今湖北宜昌市东。

注释 (1)不暂忘,一刻也不会忘记。 (2)开襟,敞开胸怀。 (3)夏条,夏天树木的枝条,此两句谓两人在春天相聚畅谈,在夏季分别。 (4)意谓友人走后,自家门庭冷落,庭中桂花开时也没友人共同观赏。

简析 该诗开首两句是想象友人在赴夷陵途中的伤感之状。后六句回忆两人的相聚、相别,以及别后自己的孤独之感,读来真切动人。

◎ 崔国辅

九　日

江边枫落菊花黄[1],少长登高一望乡[2]。

九日陶家虽载酒[3],三年楚客已沾裳[4]。

作者简介 崔国辅,吴郡(今苏州)人。玄宗开元(713—742年)中应县令举荐,授河南许昌令,累迁集贤直学士,礼部员外郎。后坐事贬晋陵(今常州)司马。

注释 (1)枫落菊花黄,象征农历九月。《礼记·月令》:“季秋之月,菊有黄华。” (2)少长,年幼者和长者。一望乡,一起遥望家乡。 (3)九日,重九之日,即重阳节。陶家载酒,《续晋阳秋》:“陶潜九月九日,无酒,坐宅边菊丛中,摘花盈把,怅望久之,见白衣至,乃江州太守王弘为庞通转送酒。遂即酣饮,醉而后归。” (4)三年楚客,在楚地作客三年。

简析 该诗主要是借重九登高之际,表达自己宦游异乡、落寞穷愁之感。

◎陶　岘

西塞山下回舟作

匡庐旧业是谁主[1]？吴越新居安此生[2]。
白发数茎归未得[3]，青山一望计还成[4]。
鸦翻枫叶夕阳动，鹭立芦花秋水明。
从此舍舟何所诣[5]，酒旗歌扇正相迎。

作者简介　陶岘，东晋诗人陶渊明后裔。玄宗开元（713—742年）中，家于昆山（今江苏昆山），常与孟彦深、孟云卿、焦遂三人乘舟出游，逢山泉则必穷其景物，吴越之士谓之“水仙”。

题解　西塞山在今湖北黄石市东，临江兀立，风景优美。回舟，登山饮酒后回船。

注释　（1）匡庐，庐山。旧业，祖上的房屋田产，陶渊明曾在庐山之南置有薄产。是谁主，不知如今主人是谁。（2）此句谓自己搬迁到吴越之地了。（3）白发数茎，多根白发。（4）青山指祖辈居住过的庐山。此句谓遥望庐山一眼的打算总算实现了。（5）诣，到，往，此句谓刚才在这里下船干什么？

简析　作者的兴趣一如先祖，喜爱山水诗酒，“鸦翻枫叶夕阳动，鹭立芦花秋水明”二句既点明了写诗的时间，又描写了鸦、鹭、枫叶、芦花等代表之物。“匡庐旧业是谁主”，“青山一望计还成”二句更抒发对祖业易主的感慨，使该诗多了一层今昔之叹。

◎徐安贞

送王判官

明月开三峡[1]，花源出五溪[2]。
城池青壁里，烟火绿林西。
不畏王程促[3]，惟愁仙路迷。
巴东下归棹[4]，莫待夜猿啼。

作者简介 徐安贞初名楚璧，龙丘(今浙江龙游)人。三登科甲，玄宗开元(713—742年)中为中书舍人，集贤院学士，中书侍郎，与李林甫关系密切。玄宗天宝(742—756年)后避罪至湖北、湖南山水间。

注释 (1)开，照耀。 (2)花源，桃花源。五溪，有多处五溪，此泛指沅水流域。 (3)王程，为王事奔走的时间。促，急。 (4)归棹，返程的船。

简析 作者流落江湖，行止举棋不定。一方面山水自然暂能给自己慰藉，另一方面桃源虽好，终究不能作为自己的归宿。故在送别友人之际，于写景之后也抒发自己是选择滞留还是急归的矛盾心情。

◎ 刘希夷

江南曲(八首选二)

其 一

暮宿南洲草，晨行北岸林。
日悬沧海阔，水隔洞庭深。
烟景无留意，风波有异浔(1)。
岁游难极目(2)，春戏易为心(3)。
朝夕无荣遇(4)，芳菲已满襟(5)。

其 二

舣舟乘潮去(6)，风帆振早凉(7)。
潮平见楚甸(8)，天际望维扬(9)。
洄溯经千里，烟波接两乡(10)。
云明江屿出，日照海流长。
此中逢岁晏(11)，浦树落花芳(12)。

作者简介 刘希夷，一名庭芝，河南汝州(辖境相当今汝河、沙河流域各县)人，善作从军、闺情类诗，多古调，颇受时人器重。

注释 (1)异浔,不同的水深处。 (2)岁游,经年出游。极目,极尽,看尽。(3)春戏,春季的出游玩赏。易为心,最易为中心所喜。 (4)荣遇,值得夸耀的待遇或重要的待遇。 (5)芳菲已满襟,芬芳满怀。 (6)舣舟,小船。 (7)振,鼓荡。 (8)楚甸,楚都城的郊野。 (9)维扬,扬州的别称。 (10)两乡,应是指荆州、扬州两地。 (11)岁宴,岁晚。 (12)落花芳,落花似有芳香。

简析 刘希夷写从军、闺情时词调哀苦,但写到大江风光时却是例外。此处所选二诗,一写春季行走大江南北,一写岁暮乘舟溯流,风烟波潮,江屿浦树,无不充满诗情画意。

◎席　豫

江行纪事二首

其　一

飘飘任舟楫,回合傍江津[1]。
后浦情犹在,前山赏更新[2]。
树深烟漠漠[3],滩浅石磷磷。
川路南行远[4],淹留惜此辰[5]。

其　二

江汛春风势,山楼曙月辉[6]。
猿攀紫石饮,鸟拂清潭飞。
古树崩沙岸,新苔覆石矶。
津途赏无限[7],征客暂忘归。

作者简介 席豫,字建侯,襄阳人,进士及第。玄宗开元(713—742年)中,官至考功员外郎,后升吏部侍郎。天宝(742—756年)中进礼部尚书。为官淡泊正直,不为权势所撼,玄宗赞为“诗人冠冕”。

注释 (1)江津,江岸。 (2)此两句写自己瞻前顾后,目不暇接。 (3)树林深处有淡淡的炊烟。 (4)川路,水路。 (5)淹留,停留。此辰,此刻。 (6)曙月,破晓时的月亮。 (7)此句谓沿途风景欣赏不完。

简析 两诗皆写春日江景,表现出诗人对大好河山的热爱之情。

◎丁仙芝

渡扬子江

桂楫中流望(1),空波两岸明。
林开扬子驿(2),山出润州城(3)。
海尽边阴静(4),江寒朔吹生(5)。
更闻风叶下,淅沥度秋声(6)。

作者简介 丁仙芝,亦作丁先芝。玄宗开元年间(713—742年)进士,曾为浙江余杭尉。

注释 (1)桂楫,桂木做的船桨或船橹,这里指船。此句谓船行到江中时举目四望。 (2)扬子驿,在扬州江都县南,唐时为江津要地。 (3)润州,今江苏镇江。 (4)边阴,云边。阴,云翳,《诗经·终风》:"曀曀(yì)其阴。" (5)朔吹,北风。 (6)淅沥,象声词,形容雨、雪、落叶等声音。秋声,欧阳修有《秋声赋》。

简析 作者从扬子驿渡江到润州(今镇江),船到中流时极目四顾,所见两岸城驿相对,天空风云变幻,木叶飘落,一派深秋江景。一股悲秋之情隐含诗中。

◎刘 秩

过芜湖

百里芜湖县(1),封侯自汉朝(2)。
荻林秋带雨(3),沙浦晚生潮。
近海鱼盐富,濒淮粟麦饶(4)。
相逢白头叟,击壤颂唐尧(5)。

作者简介 刘秩，字作卿，彭城(今江苏徐州)人。著名史学家刘知己之子。玄宗开元(713—742年)末为左监卫录事参军，肃宗至德(756—758年)间历阆州(在今四川)刺史，贬抚州(在今江西)长史。著有《政典》《止戈记》《至德新议》等。

注释 (1)百里，古代以百里地指称一县。芜湖，在今安徽长江南，以地卑蓄水而生芜藻得名。 (2)春秋时，该地为吴之鸠兹，至汉代始置芜湖县。 (3)荻林，芦苇丛密如林。 (4)濒淮，临淮河。饶，多产，富饶。 (5)击壤，壤为古代的一种打击乐器，击壤而歌，形容天下太平，百姓安居乐业。颂唐尧，歌颂唐尧明君。

简析 刘秩受其父历史学熏陶，以历史沿革、当地物产和传说入诗，寥寥几句，叹赏玄宗开元盛世的安定生活。

◎ 孟浩然

夜渡湘水

客行贪利涉(1)，夜里渡湘川。
露气闻芳杜(2)，歌声识采莲。
榜人投岸火(3)，渔子宿潭烟。
行侣时相问，涔阳何处边(4)？

作者简介 孟浩然(689—740年)，名浩，字浩然，号孟山人，襄州襄阳(今湖北襄阳)人。孟浩然生当盛唐，40岁时游长安，应进士举不第。玄宗开元二十五(737年)被张九龄招致幕府，后隐居襄阳鹿门山，是唐代著名的山水田园派诗人，与王维并称为“王孟”。有《孟浩然集》三卷传世。

题解 此诗大约作于玄宗开元十五(727)年之前。诗人在三十六岁左右时，曾到湖南去探望他的好友袁太祝。夜渡湘水，触景生情而作。

注释 (1)利涉，乘舟顺利渡河。湘川，湘江。 (2)芳杜，又称香附、莎草，一种芬芳的药草。 (3)榜人，船夫，舟子。榜，船。 (4)涔阳，今湖南澧县境内的涔阳浦。屈原在《离骚》中就吟咏过“望涔阳兮极浦”。

简析 诗人见友心切，贪赶路程，夜间乘船渡湘水。用白描手法叙述夜渡湘水时的所见、所感，反映渔村生活的宁静、怡乐。描述采莲女和渔夫的劳动情景，生动真实。全诗记叙自然，充满诗意，情感真挚而恬淡。

彭蠡湖中望庐山

太虚生月晕(1)，舟子知天风(2)。
挂席候明发(3)，渺漫平湖中。
中流见匡阜(4)，势压九江雄。
黤黮容霁色(5)，峥嵘当曙空(6)。
香炉初上日(7)，瀑水喷成虹。
久欲追尚子(8)，况兹怀远公(9)。
我来限于役(10)，未暇息微躬(11)。
淮海途将半，星霜岁欲穷(12)。
寄言岩栖者(13)，毕趣当来同(14)。

题解 此诗是作者漫游东南各地，途经江西鄱阳湖时的作品，抒写在鄱阳湖的小船中远望庐山的情景与感受。

注释 (1)太虚，古人称天为太虚。月晕，月亮周围所现的一圈光气。古谚说："月晕而风，础润而雨。" (2)天风，天空将要刮风。所以舟子凭月晕而知道即将起风。 (3)挂席，悬挂起船帆，将要开船。席，船帆。 (4)匡阜，庐山别名。 (5)黤黮(yǎn dǎn)，深黑不明。容霁，一作"凝黛"。黛，青黑色颜料，古代妇女用来画眉。 (6)峥嵘，形容山高险峻。当，耸立。 (7)香炉，香炉峰，庐山北峰，状如香炉。 (8)尚子，即尚长，东汉时的隐士。 (9)远公，慧远和尚，晋代高僧，隐居于庐山。 (10)限，束缚。于役，有事远行。 (11)微躬，身体，自谦之辞。 (12)星霜，星宿，古人常用"星霜"代表一年。岁欲穷，一年将要结束。 (13)岩栖者，指隐居山林的隐士。 (14)毕趣，"毕"作"尽"解释。"趣"指隐逸之趣。

简析 开篇写因天风将至，舟子将船泊于湖中，继而描绘庐山的壮丽景象，见景生情，想起了古时的隐士高人而感叹自己为行役所缚，盼望将来也能远离尘俗以山水为侣。全诗格调雄浑，气势磅礴，想象丰富，结构严谨。体现出孟诗"冲淡中有壮逸"的一面，也呈现了山河的壮阔。

早寒江上有怀

木落雁南度，北风江上寒。
我家襄水曲(1)，遥隔楚云端(2)。
乡泪客中尽，孤帆天际看。
迷津欲有问(3)，平海夕漫漫(4)。

题解 玄宗开元十五年、十七年至二十一年(727、729—733年)，孟浩然两次自汉江入长江，东游吴越。早寒时节，在船上回望故乡，乡愁油然而生。

注释 (1)襄水曲，在汉水的转弯处。襄水，汉水流经湖北襄阳境内的一段。曲，即河湾。 (2)楚云端，长江中游一带云的尽头。 (3)迷津，迷失道路。津，渡口。 (4)平海，长江下游入海口的江面宽阔，水势浩大，称为"平海"。

简析 诗人长期隐居故乡襄阳，这次长久漂泊异乡，思乡心切；又见江海苍茫，秋风萧瑟，落叶纷纷，北燕南归，悲秋思乡之情油然而生。诗中表达的情感复杂，既羡慕田园生活，有意归隐，但又想求官做事，施展抱负。这种思想矛盾和迷惘的心情，也反映在诗中。

望洞庭湖赠张丞相

八月湖水平，涵虚混太清(1)。
气蒸云梦泽(2)，波撼岳阳城。
欲济无舟楫(3)，端居耻圣明(4)。
坐观垂钓者，徒有羡鱼情(5)。

题解 《望洞庭湖赠张丞相》是一首投赠之作。此诗作于唐玄宗开元二十一年(733年)。孟浩然、张九龄二人与王维为忘年之交。后张九龄拜中书令，孟浩然写了这首诗赠给张九龄，目的是想得到张九龄的引荐。

注释 (1)涵虚，包含天空，指天空倒映在水中。涵，包容。虚，虚空，空间。混太清，与天混为一体。清，指天空。 (2)云梦泽，古代云梦泽分为云泽和梦泽，指湖北南部、湖南北部一带低洼地区。洞庭湖是其南部的一角。 (3)欲济无舟楫，舟楫，船只。想渡湖而没有船只，此诗中暗喻想做官而无人引荐。济，渡。楫，船桨。（4)端居耻圣明,生在太平盛世自己却闲居在家,因此感到羞愧。（5)徒,只能、空有。羡鱼,《淮南子·说林训》:“临河而羡鱼,不如归家织网。”

简析 该诗前四句是写景起兴,作者大笔渲染了八百里洞庭湖波澜壮阔的宏伟景象,宛若一幅泼墨写意山水画。后四句是表意点题。由“欲济无舟楫”过度,婉转地表达了不能出仕为官,为民谋利而深感惭愧的心情。全诗通过面临烟波浩淼的洞庭欲渡无舟的比喻以及临渊而羡鱼的感触,隐讳地表达了诗人期望张九龄提携之意。蔡絛撰《西清诗话》评曰:“洞庭天下壮观,骚人墨客题者众矣,终未若此诗颔联一语气象。”

夜归鹿门山歌

山寺鸣钟昼已昏,渔梁渡头争渡喧(1)。
人随沙岸向江村,余亦乘舟归鹿门。
鹿门月照开烟树(2),忽到庞公栖隐处(3)。
岩扉松径长寂寥,唯有幽人自来去(4)。

题解 《一统志》:“鹿门山在襄阳府城东南三十里。”孟浩然厌倦了尘世的喧嚣和人间的追名逐利,于是仿效乡先贤庞德公的行迹,在襄阳鹿门山开辟一个隐居处,不时前去小住。本诗大约写于中宗景龙二年(708年)至玄宗先天元年(712年)之间。

注释 (1)渔梁,襄阳城外汉水中的洲名。《水经注·沔水》中记载:“襄阳城东沔水中有渔梁洲,庞德公所居。”（2)开烟树,指月光下原先烟雾缭绕下的树木渐渐显现出来。（3)庞公,庞德公,东汉襄阳人,隐居鹿门山。（4)幽人,隐居的人,诗人自称。

简析 该诗用对比的手法描绘了两幅意境和氛围完全相反的画面。前四句通过黄昏时分山寺悠扬的晚钟声、渡口上人们争相过渡的喧闹声和沙滩上人群急急忙忙归家的身影,描绘喧嚣的充满世俗生活气息的场景。后四句描绘的则是鹿门山顶皎洁的月光,漫山若隐若现的树林,岩石林立,松径幽深,仿若与世隔绝的静谧山景。在这里,他才感到自由自在,潇洒飘逸,深感“唯有幽人自来去”,形象地表现出诗人的隐逸志趣与淡泊情怀。

万山潭作

垂钓坐盘石(1),水清心亦闲。
鱼行潭树下,猿挂岛藤间。
游女昔解佩(2),传闻于此山。
求之不可得,沿月棹歌还(3)。

题解 孟浩然隐居家乡期间,常悠游于襄阳的风景胜地万山,也时在万山山麓的潭边垂钓。此诗即写他在万山潭边垂钓的瞬间感触。

注释 (1)盘石,扁而大的石头,有如磨盘。 (2)游女,《诗经·汉广》:“汉有游女,不可求思。”后世常用来指水中女神。解佩,郭璞《江赋》:“感交甫之丧珮。” (3)沿月,乘着月色。

简析 该诗动静结合、古今穿越的情境描写,体现了诗人此时心境的悠闲旷达、淡泊而宁静。冲淡之风,蕴含在这动静相交之中。南宋刘克庄在《后村诗话》中高度评价此诗:“孟浩然诗,如‘鱼行潭树下,猿挂岛藤间’,警语不一。老杜(杜甫)少所推服,独称其句句堪传。”

与诸子登岘山

人事有代谢(1),往来成古今(2)。
江山留胜迹,我辈复登临(3)。
水落鱼梁浅(4),天寒梦泽深(5)。
羊公碑尚在(6),读罢泪沾襟。

题解 诸子,可两解,一为几个儿子,一为几个友人。岘山又名岘首山,在襄阳城南。山上有著名的羊公堕泪碑。

注释 (1)代谢,新陈代谢。 (2)往来成古今,老辈去,成为古,新辈来,即为今。新旧交替。 (3)复登临,再登临,是相对于羊祜400年前曾登岘山而言。(4)鱼梁,沙洲名,在襄阳鹿门山下的汉水中。 (5)梦泽,即云梦泽。 (6)羊公碑,后人为纪念西晋名将羊祜而建。羊祜登岘山时曾言:“由来贤者胜士,登此远望如我与卿者,皆湮灭无闻,使人伤悲。”

简析 这是一首触景伤情的感怀之作。诗人登临岘山，凭吊羊公碑，怀古伤今，抒发感慨，想到自己空有抱负，不觉分外悲伤。《王孟诗评》评论此诗："起得高古，略无粉色，而情景俱称。悲慨胜于形容，真岘山诗也。复有能言，亦在下风。"

◎王 湾

次北固山下

客路青山外(1)，行舟绿水前。
潮平两岸阔(2)，风正一帆悬(3)。
海日生残夜(4)，江春入旧年。
乡书何处达(5)？归雁洛阳边(6)。

作者简介 王湾(693—751年)，洛阳人。玄宗先天(712)年间进士及第，授荥阳县主簿。后受荐编书，参与集部的编撰辑集工作。书成之后，因功授任洛阳尉。王湾"词翰早著"，现存诗10首，其中最出名的是《次北固山下》。

题解 此诗为诗人在一年冬末春初时，乘舟由楚入吴，东行途中泊舟于江苏镇江北固山下时，触景生情而作。次，旅途中暂时停宿，诗中是停泊的意思。北固山，在今江苏镇江北，临江屹立。

注释 (1)客路，旅客的行进路线。青山，此指北固山。 (2)潮平两岸阔，潮水涨满时，两岸之间水面宽阔。 (3)风正一帆悬，顺风行船，风帆垂直悬挂。 (4)海日，海上升起的旭日。残夜，黑夜将尽之时，拂晓。 (5)乡书，寄往故乡的家信。 (6)归雁，北归的大雁。古代有"鸿雁传书"的传说。

简析 此诗以精练的语言描写了冬末春初作者在北固山下停泊时所见到青山绿水、潮平岸阔等壮丽之景，抒发了作者深深的思乡之情。全诗用笔自然，写景鲜明，情感真切，情景交融，风格壮美，极富韵致。尤其是"海日生残夜，江春入旧年"成为广为传诵的名句。

◎王昌龄

送人归江夏

寒江绿水楚云深，莫道离忧迁远心[1]。
晓夕双帆归鄂渚[2]，愁将孤月梦中寻。

作者简介 王昌龄(698—756年)，字少伯，京兆(今陕西西安)人。登玄宗开元十五(727)年进士第，补秘书省校书郎。二十二年，调汜水尉，迁江宁丞。晚年不拘细行，贬龙标尉卒。安史之乱后回归故里，为濠州刺史闾丘晓所杀。昌龄诗绪密而思清，有"七绝圣手"之称；其边塞诗与高适、王之涣齐名。有集六卷，今编诗四卷。

题解 此诗为送友人回归江夏(今武昌)而作。江夏，唐天宝、至德时(742—758年)改武昌为江夏郡，辖今武昌、鄂州、黄石、咸宁一带地域。

注释 (1)迁，变迁，改变。 (2)晓夕，早晚。鄂渚即武昌。隋代改武昌为鄂州，也称鄂渚。屈原《涉江》："乘鄂渚而反顾兮，欸秋冬之绪风。"

简析 这首七绝为送别友人而作，全诗满含依依惜别的离情别绪。"寒江绿水楚云深"渲染了分别时的凄凉气氛，借屈原"乘鄂渚而反顾"的典故，描述友人在船上不断回头张望的依恋神情；而自己对朋友的思念也只能寄托于月夜的睡梦中。此诗委婉含蓄，情深意切。

九江口作

漭漭江势阔[1]，雨开浔阳秋[2]。
驿门是高岸，望尽黄芦洲[3]。
水与五溪合[4]，心期万里游。
明时无弃才，谪去随孤舟[5]。
鸷鸟立寒木[6]，丈夫佩吴钩[7]。
何当报君恩，却系单于头[8]。

题解 王昌龄被贬后，在江西九江口驿站高处遥望浔阳江，触景生情，而作此诗。

注释 (1)漭漭，水势广阔浩渺。 (2)浔阳，浔阳江，长江九江段。 (3)黄芦洲，长满枯黄芦苇的沙洲。(4)五溪，长江流域有多处称五溪，或在湖南常德，或在安徽青阳，均流入大江。(5)谪去随孤舟，形容被贬后随孤舟漂泊。(6)鸷鸟，一种凶猛的鸟。(7)吴钩，古代的一种弯月形刀器。(8)单于，汉代匈奴最高首领。

简析 此诗表达作者贬谪后漂泊九江口时孤寂而又不甘沉溺的复杂心情，以及虽暂处逆境，依然志趣高远，忠心报国的雄心壮志。前段描绘九江口广阔而凄清的江景以烘托其凄凉与忧愁；后段运用比喻与典故表述他的意志与愿望。

送窦七

清江月色傍林秋，波上荧荧望一舟(1)。
鄂渚轻帆须早发(2)，江边明月为君留(3)。

注释 (1)荧荧(yíng yíng)，波光闪烁。(2)鄂渚，武昌。(3)为君留，挽留君。君，此处指友人窦七。

简析 这首秋夜送别的七绝诗立意新颖，借月色挽留朋友，写得委婉、清新而含蓄。全诗没有悲秋之情，毫无凄切之意，而把对朋友的依依惜别之情全寄托在皎洁的月色之中。皎洁的月色也象征着他们纯洁的友情。

芙蓉楼送辛渐

寒雨连江夜入吴(1)，平明送客楚山孤(2)。
洛阳亲友如相问，一片冰心在玉壶(3)。

题解 这首诗大约作于玄宗开元二十九(742)年以后。王昌龄当时为江宁(今南京)丞。好友辛渐拟由润州渡江，取道扬州，北上洛阳。王昌龄陪他从江宁到润州，然后在此分手。芙蓉楼原名西北楼，遗址在润州(今江苏镇江)西北。

注释 (1)寒雨，秋冬时节的冷雨。连江，雨水与江面连成一片，形容雨很大。吴、江宁、润州皆旧吴国之地。(2)平明，黎明之际。楚山孤，楚地的孤山。从镇江乘舟逆江西行，就进入了楚地(现江西、安徽、湖北)。(3)冰心，像冰一样晶莹明亮的心。玉壶，玉制的酒壶。该句比喻心地纯洁、表里如一、忠贞不二。鲍照《代白头吟》:“直如朱丝绳，清如玉壶冰。”

简析 在这首构思特别的送别诗中，诗人没有因袭前人，抒写离情别绪，而是着重表达自己的心地纯洁。一二句写景，用吴地苍茫凄清的江雨和远处孤独的楚山，烘托送别朋友后的寂寞之感。后两句抒情言志，以“冰心”“玉壶”自比，表达自己纯洁坚贞，表里如一的性格特征。

◎常　建

题破山寺后禅院

清晨入古寺，初日照高林(1)。
曲径通幽处，禅房花木深(2)。
山光悦鸟性(3)，潭影空人心(4)。
万籁此都寂(5)，但余钟磬音(6)。

作者简介　常建，《唐才子传》称其出生在长安(今陕西西安)。玄宗开元十五年(727年)与王昌龄同榜进士，因仕途不得意，长期漫游于山水名胜之间，后移家隐居鄂渚(湖北武昌)。其诗意境清幽，语言洗炼自然。现存诗绝大部分为描写田园风光、山林逸趣之作。名作有《题破山寺后禅院》。今存《常建诗集》3卷和《常建集》2卷。

题解　此诗为常建漫游破山寺即兴而作。破山寺即兴福寺，位于今江苏常熟市西北虞山上。

注释　(1)初日，初升的太阳。高林，高大的树林。　(2)禅房，僧人居住修行打坐的地方。　(3)悦，形容词的使动用法，使……高兴。此句谓明朗的山光使得鸟儿们兴奋地鸣叫。　(4)潭影，清澈潭水中的倒影。空，形容词使动用法，使……空。全句意思是：潭水空明清澈，临潭照影，令人俗念全消。　(5)万籁，各种声音。籁，从孔穴里发出的声音。　(6)但余，只留下。

简析　作者以描写破山寺后院为中心，塑造了一个空灵静寂、幽深和谐的禅境，抒发了游览后心旷神怡、杂念俱消的美好心情。全诗笔调古朴，语言洗练，意象鲜明，意境深幽，乃唐诗中的名篇。其中“曲径通幽处，禅房花木深”一联，更为千古传颂。

◎高　适

送李少府贬峡中，王少府贬长沙

嗟君此别意何如，驻马衔杯问谪居(1)。
巫峡啼猿数行泪，衡阳归雁几封书。
青枫江上秋天远(2)，白帝城边古木疏。
圣代即今多雨露(3)，暂时分手莫踌躇(4)。

作者简介　高适（约700—765年），字达夫，渤海（今河北景县）人。著名边塞诗人，世称“高常侍”，与岑参并称“高岑”。诗作笔力雄健，气势奔放，洋溢着盛唐时期所特有的奋发进取、蓬勃向上的时代精神。有《高常侍集》存世。

题解　此诗可能是高适在封丘尉任内，送别遭贬的李、王二少府（唐时县尉的别称）往南方之作，以示鼓励和劝勉。

注释　(1)驻马，停马。衔杯，口含酒杯，指饮酒。谪居，古代官吏被贬官降职到边远外地居住。　(2)青枫江，长沙附近的一条河流。　(3)雨露，雨水和露珠。诗中比喻皇帝的恩泽。　(4)踌躇，犹豫不决、迟疑。

简析　作者一诗两赠二位贬官的友人，却无同类题材诗歌中常有的哀怨忧愁与深深的离情别绪，而是寄托劝勉鼓励之意。诗中虽以“巫峡啼猿数行泪”和“衡阳归雁几封书”预示他们前途的艰难险阻，身处异乡的孤寂凄清，但更以“圣代即今多雨露”鼓励他们放心前去，不久当可蒙恩奉旨归来。本诗基调达观，情感丰富，辞句精炼，结构严谨。

◎王　维

送梓州李使君

万壑树参天，千山响杜鹃。
山中一夜雨，树杪百重泉(1)。
汉女输橦布(2)，巴人讼芋田(3)。
文翁翻教授(4)，不敢倚先贤(5)。

作者简介 王维(701—761年),河东蒲州(今山西运城)人,祖籍山西祁县。字摩诘,号摩诘居士。历任右拾遗、监察御史、河西节度使、吏部郎中、给事中。王维参禅悟理,学庄信道,精通诗、书、画、音乐等,以诗名盛于开元、天宝(713—756年)间,尤长五言,多咏山水田园,与孟浩然合称"王孟",有"诗佛"之称。书画特臻奇妙,后人推其为南宗山水画之祖。安禄山攻陷长安时,王维被迫受伪职。长安收复后,被责降太子中允。唐肃宗乾元年间(758—762年)任尚书右丞,故世称"王右丞"。存诗400余首。

题解 这是一首送别诗。其时好友李叔明将赴四川梓州(今四川三台县)任刺史,王维写作此诗表达劝勉与厚望。

注释 (1)树杪,树梢。 (2)汉女,汉中的妇女。输,贡输,上交。橦(tóng)布,橦花织成的布,又称賨布,为梓州特产。 (3)巴人,巴国人,古代鄂西川东一带曾有巴国,此处泛指巴蜀之人。讼,诉讼。芋田,种芋的田地,蜀中产芋,当时为主粮之一,这句指巴人常为农田事发生讼案。 (4)文翁,汉景帝时梓州郡太守,政绩斐然。翻,翻然图改。教授,此处为教化、开化之意。 (5)倚先贤,依仗前辈贤人(的成绩)。

简析 此诗写送别,却不写离愁别恨,不作浮泛客套之语,反而细腻地描绘巴蜀的民情风俗,表达对国计民生的深切关心,并且对朋友寄托了为民造福的真诚期望,寓劝勉于用典之中,寄厚望于送别之时,委婉而得体。在历来的送别诗中,堪称构思别开生面,思想境界高远。

哭孟浩然

故人不可见(1),汉水日东流。
借问襄阳老(2),江山空蔡洲(3)。

题解 玄宗开元二十九年(741),王维以殿中侍御史职知南选,途中路经襄阳。此时王维的知交,并称"王孟"的襄阳著名诗人孟浩然已于头年(740)刚刚去世,王维写此诗以为悼念。

注释 (1)故人,指孟浩然。 (2)襄阳老,指住在襄阳的耆老。东晋习凿齿曾撰《襄阳耆旧传》。 (3)蔡洲,在襄阳东北汉水中,因东汉蔡瑁曾居其上而得名,后成为襄阳名胜之地。在此用以指代襄阳。此句意谓故人去世,风流顿歇,江山因此寂寞。

简析 此诗以"哭孟浩然"为诗题，直抒胸臆。开篇即借景抒情，以日夜滔滔东流的汉水烘托诗人无尽的哀思。更以友人去世，大好河山无人吟咏而感到惋惜。全诗语句简练，辞藻清丽，可谓直中有曲，语短情深。

汉江临眺

楚塞三湘接(1)，荆门九派通(2)。
江流天地外，山色有无中。
郡邑浮前浦，波澜动远空。
襄阳好风日，留醉与山翁(3)。

题解 玄宗开元二十九年(741年)，时任殿中侍御史的王维因公南行，途经襄阳，其间曾乘舟泛游汉江。诗题一作汉江临泛。

注释 (1)楚塞，楚国的边塞。这里指汉水流域荆襄一带地域。三湘，漓湘、潇湘、蒸湘的总称，指代湖南。 (2)九派，万里长江的多条支流，汉江乃其中最大的一条。 (3)山翁，原指晋代山简，乃竹林七贤之一的山涛之子。好饮，每饮必醉。这里应该是指代常与作者吟诗饮酒的襄阳朋友们。

简析 诗人从乘舟泛游的独特视角，以画家的眼光描绘了汉江波涛汹涌，两岸青山若隐若现，襄阳城摇晃浮动的壮阔景色。诗句以动静结合、远近结合、虚实结合的艺术手法，给读者展现了一幅布局精妙、错落有致、虚幻朦胧、意境壮阔的山水画长卷。全诗情景交融，既赞美了汉江的景色之美，又表达了他眷恋襄阳风物，乐不思归的喜悦之情。"江流天地外，山色有无中"为千古传颂的名句。

送康太守

城下沧江水(1)，江边黄鹤楼。
朱阑将粉堞(2)，江水映悠悠。
铙吹发夏口(3)，使君居上头(4)。
郭门隐枫岸(5)，侯吏趋芦洲(6)。
何异临川郡(7)，还劳康乐侯(8)。

题解 这是王维在武昌江边送康太守(生平不详)赴江西临川上任时写的送别诗。

注释 （1） 沧江水，暗绿色的江水。沧，暗绿色。“沧”与黄鹤楼的“黄”相对。（2）朱阑将粉堞，朱红色的栏杆映照着雪白的女墙。 （3）铙（náo），古代军中用以止鼓退军的乐器，青铜制。夏口，古镇名。因在夏水（汉水下游的古称）注入长江处，故称夏口。位于今汉口。 （4）使君，尊称州郡长官。诗中指康太守。（5）郭门，同廓门，外城的城门。 （6）候吏，负责接待的下属官吏。 （7）临川，今属江西抚州市市区。 （8）康乐侯，指南朝宋文学家谢灵运。《宋书·谢灵运传》：“（灵运）袭封康乐公，性奢豪，车服鲜丽，衣裳器物，多改旧制，世共宗之，咸称谢康乐也。”此诗把康太守比作谢灵运。

简析 这首诗生动地描写了人们送别康太守的盛大场面，表达了诗人对其良好的祝愿。本诗前四句描绘了送别地点的壮阔景色，中间四句描写了送别时的隆重场面，最后两句运用典故，表达了诗人对康太守的美好祝福：希望他像谢康乐（谢灵运）一样，在临川除旧布新，取得政绩，享受世人之尊崇。

送沈子福之江东

杨柳渡头行客稀[1]，罟师荡桨向临圻[2]。
惟有相思似春色，江南江北送君归[3]。

题解 王维大约在开元二十九年（741 年）知南选，至襄阳、荆州。本诗当是作者在此期间送朋友沈子福（生平不详）顺流而下回归江东时所作。

注释 （1）渡头，渡口。 （2）罟（gǔ）师，渔夫，此处指船夫。临圻（qí），临近岸边之地，此指江东岸。“圻”是“岸”的意思。 （3）君，您，对沈子福的尊称。

简析 全诗一、二句写景叙事：渡口送别朋友，其惜别深情有如渡口上的依依杨柳。目送朋友登船，船夫划桨，小船顺流而去。三、四句，诗人展开想象的翅膀，幻想自己能够与春色化为一体，伴随着朋友一起，顺流而下。诗人把现实与想象结合，把深厚的友情与无边的春色融为一体。即景生情，情景交融，极其自然感人。

晓行巴峡

际晓投巴峡[1]，余春忆帝京[2]。
晴江一女浣[3]，朝日众鸡鸣。
水国舟中市[4]，山桥树杪行[5]。

登高万井出(6),眺迥二流明(7)。

人作殊方语(8),莺为故国声。

多赖山水趣(9),稍解别离情。

题解 玄宗开元二十九年(741 年)春天,诗人离开繁华的京城长安,以殿中侍御史职知南选。到了荆州,襄阳;后又溯长江西上进入当时还比较落后、人地生疏的四川。此诗写清晨船泊穿过巴峡途中所见所闻所思。

注释 (1)际晓,黎明。巴峡,长江自巴县(重庆)至涪州(涪陵)一段有明月、黄葛、铜锣、石洞等峡,这些峡皆在古巴县或巴郡境内,统称为巴峡。 (2)余春,暮春、春末。帝京,帝都,指京都长安。 (3)女浣(huàn),浣女,此诗指洗衣女。浣,洗。 (4)水国即水乡。舟中市,水上市场,在小船上做买卖。 (5)树杪(miǎo),树梢。 (6)井,即市井,村落,指山城住户。万井,千家万户。陈子昂《谢赐冬衣表》:“三军叶庆,万井相欢。” (7)眺迥,远望。二流,两条河流,其一为长江,另一当指在巴峡一带入江的长江支流,如梅溪河、大宁河等,一说为阆水和白水。(8)殊方语,异乡语言。殊方,远方,异域。班固《西都赋》:“逾昆仑,越巨海,殊方异类,至于三万里。” (9)赖,多亏。多,一作“谙”。

简析 善于“诗中有画”的王维,在此诗中准确地捕捉到异地自然景观和风土人情的独特性,并且予以形象性的描绘。从而给读者展示的既是一幅色调鲜明的巴峡风景画,也是一幅充满异域风情的民俗画;而字里行间仍然透露出的却是淡淡的离愁别绪,是对故乡强烈的思念之情。

◎李　白

峨眉山月歌

峨眉山月半轮秋(1),影入平羌江水流(2)。

夜发清溪向三峡(3),思君不见下渝州(4)。

作者简介 李白(701—762 年),字太白,号青莲居士,又号“谪仙人”,是继屈原之后中国古代又一位伟大的浪漫主义诗人,与杜甫被后人分别誉为“诗仙”“诗圣”,并称为“李杜”。历史记载他的出生地是唐剑南道绵州昌明青莲乡;祖籍是甘肃天水。李白深受黄老列庄思想影响。其诗豪迈奔放,清新飘逸,想象丰富,意境奇妙,语言精美,立意新奇,艺术成就极高。有《李太白集》传世。

题解 《峨眉山月歌》是青年李白初出四川时创作的一首依恋家乡山水的诗,大约作于玄宗开元十三年(725 年)以前。

注释 (1)半轮秋,半圆的秋月,即上弦月或下弦月。 (2)平羌,平羌江,即今青衣江。发源于四川芦山县,流至乐山县入岷江。 (3)清溪,指清溪驿,在四川犍为,位于峨眉山附近。 (4)君,代指峨眉山月。一说概指当地的亲朋故友。渝州,今为重庆。

简析 此诗先写诗人乘船离开故乡时沿途所见。在船上看到悬挂峨眉山顶的半轮秋月,山形月影倒映在平羌江水中,随江流摇曳晃动。船转入岷江以后,高山遮住了月亮。此时感觉已经离开故乡和故友,离愁别绪油然而生。全诗构思精巧,语言浅近,流畅如歌;意境空灵、静谧、优美,情感抒发自然而恬静。

宿巫山下

昨夜巫山下(1),猿声梦里长。
桃花飞绿水,三月下瞿塘(2)。
雨色风吹去,南行拂楚王(3)。
高丘怀宋玉(4),访古一沾裳(5)。

题解 玄宗开元十三年(725 年)冬,时年 25 岁的诗人李白乘船出川,因枯水季节的三峡不能通航,致使李白短期困居于巫山一带。次年春天,桃花盛开、春汛来临时,李白才得以乘舟离开巫山。

注释 (1)巫山,此处所指巫山是巫山主峰,即今重庆市奉节县境内的乌云顶。因宋玉之《高唐赋》和巫山的“神女峰”而闻名于世。 (2)瞿塘,指瞿塘峡。 (3)拂楚王,风雨吹拂楚王。战国时楚怀王游高唐,梦与神女相遇,神女自荐枕席。后来宋玉陪顷襄王游云梦时,作《高唐赋》与《神女赋》追述其事。 (4)高丘,当时的楚国地名。宋玉《高唐赋》:“妾在巫山之阳,高丘之阻。”《江源记》解释:“《楚辞》所谓巫山之阳,高丘之阻。高丘,盖高都也。”宋玉,又名子渊,楚国鄢(今湖北宜城)人,为屈原之后学。曾事楚顷襄王,是著名的辞赋家。 (5)访古,探访宋玉描述过的景观。

简析 李白夜宿巫山下,自然会联想起与巫山自然景物和历史文化最为相关的楚国才子宋玉,联想起宋玉的《高唐赋》,联想起楚襄王。他遥想宋玉当年巨大的文学成就和声誉,反衬自己怀才不遇的心情,显得更加浓郁与凄凉。诗中情景交融,极为自然贴切、生动形象地表达了诗人当时的感受。

渡荆门送别

渡远荆门外(1),来从楚国游(2)。
山随平野尽,江入大荒流(3)。
月下飞天镜(4),云生结海楼(5)。
仍怜故乡水(6),万里送行舟(7)。

题解 青年李白第一次告别四川,辞亲远游。船出三峡,抵达荆门山,他看到平坦的原野和宽阔的江面,在感到兴奋与新奇的同时,对故土的依恋之情也油然而生。此诗也是李白对家乡的赠别之作。

注释 (1)荆门,此处的荆门应该是指今湖北省宜都县西北长江南岸的荆门山。长江流经荆门山后,就进入江汉平原。故杨齐贤曰"蜀之诸山至此不复见矣"。 (2)楚国,此处指春秋战国时期湖北一带的楚地。 (3)大荒,广阔无际的原野。 (4)月下飞天镜,明月倒映江水,如同天上飞下的天镜。 (5)海楼,海市蜃楼,形容远处江面云蒸霞蔚,如同海市蜃楼。 (6)怜,怜爱。故乡水,指从故乡四川流来的长江水。 (7)万里,比喻行程之远。行舟,远行的小船。

简析 随着船只的行进,诗人以移步换景的手法,依次描绘了荆门山一带特有的景色:山岭慢慢低平,眼前是平原旷野,夜空里一轮圆月如倒悬的天镜,江面更宽阔了,远处云蒸霞蔚,宛若海市蜃楼。这既描绘了楚地的景色特点,也把长期生活在川蜀的诗人初次出峡,见到广阔平原时的新鲜感受淋漓尽致地表现出来。

秋下荆门

霜落荆门江树空(1),布帆无恙挂秋风(2)。
此行不为鲈鱼脍(3),自爱名山入剡中(4)。

注释 (1)江树空,江畔的树叶都凋落了。 (2)布帆无恙,东晋大画家顾恺之为荆州刺史殷仲堪幕府参军,曾告假乘舟东下,仲堪特地把布帆借给他。途中果遇大风,恺之写信给殷说:"行人安稳,布帆无恙。"这里借用这个典故,不仅表明自己旅途平安,更有一帆风顺、天助人愿的意味。 (3)鲈鱼脍,鲈,鱼名。脍(kuài),

细切的鱼肉。西晋末吴人张翰在洛阳做官，见秋风起而想到故乡的莼羹、鲈鱼脍。（4）剡中，今浙江嵊州市，境内多名山佳水。

简析 此诗抒发了诗人第一次出川后，秋日出游的愉悦心情。表达了诗人对祖国名山大川的憧憬，对广阔新奇世界的幻想，对美好前程的热烈追求。全诗借景抒情，妙用典故；其风格豪放飘逸，含意深远。

望天门山

天门中断楚江开[1]，碧水东流至此回[2]。
两岸青山相对出，孤帆一片日边来[3]。

注释 （1）天门山，位于今安徽马鞍山市所属当涂县西南二十里处，又名蛾眉山。在江北的叫西梁山，在江南的叫东梁山（古代又称博望山）。两山夹大江对峙，如同天然的门户，因此以天门山名之。中断，江水从中间隔断天门山南北两山。楚江，古代安徽东部的当涂地属楚国，故称此处长江为楚江。（2）至此回，天门山江面狭窄，江水迴流。（3）日边来，孤舟从天水相接处的东方驶来，仿佛来自日出的天际。

简析 这首诗意境开阔，气魄豪迈，音节流畅如歌。眼前的碧水青山，白帆红日，构成一幅色彩绚丽的山水画卷，表达了诗人豪放不羁的精神和心旷神怡的喜悦之情。

送孟浩然之广陵

故人西辞黄鹤楼[1]，烟花三月下扬州[2]。
孤帆远影碧空尽[3]，惟见长江天际流[4]。

题解 玄宗开元十八年（730年）三月，李白故交孟浩然要去广陵（扬州），李白亲送到黄鹤楼下长江边。此诗为送别孟浩然而作。

注释 （1）黄鹤楼，武昌黄鹤楼，天下“四大名楼”之首。位于湖北武昌西边的黄鹤矶上，面临长江。（2）烟花，形容暮春时节烟雨朦胧、花草艳丽的江南景色。（3）碧空尽，指朋友乘坐的帆船消失在水天相连的地方。（4）天际流，长江流向水天相连的东方地平线。

简析 《送孟浩然之广陵》千百年来为世人所传诵。烟花三月本是江南春深似海、草长莺飞的季节，可是在诗人的笔下，只有渐行渐远，消失在碧空中的一片孤帆；看得见的只是奔涌天际的长江。诗人与朋友的依依惜别，对朋友远去的孤独惆怅，全寄寓在这一片辽阔空远、孤寂无边的情境中，宛如一幅大片留白的水墨山水画。后世多人评价此诗为飘逸灵动，情深而不滞，意永而不悲，辞美而不浮，韵远而不虚。蘅塘退士则称之为“千古丽句”。

横江词（六首）

其　一

人道横江好，侬道横江恶[1]。
一风三日吹倒山，白浪高于瓦官阁[2]。

其　二

海潮南去过浔阳，牛渚由来险马当[3]。
横江欲渡风波恶，一水牵愁万里长。

其　三

横江西望阻西秦，汉水东连扬子津[4]。
白浪如山那可渡，狂风愁杀峭帆人[5]。

其　四

海神来过恶风回[6]，浪打天门石壁开。
浙江八月何如此？涛似连山喷雪来！

其　五

横江馆前津吏迎，向余东指海云生。
郎今欲渡缘何事[7]？如此风波不可行！

其　六

月晕天风雾不开，海鲸东蹙百川回[8]。

惊波一起三山动，公无渡河归去来(9)。

题解 玄宗天宝十二年(753年)秋天，李白自北方幽州南下宣城，在途经安徽和县长江渡口横江浦时，遇风浪阻行有感而作。

注释 (1)侬，江苏人"我"之自称。 (2)瓦官阁，江宁城外之升元阁，又名瓦官阁，建于梁朝。 (3)牛渚，牛渚山，位于太平州当涂县北约30里，山下有石矶，古代是渡口。马当，马当山，江州彭泽县东北百余里，山横大江，形状如马，地势险要。马当在牛渚上游。 (4)扬子津，在真州扬子县南，是往来横渡处。 (5)峭帆，高高的船帆。峭帆人，指驾船扯帆的船夫。 (6)海神，从海上刮来的狂风暴雨，传说由海神兴起。 (7)郎，津吏对作者尊称，相当于"您"。 (8)海鲸东蹙，海鲸，横江里的大鱼。蹙(cù)，受阻。 (9)公，尊称"您"。无，不，不要。归去来，回去吧。

简析 全诗以大胆的夸张，奇特的想象，形象的比喻，渲染了风高浪急，雄浑壮阔的横江险恶景象；同时运用描写、对话表露作者渡江受阻时的焦虑和惆怅心情。诗中运用了一些当地的语言和民谚，通篇明白如话。在语言运用和艺术构思上都不难发现南朝乐府吴声歌曲的影响。

早发白帝城

朝辞白帝彩云间(1)，千里江陵一日还(2)。
两岸猿声啼不住，轻舟已过万重山(3)。

题解 肃宗乾元二年(759年)春天，李白因永王璘案流放夜郎，取道四川赴贬地。行至白帝城忽闻赦书，惊喜交加，随即放舟东下江陵，故写此诗抒发当时喜悦畅快的心情。

注释 (1)白帝，即白帝城。位于今重庆市奉节县城东白帝山上。彩云间，因白帝城在白帝山上，地势高耸，从山下江中仰望，仿佛耸入云间。王琦注："所谓彩云，正指巫山之云也。" (2)江陵，今湖北荆州市，古代亦称郢都、南郡。 (3)万重山，层层叠叠的山峰。从白帝城到江陵约一千二百里，其间包括七百里三峡。郦道元《三峡》："自三峡七百里中，两岸连山，略无阙处。"故称万重山。

简析 古代无数文人墨客吟诗作赋吟咏长江三峡之山高水险，但在遇赦后的李白笔下却是坦途。他从彩云间的白帝城出发到千里之远的江陵，竟然是朝发夕至。两岸猿声还未消失，他乘坐的小舟却已经越过了万重山。遇赦后愉快的心情和江山的瑰丽多姿，顺水行舟的流畅轻快融为了一体。诗人因情写景、景由情生，全诗充满强烈的主观色彩与高度的概括，极度的夸张，奇妙的想象，写得行云流水，一气呵成。故明代杨慎在《升庵诗话》中赞此诗为“惊风雨而泣鬼神矣”。

荆门浮舟望蜀江

春水月峡来，浮舟望安极(1)。
正是桃花流，依然锦江色(2)。
江色绿且明，茫茫与天平。
逶迤巴山尽，摇曳楚云行。
雪照聚沙雁，花飞出谷莺(3)。
芳洲却已转(4)，碧树森森迎。
流目浦烟夕，扬帆海月生。
江陵识遥火(5)，应到渚宫城(6)。

题解 诗人遇赦得释后心情喜悦，于是乘舟东下，行至荆门山写了这首诗。蜀江亦称川江，长江的上游。

注释 (1)月峡，渝州(重庆)巴县之明月峡。山上石壁有巨大圆孔，形如满月，故名月峡。望安极，岂能望到尽头。极，尽头，极远处。 (2)桃花流，即桃花汛，桃花盛开时暴涨的江水。锦江，岷江流经成都段的别称。 (3)出谷莺，昭明太子《锦带书》：“啼莺出谷，争传求友之声。” (4)却，退、退却。转，转向后边。(5)遥火，远处的灯光。 (6)渚宫，楚国建立的王宫，位于江陵城东南。梁元帝萧绎曾经在此即位。

简析 李白在行至奉节城遇赦后，“千里江陵一日还”。船至荆门山，回望蜀江，春光明媚，莺歌燕语，春水浩荡；眺望江陵，明月东升，炊烟袅袅，灯火闪烁。诗人把遇赦东归的喜悦心情倾注在大好春光的景物描绘中，塑造了壮阔明丽的艺术意境。

送储邕之武昌

黄鹤西楼月(1)，长江万里情。
春风三十度(2)，空忆武昌城。

送尔难为别，衔杯惜未倾(3)。
湖连张乐地(4)，山逐泛舟行。
诺谓楚人重(5)，诗传谢朓清(6)。
沧浪吾有曲(7)，寄入棹歌声(8)。

题解　此诗是诗人晚年的作品。大约写于唐肃宗乾元三年(760年)春。李白与友人储邕(chǔ yōng)同游巴陵后，送储邕赴武昌。

注释　(1)西楼，武昌黄鹄山(俗称蛇山)头建有二楼，一称南楼；一即称黄鹤楼，以其在西而又称西楼。　(2)从玄宗开元十三年(725年)左右李白初游黄鹤楼，到此时的肃宗乾元三年(760年)时间已过三十五年，故用"春风三十度"的约数来发泄感慨之情。　(3)衔杯，亦作"衔桮"，口含酒杯。未倾，没一口喝下，慢慢品尝。　(4)张乐地，指洞庭湖一带地方。谢朓《新亭渚别范零陵》："洞庭张乐地，潇湘帝子游。"　(5)诺谓楚人重，楚国人重承诺。《史记·季布列传》："楚人谚曰：'得黄金百斤，不如得季布一诺。'"　(6)诗传谢朓清，谢朓的诗以清丽著名。(7)沧浪，即沧浪歌。《孟子·离娄上》："沧浪之水清兮，可以濯吾缨。沧浪之水浊兮，可以濯吾足。"　(8)棹歌，指船民所唱的歌。汉武帝《秋风辞》："箫鼓鸣兮发棹歌。"

简析　本诗以"黄鹤西楼月，长江万里情"写景抒情开篇，点明主题。因为朋友去的是武昌，立即勾起诗人对月光下黄鹤楼夜景的美好回忆，想到即将与老朋友分别，即用长江比喻相互之间深远悠长的友谊，接着四句表达了诗人对储邕的惜别深情。最后引用典故，对储邕表示美好的祝愿。全诗表达了诗人对朋友的留恋，对武昌的怀念之情。写得情真意切，情景交融，飘逸秀丽，自然浑成。

望黄鹤楼

东望黄鹤山，雄雄半空出。
四面生白云，中峰倚红日。
岩峦行穹跨(1)，峰嶂亦冥密(2)。
颇闻列仙人(3)，于此学飞术(4)。
一朝向蓬海(5)，千载空石室。
金灶生烟埃(6)，玉潭秘清谧(7)。
地古遗草木，庭寒老芝术(8)。

蹇予羡攀跻[9],因欲保闲逸。
观奇遍诸岳[10],兹岭不可匹[11]。
结心寄青松,永悟客情毕。

题解 肃宗上元元年(760年)春,李白自零陵(今湖南永州)途径巴陵(今岳阳市)抵达江夏(今武昌)。在武昌,诗人遥望黄鹤山(蛇山),作诗描绘了黄鹤山的雄伟气势与壮美景色。

注释 (1)穹跨,横跨空中。 (2)峰嶂,高峻的山峰如同屏障。冥密,幽暗茂密。 (3)有关黄鹤楼与仙人的故事众多,如王子安乘鹤由此经过,费祎驾鹤返憩,孝子旬瓖、八仙中的吕洞宾在此修炼等等,故称列仙。 (4)飞术,仙术,求仙升天之术。 (5)蓬海,即传说中的海上蓬莱仙山。 (6)金灶,即丹灶,道家炼取丹药之灶。 (7)清谧,清静、安宁。 (8)芝术,药草。 (9)蹇,句首语助辞。攀跻,亦作"攀隮",攀登。 (10)诸岳,众多名山大岳。 (11)兹岭,此岭,指黄鹤山。不可匹,不可比。

简析 此诗是李白在眺望黄鹤山时即景生情而写下的抒情篇章。作者遥望黄鹤山奇伟瑰丽的景色,仙人飞逝以后的荒凉景象,联想自己一生坎坷不平、浪迹天涯的遭遇,产生了寄情山林,归隐黄鹤山的念头。此诗以极度的夸张,丰富的联想渲染了黄鹤山的景色,追述神话传说,具有鲜明的浪漫主义特色。

与史郎中钦听黄鹤楼上吹笛

一为迁客去长沙[1],西望长安不见家[2]。
黄鹤楼中吹玉笛,江城五月落梅花[3]。

题解 肃宗乾元二年(759年)李白遇赦后顺江而下来到武昌。其间他与老朋友史钦游览了黄鹤楼。听见黄鹤楼中传来悠悠笛声,激起诗人的无限思绪。郎中,唐代官名。

注释 (1)迁客,被贬谪的官员。去长沙,借用汉代贾谊典故。贾谊因受权臣谗毁,被贬为长沙王太傅,曾写《吊屈原赋》以自伤。 (2)西望长安,长安在武昌西北,西望长安包含对往事的回忆,对国运的关切和对朝廷的眷恋。 (3)落梅花,《梅花落》,系古代笛曲名,并非说五月还有梅花凋落。

简析 本诗是李白晚年的作品,写他被贬遇赦后游黄鹤楼时听笛的感受,流露出无辜受害的愤懑和去国怀乡的忧愁。前两句借贾谊被贬长沙的典故,表达其相似的遭遇和心绪,用"西望"的典型动作加以描写,传神地表达了怀念长安的深情和"望"而"不见"的苦闷;后两句点题,写在黄鹤楼上听吹笛《梅花落》,更增添诗人的惆怅之情。

登金陵凤凰台

凤凰台上凤凰游(1),凤去台空江自流。
吴宫花草埋幽径(2),晋代衣冠成古丘(3)。
三山半落青天外(4),二水中分白鹭洲(5)。
总为浮云能蔽日(6),长安不见使人愁(7)。

题解 这首七律的创作背景其说不一:有的说是天宝年间李白奉命"赐金还山",被排挤离开长安,南游金陵时所作;有的说是作者流放夜郎遇赦返回后所作;也有人称是李白游览黄鹤楼,并留下"眼前有景道不得,崔颢题诗在上头"之后写作,是想与崔颢的《黄鹤楼》诗争胜。

注释 (1)凤凰台,金陵凤凰山上的一座亭台。据《江南通志》载:"宋元嘉十六年,有三鸟翔集山间,文彩五色,状如孔雀,音声谐和,众鸟群附,时人谓之凤凰。起台于山,谓之凤凰山,里曰凤凰里。"原址已废。 (2)吴宫,三国时孙吴曾于金陵建都筑宫。 (3)晋代,东晋南渡后也建都于金陵。衣冠,原指东晋文学家郭璞的衣冠冢。此处泛指旧时豪门世族的衣冠变成了古丘。 (4)三山,金陵城外一座山名。据《景定建康志》载:"其山积石森郁,滨于大江,三峰并列,南北相连,故号三山。"半落青天外,形容极远,看不大清楚。 (5)二水,指秦淮河流入长江后,被江心的白鹭洲分为二支。 (6)浮云蔽日,比喻当时朝廷谗臣当道,蒙蔽皇帝,陷害贤良。浮云比喻奸邪小人。 (7)长安,指代当时的朝廷和皇帝。

简析 《登金陵凤凰台》是以登临凤凰台时的所见所感而起兴唱叹,把天荒地老的历史变迁与悠远飘忽的传说故事结合起来言情述志,用以表达深沉的历史感喟与清醒的现实思索。此诗气韵高古,格调悠远,体现了李白诗歌以气夺人的艺术特色。较之崔颢的"乡关之愁",李白的这种"忧国之愁"立意更高,但意境稍逊崔颢之空远。

◎阎　宽

松滋江北阻风

江风久未歇，山雨复相仍(1)。
巨浪天涯起，余寒川上凝。
忧人劳夕惕(2)，乡事惫晨兴(3)。
远听知音骇(4)，诚哉不可陵(5)。

作者简介　阎宽，生卒年不详，曾任醴泉尉、太子正字、监察御史等职。他与李白交游甚密。诗作除《松滋江北阻风》外，还有《秋怀》《古意》等。

注释　(1)仍，依然、照旧。　(2)夕惕，戒惧貌，形容终日忙忙碌碌，不敢懈怠。《易·乾》："君子终日乾乾，夕惕若，厉，无咎。"　(3)乡事，农事、农活。惫，疲惫。兴，起。　(4)骇，惊骇、可怕。　(5)陵，同"凌"，漫过、经过。

简析　作者描述了湖北松滋长江北岸极端恶劣的天气，倾诉了从事农活的艰苦疲惫和对风高浪急的心里的不安。

◎崔　颢

赠卢八象

客从巴水渡(1)，传尔溯行舟(2)。
是日风波霁(3)，高唐雨半收。
青山满蜀道，绿水向荆州。
不作书相问，谁能慰别愁(4)？

作者简介　崔颢(704？—754年)，汴州(今河南开封)人，著名诗人，玄宗开元十一年(723年)进士。当时和王昌龄、高适、孟浩然并论。崔颢秉性耿直浪漫，才思敏捷，其作品激昂豪放，气势宏伟，语言华美。有《崔颢集》。《全唐诗》存其诗四十二首。

题解　本诗是崔颢寄给正前往四川的好友卢八象的赠诗。

注释 (1)客,旅客。巴水,泛指四川江水。 (2)尔,你。溯行舟,乘船溯江而上。 (3)霁(jì),雨雪停止,天气放晴。 (4)谁能慰别愁,哪个能够安慰你离别的忧愁呢?

简析 当崔颢从旅客口中得知好友卢八象即将逆水而行入川的时候,满怀喜悦地写诗告诉他:近日蜀中风平浪静,天气放晴,到处是青山绿水。意在用欢快的情绪去感染朋友,以解其离乡之愁。

黄鹤楼

昔人已乘黄鹤去(1),此地空余黄鹤楼。
黄鹤一去不复返,白云千载空悠悠(2)。
晴川历历汉阳树(3),芳草萋萋鹦鹉洲(4)。
日暮乡关何处是(5)? 烟波江上使人愁(6)。

题解 这是崔颢初登武昌黄鹤楼时,触景生情,抒发乡愁的千古杰作。此诗被后世誉为唐代律诗第一,古诗吟咏黄鹤楼第一;甚至使李白也望而却步,感叹“眼前有景道不得,崔颢题诗在上头”。

注释 (1)此句谓传说中的仙人如王子安、费祎等已乘鹤离去。 (2)悠悠,轻盈飘荡。 (3)晴川,阳光照耀下的晴明江面。汉阳,武汉三镇之一,位于汉水入江口的西岸,与汉口隔汉江对峙,与武昌隔长江相望。 (4)萋萋,形容草木茂盛。鹦鹉洲,位于武昌西南的一块江中沙洲。《后汉书》记载:黄祖担任江夏太守,在此大宴宾客。有人献上鹦鹉,祢衡当场作《鹦鹉赋》,故称鹦鹉洲。该洲在明代已从江中消失。 (5)乡关,故乡家园。 (6)烟波,形容江面上薄暮冥冥、烟波浩渺。

简析 崔颢慕名登上钦羡已久的武昌黄鹤楼,感叹传说中的黄鹤早已飞去不返,眼前只有千载悠悠的浮云和空寂的黄鹤楼。通过阳光辉映的江面,能看到绿荫覆盖的汉阳和芳草茵茵的江中沙洲。景色虽美,在诗人眼中却略显空旷、寂寥。黄昏降临,远方的故乡更隐入冥冥薄暮,顿时勾起诗人的乡愁。鲜明的意象、环境的烘托与诗人深沉的乡愁,完美地融汇为一体。清代诗人沈德潜在《唐诗别裁》中以为此诗“意得象先,神行语外,纵笔写去,遂擅千古之奇”。

◎杜　甫

白沙渡

畏途随长江[1]，渡口下绝岸。
差池上舟楫，杳窕入云汉[2]。
天寒荒野外，日暮中流半。
我马向北嘶，山猿饮相唤。
水清石礧礧[3]，沙白滩漫漫。
迥然洗愁辛[4]，多病一疏散[5]。
高壁抵嶔崟[6]，洪涛越凌乱[7]。
临风独回首，揽辔复三叹[8]。

作者简介　杜甫(712—770年)，字子美，祖籍湖北襄阳，后徙河南巩县。唐代伟大的现实主义诗人，与李白合称“李杜”。杜甫在中国古典诗歌中的影响非常深远，被后人称为“诗圣”；他的诗被称为“诗史”。杜甫的思想核心是儒家的仁政思想，他有“致君尧舜上，再使风俗淳”的宏伟抱负。杜甫虽然在世时名声并不显赫，但后来声名远播，对中国文学和日本文学都产生了深远的影响。杜甫共有约1500首诗歌被保留了下来，大多集于《杜工部集》。

题解　肃宗乾元二年(759年)冬天，杜甫离开陕西同谷南下，前往四川成都。入剑门关后，从陆路改水路，在剑州白沙渡登舟顺嘉陵江而行。一路上山高水险，路途艰难。在这次行程中，杜甫写了十二首纪行诗。此诗即为其中之一。白沙渡，嘉陵江上的渡口，以沙白得名，位于唐代川北剑州。

注释　(1)长江，这里指长江上游的支流嘉陵江。(2)云汉，嘉陵江古称西汉水，故这里称为“云汉”，幽深浩渺，好似天河。　(3)礧礧，乱石堆积状。　(4)洗愁辛，江水洗去了愁苦辛劳。　(5)疏散，(病情)消散。　(6)嶔崟(qīn yín)，山顶，山势高大险峻。抵，连结。　(7)奔腾的急流涌过乱石。越，冲过，越过。　(8)揽辔，收起牵马的缰绳。

简析　此诗记叙诗人从陕西入川，在白沙渡乘船时所经历的艰难险阻，表达了诗人对跨越了“难于上青天”的蜀道最艰险的剑门关后的喜悦之情。诗中对沿途山川河流景物的描写非常细腻、形象、生动，读之使人有身临其境之感。

梅　　雨

南京犀浦道(1),四月熟黄梅。
湛湛长江去(2),冥冥细雨来。
茅茨疏易湿(3),云雾密难开。
竟日蛟龙喜(4),盘涡与岸回。

题解　肃宗上元元年(760 年),杜甫抵达成都,在西郊浣花溪的荒地里构筑了草堂居住,生活有所稳定。在一个四月的梅雨天,诗人路经犀浦道,以沿途所见所闻写下此诗。

注释　(1)南京,指成都。安史之乱后,玄宗避难于蜀,改成都为南京。犀浦道,史称“古晋兴城”,唐代称“犀浦县”,在今四川成都郫县的犀浦镇。据传因秦代蜀郡太守李冰治水时“沉石犀成浦”而得名。　(2)湛湛,水深而清澈。　(3)茅茨,亦作“茆茨”。茅草盖的屋顶,此处指茅屋。　(4)竟日蛟龙喜,仿佛河中整天有蛟龙戏水。比喻水急浪高。

简析　该诗描写蜀中四月梅雨霏霏的情景:细雨迷蒙,浓云密布,春水浩荡,也表现了诗人定居成都草堂后的闲适心情。

越王楼歌

绵州州府何磊落(1),显庆年中越王作(2)。
孤城西北起高楼,碧瓦朱甍照城郭(3)。
楼下长江百丈清,山头落日半轮明(4)。
君王旧迹今人赏,转见千秋万古情。

题解　代宗宝应元年(762 年)初,逆旅四川绵州的杜甫独自登上耸立于城西北的越王楼欣赏黄昏胜景,触景生情,思古叹今,以此诗记之。越王李贞,唐太宗李世民第八子,贞观十年(636 年)封越王,拜扬州都督,转相州刺史,实封满千户。684 年武则天称制,改年号为光宅,李贞于垂拱四年(688 年)据蔡州反,起兵凡二十日败,李贞饮药自杀,爵除。玄宗开元四年(716 年)诏追复爵。越王楼始建于唐高宗显庆(656—661 年)年间,位于今四川省绵阳市龟山山顶。

注释 （1）磊落，巍峨、高大。（2）显庆，唐高宗年号，时在656—661年。（3）碧瓦朱甍，青绿色的琉璃瓦，朱红色屋脊，建筑物富丽堂皇。（4）半轮明，夕阳西下，一半落山，一半明亮。

简析 此诗前半用极其明丽的色彩描绘了越王楼的巍峨宏大、富丽堂皇及楼下滚滚江水之清澈，远山落日的辉煌。后半则是吊古抒怀，历经战乱颠簸流离的杜甫，不禁深深发出感叹：斯人已逝，物是人非，昔日的辉煌楼阁，也只能供后人游览欣赏。

绝　句

两个黄鹂鸣翠柳，一行白鹭上青天。
窗含西岭千秋雪(1)，门泊东吴万里船(2)。

题解 代宗宝应元年（762年），蜀中发生动乱，杜甫一度避往梓州。翌年安史之乱平定，川中也稳定下来，杜甫回到成都草堂。这时他的心情稍好，面对生气勃勃的春景情不自禁，写下了一组四首即景小诗。兴到笔随，一挥而就，干脆以“绝句”为题。此为其一。

注释 （1）西岭，西岭雪山，位于现今成都市大邑县境内。千秋雪，指西岭雪山上千年不化的积雪。（2）东吴，古代吴国的领地，现在的江苏省一带。万里船，从万里之外东吴开来的船只。

简析 小诗宛如一幅色彩明丽、构图优美的山水画。全诗四句，一句一景，分别是独立的审美意象。随着诗人目光的移动，眼前先后出现了黄鹂、翠柳、白鹭、青天；远处的西岭千秋雪，门口的江水万里船等景象。诗中动静结合，移步换景，色彩对比鲜明，具有强烈的艺术感染力。

长江二首

其　一

众水会涪万，瞿塘争一门(1)。
朝宗人共挹，盗贼尔谁尊(2)。
孤石隐如马，高萝垂饮猿。
归心异波浪，何事即飞翻(3)。

其　二

浩浩终不息，乃知东极临[4]。
众流归海意，万国奉君心。
色借潇湘阔，声驱滟滪深[5]。
未辞添雾雨，接上遇衣襟。

题解　安史之乱发生，杜甫避难的四川也是盗匪四起，军阀扰攘。诗人沿长江漂泊，在夔门远眺长江，见峡深滩险，众水争流，如同纷乱的唐朝国势，于是有感而发。

注释　(1)涪，涪州涪陵郡，唐高祖武德元年(618年)以渝州之涪陵镇置。万，万州南浦郡，武德二年析信州置。瞿塘，瞿塘峡，夔州东一里，奉节白帝城下。乃三峡之入口，两崖对峙，中贯一江，望之如门。　(2)朝宗，诸侯朝见天子，《周礼》："春见曰朝，夏见曰宗。"比喻百川归海，《尚书·禹贡》："江汉朝宗于海。"共挹，共同拜挹。盗贼，指地方叛匪、军阀。尔谁尊，即尔尊谁，你们(盗贼)不尊崇朝廷那么尊崇谁呢？　(3)归心，归顺朝廷之心。此二句意谓人的归顺之心不同于波浪，怎能随便翻云覆雨呢？　(4)东极，指东海。　(5)色，水势。潇湘，湖南之潇水和湘水两河。声，声势。滟滪，滟滪堆，白帝城下瞿塘峡口的一块巨石。

简析　此诗借写长江凶险的水势比喻危机四伏的唐朝形势，希望世人应该像百川归海一样归顺朝廷，忠于皇帝。不能像地方军阀盗匪那样背叛朝廷、据险作乱。表明作者在贫病交加、颠沛流离之时仍对唐王朝一片忠诚，且希望国家稳定，人民安居乐业。

登　高

风急天高猿啸哀，渚清沙白鸟飞回。
无边落木萧萧下[1]，不尽长江滚滚来。
万里悲秋常作客，百年多病独登台。
艰难苦恨繁霜鬓[2]，潦倒新停浊酒杯[3]。

题解　古人有农历九月九日登高的习俗。这首诗写于代宗李豫即位的大历二年(767年)重阳节之际，贫病交加的杜甫在夔州(今奉节)登高时所作。

注释 (1)落木,落叶。萧萧,冷落凄清。 (2)繁霜鬓,多数头发变白了。(3)新停,因贫病交加而刚刚戒酒。浊酒,质量不好的酒。

简析 重阳节登高望远,人们往往是心旷神怡,而杜甫登高,则是悲秋伤怀。故历经战乱、贫病交加的杜甫笔下的三峡夔门秋景,都带上了凄清萧杀之色。这既是对自然之秋的暗淡描绘,更是诗人对人生之秋的无奈叹息。作者的悲秋之情使得客观的自然秋色都染上了强烈的主观色彩。

闻官军收河南河北

剑外忽传收蓟北(1),初闻涕泪满衣裳。
却看妻子愁何在(2),漫卷诗书喜欲狂。
白日放歌须纵酒(3),青春作伴好还乡(4)。
即从巴峡穿巫峡,便下襄阳向洛阳。

题解 代宗广德元年(763年)春,避难四川梓州(今四川三台)的杜甫,听说官军收复了河北,安史之乱的叛军也被平定。过了几年漂泊生活的杜甫初闻此信,欣喜若狂,回乡心切,激情澎湃地写下此诗。

注释 (1)剑外,四川剑门关以南,泛指四川。蓟北,唐代幽州、蓟州一带,今河北省北部,为安史之乱叛军的大本营。 (2)却看,回头观看。 (3)放歌,放声高歌。纵酒,纵情饮酒。 (4)青春作伴,明媚的春光伴随着。

简析 这是一首叙述生动、激情奔放的叙事抒情诗。作者以极为形象、凝练的词语,描绘了自己初闻官军收复河南河北的喜讯后,“泪满衣裳”“漫卷诗书”“放歌纵酒”等一连串的动作和表情,体现了作者欣喜若狂的心情。诗人接着展开联想,规划好了回家的路线:在明媚春光伴随下,从巴峡乘船,穿巫峡,下襄阳,回洛阳。回想几年来流离失所、浪迹川蜀的穷困生活,展望归乡时的快乐情景,诗人喜极而泣,五味杂陈。

咏怀古迹五首(其三)

群山万壑赴荆门(1),生长明妃尚有村(2)。
一去紫台连朔漠(3),独留青冢向黄昏(4)。
画图省识春风面(5),环佩空归夜月魂(6)。

千载琵琶作胡语(7),分明怨恨曲中论(8)。

题解 安史之乱期间,杜甫避难四川,先在成都,后到川东,这首诗是他在出川首途时所写。

注释 (1)荆门,指湖北宜都县西北江边的荆门山。 (2)明妃,即汉时王嫱,字昭君。《一统志》:“昭君村在荆州府归州东北四十里。”原名宝坪村。在今湖北兴山县城南郊。香溪河流经此地,在西陵峡汇入长江。 (3)紫台,犹紫宫,天子居住的宫殿。朔漠,朔风怒号的沙漠,指匈奴之地。 (4)青冢,长满青草的坟茔,指昭君墓,位于今内蒙古呼和浩特市南郊九公里大黑河南岸。 (5)画图省识春风面,汉元帝选妃,先看画师描绘的选女图像,王昭君就是这样被选进宫,而后又和番匈奴的。 (6)环佩空归夜月魂,比喻王昭君月夜里魂归故国。 (7)胡语,这里指匈奴语,形容王昭君弹的琵琶声里也带有匈奴语的声调,比喻一生未归故土,乡音亦改。 (8)分明怨恨曲中论,王昭君的哀怨与离愁都通过琵琶声表露出来了。《琴操》:“昭君在匈奴,恨帝始不见遇,乃作怨思之歌,后人名为《昭君怨》。”

简析 在这一首八句的咏史诗里,蕴含着巨大的历史内涵与博大深沉的情感。诗人通过丰富的想象与联想,把人们传诵千古的“昭君和番”叙说得极其生动感人。全诗融叙事、咏史、抒情为一体,具有震撼人心的艺术魅力。

旅夜书怀

细草微风岸,危樯独夜舟(1)。
星垂平野阔(2),月涌大江流(3)。
名岂文章著(4),官应老病休(5)。
飘飘何所似(6),天地一沙鸥(7)。

题解 代宗大历三年(768年),迟暮之年的诗人携家带口自成都乘舟顺流东下,终于出了三峡,来到湖北荆州江面。此时作者心境不免孤寂,入夜在船中写此诗以抒怀。

注释 (1)独夜舟,诗人独舟夜泊江边。 (2)星垂平野阔,星空低垂,原野显得格外广阔。 (3)月涌,月亮倒映,随水流涌。 (4)名岂文章著,杜甫的诗文闻名于世,但他自己却偏说不是,可见此时诗人对文名已经看得很淡。 (5)官应老病休,失去官职是因为年老多病而被罢退。 (6)飘飘,飞翔的样子,也含有飘零、飘泊的意思。 (7)沙鸥,一种江面的水鸟,虽然自由自在,却终日忙于觅食。

简析 此诗为孤舟夜行途中所作，前四句是寓情于景，近景是微风中摇曳的岸边小草，夜泊的孤舟；远景是低垂的星空，广袤的原野，孤舟中的诗人越发显得孤独和渺小。后四句则是抒发了诗人因政局混乱不得不浪迹天涯，四处飘零的不平之情。不过这种心情含蓄不露，夹以自嘲和自解，需仔细体味乃得。

江南逢李龟年

岐王宅里寻常见(1)，崔九堂前几度闻(2)。
正是江南好风景(3)，落花时节又逢君(4)。

题解 此诗写于代宗大历五年(770年)。杜甫出三峡后，经湖北到湖南，和同样浪迹天涯的宫廷歌唱家李龟年在长沙意外重逢，遂激起他对当年在岐王和崔九的府第频繁相见和听歌的美好回忆，思绪激荡而写下这首诗。李龟年，开元、天宝年间长安的著名乐师，擅长唱歌，经常为皇亲国戚演唱，深得唐玄宗的宠幸而红极一时。安史之乱后李龟年流落江南，卖艺为生。

注释 (1)岐王，玄宗李隆基的弟弟李范，好学爱才，精通音律。寻常，经常。(2)崔九，崔涤，中书令崔湜的弟弟，在兄弟中排行第九。(3)江南，此处指当时湖南一带。(4)落花时节，暮春时节，通常指农历三月。此诗中落花含有人衰老飘零之意。君，指李龟年。

简析 全诗仅仅二十八个字，却包含了唐代开元、天宝时期的社会剧变，人世沧桑，故被后世誉为杜甫绝句中“最有情韵、最富含蕴”的一首诗。前两句追忆了当年与李龟年在长安的多次相见，寄寓了诗人对开元盛世的怀念。后两句则抒发他对国势衰败，自己和李龟年颠沛流离的伤感之情。“落花时节”既是相逢的自然季节，更是衰老飘零的人生晚年写照。词语平淡自然，内涵却极其丰富，具有强烈的艺术震撼力。

登岳阳楼

昔闻洞庭水，今上岳阳楼。
吴楚东南坼(1)，乾坤日夜浮(2)。
亲朋无一字，老病有孤舟。
戎马关山北(3)，凭轩涕泗流(4)。

题解 代宗大历三年(768年)六月,时年五十七岁的杜甫由夔门出三峡,漂流在湖北的江陵、公安一带。翌年又经洞庭湖入岳阳、衡阳。此时杜甫贫病交加,漂泊不定。"青春作伴好还乡"的愿望已成梦想。此诗乃杜甫登临岳阳楼观洞庭湖时有感而作。

注释 (1)吴楚,春秋战国时期的吴国和楚国。分别涵盖现在的湖北、湖南、江西、安徽、江苏、浙江等地。坼,分裂,这里引申为划分、分割。 (2)乾坤日夜浮,天地日月星辰昼夜都飘浮在洞庭湖上。 (3)戎马关山北,戎马指战争、战火。关山北,泛指以中原为中心的北方。此时安史之乱虽然平息,吐蕃又入侵长安,北方战火又起。 (4)凭轩,倚着楼窗或栏杆,涕泗流,泪水满面。

简析 漂泊在洞庭湖上的杜甫,贫病交加,身心疲惫,中原战火未熄,归家难期。故此时此刻登临岳阳楼,也无心欣赏波澜壮阔的洞庭美景,而是为个人的孤独老病、大局的战乱未止而忧心流涕。全诗读来无限感伤。

◎元　结

漫歌八曲(选二)并序

壬寅(762年)中,漫叟(元结自号)得免职事,漫家湖上,修耕钓以自资。作漫歌八曲与县大夫孟士源,欲士源唱而和之。

大回中

樊水欲东流[(1)],大江又北来[(2)]。
樊山当其南[(3)],此中为大回[(4)]。
回中鱼好游,回中多钓舟。
漫欲作渔人[(5)],终焉无所求[(6)]。

小回中

丛石横大江,人言是钓台。
水石相冲激,此中为小回[(7)]。
回中浪不恶,复在武昌郭[(8)]。

来客去客船，皆向此中泊[9]。

作者简介 元结(719—772年)，字次山，号漫叟、聱叟。唐代文学家、诗人、道教哲学家。河南鲁山人。玄宗天宝十二年(724年)进士。肃宗乾元二年(759年)，任山南东道节度使史翙幕参谋，招募义兵，抗击史思明叛军。代宗时，先后任道州刺史、容州都督充本管经略使，政绩颇丰。其间曾隐居于湖北大冶、鄂城。代宗大历七年(772年)卒于长安。元结善写五言古风，质朴淳厚，笔力遒劲。因其深受道家影响，作品既含天人合一的思想，也杂有消极退守的成分。今人孙望校点有《元次山集》。

题解 代宗宝应元年(762年)，元结辞去公职，隐居于鄂城樊山，以渔耕自资，与湖山为邻，研修道教哲学，吟诗作文。同年写《漫歌八曲》赠给武昌县令、诗人孟士源。本处录其二。

注释 (1)樊水，又名樊港、长港、樊川、樊溪、袁溪，是鄂城境内第一长河，连通长江与梁子湖，在市区樊口注入长江。 (2)北来，长江从西北方向流来。 (3)樊山当其南，樊山挡住江水南流。 (4)大回，大洄流，大漩涡。 (5)漫，因诗人自号漫叟，故此处看作自称。 (6)终焉无所求，在这里终老，没有其他需求。(7)小回，小洄流，小漩涡。 (8)武昌郭，武昌城郭旁。武昌，今鄂州市。郭，城郭，外城墙。 (9)此中泊，在此停泊。

简析 作者以简洁优美的诗歌语言，准确地描述了鄂城的山形水势。“大回中”鱼多钓舟多，致使他竟然“漫欲作渔人，终焉无所求”，反映了诗人对“天人合一”境界的追求；而“小回中”位于城郭旁，所以“来客去客船，皆向此中泊”，再现了唐代鄂城交通发达市场繁荣的景象。

樊上漫歌

漫家郎亭下，复在樊水边。
去郭五六里[1]，扁舟到门前。
山竹绕茅舍，庭中有寒泉。
西边双石峰，引望堪忘年[2]。
四邻皆渔父，近渚多闲田。
且欲学耕钓，于斯求老焉[3]。

注释 (1)去，距离，相距。城郭，此处指鄂城县城。 (2)引望，引颈而望，远望。

寇准《春日登楼怀归》:“高楼聊引望,杳杳一川平。”忘年,忘了时光岁月。(3)于斯求老焉,在此终老余生。于,在。斯,此。

简析 《樊上漫歌》犹如一幅水墨山水画:漫家郎亭,依山傍水,山竹绕屋,泉流庭院,舟泊门前。遥望双峰,临近城郭,再现了诗人隐居地樊山退谷优美的山水风光及其悠闲自在的渔耕生活。作者悠然自得的心情和追求禅境的理想,渗透于全诗的字里行间。

◎ 孟彦深

元次山居武昌之樊山新春大雪以诗问之

江山十日雪,雪深江雾浓。
起来望樊山(1),但见群玉峰(2)。
林莺却不语,野兽翻有踪(3)。
山中应大寒,短褐何以完(4)。
皓气凝书帐(5),清著钓鱼竿(6)。
怀君欲进谒(7),谿滑渡舟难(8)。

作者简介 孟彦深,字士源。玄宗天宝二年(743 年)进士,时为武昌令。

题解 代宗广德元年(763 年),元结辞官隐居鄂城樊山(西山),尝作《退谷铭》(9)曰:“干进之客,不得游之。”又作《抔湖铭》(10)曰:“为人厌者,勿泛抔湖。孟士源尝黜官,无情干进,在武昌,不为人厌,可游退谷,可泛抔湖矣。”可见两人交情深厚,故在新春大雪之际,时为武昌令的孟彦深,写此诗问候元结。

注释 (1)樊山,即紧傍鄂州市樊口的西山,又称樊岭、樊岗。(2)群玉峰,大雪中的群峰好像白玉雕琢而成。(3)野兽翻有踪,雪地容易留下野兽活动的踪迹。(4)短褐,短袄,贫者的衣服。何以完,怎么能度过寒冬。(5)皓气,此处指冬天室内的白色水汽。凝,冻结。书帐,简陋的书房。(6)清著钓鱼杆,不能外出钓鱼,清闲地拿着钓竿。(7)进谒,进见、拜见。(8)谿,同溪,山下的小河沟。(9)退谷,山谷名,位于樊山、朗亭山之间。(10)抔湖,樊山的一座内湖,在退谷之东,据传为元结开斫以藏酒。

简析 这是时为武昌令的孟彦深在新春大雪之际，写给隐居其辖内鄂城樊山的著名诗人元结的一首问候诗，也是对元结的《退谷铭》《抔湖铭》的回赠。诗中生动地描绘了漫天皆白，群山冰雕玉砌的雪景，刻画了一位身着短褐，独居陋室的清贫学者的形象，并表达了对友人的挂念和难以拜见的遗憾。语言简洁优美，形象鲜明，情感真切自然。

◎岑 参

巴南舟中思陆浑别业

泸水南州远(1)，巴山北客稀(2)。
岭云撩乱起(3)，谿鹭等闲飞(4)。
镜里愁衰鬓(5)，舟中换旅衣。
梦魂知忆处，无夜不先归(6)。

作者简介 岑参(715？—770年)，唐代著名的边塞诗人。南阳人，后徙居湖北江陵。玄宗天宝三年(744年)进士，初为率府兵曹参军，后两次从军边塞。代宗时，曾官嘉州(今四川乐山)刺史，世称“岑嘉州”。大历五年(770年)卒于成都。岑参工诗，尤长于七言歌行，边塞诗佳作甚多。诗歌风格与高适相近，时并称“高岑”。今有《岑嘉州集》七卷存世。

题解 巴南即今川南。陆浑在今河南洛阳，风景优美，是唐代文人、官吏比较集中的居住区，可能岑参在那里建有别墅。这首诗是诗人任嘉州刺史时，为怀念故乡、故友而作。

注释 (1)泸水，长江上游，金沙江与雅砻江汇合后的一段江水。南州，泛指四川、云南一带。 (2)巴山，泛指巴蜀一带。北客，从北方来的客人。 (3)撩乱，同于缭乱，纷乱。 (4)谿鹭，溪中的白鹭。 (5)衰鬓，鬓发因年老而苍白。 (6)无夜不先归，没有哪一个夜晚作梦，不是首先梦到家中(陆浑别业)。

简析 这首诗描写诗人孤身乘舟漂泊在僻远的泸水上，见到的都是陌生、荒僻的巴南风土人情。自己因年老而鬓发渐白，夜夜魂牵梦绕的是陆浑的家中。表达了他对昔日生活的缅怀之情。全诗情感沉郁，融情于景。

初至犍为作

山色轩槛内，滩声枕席间(1)。
草生公府静，花落讼庭闲(2)。
云雨连三峡，风尘接百蛮(3)。
到来能几日，不觉鬓毛斑。

注释 (1)轩槛，窗和门户。枕席，卧具。此二句谓住处全在山水之间。 (2)公府，讼庭，均指官府衙门。此二句谓公事、官司都很少。 (3)风尘，风俗、习俗。百蛮，对西南少数民族的统称。

简析 该诗用极其简洁的语言描写犍为山河秀丽的景色和闲适散淡的生活状态。由于作者习惯了大漠旷野、冰河铁马的边塞生活，初到川南时对当地荒芜偏僻的环境和无所事事的生活极难适应，因而流露出对自己将要在无所作为中老去的担忧。

◎张　继

枫桥夜泊

月落乌啼霜满天，江枫渔火对愁眠(1)。
姑苏城外寒山寺(2)，夜半钟声到客船。

作者简介 张继(715？—779年)，字懿孙，襄州(今湖北襄阳)人。玄宗天宝十二年(753年)进士。代宗大历(766—780年)中，以检校祠部员外郎为洪州(今江西南昌)盐铁判官。他的诗爽朗激越，不事雕琢，比兴幽深，事理双切，对后世颇有影响。枫桥，又名封桥，地处苏州城西南，自古就是水陆交通要道。

注释 (1)江枫渔火，江畔的枫树，江中的渔舟灯火。对愁眠，旅客面对江枫、渔火，因思念家乡而难以入睡。 (2)姑苏城，即苏州城。苏州古称平江，又称姑苏。寒山寺位于苏州姑苏区，始建于南朝梁代天监年间(502—519年)，初名“妙利普明塔院”。

简析 《枫桥夜泊》是一首千古传颂的唐代名诗。诗人运用拟声绘色的艺术手法，以落月、啼乌、满天星霜、江枫、渔火、夜半钟声等一系列鲜明的意象，塑造了一个幽美静谧而又空灵孤寂的意境，衬托出不眠人的复杂心情。全诗语言优美、形象鲜明、情味隽永，极富艺术感染力。

阊门即事

耕夫召募逐楼船(1)，春草青青万顷田(2)。
试上吴门窥郡郭(3)，清明几处有新烟(4)？

题解 诗人抒写经过苏州阊门的即时感受。阊门，苏州古城西门，通往虎丘方向。阊门建筑雄伟壮丽，在唐代尤为繁华，是宴请和送迎之地。

注释 (1)耕夫，农夫、农民。逐，追逐，此处作划船解。楼船，亦作“楼舡”，有楼的大船。古代多用作战船，有时也指有楼饰的游船。杜甫《城西陂泛舟》：“青蛾皓齿在楼船，横笛短箫悲远天。” (2)春草青青万顷田，万顷田地都长满了青草，形容田地荒芜。 (3)吴门，即阊门，春秋战国时期苏州是吴国都城。窥，看。郭，城郊。 (4)新烟，古代风俗清明前的寒食节禁炊，到清明节重新起火，谓之新烟。烟指炊烟。

简析 清明时节诗人独登苏州阊门，远眺四野，感慨万分。苏州本是鱼米之乡，时下正是春天备耕之际，可是眼前的一切让他痛心：大批农夫被征募服役，万顷田地长满野草，城郊的农村炊烟寥寥。该诗表达了作者对统治者不顾国计民生行为的不满，对农村凋零荒废现状的沉痛心情，具有深刻的社会意义和进步的民本思想。

◎钱　起

晚泊武昌

晚泊武昌岸(1)，津亭疏柳风(2)。
数株曾手植(3)，好事忆陶公(4)。

作者简介 钱起(722？—780年)，字仲文，吴兴(今浙江湖州市)人。玄宗天宝十年(751年)进士。初为秘书省校书郎、蓝田县尉，后任司勋员外郎、考功郎中、翰林学士等。世称“钱考功”，曾被誉为“大历十才子之冠”。留存有《钱考功集》。

注释 (1)武昌,今鄂州三国时期古名。 (2)津亭,江畔渡口的亭台。 (3)陶侃亲手种植的几株柳树。据传东晋陶侃任职武昌(今鄂州)太守期间,曾带领官吏和百姓广植柳树。后人把他所种的柳树称为陶公柳,又称“官柳”“武昌柳”。(4)陶公,指陶侃。

简析 晚泊武昌,诗人弃舟登岸,漫步于渡口亭台上,此时江风拂面,稀疏的柳枝轻摆摇曳。此时此地此景令作者触景生情,想起当年武昌太守陶侃亲手植柳于此的故事,缅怀其政绩,发出“前人栽树,后人乘凉”的感慨。

◎ 刘长卿

重阳日鄂城楼送屈突司直

登高复送远,惆怅洞庭秋(1)。
风景同前古,云山满上游(2)。
苍苍来暮雨,淼淼逐寒流(3)。
今日关中事(4),萧何共尔忧(5)。

作者简介 刘长卿(726? —780年),字文房,祖籍宣城(今属安徽),后迁居洛阳。先任监察御史,曾两度遭贬,后再官至随州刺史。晚年旅居江浙。擅五言律诗,与诗仙李白交厚,有《唐刘随州诗集》传世。

题解 重阳节,诗人在鄂城城楼上送屈突司直赴长安就任,写此诗寄以厚望。屈突,古代复姓。司直,丞相属官,无所属,负责督察京城百官。

注释 (1)惆怅(chóu chàng),伤感、愁闷、失意的心理状态,一种迷茫,不知所措的感觉。 (2)此句谓望长江上游只见云山。 (3)淼淼(miǎo miǎo),水势浩大貌。 (4)关中事,可能指关中发生的战乱,也可能指长安发生了朝政危机。关中,指以长安为中心的陕西一带。 (5)萧何共尔忧,你与萧何一样,为国分忧。萧何,西汉开国功臣,为建立汉朝尽心竭力。

简析 重阳节本应是天高气爽、登高望远的美好季节,诗人笔下的重阳日却是彤云密布,暮雨来临,江水寒流。这既衬托了作者对朋友远去的离别愁情,也暗喻了当时朝政的危机。诗中表达了作者的忧国之心,寄托了对朋友为国分忧的厚望。

岳阳馆中望洞庭

万古巴丘戍(1),平湖北望长(2)。
问人何淼淼,愁暮更苍苍。
叠浪浮元气(3),中流没太阳(4)。
孤舟有归客,早晚达潇湘。

注释 (1)巴丘戍,在岳州巴陵县(今湖南岳阳)。三国时吴国以重兵戍守,故称巴丘戍。(2)平湖,即洞庭湖。长,此处作广阔解。巴丘在洞庭湖南。(3)叠浪,波浪重叠,形容后浪追赶着前浪。元气,道家哲学术语,构成万物的原始物质。《白虎通》:“地者,元气所生,万物之祖。”(4)中流没太阳,太阳落入水中。王维《使至塞上》:“大漠孤烟直,长河落日圆。”

简析 诗人旅居岳阳驿馆,黄昏中遥望洞庭湖,触景生情而发羁旅孤客之叹。全诗情绪忧伤,色彩暗淡。

夏口送徐郎中归朝

星象南宫远(1),风流上客稀(2)。
九重思晓奏(3),万里见春归。
棹发空江响(4),城孤落日晖。
离心与杨柳,临水更依依(5)。

注释 (1)南宫,星座名称。包括井、鬼、柳、星、张、翼、轸七宿。统称朱雀星座。唐诗中把尚书省称作南宫,以列宿比喻众宫。(2)上客,贵客,指徐郎中。(3)九重,天子所居的九重王城。晓奏,早朝奏事。(4)棹发,船只划动。(5)离心,离情别意。依依,不舍,依恋。以杨柳轻柔形容惜别之情。《诗经·采薇》:“昔我往矣,杨柳依依。”

简析 黄昏中,诗人在夏口(武昌)江畔送徐郎中回都城长安,写此诗祝贺并表达依依惜别之情。

◎ 戴叔伦

京口怀古

大江横万里，古渡渺千秋[1]。
浩浩波声险，苍苍天色愁。
三方归汉鼎[2]，一水限吴州[3]。
霸国今何在[4]？清泉长自流。

作者简介　戴叔伦（732—789年），字幼公，润州金坛（今属江苏）人。曾任新城令、东阳令、抚州刺史、容管经略，晚年上表自请为道士。写诗多表现隐逸生活和闲适情调，但《女耕田行》《屯田词》等篇能反映民生艰苦。论诗主张“诗家之景，如蓝田日暖，良玉生烟，可望而不可置于眉睫之前”。

注释　(1)古渡，指京口（镇江）的长江渡口。渺千秋，（古渡）有悠久的历史。　(2)三方归汉鼎，应为汉鼎归三方，比喻魏蜀吴如汉鼎三足鼎立。　(3)一水限吴州，一条长江限制了吴国进入中原。　(4)霸国，泛指当年争霸的各国。

简析　诗人站在京口江畔咏古叹今，联想翩翩：长江之水奔流万里，千年古渡见证了多少往事。诗末两句感慨历史上的分裂割据，称霸争雄都成往事，只有长江之水依旧奔流。

◎ 韦应物

赋得暮雨送李胄

楚江微雨里[1]，建业暮钟时[2]。
漠漠帆来重[3]，冥冥鸟去迟[4]。
海门深不见[5]，浦树远含滋[6]。
相送情无限，沾襟比散丝[7]。

作者简介　韦应物（737—792年），京兆（今陕西西安）人。少以三卫郎事玄宗，后曾出为苏州刺史，性高洁，多惠政，世称“韦苏州”。诗风恬淡静远，人比之陶渊明。

有《韦苏州集》十卷。

题解 这是作者在黄昏细雨中送别挚友李胄赴建业(今南京)时所写的赠别诗。“赋得”,分题赋诗,诗人分得的题目是“暮雨”,故称“赋得暮雨”。李胄,唐代诗人,一作李曹,又作李渭。

注释 (1)楚江,指长江,因长江自三峡以下的湖北、湖南、安徽段皆为古代楚境。 (2)暮钟时,敲暮钟的时候,亦即黄昏时分。 (3)漠漠,水气迷茫状。帆来重,(被微雨打湿的)船帆更加沉重。 (4)冥冥,天色昏暗。 (5)海门,长江入东海处。深不见,因相距遥远而看不见。 (6)含滋,湿润,带着水汽。滋,润泽。 (7)沾襟,打湿衣襟。散丝,指细雨,比喻流泪。张协《杂诗》:“密雨如散丝。”

简析 这是一首送别诗,体现了诗人送别挚友时的无限深情。但是作者着力渲染和描绘的是与离情密切相关的景物和氛围。霏霏细雨,冥冥暮色,漠漠归帆以及钟声、浦树、鸟儿。此即融情入景,一切景物都渲染了作者强烈的主观色彩,正所谓“情哀则景哀,情乐则景乐”。

◎孟　郊

过彭泽

扬帆过彭泽,舟人讶叹息(1)。
不见种柳人(2),霜风空寂历(3)。

作者简介 孟郊(751—814年),字东野。出生湖州武康(今浙江德清),祖籍平昌(今山东临邑东北),先世居洛阳。唐代著名诗人。有“诗囚”之称,又与贾岛齐名,人称“郊寒岛瘦”,形容他们写诗的刻苦用心和诗风清峻。今存《孟东野集》中《游子吟》的名句“慈母手中线,游子身上衣”,情感真挚,备引后世共鸣。

注释 (1)舟人,乘舟的客人,此处指作者自己。讶,惊讶、惊叹。 (2)种柳人,指陶渊明。陶渊明曾在屋旁种植五棵柳树,并自号“五柳先生”。 (3)霜风,霜降后的秋风。寂历,凋零疏落,寂静冷清。

简析 深秋季节,作者乘舟扬帆横渡彭泽湖,遥想当年陶渊明在此担任过彭泽县令,曾在宅旁手植杨柳,写过无数脍炙人口的山水诗歌,而今人去湖空,只有秋风萧瑟,湖水浩渺,诗人不禁感叹万分。

送从舅端适楚地

归情似泛空(1),飘荡楚波中(2)。
羽扇扫轻汗,布帆筛细风。
江花折菡萏(3),岸影泊梧桐。
元舅唱离别(4),贱生愁不穷(5)。

题解 从舅,堂舅。古时外祖父的亲兄弟之子,称为从舅,即母亲或亲舅舅的堂兄弟。适,去、赴。楚地,今湖南湖北一带。

注释 (1)归情,归家的迫切心情。 (2)楚波,楚地的江水,此处指长江中游。 (3)江花,江中的浪花。菡萏(hàn dàn),荷花的别称。 (4)元舅,大舅。 (5)贱生,自己,作者的谦称。不穷,不尽。

简析 诗中描绘长江空茫的景色以烘托气氛,刻画与堂舅依依惜别的神情,表露了作者不尽的淡淡的离愁别绪。其诗含蓄洗练。

◎薛 涛

谒巫山庙

乱猿啼处访高唐(1),路入烟霞草木香。
山色未能忘宋玉(2),水声犹是哭襄王(3)。
朝朝夜夜阳台下(4),为雨为云楚国亡(5)。
惆怅庙前多少柳,春来空斗画眉长。

作者简介 薛涛(768? —832 年),著名女诗人,字洪度。长安(今陕西西安)人。因父亲薛郧做官而来到蜀地,父亲死后薛涛居于成都,一度成为官妓。因其文才出众,与成都的地方军政长官和著名文人墨客都有诗文往来。曾居浣花溪上,制作桃红色小笺写诗,后人仿制,称“薛涛笺”。成都望江楼公园有薛涛墓。

题解 据传名臣韦皋听说薛涛诗才出众,且是官宦之后,出身不俗,就把她召来让其即席赋诗。薛涛当场写下这首《谒巫山庙》。

注释 (1)高唐,巫山高唐观,遗址在今巫山县西北部的巫峡镇高唐村,长江北岸高丘山的来鹤峰上。因宋玉所作《高唐赋》而得名,也是"巫山云雨"典故的著名出处。 (2)宋玉,继屈原之后战国时期楚国最著名的辞赋家。著有《高唐赋》,巫山因此而出名。 (3)襄王,楚顷襄王,亦称楚襄王,楚怀王之子。宋玉《高唐赋序》《神女赋序》中,说的就是襄王追求巫山神女,却被神女拒绝的恋爱故事。 (4)阳台,巫山的一座山峰,神女往来之地。 (5)楚国亡,此句暗喻楚王沉溺女色而导致亡国。

简析 在这首优美的怀古诗中,诗人把描绘巫山风景与回味宋玉的《高唐赋》融汇一体,使得诗境神奇迷离而引人入胜。而作者对楚王沉溺女色而导致楚国灭亡结局发出的感叹,尤其引发读者深思。

乡　思

峨嵋山下水如油(1),怜我心同不系舟(2)。
何日片帆离锦浦(3),棹声齐唱发中流(4)。

注释 (1)此处应是指流经成都的沙河水,唐时称锦江,流入岷江。 (2)怜我心同不系舟,锦江之水系不住舟船,成都也留不住我的心。怜,可怜、怜惜。系,拴住、系住。 (3)锦浦,成都江岸,代指成都。 (4)棹声,开船时船桨发出的声音。中流,河水的中道;在水流之中。《汉书·贾谊传》:"是犹渡江河亡维楫,中流而遇风波,船必覆矣。"

简析 《乡思》表达了作者深沉的思乡之情,抒发其自哀自怜、漂泊无依的愁思。诗中运用了虚实相间写法,既有实写眼前峨眉山水的句子,也有虚写棹声帆影的想象之句,虚实结合,完美衬托了作者急于归乡的感情。

◎韩　愈

晚泊江口

郡城朝解缆(1),江岸暮依村。
二女竹上泪(2),孤臣水底魂(3)。
双双归蛰燕(4),一一叫群猿。

回首那闻语(5),空看别袖翻(6)。

作者简介 韩愈(768—824年),字退之,河阳(今河南省孟州)人,世称"韩昌黎""昌黎先生"。德宗贞元八年(792年)进士,曾官监察御史、阳山令、刑部侍郎。他反对藩镇割据,尊儒反佛,关心民生疾苦。宪宗元和十四年(819年)因谏迎佛骨一事被贬至潮州。获赦后任吏部侍郎,卒赠礼部侍郎。韩愈是唐代古文运动的倡导者,被后人尊为"唐宋八大家"之首,与柳宗元并称"韩柳"。韩诗力求创新,气势雄伟,影响延及清代。有《昌黎先生集》。

注释 (1)郡城,指岳州城。朝解缆,早晨行船解开缆绳出发。 (2)二女,指传说中帝舜二妃娥皇和女英。舜至南方巡视,死于苍梧。二妃往寻,得知舜帝已死,埋在九嶷山下,抱竹痛哭,泪染青竹,泪尽而死,因称"潇湘竹"或"湘妃竹"。 (3)孤臣水底魂,指屈原的冤魂。屈原被放逐,自沉汨罗而死。 (4)蛰燕,冬季蛰伏在洞穴中的燕子。 (5)闻,一作能。 (6)别袖翻,离别的人挥动衣袖。苏轼《次韵李修孺留别》之二:"此生别袖几回麾,梦里黄州空自疑。"

简析 诗人出洞庭入长江时夜泊岳阳,自然联想起与三湘大地有关的神话传说和历史典故。他借娥皇、女英殉夫而死,屈原忠国自沉的故事抒发感情,既是对前人忠贞节义的赞颂,也是对自身仕途坎坷的感慨与抒怀。

◎李 瑞

送友人游蜀

嘉陵天气好,百里见双流(1)。
帆影沿巴字(2),钟声出汉州(3)。
绿原春草晚,青木暮猿愁。
本是风流地(4),游人易白头(5)。

作者简介 李瑞生卒爵里不详,字正己,河北赵郡人。代宗大历五年(770年)进士,誉为"大历十才子"之一。官至杭州司马。这是一首送友人入蜀远游的赠别诗。

注释 (1)双流,嘉陵江在重庆流入长江,故称双流。 (2)巴字,江流如"巴"字形曲折。 (3)汉州,今四川省广汉县。 (4)风流地,山水优美佳胜地。 (5)易白头,因流连忘返而忘却时光。

简析 作者送友人远游巴蜀，却无通常的离愁别绪，并且最后风趣地告诫朋友，蜀中是风流潇洒之地，千万不要流连忘返，耗去太多时光。

◎ 柳宗元

江　雪

千山鸟飞绝(1)，万径人踪灭(2)。
孤舟蓑笠翁(3)，独钓寒江雪。

作者简介 柳宗元(773—819 年)，字子厚，河东(今山西运城永济一带)人，唐宋八大家之一，世称“柳河东”“河东先生”，因其官终柳州刺史，又称“柳柳州”。与韩愈并称为“韩柳”，与刘禹锡并称“刘柳”，与王维、孟浩然、韦应物并称“王孟韦柳”。顺宗永贞元年(805 年)，柳宗元参加了王叔文为首的政治革新运动，失败后被贬官到有南荒之称的永州(今湖南零陵)。柳宗元一生留有诗文作品达 600 余篇，《江雪》一诗更是千古传颂。

注释 (1)千山，虚数，为数众多的山峦。绝，绝迹。 (2)万径，虚数，许许多多大道小路。人踪，指脚印。灭，消失。 (3)蓑笠，蓑衣和斗笠。

简析 《江雪》既是一首意境悠远的山水诗，又恰似一幅形象优美的山水画。诗中描绘了一幅漫天皆白、广袤空寂的雪景，又着意刻画了一位不畏严寒，“独钓寒江雪”的老翁形象。而老翁就是诗人自我写照，寄托着他自己清高而孤傲的情感，抒发了自己在政治上失意的郁闷苦恼。

早　梅

早梅发高树(1)，迥映楚天碧(2)。
朔吹飘夜香(3)，繁霜滋晓白(4)。
欲为万里赠(5)，杳杳山水隔(6)。
寒英坐销落(7)，何用慰远客(8)？

题解 流放永州的柳宗元思想上没有消沉，更深刻认识到朝政的腐败与黑暗，深切地了解底层老百姓的痛苦和愿望，也更坚定了他的理想追求和政治改革的决心。此诗就是这种思想状况下写成,用以明志。

注释 (1)发,萌发、开花。 (2)迥(jiǒng),远。 (3)朔吹,北风。 (4)滋,滋润、增加。 (5)万里赠,(捎梅花)赠给远在万里之外的友人。 (6)杳杳(yǎo),遥远。三国东吴人陆凯《赠范蔚宗》:"折花逢驿使,寄与陇头人。江南无所有,聊赠一枝春。"柳诗化用其意。 (7)寒英,指冬梅。坐,徒然。销落,凋谢,散落。(8)何用,用何,用什么。

简析 柳宗元在这首五言古诗中,借咏梅抒怀言志。诗中梅花就是诗人心灵的一种物化。前两句盛赞梅花傲雪凌霜,迎寒独放,香飘万里,暗喻其坚贞不屈、洁身自好的高尚人格;后两句转写对志同道合的远方友人的深情怀念。全诗言简意赅,含蕴深远。

渔　翁

渔翁夜傍西岩宿[1],晓汲清湘燃楚竹[2]。
烟销日出不见人[3],欸乃一声山水绿[4]。
回看天际下中流[5],岩上无心云相逐[6]。

注释 (1)西岩,即永州境内的西山,此处以"岩"代山。 (2)汲,汲取、取水。清湘,清澈的湘江之水。楚竹,楚地的竹子。此句描写渔翁晨起汲水和早炊。(3)销,消散、消失。 (4)欸(ǎi)乃,象声词,有的解释为划桨声,有的解释是船夫的长呼之声。唐时湘中棹歌有《欸乃曲》。 (5)下中流,船由中流而下。 (6)无心云相逐,陶渊明《归去来兮辞》:"云无心而出岫。"表示庄子所谓"物我两忘"的心灵境界。

简析 诗人在此以渔翁自况,表达他在政治改革失败后,有时不得不寄情山水,追求"物我两忘"的心灵境界。

溪　居

久为簪组累[1],幸此南夷谪[2]。
闲依农圃邻,偶似山林客[3]。
晓耕翻露草[4],夜榜响溪石[5]。
来往不逢人[6],长歌楚天碧[7]。

注释 (1)簪组,古代官服,此指代官职。累,拖累,束缚。(2)南夷,古代对南方少数民族的称呼,此指永州。谪,贬谪。(3)山林客,山林间的隐士。(4)晓耕,早耕。露草,沾满露水的野草。(5)夜榜,指天黑船只夜行,响溪石,船行激水撞击溪石。(6)不逢人,碰不见人。(7)长歌,放歌、高歌。此指吟诵诗歌。

简析 该诗是柳宗元贬官永州,谪居泉陵(今零陵)冉溪之畔时的作品。诗中描述自己在此闲逸安静、独来独往却孤苦愁闷的状况。虽然开篇庆幸自己暂得一时安宁;但是他完全没有陶渊明"种豆南山下"的那种悠然自得的心情。面对楚天,诗人不时长歌,发泄郁闷,抒发自己的政治抱负与理想情怀。故前人评价《溪居》乃是闲与闷的吟咏。

◎张　籍

春别曲

长江春水绿堪染(1),莲叶出水大如钱(2)。
江头橘树君自种(3),那不长系木兰船(4)。

作者简介 张籍(767? —830年),字文昌,原籍吴郡(今江苏苏州),后迁居和州乌江(今安徽和县)。世称"张水部""张司业"。张籍的乐府诗与王建齐名,并称"张王乐府"。著名诗篇有《塞下曲》《征妇怨》《采莲曲》《江南曲》。其诗作吸收乐府特点,颇具民歌风味。

注释 (1)堪,能够,可以。(2)钱,指铜钱,比喻春末刚刚出水的莲叶只有铜钱那么大。(3)君自种,按照诗里的意思,君应该是指橘树。自种,自生自长。(4)那不,那能不。木兰船,用木兰树制造的小船。末句的意思是,橘树林散发的芳香把泊在树下的小船熏得像木兰船一样芳香。

赏析 诗人用夸张和比喻的手法,描绘了一幅优美图画:长江春水漫流,岸边野生的橘树林倒映在清澈的江水里,江水绿得如同染料。橘树林弥漫的清香,把长久停泊树下的小船也熏得芬芳醉人。本诗颇具民歌风味,明白如话,流畅如歌。

夜到渔家

渔家在江口,潮水入柴扉(1)。

行客欲投宿，主人犹未归。
竹深村路远，月出钓船稀。
遥见寻沙岸(2)，春风动草衣(3)。

注释 (1)柴扉，柴门。 (2)寻沙岸，夜归的渔夫在寻找沙岸泊船。 (3)春风动草衣，春风吹动着他身上的蓑衣。

赏析 《夜到渔家》选材新颖独特。诗中描写一位孤独渔夫潮湿简陋的茅舍，写他外出打鱼久久未归的辛勤劳作，写他深夜归来风吹“草衣”的身影。同时通过“行客”遥望竹林幽深、村路悠远，表现了等待的焦急和对渔夫安全的担心。最后渔夫终于安全回来，诗人喜悦之情油然而生。这首诗表现了作者对穷苦渔民贫困生活、辛勤劳作的关切与同情。

成都曲

锦江近西烟水绿(1)，新雨山头荔枝熟(2)。
万里桥边多酒家(3)，游人爱向谁家宿。

注释 (1)锦江，岷江流经成都的一段河流。蜀汉时代，锦城代指成都，故以锦江名之。 (2)多种文献证明，因气候变化的原因，唐代川南地区也产荔枝。(3)万里桥，成都城南的一座桥。

赏析 该诗描写成都市郊的风物人情和市井繁华，表现了诗人对太平生活的向往。诗的前两句展现诗人顺锦江西望时的美景；后两句描写西郊市场的繁荣。清人沈德潜在《说诗晬语》中评价张籍此诗“句句含景，景景有情”，特别是后二句，近似口语，却意味深远，读后感到精警而又自然。张籍的诗作“看似寻常最奇崛”的风格正是使人神驰的艺术魅力之所在。

◎ 刘禹锡

竹枝词二首

其　一

杨柳青青江水平，闻郎江上踏歌声(1)。

东边日出西边雨，道是无晴却有晴[2]。

其　二

瞿塘嘈嘈十二滩[3]，此中道路古来难。
长恨人心不如水，等闲平地起波澜[4]。

作者简介　刘禹锡(772—842年)，字梦得，洛阳人。德宗贞元九年(793年)中进士。先后授官太子校书、徐州掌书记、京兆渭南主簿、监察御史、分司东都、检校礼部尚书等职。因与柳宗元一样参与王叔文领导的新政改革，多次遭到贬谪。刘禹锡诗、文俱佳，与柳宗元并称“刘柳”；又与白居易并称“刘白”。其诗雄浑爽朗，语言简练明快，音韵和谐响亮，具有比较广博的历史内容与哲理性。著有《刘梦得文集》40卷，收有遗诗407首。

题解　“竹枝词”，乐府近代曲名，又名《竹枝》，原为四川东部一带的民歌。竹枝词以吟咏风土为其主要特色，对社会文化史和历史人文地理等学科的研究，具有重要的史料价值。刘禹锡于穆宗长庆二年(822年)正月至长庆四年(824年)夏，曾任川东夔州(今重庆市奉节一带)刺史。其间作《竹枝词》两组，这是其中一组的二首。

注释　(1)踏歌，一边走一边唱，或说是踏地为节拍唱歌。(2)道是无晴却有晴，“晴”与“情”谐音，刻画初恋男女微妙的心态。(3)瞿塘，即瞿塘峡，在奉节县东南长江中。嘈嘈，水流声。(4)等闲，寻常。平地起波澜，比喻政坛风云诡谲。

简析　两首《竹枝词》，一描写青年男女初恋，少女在春光明媚的季节里，坐在江边，听到江上传来情郎的歌声，自然内心波动，她的心忽阴忽晴、时喜时忧。一以瞿塘峡中的水险路难比喻政治生活的难料和人心难测，当是作者对自己屡遭贬谪的感慨。

西塞山怀古

王濬楼船下益州[1]，金陵王气黯然收[2]。
千寻铁锁沉江底[3]，一片降幡出石头[4]。
人世几回伤往事[5]，山形依旧枕寒流[6]。
今逢四海为家日[7]，故垒萧萧芦荻秋[8]。

题解 穆宗长庆四年(824年),刘禹锡由夔州刺史调任和州(在今安徽)刺史。沿江东下赴任途中,经西塞山(在今湖北省黄石市东江畔)时触景生情,抚今追昔,写下了这首感叹历史兴亡的咏史诗。

注释 (1)王濬,西晋益州刺史。益州,晋时郡治在今成都。楼船,晋武帝派王濬造大船,出巴蜀讨伐吴国。船以木为城,起楼,每船可容二千余人。 (2)金陵,当时是吴国的都城,今南京。王气,(吴国的)帝王之气。 (3)千寻铁锁沉江底,东吴末帝孙皓命人在江中置铁锥,又用大铁索横于江面,拦截晋船,终归失败。寻,长度单位,八尺。 (4)一片降幡出石头,王濬率船队从武昌顺流而下,攻破金陵,吴主孙皓投降。降幡,表示投降的旗帜。石头,即石头城,南京的别称。 (5)人世几回伤往事,一作"荒苑至今生茂草"。 (6)枕寒流,一作"枕江流",(西塞山依旧)枕卧在长江上。 (7)四海为家,比喻国家统一。 (8)故垒萧萧芦荻秋,旧时的壁垒早已荒芜,只有芦苇在秋风中摇曳。

简析 这首咏史诗形象地描述了西晋大军顺江而下终于灭吴的过程,感叹历史发展的必然变化。联系当朝安史之乱、藩镇割据的局面,表达了诗人渴望国家统一,人民安居乐业的美好心愿。

乌衣巷

朱雀桥边野草花(1),乌衣巷口夕阳斜(2)。
旧时王谢堂前燕(3),飞入寻常百姓家(4)。

题解 乌衣巷是历史上金陵(南京)秦淮河畔著名贵族聚居地。敬宗宝历二年(826年),刘禹锡由和州刺史任上返回洛阳,途经金陵时游览了当地名胜古迹,写了一组咏怀古迹的诗篇《金陵五题》。《乌衣巷》是其中第二首。

注释 (1)朱雀桥,六朝时金陵正南朱雀门外跨越秦淮河的大桥。花,此处作动词用,开花。 (2)乌衣巷,金陵城内街名,位于秦淮河之南,邻近朱雀桥。三国时期吴国的禁军驻地。因当时禁军身着黑色军服,故俗称乌衣巷。东晋时期的王导、谢安等大家族,均居住于此。入唐后,乌衣巷沦为废墟。 (3)王谢,即王导、谢安等世家大族,两家贤才众多,为六朝巨室,皆居乌衣巷。 (4)曾在王谢府堂中聚集的燕子,飞到普通人家中去了。

简析 该诗曾博得白居易"掉头苦吟,叹赏良久"的赞誉,是刘禹锡最得意的怀古名篇之一。作者运用对比手法描绘昔日车水马龙的朱雀桥边如今野草蔓延,渲染曾经冠盖如云的乌衣巷口现今的凄清冷落,继而用"旧时王谢堂前燕,飞入寻常百姓家”两句作结，感叹沧海桑田，富贵贫贱变迁无常，但诗人的感叹藏而不露，而是寄寓在最普通不过的景物描写之中。

酬乐天扬州初逢席上见赠

巴山楚水凄凉地(1)，二十三年弃置身(2)。
怀旧空吟闻笛赋(3)，到乡翻似烂柯人(4)。
沉舟侧畔千帆过(5)，病树前头万木春。
今日听君歌一曲(6)，暂凭杯酒长精神(7)。

题解 敬宗宝历二年(826年)，被贬远州达二十三年的刘禹锡，终于奉诏返回洛阳。途中与白居易初逢于扬州。白居易在宴席上作诗相赠，刘禹锡作此答赠。

注释 (1)巴山楚水，指四川、湖南、湖北、安徽等地。(2)二十三年弃置身，从顺宗永贞元年(805年)刘禹锡被贬出京开始，至敬宗宝历二年(827年)才应诏回到长安，时间长达二十三年。弃置身，指遭受贬谪的诗人自己。(3)闻笛赋，西晋向秀作《思旧赋》，怀念被司马氏杀害的嵇康、吕安。刘禹锡借用这个典故怀念已死去的王叔文、柳宗元等人。(4)到乡翻似烂柯人，回到家乡(指长安)反而像个烂柯人。烂柯人，相传晋人王质上山砍柴，遇见两个童子下棋，就停下观看。等棋局终了，手中的斧柄(柯)已经朽烂。回到村里，才知道已过了一百年。此句意谓恍如隔世。(5)沉舟二句是诗人以沉舟、病树自比。自己年事已高，而新人辈出。(6)歌一曲，指白居易赠给他的《醉赠刘二十八使君》。(7)长(zhǎng)精神，振作精神。

简析 刘禹锡此诗运用“闻笛赋”“烂柯人”两个典故，表达了对自己遭贬的23年中物是人非，恍如隔世的深沉感慨和对朋友的深切怀念。在“沉舟侧畔千帆过，病树前头万木春”两句精辟的警语中，又寄寓着他的新陈代谢的进化思想和辩证看待个人困境的豁达襟怀。全诗感情真挚，于沉郁中见豪放。语词精炼优美，融诗情画意、哲理思考为一体，具有极强的哲理性与艺术性。

◎ 白居易

舟中读元九诗

把君诗卷灯前读(1),诗尽灯残天未明(2)。
眼痛灭灯犹闇坐(3),逆风吹浪打船声。

作者简介 白居易(772—846年),字乐天,号香山居士。原籍太原,后迁下邽(今陕西渭南)。德宗贞元(785—805年)进士,授秘书省校书郎。宪宗元和(806—821年)间任左拾遗及左赞善大夫。穆宗长庆初年(821—825年)任杭州刺史,敬宗宝历初年(825年)任苏州刺史,后官至刑部尚书。政治上积极进取,不畏强权。宪宗元和十年(815年)因上表请求严缉刺死宰相武元衡的凶手,得罪权贵,曾经贬为江州司马。在文学上,白居易主张"文章合为时而著,歌诗合为事而作",是新乐府运动的倡导者和实践者。其诗语言通俗、优美,音韵和谐。人称"诗魔""诗王"。和元稹并称"元白";和刘禹锡并称"刘白"。有《白氏长庆集》传世。

题解 白居易此诗写于宪宗元和十年(815年)贬放江州途中。元九,即诗人密友元稹。

注释 (1)把,拿、持。 (2)残,残留,所剩不多。此处指灯火即将熄灭。 (3)闇(àn),同暗,暗的异体字。

简析 作者在长江夜行船上,怀念数月前同样遭贬的密友元稹,就着孤灯一口气读完了元稹的诗卷。全诗以凄苦为基调,运用白描手法写出了放贬途中的凄清、孤独。末句"逆风吹浪打船声"更如朝廷政治风云变幻的险恶,使得他心潮澎湃,夜不能寐。元稹在读到这首诗后,曾经回赠《酬乐天舟泊夜读微之诗》:"知君暗泊西江岸,读我闲诗欲到明。今夜通州还不睡,满山风雨杜鹃声。"

舟中夜雨

江云暗悠悠(1),江风冷修修(2)。
夜雨滴船背,夜浪打船头。
船中有病客,左降向江州(3)。

注释 (1)悠悠,深幽、长久。 (2)修修,象声词,形容风雨声。 (3)左降,贬职、降职。江州,今九江。

简析　此诗仍为作者赴江州司马任途中所作。前一、二句写江面阴云密布，寒风飕飕，描绘了一个凄清、幽暗而广阔的江上夜航的背景。三、四句写雨打船篷，浪遏船头，象征着夜雨中行船的艰险。末二句正面刻画了一位身体有病，又遭贬职的孤独、羸弱、忧郁而愤懑的乘客——作者自己的形象。

九江北岸遇风雨

黄梅县边黄梅雨[(1)]，白头浪里白头翁[(2)]。
九江阔处不见岸[(3)]，五月尽时多恶风[(4)]。
人间稳路应无限，何事抛身在此中。

注释　(1)黄梅县，今湖北省最东面一个县，位于长江北岸。黄梅雨，黄梅成熟时节下的连阴雨，大约在农历五月期间。　(2)白头翁，白头发的老翁，此处指作者自己。　(3)长江南岸的九江与黄梅县隔江相望，此处长江水面宽阔。　(4)五月尽时，农历五月即将过完。

简析　该诗以江面风浪的险恶暗喻政治风浪的难测，感叹自己的人生选择。诗人被贬后的幽怨、愤懑与不平之情，全都融汇在这风高浪急的自然描绘之中。难得的是诗人虽有感叹，却不见恐惧和后悔。

琵琶行(并序)

元和十年，予左迁九江郡司马。明年秋，送客湓浦口[(1)]，闻舟中夜弹琵琶者，听其音，铮铮然有京都声[(2)]。问其人，本长安倡女[(3)]，尝学琵琶于穆、曹二善才[(4)]，年长色衰，委身为贾人妇[(5)]。遂命酒，使快弹数曲。曲罢悯然[(6)]，自叙少小时欢乐事，今漂沦憔悴，转徙于江湖间。予出官二年[(7)]，恬然自安，感斯人言，是夕始觉有迁谪意。因为长句[(8)]，歌以赠之[(9)]，凡六百一十六言[(10)]，命曰《琵琶行》[(11)]。

浔阳江头夜送客[(12)]，枫叶荻花秋瑟瑟[(13)]。主人下马客在船，举酒欲饮无管弦[(14)]。醉不成欢惨将别，别时茫茫江浸月。忽闻水上琵琶声，主人忘归客不发[(15)]。寻声暗问弹者谁？琵琶声停欲语迟。移船相近邀相见，添酒回灯重开宴[(16)]。千呼万唤始出来，犹抱琵琶半遮面。

转轴拨弦三两声[17],未成曲调先有情。弦弦掩抑声声思[18],似诉平生不得志。低眉信手续续弹[19],说尽心中无限事。轻拢慢捻抹复挑[20],初为《霓裳》后《六幺》[21]。大弦嘈嘈如急雨[22],小弦切切如私语[23]。嘈嘈切切错杂弹,大珠小珠落玉盘。间关莺语花底滑[24],幽咽泉流冰下难[25]。冰泉冷涩弦凝绝[26],凝绝不通声暂歇。别有幽情暗恨生,此时无声胜有声。银瓶乍破水浆迸,铁骑突出刀枪鸣[27]。曲终收拨当心画[28],四弦一声如裂帛[29]。东船西舫悄无言,唯见江心秋月白。沉吟放拨插弦中,整顿衣裳起敛容[30]。自言本是京城女,家在虾蟆陵下住[31]。十三学得琵琶成,名属教坊第一部[32]。曲罢曾教善才服,妆成每被秋娘妒[33]。五陵年少争缠头[34],一曲红绡不知数[35]。钿头银篦击节碎[36],血色罗裙翻酒污。今年欢笑复明年,秋月春风等闲度。弟走从军阿姨死,暮去朝来颜色故[37]。门前冷落车马稀,老大嫁作商人妇。商人重利轻别离,前月浮梁买茶去[38]。去来江口守空船,绕船月明江水寒。夜深忽梦少年事,梦啼妆泪红阑干[39]。我闻琵琶已叹息,又闻此语重唧唧[40]。同是天涯沦落人,相逢何必曾相识!我从去岁辞帝京,谪居卧病浔阳城。浔阳地僻无音乐,终岁不闻丝竹声。住近湓江地低湿,黄芦苦竹绕宅生。其间旦暮闻何物?杜鹃啼血猿哀鸣。春江花朝秋月夜,往往取酒还独倾。岂无山歌与村笛,呕哑嘲哳难为听[41]。今夜闻君琵琶语,如听仙乐耳暂明。莫辞更坐弹一曲,为君翻作《琵琶行》。感我此言良久立,却坐促弦弦转急[42]。凄凄不似向前声[43],满座重闻皆掩泣[44]。座中泣下谁最多?江州司马青衫湿[45]。

题解 “琵琶行”源于汉魏乐府,是乐府曲名之一,后来成为古代诗歌中的一种体裁。本诗曲名与题名相同。白居易由于连遭打击而心境凄凉,满怀郁愤。次年深秋送客湓浦口,偶遇琵琶女,创作出这首传世名篇。《琵琶行》创作于元和十一年(816年),诗人时任江州司马。

注释 (1)湓浦口,湓水流至长江入口处,在江西省九江市西。 (2)铮铮然有京都声,铮铮形容金属、玉器等相击声。京都声,指唐代京城长安一带流行的乐曲声调。 (3)倡女,乐女。倡,泛指中国古代表演歌舞杂戏的艺人,又称倡人,倡优，倡伎，倡女。（4）善才，唐代曲师通称。穆、曹二人是当时京城著名的琵琶手。（5）委身，托身、嫁给。贾人，商人。（6）悯然，忧郁的表情。（7）出官，从京官外调，这里指自己被贬谪离开京城。（8）因为长句，因而创作七言诗。长句，七言诗。（9）歌以赠之，作歌赠给她。（10）凡，总共。（11）命曰，取名为。（12）浔阳江，流经浔阳城中的溢水，即今江西省九江市中的龙开河，经溢浦口注入长江。（13）瑟瑟，一作索索，形容枫树、芦荻被秋风吹动的声音。（14）管弦，原义泛指乐器，此处指音乐。（15）主人，指作者自己。不发，不动身。（16）回灯，重新拨亮灯光。（17）转轴拨弦，转动琵琶上缠绕丝弦的轴，拨动琴弦以调音定调。（18）掩抑，掩按和遏抑，均为弹奏的指法。思，悲，伤。（19）续续弹，连续弹奏。（20）轻拢慢捻抹复挑，弹拨琵琶的几个手指动作。（21）《霓裳》，即《霓裳羽衣曲》。《六幺》即录要。宋程大昌《演繁露》注："本自乐工进曲，上令录出要者，乃以为名，误言绿腰。"可知绿腰、六幺的真名是录要。（22）大弦，指最粗的弦。嘈嘈，声音沉重喧响。（23）小弦，最细的弦。切切，细促轻幽，急切细碎。（24）间关，婉转。莺语，婉转流畅如鸟鸣。（25）幽咽，遏塞不畅状。冰下难，泉流冰下阻塞难通，形容乐声由流畅变为冷涩。（26）凝绝，凝滞。（27）此二句形容静寂中又忽然发出激越而雄壮的声音，如同银瓶乍破，水浆崩溅；伏兵齐出，刀枪碰撞发出声响。（28）拨，弹奏弦乐时所用的金属或角质具。当心画，用拨子在琵琶的中部划过四弦，是一曲结束时经常用到的手法。（29）裂帛，撕开布匹的声音。（30）敛容，收敛（原来忧郁的）面部表情。（31）虾（há）蟆陵，在长安城东南，曲江附近，是当时有名的游乐地区。虾蟆陵是下马陵的误传。（32）教坊，唐代官办管理音乐杂技、教练歌舞的机关。（33）秋娘，唐时歌舞妓常用的名字。（34）五陵，在长安城外，原为汉代五个皇帝的陵墓。汉朝规定陵侧置县，由县民供奉陵园。后渐成贵族聚居区。五陵年少或五陵少年指贵公子。缠头，用锦帛之类的财物送给歌舞妓女。（35）绡，精细轻美的丝织品。此句谓唱一曲就得到无数绢帛。（36）钿（diàn）头银篦（bì），此指镶嵌着花钿的篦形发饰。击节，打拍子。（37）颜色故，容貌衰老。（38）浮梁，古县名，唐属饶州，在今江西省景德镇市。（39）阑干，（脂粉）纵横散乱的样子。（40）重，复，重新。唧唧，轻微的叹息声。（41）呕哑嘲哳（ōu yā zhāo zhā），形容声音噪杂，此处指粗俗的乡野音乐。（42）却坐，退回到原处。促弦，把弦拧得更紧。（43）向前声，先前奏过的曲调声。（44）掩泣，掩面而抽泣。（45）江州司马，指白居易自己。司马，官职名。中唐时州郡司马只承旧制设备员，多以处置京官迁谪者，是不治事的散职。青衫湿，官服都被泪水打湿了。按唐制，青是文官品级最低的服色。州郡司马的官阶是将仕郎，从九品，故只能穿青衫。

简析　这篇长篇叙事抒情诗，叙写的是白居易和琵琶女"同为天涯沦落人"的凄惨往事，抒发的是“相逢何必曾相识”的知音之情。诗人充分调动语言文字拟声绘色的美学功能，以及对秋夜浔阳江上凄清夜色的描绘，对琵琶女音容相貌和弹拨琵琶动作的描述，还有她的自叙与对话，极其生动鲜明地刻画了一个失意艺妓的形象。诗中还大量运用拟声和比喻的手法，模拟了琵琶音色、音调、节奏的各种变化，表现出琵琶女的复杂、深沉的情感。诗人熟练地用语言艺术将视觉听觉予以“通感”，给人以极其鲜活、生动、具体的艺术感受。作者不仅表达了对琵琶女的深深同情，并把自己的不幸遭遇与琵琶女的遭遇联系起来，这种由“通感”而产生的“共鸣”，使得该诗“不胫而走”，“传遍天下”。

得行简书闻欲下峡先以此寄

朝来又得东川信(1)，欲取春初发梓州(2)。
书报九江闻暂喜，路经三峡想还愁(3)。
潇湘瘴雾加餐饭(4)，滟滪惊波稳泊舟(5)。
欲寄两行迎尔泪(6)，长江不肯向西流。

题解　白居易贬放江州司马两年后，即元和十二年(817年)冬，其弟白行简来信，说明年春天将从四川梓州来江州看望哥哥。白居易以此诗代书信作答。

注释　(1)东川，唐中叶设立东川郡，隶属四川。至清代雍正年间划归云南，今为云南昆明市东川区。 (2)梓州，唐代属四川剑南道，今为四川三台县潼川镇。发梓州，从梓州乘船启程。 (3)“书报”两句谓自己在九江接到来信，先是喜欢，但想到三峡难行，又转为担心。 (4)瘴雾，瘴气，指南方山林沼泽间湿热蒸发致人疾病的气。加餐饭，此句的意思是劝弟弟注意饮食，使身体能够抵御疾疫。(5)滟滪，滟滪堆，雄踞长江瞿塘峡口江心的一块巨石，危及行船安全。稳泊舟是提醒弟弟注意安全。 (6)迎尔泪，因欢迎你而激动落泪。

简析　该诗真实地抒写了得知弟弟远道来看望自己时的心情变化。诗人先是喜出望外，很快又为兄弟要穿越山高水险的三峡和瘴雾弥漫的水乡泽国而感到担忧。因而反复嘱咐他沿途要注意安全、保重身体。表达了作者对兄弟殷殷关切的骨肉深情。末二句“欲寄两行迎尔泪，长江不肯向西流。”既诙谐又形象，还有几分故作轻松。全诗情真意切，感人至深。

卢侍御与崔评事为予于黄鹤楼置宴宴罢同望

江边黄鹤古时楼，劳致华筵待我游(1)。

楚思淼茫云水冷(2),商声清脆管弦秋(3)。
白花浪溅头陀寺,红叶林笼鹦鹉洲。
总是平生未行处(4),醉来堪赏醒堪愁(5)。

题解 宪宗元和十四年(819年),即白居易贬放江州四年后,被朝廷命为忠州刺史,于是携家人溯江而上赴任。途径武昌时,官员卢侍御与崔评事在黄鹤楼设宴招待,宴罢共同欣赏江景。

注释 (1)劳,有劳(诸位)。致,置办。华筵,豪华的盛宴。 (2)楚思,泛指乡思、乡愁。南朝鲍照《送别王宣城》:"发郢流楚思,涉淇兴卫情。"淼茫,同渺茫。(3)商声,古代音乐五声中的商音,凄清的音调,又比喻秋声。 (4)总是,凡是。平生未行处,一个新的陌生地方。 (5)醉来堪赏醒堪愁,意谓醉中或梦里不知身是客,醒来之后会产生乡愁。

简析 黄鹤楼上的盛宴后,眺望浩瀚的长江,还有江畔的寺庙、红叶笼罩的鹦鹉洲,这些久负盛名的美景,在酒醉欲醺之时,格外激起诗人的雅兴;但当他清醒之后,一个"愁"字又上心头。至于为何而愁,尽可以留给后人想象。

入峡次巴东

不知远郡何时到(1),犹喜全家此去同。
万里王程三峡外(2),百年生计一舟中。
巫山暮足沾花雨(3),陇水春多逆浪风(4)。
两片红旌数声鼓(5),使君艛艓上巴东(6)。

题解 《入峡次巴东》写于诗人携家人从江州赴忠州升任刺史途中。次,停留,停驻。巴东,在今湖北宜昌西二百里处江边,西陵峡中部。

注释 (1)远郡,指作者即将赴任的忠州。 (2)王程,奉王命登程赴任。三峡外,要穿过三峡。 (3)巫山暮足沾花雨,仍是引用巫山神女朝云暮雨的传说。(4)陇水,即陕西渭水,代指京城长安。逆浪风,暗喻京城复杂尖锐的政治斗争。 (5)两片红旌数声鼓,船头插两面红旗,又不断击鼓要他船避让。 (6)使君,汉唐州郡长官的称呼,此处为作者自称。艛艓(lóu dié),原义是小船,诗人乘坐的虽是官船,但行驶峡中的船不可能很大。

简析 诗人奉命从江州赴忠州任刺史,终于结束了长达四年的江州生涯,又能继续避开长安的政治风浪。沐浴着巫山花雨，且有全家人同行，乘坐着官船，进入三峡直抵巴东。他沉郁几年的心情为之缓解，心境也渐见开朗兴奋。

夜入瞿塘峡

瞿塘天下险，夜上信难哉(1)！
岸似双屏合(2)，天如匹练开(3)。
逆风惊浪起，拔篸暗船来(4)。
欲识愁多少，高于滟滪堆(5)。

注释 (1)夜上信难哉，夜间过瞿塘峡，实在更难。信，实在，真正。 (2)岸似双屏合，两岸像一对屏风靠近。 (3)天如匹练开，比喻仰望天空，天空狭窄得如同一条白练。 (4)拔篸暗船来，纤夫们拉着纤绳，拉着船只在黑暗中逆水而来。篸，纤夫拉船用的竹纤。 (5)高于滟滪堆，诗人的忧愁高过瞿塘峡口的滟滪堆。

简析 《夜入瞿塘峡》运用大量贴切的比喻，生动地描述瞿塘峡之奇险，抒发了作者内心的哀愁。此诗开门见山，直抒胸臆，风格鲜明。

暮江吟

一道残阳铺水中(1)，半江瑟瑟半江红(2)。
可怜九月初三夜(3)，露似真珠月似弓(4)。

题解 穆宗长庆二年(822年)，白居易回京不久又自求外任，奉派赴杭州任刺史。赴任途中的一个秋日黄昏，诗人漫步江畔，欣赏大江落霞、新月初升的胜景，触景生情而吟诵此诗。

注释 (1)残阳，夕阳，落日余晖。 (2)瑟瑟，原指一种绿宝石，如《通雅》中的“宝石如珠，真者透碧”。这里形容碧绿色。 (3)可怜，原意指令人怜悯，这里作可爱解。 (4)真珠，珍珠。

简析 诗人仿佛一位高明的山水画家，极尽描容绘色之能事，给人呈现出一幅变幻寂寥的暮江画面：夕阳西下，新月初升，落日余晖映照之处江水染红，余光不到的暗处江水深绿。岸边露珠闪亮，天上弦月如弓。看似平平淡淡，却写尽暮江秋色。清人宋顾乐评述此诗“丽绝韵绝，令人神往”。

忆江南（三首选二）

（一）

江南好，风景旧曾谙[1]。
日出江花红胜火，春来江水绿如蓝[2]。
能不忆江南？

（二）

江南忆，最忆是杭州。
山寺月中寻桂子[3]，郡亭枕上看潮头[4]。
何日更重游？

题解　诗人在青少年时期就在江南苏杭两地流连忘返，二十五岁成进士后，曾经再游江南。五十一岁后，先后两度出任苏州、杭州刺史，在此两地度过四年时光，江南给他留下极为美好的印象。晚年白居易退居洛阳，担任闲职，大约在文宗开成二年（837年）他六十六岁时写下了《忆江南》三首。

“忆江南”，词牌名，原名“望江南”。因白居易作“忆江南”名震诗坛，遂有人改词牌名为“忆江南”。也有人坚持以“望江南”作词牌名，如南唐后主李煜。

注释　（1）旧曾谙，从前就很熟悉。谙，熟悉。　（2）蓝，蓼蓝，又称蓝或靛青，植物，是一种深蓝色的染料，也可药用。　（3）桂子，即桂花。山寺可能指杭州灵隐寺或天竺寺。宋之问《灵隐寺》诗中有“桂子月中落，天香云外飘”之句。又，作者《东城桂》诗自注：“旧说杭州天竺寺每岁中秋有月桂子堕。”　（4）郡亭，可能指杭州城东楼。潮头，杭州湾著名的钱塘江八月大潮的潮头。

简析　《忆江南》所描绘的，都是作者记忆最为深刻，最具江南特点的景物。“日出江花红胜火，春来江水绿如蓝”两句，胜似宏大的印象派画作，也成为此后中国人识别江南的标志性色彩。当然，《忆江南》既是诗人对山清水秀江南景色的追忆，也是自己对青春年华的缅怀。一句“何日更重游”，就是在情浓如酒的怀念和赞颂中，不经意间流露出老之将至的感慨之情。

◎元　稹

离　思(五首之四)

曾经沧海难为水(1),除却巫山不是云(2)。
取次花丛懒回顾(3),半缘修道半缘君(4)。

作者简介　元稹(779—831年),字微之,河南府(今河南洛阳)人,著名诗人。虽然一度官至宰相,却在李逢吉的陷害下被贬往外地。晚年官至武昌节度使等职,死后追赠尚书右仆射。元稹的诗辞浅意深,诗作号为“元和体”。与白居易齐名,并称“元白”,二人同为新乐府运动倡导者。有《元氏长庆集》60卷,补遗6卷,存诗八百三十余首。

题解　元稹妻子韦丛去世后,诗人饱含深情写了《离思五首》,悼念亡妻。这是其中的第四首。离,离别、逝去。思,思念、悼念。

注释　(1)曾经,曾经亲临。沧海,深青色的大海。难为,不屑一顾,不值得一看。意思是曾经看汪洋大海,别处的水就不屑一顾了。　(2)除却巫山不是云,意思是除了巫山,别处的云便不称其为云。此两句暗喻自己和妻子的感情之深。(3)取次,草草,仓促,随意。花丛,借自然界的花丛比喻美貌女子云集的地方,暗指青楼妓馆。懒回顾,不想再来。　(4)半缘修道,一半是因为修炼道家之术而清心寡欲。半缘君,一半是因为与你(指亡妻)的感情难忘。

简析　此诗采用巧比曲喻的手法,表达了主人公对亡妻的深深怀念。它接连用水、用云、用花比人,把亡妻的贤德美貌刻画得淋漓尽致,末二句更把对亡妻的深情眷恋抒发得感人至深。全诗曲折委婉,含而不露,意境深远,情真意切。

闻乐天授江州司马

残灯无焰影幢幢(1),此夕闻君谪九江。
垂死病中惊坐起(2),暗风吹雨入寒窗。

题解　宪宗元和十年(815年),白居易被贬为江州司马,元稹闻讯后写下此诗。史实是元、白二人同年遭贬外放,但贬谪元稹的上谕稍微晚出,故其写作此诗时尚不知道自己即将到来的命运。

注释　(1)幢幢(chuáng chuáng),灯光摇晃不定。　(2)垂死,病危。元稹此时重病。

简析 此诗以景衬情，以景写情，用“残灯”“暗风”“寒窗”渲染凄清的气氛，用“惊坐起”的动作描述闻讯后的极度震惊。全诗情境凄凉，情调悲怆，表达了作者对白居易深深的关切之情。元稹把他这首诗寄到江州以后，白居易读了非常感动。他在回赠的《与元微之书》中说：“此句他人尚不可闻，况仆心哉！至今每吟，犹恻恻耳。”

水上寄乐天

眼前明月水，先入汉江流(1)。
汉水流江海，西江过庾楼(2)。
庾楼今夜月，君岂在楼头(3)。
万一楼头望，还应望我愁。

题解 此诗当作于宪宗元和十二年至十三年(817—818年)间。其时元稹贬放通州(今四川达州)，白居易贬放江州则已三年之久。诗人月夜泛舟，对景怀人，凄然命笔，寄给远在九江的白居易。

注释 (1)汉江，此处汉江指的是长江上游的支流嘉陵江，古时称嘉陵江为西汉江。元稹任职的通州(今达州)，位于嘉陵江畔。 (2)西江，按其诗意应是指九江。庾楼又叫庾公楼，在今九江，据传是东晋庾亮所建。但据《晋书·庾亮传》载：“亮于秋夜登南楼，时亮镇武昌。” (3)君，指白居易。

简析 一个月白风清之夜，诗人泛舟游于嘉陵江上，举头仰望明月，低头看一江江水流向远方。于是触景生情，心潮澎湃，遥念远在江州的挚友白居易。二人虽相距千里，但相思相忆，千里同心的深挚情感跃然纸上。

楚歌十首(其九)

三峡连天水，奔波万里来。
风涛各自急，前后苦相推。
倒入黄牛漩(1)，惊冲滟滪堆(2)。
古今流不尽，流去不曾回。

题解 宪宗元和十年(815年),元稹被贬为通州(今四川达州)刺史。到元和十四年(819年)才出峡江抵江陵(湖北荆州),途中赋《楚歌十首》,叙写了巴楚一带的自然景观和历史文化。这是其中的第九首。

注释 (1)黄牛漩,黄牛峡的漩涡,黄牛峡,位于三峡下游的西陵峡中。 (2)滟滪堆,位于三峡上游瞿塘峡口的一块巨大礁石。

简析 这首诗以极其夸张的手法,形象生动地描写了长江三峡中惊涛骇浪,一泻千里的磅礴气势,感叹江河万古而时光不能停留。

◎贾　岛

送天台僧

远梦归华顶(1),扁舟背岳阳(2)。
寒蔬修静食(3),夜浪动禅床(4)。
雁过孤峰晓,猿啼一树霜。
身心无别念,余习在诗章(5)。

作者简介 贾岛(779—843年),字阆仙,人称诗奴。幽州范阳(今河北涿州)人。早年曾经出家为僧,号无本,自号碣石山人。稍后受教于韩愈,但累举不中。文宗(827—841年在位)时曾任长江(今四川大英县)主簿。武宗会昌(841—817年)年初由普州司仓参军改任司户。有《长江集》10卷,录诗390余首。

题解 《送天台僧》是一首赠别诗,为诗人在洞庭湖畔的岳阳送浙江天台山高僧返归天台山华顶道场时所作。

注释 (1)远梦,指僧人怀念远方。华顶,指华顶讲寺、华顶道场,位于浙江省天台山的华顶峰下。 (2)背岳阳,离岳阳而去。 (3)寒蔬,冬天食用的蔬菜。净食,佛陀制禁僧人食用草、菜、瓜果时,必以火烧煮,或以刀和爪甲等除其皮核而后食,称为净食。 (4)禅床,和尚修炼坐禅之床。 (5)余习在诗章,修习佛法之余,也留意诗文。

简析 该诗刻画了一个孤寒清寂、潜心修炼、超凡脱俗的高僧形象,表达了诗人对其清高品质的赞美。贾岛早年曾经出家为僧,还俗后虽然行走官场,吟诗作赋,但还是经常结交高僧，对他们的习俗非常了解。

◎张　祜

西江行

日下西塞山[1]，南来洞庭客[2]。
晴空一鸟渡，万里秋江碧。
惆怅异乡人，偶言空脉脉[3]。

作者简介　张祜（785？—849年），字承吉，河北道清河郡（今河北邢台清河县）人。出身于清河张氏望族，家世显赫，时人称作张公子，有海内名士之誉。在诗歌创作上成就卓越，尤以《宫词二首》中“故国三千里，深宫二十年”而获誉。《全唐诗》收录其诗歌349首。

题解　西江是长江的别称。李白《苏台览古》：“只今唯有西江月，曾照吴王宫里人。”此诗写作者乘舟出洞庭湖，行至鄂东长江畔的西塞山下时的所见所感。

注释　（1）西塞山，位于今湖北黄石长江边。　（2）南来洞庭客，洞庭湖在西塞山的西南方，诗人自洞庭湖乘舟而来。　（3）脉脉，凝视状。《古诗十九首》：“盈盈一水间，脉脉不得语。”

简析　此诗写诗人出洞庭，进长江，船到西塞山下时的瞬间审美感受。面对眼前落日西沉，晴空一鸟，漫江碧透的江景，这位异乡人既感新奇壮美，又觉惆怅孤独，久久凝视不语。

夜宿湓浦逢崔升

江流不动月西沉，南北行人万里心[1]。
况是相逢雁天夕[2]，星河寥落水云深[3]。

题解　湓浦位于今九江市浔阳区。湓为湓水，今江西省龙开河的古称。浦，水边或河流入海的地方。崔升，生平不详，应是作者的故交老友。

注释　（1）万里心，心系万里之外的家乡。　（2）雁天夕，北雁南飞的秋夜。

(3)星河即银河。寥落,稀疏、冷寂。

简析 该诗以极其洗练的笔法,描绘了异地他乡月夜逢故友的情景。以月落江静、长空雁叫、星河寥落的空灵冷寂,衬托了他心系故乡的云水深情。

◎李 贺

巫山高

碧丛丛(1),高插天,大江翻澜神曳烟(2)。
楚魂寻梦风飔然(3),晓风飞雨生苔钱(4)。
瑶姬一去一千年(5),丁香筇竹啼老猿(6)。
古祠近月蟾桂寒(7),椒花坠红湿云间(8)。

作者简介 李贺(791—816年),字长吉,河南昌谷(今洛阳宜阳县)人。有"诗鬼"之称,与"诗圣"杜甫、"诗仙"李白、"诗佛"王维齐名。又与李白、李商隐并称为唐代三李。李贺的诗作想象丰富,常用神话传说来托古寓今,抒发对理想抱负的追求;对当时藩镇割据、宦官专权和人民所受的残酷剥削都有所反映。著有《昌谷集》,留下了"黑云压城城欲摧","雄鸡一声天下白","天若有情天亦老"等千古佳句。毛泽东常在诗作中引用、化用李贺的诗句。

题解 "巫山高"原为汉代鼓吹铙歌十八曲之一,后成为乐府题名。南北朝以来有诸多以"巫山高"命题的诗作,其情旨大都围绕巫山朝云暮雨的山色和楚襄王梦遇神女的故事展开。李贺的这首《巫山高》同样如此,但是其诗中所蕴含浓郁的伤逝色彩远远大于浪漫风流的基调。李贺只活了二十七岁,短暂的人生中并未曾到过巫山,此诗是他的奇思幻想之作。

注释 (1)碧丛丛,碧绿的群峰簇聚。 (2)大江,指长江。神,指巫山神女。曳(yè)烟,指神女在烟云中飞行,长裙拖带着云彩。 (3)楚魂寻梦,指楚王梦遇巫山神女的故事。典出宋玉《神女赋》。飔(sī)然,凉飕飕。 (4)晓风,凌晨的风。苔钱,苔藓,其圆如铜钱,故如此称。 (5)瑶姬,即巫山神女,相传为赤帝之女,死后葬于巫山之南。 (6)丁香,即紫丁香。筇(qióng)竹,即邛竹,又叫罗汉竹,是西南地区特有竹种,因古邛国(在今四川西昌市东南)盛产此竹而得名。啼老猿,老猿啼之倒置。 (7)古祠,指巫山神女祠,在巫山的对面。近月,接近月亮,极言山峰上的古祠位置高险。蟾桂,指传说中月宫里的蟾蜍和桂树。 (8)椒花坠红湿云间，花椒紫红色的果实纷纷坠落，染红了云朵。椒，花椒，灌木，子实紫红，开黄绿色小花。

简析 该诗从描写巫山景色着笔，循着巫山神女的典故展开奇思幻想，写得神幻缥缈，又蕴含着历史的沧桑，融进了个人强烈的主观情感。其风格、意趣颇似《楚辞·九歌》。

蜀国弦

枫香晚花静(1)，锦水南山影(2)。
惊石坠猿哀(3)，竹云愁半岭(4)。
凉月生秋浦(5)，玉沙粼粼光(6)。
谁家红泪客(7)，不忍过瞿塘。

题解 《蜀国弦》一诗当作于宪宗元和九年(814年)。其时李贺二十五岁，正在吴楚一带漫游，凭借超凡的想象和丰富的联想写成这首诗。"蜀国弦"本为乐曲名。

注释 (1)枫香，枫树树脂散发的香味。《尔雅·释木》云："枫树似白杨，叶圆而岐，有脂而香，今之枫香是也。" (2)锦水，即锦江，在今四川省境内，用此水濯锦而锦彩鲜润，故称濯锦江。南山，泛指锦江南岸的群山。 (3)惊石坠猿哀，猿哀惊坠石的倒置。杜甫《泥功山》："哀猿透却坠。" (4)竹云，形容密密麻麻的竹林仿佛竹云一样。 (5)秋浦，秋日的水滨。张九龄《别乡人南还》："东南行舫远，秋浦念猿吟。" (6)粼粼，水流清澈貌或水石闪映貌。 (7)红泪，美女的眼泪。晋王嘉《拾遗记》："文帝所爱美人，姓薛名灵芸，常山人也。……灵芸闻别父母，歔欷累日，泪下沾衣。至升车就路之时，以玉唾壶承泪，壶则红色。既发常山，及至京师，壶中泪凝如血。"后因以"红泪"称美人泪。

简析 此诗前六句生动具体地描写蜀地山水的特征，末二句描述了一位少女须远离故土而不忍辞别的凄清情境。诗人充分运用了语言艺术拟声绘色的美学功能和"通感""移觉"的修辞手法，描绘巴山蜀水的险峻而奇幻的视觉形象，描摹抽象的可听而不可见的琴弦声，创造了一个旋律多变、节奏跌宕起伏、感伤凄美的音乐意境。

◎杜 牧

泊秦淮

烟笼寒水月笼沙，夜泊秦淮近酒家。
商女不知亡国恨(1)，隔江犹唱后庭花(2)。

作者简介 杜牧(803—852年)，字牧之，京兆万年(今陕西西安)人，顺宗朝宰相杜佑之孙。文宗太和二年(828年)中进士，授弘文馆校书郎。因其秉性刚直，被人排挤，在江西、皖南、淮南等地做了十年幕僚。太和九年(835年)他三十六岁时内迁为京官，又受李林甫排挤，出任黄州、池州、睦州等地刺史。晚年隐居长安南樊川别墅，自号樊川居士。诗作以七言绝句著称，内容以咏史抒怀为主，多含经世之意。有《樊川文集》二十卷传世，其中诗四卷。

题解 此诗写作者在淮南和扬州担任幕僚，夜游南京秦淮河时之所见所感。秦淮，即秦淮河，发源于江苏溧水县，流经南京注入长江，相传为秦始皇南巡会稽时所开，凿钟山以疏淮水，故称秦淮河。历来为南京官宦富贾宴游之处。

注释 (1)商女，以卖唱为生的歌女。 (2)后庭花，即“玉树后庭花”，乐府清商曲中吴声歌曲名，唐为教坊曲名。相传为南朝后主陈叔宝所制。其辞轻荡，其音甚哀。陈后主溺于声色，作此曲与后宫寻欢作乐，终致亡国，后人以之代称亡国之音。

简析 该诗是诗人夜泊秦淮时触景感怀，忧国忧民之作。前两句写景，描绘了轻烟缭绕、月色迷离、船泊河边的秦淮河夜景。后两句发表议论，直抒胸臆。借陈后主因追求声色享乐终致亡国的旧事，讽刺那些步历史后尘，终日醉生梦死的晚唐统治者，表现了作者深切的忧国忧民之情。全诗情景交融，意境幽深，感情深沉含蓄，语言精美凝炼。《唐诗别裁》称此诗为“绝唱”。《唐诗笺》则云：“后之咏秦淮者，更从何处措词？”

赤 壁

折戟沉沙铁未销(1)，自将磨洗认前朝(2)。
东风不与周郎便(3)，铜雀春深锁二乔(4)。

题解 赤壁在今湖北省蒲圻县(今称赤壁市)长江南岸。诗人仔细观赏考察了古战场的遗物,有感于三国时代的英雄成败而发表了独特的看法。

注释 (1)折戟,折断的戟。戟为古代兵器之一,此处指代兵器。销,销蚀、锈蚀。 (2)磨洗,磨光洗净。认前朝,辨认出沉戟是三国时期赤壁之战遗留的兵器。 (3)东风,指吴蜀联兵,诸葛亮“借东风”火烧曹军的赤壁之战。周郎,即周瑜,字公瑾,赤壁之战中吴国军事统帅。 (4)铜雀,即铜雀台。曹操在邺城(今河北省临漳县)建造的一座楼台,楼顶耸立大铜雀,台上姬妾歌妓成群,乃曹操暮年行乐处。二乔,东吴乔公的两个女儿,大乔嫁前国主孙策(孙权之兄),小乔嫁给周瑜。

简析 这是一篇脍炙人口的咏史抒怀之作。前段访古叙事,由折戟联想到当年的赤壁之战。后段咏史抒怀,发表自己对赤壁之战起因和结果的一家之见。全诗语言优美,联想丰富,形象鲜明,内涵深刻。

江南春

千里莺啼绿映红(1),水村山郭酒旗风(3)。
南朝四百八十寺(2),多少楼台烟雨中(4)。

题解 文宗太和七年(833年)春,杜牧奉命由宣州经江宁往扬州访淮南节度使牛僧孺。他既沿途欣赏了花红柳绿、莺歌燕舞的江南春景,更看到了无数星罗棋布的寺庙楼台,思古叹今,写下此诗。

注释 (1)莺啼,即莺歌燕语。绿映红,绿叶红花相映照。 (2)郭,城郭、外城,城外围着城的墙。此处指山中小镇。酒旗,挂在酒店门前作为标记的幌子。风,风动,迎风招展。 (3)南朝,指南北朝时期先后在建业(即南京)的宋、齐、梁、陈政权。南朝皇帝和官僚好佛,在京城大建佛寺。《南史·循吏·郭祖深传》说:“都下佛寺五百余所。”四百八十寺,是约数。 (4)楼台,原指华丽的楼阁亭台,此处指寺院建筑。烟雨,如烟似雾的蒙蒙细雨。

简析 诗人喜爱山清水秀的江南,但诗中特别点出的事物一是酒家,二是寺庙,应该别有深意,尤其是南朝君臣痴迷信佛,后果不言自明。诗人在赞美江南秀美的自然景观、悠久的历史文化遗产的同时,也含蓄带有某种历史警示。

寄扬州韩绰判官

青山隐隐水迢迢(1),秋尽江南草未凋(2)。
二十四桥明月夜(3),玉人何处教吹箫(4)。

题解 文宗太和七年(833年)至太和九年(835年),杜牧曾任淮南节度使掌书记,与韩绰是同僚。此后不久,杜牧回京任监察御史,写下此诗寄给仍在扬州的韩绰。判官,观察使、节度使的属官。

注释 (1)隐隐,不分明貌。《水经注》:"连山隐隐。"迢迢,一作遥遥。《左传》昭公二十五年:"远哉遥遥。" (2)秋尽江南草未凋,因地气偏暖,秋末的江南树木还没凋谢。 (3)二十四桥,扬州一座桥的名称,而不是共二十四座桥。《扬州画舫录》云:"二十四桥,即吴家砖桥,古有二十四美人吹箫于此,故名。" (4)玉人,容貌娇美的女性,此处指扬州歌妓。

简析 作者回长安不久就是关中水冷草枯的深秋,故虽身处庙堂,还是难忘在江南的温馨岁月,留恋江南景物的秀美。诗中表达了作者对扬州生活的无限缅怀和对老朋友的深情眷念。全诗意境优美,风趣盎然。

遣　怀

落魄江湖载酒行[1],楚腰纤细掌中轻[2]。
十年一觉扬州梦[3],赢得青楼薄幸名[4]。

注释 (1)落魄,穷困潦倒失意。江湖,泛指京城以外的地方。载酒行,带酒漂流各地。 (2)楚腰,细腰的美女,《墨子》:"楚灵王好细腰。"掌中轻,形容清瘦轻盈的美人,能够在手掌上舞蹈。典出汉成帝皇后赵飞燕体轻善舞。《飞燕外传》:"体轻,能为掌上舞。" (3)十年,诗人在江西、皖南、淮南三地将近十年。扬州梦,形容自己在扬州放荡形骸的浪漫生活,仿佛匆匆一场春梦。 (4)赢得,落下。青楼,妓院,歌楼舞榭。薄幸名,爱情不专一的名声。

简析 杜牧前后在江西、皖南、淮南(包括扬州)等地做了十年幕僚,仕途失意,因此生活放荡不羁,诗酒风流,与友宴游作乐,与扬州青楼女子多有来往。中年以后回首往事,不免自责和懊恼。

题齐安城楼

呜轧江楼角一声[1],微阳潋潋落寒汀[2]。
不用凭栏苦回首,故乡七十五长亭[3]。

题解 玄宗天宝(742—756年)间,改黄州为齐安郡。晚唐武宗会昌二年(842年)

四月至会昌四年(844年),杜牧曾担任齐安(今湖北黄冈市)刺史两年多。此诗为作者在齐安城楼眺望时怀恋故乡长安的题诗。

注释 (1)呜轧(wū yà),吹角声。(宋)周邦彦《华胥引·秋思》词:“别有孤角吟秋,对晓风呜轧。” (2)潋潋(liàn liàn),水波流动貌。此处也有渐渐、缓缓的意思。汀,沙洲。 (3)七十五长亭,描述故乡之遥远。按唐时计量,黄州距长安二千二百五十五里(《通典》卷一八三),驿站恰合七十五之数(古时三十里一驿,每驿有亭)。

简析 这是一首宦游思乡之作。“微阳潋潋落寒汀”的凄清景色,烘托了诗人宦游在外的孤凄心境,“故乡七十五长亭”的精确计算,既表现了故乡之遥远,又描绘了诗人引颈远望故乡的神态;而江楼上的一声呜轧吹角声,则惊醒了他对故乡的苦苦回望。短短四句,把作者思乡的环境、神态、心境融汇于一体。

兰溪

兰溪春尽碧泱泱(1),映水兰花雨发香。
楚国大夫憔悴日(2),应寻此路去潇湘(3)。

题解 该诗写于武宗会昌四年(844年)暮春,杜牧仍在齐安郡刺史任上。兰溪,即兰溪河,在黄州东南七十里,是浠水河下游即将流入长江的一段。

注释 (1)泱泱,指水流的声音很大;或形容深远广大的样子。《诗经·瞻彼洛矣》:“瞻彼洛矣,维水泱泱。” (2)楚国大夫憔悴日,指公元前278年仲春,秦将白起攻破楚都郢(今荆州江陵),楚顷襄王东逃陈(今河南淮阳),屈原悲愤交加,跋涉云梦泽,在湖南汨罗江怀石自沉。 (3)应寻,可能是循着。潇湘,潇水与湘水,代指湖南汨罗。

简析 此诗描绘暮春时节兰溪优美的景色,由此联想起屈原的遭遇,借此抒发自己报国无门,怀才不遇的感慨。

清明

清明时节雨纷纷(1),路上行人欲断魂(2)。
借问酒家何处有(3)? 牧童遥指杏花村(4)。

题解 此诗的写作地点尚存分歧。由于杜牧先后任过黄州、池州和睦州刺史,故有人认为该诗是杜牧任黄州刺史时,视察属县麻城时所作;有人认为是在池州时所作。两地均有传说,均保留有遗址,并且广作宣传。但无论"杏花村"位于何地,在文学上都毫不影响此诗的审美价值。

注释 (1)清明,即清明节,又叫踏青节,农历二十四节气之一。在仲春与暮春之交,是中国传统节日之一,是祭祖和扫墓的日子。 (2)欲断魂,形容行人伤感极深,愁闷阴郁,仿佛丧魂落魄一样。 (3)借问,请问、打听。 (4)杏花村,杏花深处的村庄。受此诗影响,后人多用"杏花村"作酒店名。

简析 中国古体诗以清明、中秋、元宵节为题者佳作无数。而该诗当属写清明的最佳之选,可谓流传千古的"杏花春雨江南"清明图。全诗语言明白如话,音韵流畅如歌,情境鲜明如画,意境凄美迷离。读之使人陶醉如饮佳酿,获得极大的审美享受。

◎ 李商隐

岳阳楼

欲为平生一散愁(1),洞庭湖上岳阳楼。
可怜万里堪乘兴(2),枉是蛟龙解覆舟(3)。

作者简介 李商隐(813? —858年),字义山,号玉溪(谿)生,祖籍怀州河内(今河南沁阳),出生于郑州荥阳(今河南荥阳市)。文宗开成二年(837年)登进士第,曾任秘书省校书郎、弘农尉等职。因卷入牛李党争而备受排斥,一生困顿不得志。其诗作构思新奇,风格艳丽,一些爱情诗和无题诗写得缠绵悱恻,广为传诵。和杜牧合称"小李杜",与温庭筠合称为"温李"。《岳阳楼》当是诗人政治失意时,漂泊洞庭湖登此楼借以解忧之作。

注释 (1)散愁,驱散、消除忧愁。 (2)万里堪乘兴,万里乘兴而来。 (3)枉是蛟龙解覆舟,可叹的是(洞庭湖)也被蛟龙独占,经常兴风作浪颠覆舟船。

简析 此诗借景抒情,其意含蓄隐晦。作者借大自然的江湖风浪,比喻晚唐朝政之险恶,抒发自己难以排解的积郁。

木兰花

洞庭波冷晓侵云(1),日日征帆送远人(2)。
几度木兰舟上望(3),不知元是此花身(4)。

注释 (1)洞庭波冷晓侵云,清晨冷冽的洞庭湖波翻浪涌,寒意飕飕直逼云霄。晓,黎明,清晨。 (2)征帆,远行的船。远人,远去的朋友。 (3)木兰舟,用芬芳的木兰树制作的船。 (4)元,同原,原来,本来。此句字面的意思是用木兰树做成了船,望花者却并不知道船是花的化身。

简析 诗人在贬放浪游期间,多个阴冷凄清的早晨在洞庭湖边目送朋友乘舟离去。这一次他突然想到水上的木兰舟和岸上的木兰花的关系,遂感慨一般人对事对物不愿寻根究底,也无法把握自己的命运。可知该诗也是对自己遭贬困顿的感叹。

梦　泽

梦泽悲风动白茅(1),楚王葬尽满城娇(2)。
未知歌舞能多少(3)? 虚减宫厨为细腰(4)。

注释 (1)梦泽,楚地古代有云、梦二泽,云泽在江北,梦泽在江南,现今为洞庭湖之湖南、湖北一带。悲风,一说为秋季。宋玉《九辩》:“悲哉秋之为气也,萧瑟兮草木摇落而变衰。”一说为春夏之交,白茅花开之季。白茅,生于湖畔的白色茅草。西周时楚国每年向周天子进贡包茅,以供祭祀时滤酒用。另有一说是白茅象征着女性。《诗经·野有死麕》:“白茅纯束,有女如玉。” (2)楚王,楚灵王,是春秋时代楚国著名的荒淫无道之君。《墨子》:“楚灵王好细腰,其臣皆三饭为节。”《后汉书·马廖传》:“传曰:楚王好细腰,宫中多饿死。”娇,对美女的称谓,这里指楚国宫女。 (3)未知歌舞能多少,不知道有多少能歌善舞的宫女。 (4)虚,白白地。宫厨,宫中的膳食。

简析 这是一首咏史诗。宣宗大中二年(848年),诗人离开桂林北归,途经洞庭湖,目睹一派荒凉凄清的景象而写成该诗。诗中借用楚王好细腰的典故,既讽刺了统治者的昏庸无道,又对渴求宠幸的宫女表达了“哀其不幸,怒其不争”的复杂感情。

夜雨寄北

君问归期未有期(1),巴山夜雨涨秋池(2)。
何当共剪西窗烛(3),却话巴山夜雨时(4)。

题解 宣宗大中五年(851年)秋,李商隐接受西川节度使柳仲郢的邀请,赴梓州担任参军之职。这是他在蜀中一个秋天雨夜中写给长安亲友的诗。因为长安位于巴蜀之北,故名之"寄北"。

注释 (1)君,对对方的尊称,即现代汉语中的"您"。归期,回家的日期。 (2)巴山,指大巴山,横亘于陕西南部和四川东北一带的山脉。此处泛指巴蜀一带。秋池,秋天的池塘,此处泛指川中的江河水泽。 (3)何当,什么时候。共剪西窗烛,共同剪去窗下燃焦的烛芯,使烛光明亮。此为形容二人深夜秉烛长谈。 (4)却话,回头说,追述。

简析 这是一首脍炙人口的寄友诗。首句自问自答,表达了诗人浪迹他乡,归期难定的愁苦;继而描述"巴山夜雨涨秋池"的凄清与孤独。末二句笔锋一转,畅想有一天共同剪烛夜话之时的到来。桂馥在《札朴》卷六说:"眼前景反作后日怀想,此意更深。"

◎ 温庭筠

望江南·梳洗罢

梳洗罢,独倚望江楼(1)。
过尽千帆皆不是(2),斜晖脉脉水悠悠(3)。
肠断白蘋洲(4)。

作者简介 温庭筠(812? —870年),本名岐,字飞卿,别名温八叉、温庭云,太原祁(今山西祁县)人。他精通音律,熟悉词调。诗风浓绮艳丽,语言工炼,被称为花间词派词人之鼻祖。性喜讥刺权贵,多触忌讳,个性张扬,纵酒放浪。其诗与李商隐齐名,并称"温李"。诗词流传至今的仍有六十余首。

题解 "望江南"又名"梦江南""忆江南",原唐教坊曲名,后用为词牌名。"梳洗罢”为词题。此词描述一位闺中少妇倚楼远眺江面，急盼丈夫归来的复杂心绪。

注释 （1）独倚，独自倚靠着。 （2）千帆，上千只船。帆，船帆，指代船只。（3）斜晖，将落的夕阳。对应首句的晨起梳洗，暗示过了整整一个白天的时间。脉脉，双关语，既是流水脉脉，也是等待中的妻子含情脉脉。 （4）肠断，肝肠寸断，形容人极度悲伤愁苦。白蘋洲，长满白蘋的水中沙洲。白蘋，水中白色浮草。

简析 这是一首描写闺怨的小令。词中以江水、千帆、斜阳作为背景烘托，塑造了一个望穿江水，急盼郎归的闺中思妇形象，描述了她从希望到失望乃至“肠断”的心情变化。其内在的情真意切和环境的空灵冷寂，通过含蓄精炼的寥寥数语得以尽情呈现。

◎贯　休

三峡闻猿

历历数声猿，寥寥渡白烟。
应栖多月树(1)，况是下霜天。
万里客危坐(2)，千山境悄然。
更深仍不住，使我欲移船(3)。

作者简介 贯休（823—912年），俗姓姜，字德隐，婺州浦江（今浙江金华）人。是唐末诗画俱佳的著名高僧。此诗写诗人夜泊巫山下闻猿长啼后的感受。

注释 （1）栖，（猿猴）栖身。多月树，月光明亮的树林。 （2）万里客，万里之外的来客，应是指作者自己。危坐，端坐，亦指坐时敬谨端直。《管子·弟子职》：“危坐乡师，颜色无怍。” （3）末二句谓已经深夜了，猿的啼叫声仍然不停止，使得自己动了归心。

简析 诗人以千山、月树、霜天白烟造成一种空旷虚灵的禅境。刻画一位在江舟上正襟危坐，进入禅境的老僧（作者自己），如何被不停啼鸣的猿声所惊扰，不得不移舟离去。诗中有动有静，动静烘托。

春过鄱阳湖

百虑片帆下(1),风波极目看(2)。
吴山兼鸟没(3),楚色入衣寒(4)。
过此愁人处,始知行路难。
夕阳沙岛上,回首一长叹(5)。

注释 (1)百虑,反复思考权衡。片帆,指代一叶小舟。下,渡湖。 (2)极目,尽收眼底。 (3)吴山兼鸟没,吴地的山岭和空中的飞鸟都隐没不见。 (4)楚色入衣寒,楚地的景物随着寒气包围着自己。 (5)末二句说夕阳西下时终于登上沙岛,回望水面真是感觉不易。

简析 该诗前四句描述春天鄱阳湖的空旷辽阔和风波寒冷,致使乘小舟过湖的诗人产生忐忑不安;后四句抒写他登岸后回望湖面的感慨:人生即如世上行路之难。

春游西山寺

水蹴危岩翠拥沙(1),钟声微径入深花。
嘴红涧鸟啼芳草(2),头白山僧自擀茶(3)。
松色摧残遭贼火(4),水声幽咽落人家。
自寻古迹空惆怅(5),满袖春风白日斜。

题解 西山寺,即鄂城西山上的灵泉寺,又名圆通寺、资福寺。中国佛教净土宗发源地之一。初为东晋高僧慧远所建,后废弃。现存寺庙为清同治三年(1864年)湖广总督官文捐款修建。

注释 (1)蹴(cù),本义为踢,如蹴鞠(踢球)。此处引申为冲刷、拍打。翠拥沙,碧绿的水与沙混在一起。 (2)涧鸟,山涧中的鸟。 (3)擀茶,用手或工具加工揉搓茶叶。 (4)遭贼火,因动乱和火灾,山林与古寺曾遭毁坏。 (5)自寻古迹空惆怅,遍寻西山古迹,因多已湮灭而只有空生惆怅。

简析 诗人先被西山明媚的自然春光所陶醉,继而又因宗教古迹湮灭而无限痛惜,空生惆怅。集诗人、画家、高僧于一身的贯休,在诗中展示了他高超的描声绘色的语言艺术技巧,也蕴含着对“天人合一”的禅境的执着追求。

◎ 鱼玄机

江陵愁望有寄

枫叶千枝复万枝,江桥掩映暮帆迟(1)。
忆君心似西江水(2),日夜东流无歇时(3)。

作者简介 鱼玄机(844? —871年),长安人,出生于鄠杜(今陕西鄠县与杜陵)。原名鱼幼微,字蕙兰。曾为补阙(官职名)李亿妾,因李妻不能容,进长安咸宜观出家为女道士。后因打死婢女被京兆尹温璋处死。鱼玄机性聪慧,才思敏捷,喜好读书,尤善写诗填词。与温庭筠为忘年交,写诗唱和甚多。她与李冶、薛涛、刘采春并称唐代四大女诗人。其诗作收于《鱼玄机集》。

题解 懿宗咸通元年(860年)春,十六岁的鱼玄机来江陵寻亲。同年秋天,因怀念情人子安,作《江陵愁望有寄》。

注释 (1)暮帆,晚归的船只。 (2)西江,即长江,因其自西向东流。 (3)歇,停止。

简析 此诗又名《江陵秋望寄子安》,写女诗人在江畔遥望远方,怀念情人子安。首句以江陵秋景起兴,以枫叶之多比喻愁绪之重。而重重枫叶遮住了诗人的视线,看不清桥梁和晚归的舟船,表现了她不见情人的焦灼。后两句用长流不断的江水,比喻她永不停息的相思之情。全诗音韵和谐、意境优美、情真意切。

江　行

大江横抱武昌斜(1),鹦鹉洲前户万家(2)。
画舸春眠朝未足(3),梦为蝴蝶也寻花(4)。

题解 懿宗咸通二年(861年)秋,十七岁的鱼玄机从江陵沿长江东游,将近武昌时在船上作此诗。

注释 (1)大江横抱武昌斜,长江之水由西向东,冲着武昌而来,但因黄鹄矶突出岸边,江道又稍偏西北。 (2)鹦鹉洲,原在武昌东北长江中,唐代曾是船只、人户聚集之地,后沉没于江。 (3)画舸,装饰华丽的游船,此句实指船上的人。春眠朝未足,早晨春眠未醒,还在继续作梦。 (4)梦为蝴蝶,《庄子·齐物论》:“昔者,庄周梦为蝴蝶,栩栩然蝴蝶也。”

简析 该诗前半描绘长江从武昌城畔流过,鹦鹉洲上船只、人户密集,一派欣欣向荣的景象。后半借庄周梦蝶的典故,表达了诗人对于打破生死、物我的界限,则无往而不快乐思想的认同,从而将优美的诗情画意与虚幻的梦境相结合,体现了女诗人通过学道后对深邃哲理的感悟。

赋得江边柳

翠色连荒岸(1),烟姿入远楼(2)。
影铺秋水面(3),花落钓人头(4)。
根老藏鱼窟(5),枝低系客舟(6)。
萧萧风雨夜(7),惊梦复添愁(8)。

题解 根据鱼玄机年谱,此诗写于懿宗咸通二年(861 年)春。时年十七岁的少女鱼玄机,应对著名诗人温庭筠出题,作《赋得江边柳》一诗(又名《临江树》)。

注释 (1)翠色,柳树的绿色。连,一作“迷”。 (2)烟姿,摇曳如烟,形容柳枝轻盈美好的姿态。 (3)影,柳树的树影。铺,盖。 (4)花,此处指的是柳絮。钓人,钓鱼人。 (5)鱼窟,指鱼栖身的洞穴。 (6)系,拴、连接。客舟,运送乘客的船。 (7)萧萧,象声词,此处形容风雨声。 (8)惊梦,惊醒睡梦。

简析 该诗通过对柳色、柳姿、柳影、柳絮的细腻描绘,展现了一幅翠色满江,柳烟迷离的“大江烟雨图”。进而用柳根水下藏鱼,岸边柳干拴舟的情景,表示女诗人渴望享有密切的人际关系。而风雨夜打柳树的声音,惊醒了梦中的诗人,使她更加觉得孤独忧愁。全诗处处写的是柳,但通篇无一“柳”字。而且暗喻了自己孤独凄清的身世,可谓情真意切,情景交融。

浣纱庙

吴越相谋计策多(1),浣纱神女已相和(2)。
一双笑靥才回面(3),十万精兵尽倒戈(4)。
范蠡功成身隐遁(5),伍胥谏死国消磨(6)。

只今诸暨长江畔[7],空有青山号苎萝[8]。

题解 此诗以吟咏西施的浣纱庙为题,谈古叹今。女诗人既表现了对西施才貌双全的羡慕,也流露出自己心比天高而生不逢时的自恋自怜。据说浣纱庙遗址有诸暨和会稽(今绍兴)两说,诸暨也不在长江之畔,因而诗中对这些地理地名的使用,乃是女诗人的想象。

注释 (1)吴越相谋,春秋时期吴越争霸,双方用了各种手段。 (2)浣纱神女,指西施。越国战败,范蠡献计,越王勾践献浣纱美女西施给吴王夫差,吴越媾和。 (3)笑靥,西施的笑脸,指西施以美色迷惑吴王。 (4)倒戈,吴国军队放下武器后撤。实因吴王沉溺于酒色而放松戒备。 (5)灭掉吴国之后,范蠡功成身退,隐身江湖。 (6)伍子胥规劝吴王反而被杀。 (7)诸暨,西施的故乡,浣纱庙所在地。但此句中的长江实为浙江。 (8)空有青山号苎萝,只剩下苎萝山的名字,一切痕迹都没有了。

简析 这是一首咏史诗,前六句言简意赅地叙述了吴越争霸,西施报国,夫差败亡,伍子胥进言被杀,范蠡功成身退等众多相关典故。最后两句叹息历史往迹难寻,物是人非。全诗文字洗练,气势磅礴,全无一丝脂粉气。

◎皮日休

西塞山泊渔家

白纶巾下发如丝[1],静倚枫根坐钓矶[2]。
中妇桑村挑叶去,小儿沙市买蓑归。
雨来莼菜流船滑[3],春后鲈鱼坠钓肥[4]。
西塞山前终日客[5],隔波相羡尽依依[6]。

作者简介 皮日休(834—902年),字逸少,后改袭美。荆州竟陵(今湖北天门,一说为襄阳)人。曾居襄阳鹿门山,自号鹿门子,又号间气布衣、醉吟先生。懿宗咸通八年(867年)进士及第,历任苏州军事判官、著作佐郎、太常博士、毗陵副使、翰林学士。《唐才子传》称其"陷巢贼中",即参加了黄巢起义,失败后不知所踪。与陆龟蒙齐名,世称"皮陆"。诗文风格奇朴,多为同情民间疾苦之作。存有《皮日休集》《皮子》《皮氏鹿门家钞》多部。

注释 (1)纶(guān)巾,古代男子佩戴的用丝带做成的头巾。发如丝,头发雪白如丝。 (2)钓矶,水边供钓鱼者坐的石头。 (3)莼菜,又名蓴菜、马蹄菜、湖菜等,多年水生宿根草本植物,可食。流船滑,船只在莼菜间滑行。 (4)坠钓,钓钩上的(鲈鱼)。此二句所记莼菜、鲈鱼与张翰所恋的吴中莼、鲈同为长江中下游所产。 (5)终日客,整天人来客往。 (6)隔波相羡尽依依,(我)隔水相望,无限羡慕,依依不舍。

简析 该诗以白描手法生动形象地描绘了西塞山下的"渔家乐",表达了作者对这种自给自足,和谐共处,其乐融融的渔桑生活的无限羡慕。该诗文句通俗平易,生活气息极其浓郁。

◎齐 己

过西塞山

空江平野流,风岛苇飕飕(1)。
残日衔西塞(2),孤帆向北洲。
边鸿渡汉口(3),楚树出吴头(4)。
终日高云里,身依片石休(5)。

作者简介 齐己(863—937年),湖南宁乡人。晚唐著名诗僧,出家前俗名胡德生,晚年自号衡岳沙门。

注释 (1)风岛苇飕飕,风吹动沙洲上的芦苇飕飕发响。 (2)残日衔西塞,西塞衔残日的倒置。 (3)边鸿渡汉口,从边地南来的鸿雁正飞渡汉口。 (4)楚树出吴头,楚地的树木延伸到了吴地的边界。西塞山在鄂东,此处有"吴头楚尾"之称。 (5)身依片石休,身体倚靠着片石稍事休憩。

简析 该诗描述自己站在"吴头楚尾"的西塞山之巅,鸟瞰吴楚大地的观感。作者整天流连在西塞山云端高处,陶醉在这广袤空旷而雄伟的情境之中。全诗意象鲜明,对仗工整,音韵和谐。

宋代诗歌

◎李　煜

破阵子

四十年来家国(1),三千里地山河(2)。凤阁龙楼连霄汉(3),玉树琼枝作烟萝(4),几曾识干戈(5)?　　一旦归为臣虏(6),沈腰潘鬓消磨(7)。最是仓皇辞庙日(8),教坊犹奏别离歌(9),垂泪对宫娥。

作者简介　公元907—960年是唐朝灭亡之后的五代十国时期。937年建立的南唐是十国之一,定都金陵,占有今江苏、安徽两省南部和福建、江西、湖北一小部分。李煜(937—978年),字重光,南唐小朝廷末代君主,于宋太祖建隆二年(961年)即位,生活骄淫奢侈,终日歌舞升平。太祖开宝八年(975年)南唐被宋所灭,李煜被俘至宋都汴京(开封),度过了两年多的囚禁生活。到太平兴国三年(978年)七夕,被太宗赵光义派人毒杀。李煜工书善画,洞晓音律。

注释　(1)四十年,作者出生和南唐小朝廷建立同在公元937年,到李煜在汴京写此词的977年,刚好四十年。　(2)三千里地山河,指南唐统治下的江苏、安徽两省南部及福建、江西、湖北小部的土地。马令《南唐书》:南唐"共三十五州之地,号为大国。"　(3)凤阁龙楼,都城金陵的宫殿楼阁。连霄汉,形容其高大雄伟。(4)玉树琼枝,宫苑中树木的美称。烟萝,草树茂密,烟聚萝缠。　(5)几曾识干戈?李煜是继承其祖、父的大位,长于深宫之中,哪里知道战争?　(6)一旦,一日。归为臣虏,成了宋朝的臣下、俘虏。　(7)沈腰,南朝沈约郁郁不得志,致信友人说:"老病百日数旬,革带应常移孔。"后人以沈腰为腰瘦之意。潘鬓,晋人潘岳,年少时姿容俊美,年岁渐大后在《秋兴赋》中说:"斑鬓髟(biāo)以承弁兮",形容鬓发渐渐花白。沈腰潘鬓句谓做了俘虏,腰围渐瘦,头发渐白。　(8)仓皇辞庙,被俘之后惶恐匆忙地辞别祖庙。　(9)教坊,宫廷里的歌舞班子。别离歌,送行曲。

简析　这首词是李煜成了俘虏之后被囚禁在汴京时的抒怀之作。上阕回顾南唐灭亡之前的风光与繁华,是对旧日生活的总结。下阕描写自己投降时的惊恐仓皇和当俘虏后的凄凉苦痛。全词皆为作者在国破家亡的现实面前发出的无可奈何的哀怨之声。

虞美人

春花秋月何时了(1),往事知多少(2)?

小楼昨夜又东风(3),故国不堪回首月明中(4)。
雕栏玉砌应犹在(5),只是朱颜改(6)。
问君能有几多愁(7)?恰似一江春水向东流(8)。

注释 (1)春花秋月,一年中最美好的景物。何时了,何时到尽头。此句表示作者因精神痛苦,不忍见春花秋月,故希望日子早点过去。 (2)往事,已成过去的欢乐或难堪之事。知多少,记不清了。此实为反语,实际是表示记得一清二楚。 (3)又东风,又是一年春天到了。 (4)故国,指南唐都城。不堪回首,不能也不忍回望。 (5)雕栏,雕刻或绘彩的栏杆。玉砌,玉石的台阶。代指宫中建筑。 (6)只是朱颜改,可从多层意思理解,一是指作者的青春容貌变老了,一是指当初华丽的宫室褪色了,还可以理解为政权易主,河山变色。 (7)问君,假设之问,其实是自我追问。 (8)恰似,正像。

简析 这首词抒写自己的故国之思,主要借写景来抒发内心的亡国之痛,表现为不忍见春花秋月和不堪回首故国的感慨,最后用一江春水向东流来形容愁绪永远不断,应该说表达的感情极为真实。作者对小王国和昔日生活的留恋,还有他这个亡国之君的哀愁,很难有什么历史的社会的意义,后人激赏此词主要是由于该词的清新自然,优美流畅,全词素描而不加雕琢,表意深厚曲折且概括性强。

◎王禹偁

泛吴淞江

苇蓬疏薄漏斜阳(1),半日孤吟未过江(2)。
唯有鹭鸶知我意,时时翘足对船窗。

作者简介 王禹偁(954—1001年),字元之,济州钜野(今山东荷泽市巨野县)人。宋太宗太平兴国八年(983年)进士,历任右拾遗、左司谏、知制诰、翰林学士。敢于直言讽谏,因此屡受贬谪。宋真宗即位,召还,复知制诰。后贬至黄州,故世称王黄州,后又迁蕲州病逝。王禹偁为北宋诗文革新运动的先驱,其文学韩愈、柳宗元,诗崇杜甫、白居易,多反映社会现实,风格清新平易。著有《小畜集》《五代史阙文》。词仅存一首,反映了作者积极用世的政治抱负,格调清新旷远。

注释 (1)苇蓬,芦苇叶片制作的船篷。 (2)孤吟,独自吟诗。

简析 该诗宛若一幅清新淡雅、情景交融的山水小品，形象地表达了诗人屡遭贬谪后的凄凉心境。“斜阳”“孤舟”“苦吟”，描绘了诗人的形单影只；“唯有鹭鸶知我意，时时翘足对船窗。”写尽了诗人的孤独之感。诗人把鹭鸶当作知音，表现了作者摆脱官场后，力求物我同心、返璞归真的人生境界。

再泛吴淞江

二年为吏住江滨，重到江头照病身。
满眼碧波输野鸟(1)，一蓑疏雨属渔人。
随船晓月孤轮白(2)，入座晴山数点春(3)。
张翰精灵还笑我(4)，绿袍依旧惹埃尘(5)。

题解 宋太宗雍熙元年(984年)，王禹偁曾经任长州(今江苏苏州)知州，两年中曾经两游吴淞江。此诗乃第二次游览时所作。

注释 (1)输，送，运。 (2)晓月孤轮，黎明前的一轮月亮。 (3)入座，映入座中。 (4)张翰精灵还笑我，《晋书·张翰传》：“翰曰：‘人生贵乎适志，何能羁官数千里，以要(求)名爵乎？遂命驾而归。’后，张翰免于祸。” (5)绿袍，官服，末句比喻自己仍旧留恋仕途。

简析 诗人通过对自由飞翔的野鸟和渔翁雨中捕鱼的动态描写，以及晓月高悬、青山数点的静态描绘，营造了一个悠闲自在、优美静谧的艺术意境。既表达了他寄情山水对自由生活的向往，又流露出淡淡的归隐之意。继而又借用吴江先贤张翰退隐得避祸的典故，表明自己不得不依旧“绿袍”加身而涉足官场的苦衷。

点绛唇·感兴

雨恨云愁，江南依旧称佳丽(1)。水村渔市。一缕孤烟细。 天际征鸿，遥认行如缀(2)。平生事(3)。此时凝睇(4)。谁会凭阑意(5)。

题解 “点绛唇”，词牌名。此词写于作者中进士后迁任长州(苏州)知州期间。

注释 (1)江南依旧称佳丽，江南景色依然那么美丽。南齐诗人谢朓《入朝曲》：“江南佳丽地，金陵帝王州。”王禹偁承此说，表示无可奈何，而自己此时却是“雨恨云愁”。 (2)征鸿，远飞的鸿雁。遥认，远望。行如缀，排成行的大雁，如同连缀在一起。（3）平生事，（回想）一生经历。（4）凝睇，凝视。（5）会，理解。凭阑意，倚扶阑干的思绪。

简析 全词开篇即用“雨恨云愁”的拟人手法，表达诗人此时愤懑忧郁的心境。这种心境与“依旧称佳丽”的江南景色极不协调。作者羡慕地遥望天际远行的鸿雁，回首平生经历，联想此时的处境，思绪万千。此词借景抒情，含蓄地表达了自己以进士出身而居小小知州，难以施展抱负的愤懑不平，抒发自己渴望展翅高飞，大展宏图的理想抱负。词中运用了拟人、衬托的艺术手法，意境深远，意在言外。

◎寇 准

春日登楼怀归

高楼聊引望(1)，杳杳一川平。
野水无人渡，孤舟尽日横(2)。
荒村生断霭(3)，古寺语流莺(4)。
旧业遥清渭(5)，沉思忽自惊。

作者简介 寇准（961—1023年），字平仲，华州下邽（今陕西渭南）人。太宗太平兴国五年（980年）进士。太宗淳化五年（994年）除参知政事。真宗景德元年（1004年）辽国入侵，他力排众议，促真宗亲征澶州督战，与辽国订澶渊之盟。后为王钦若等所谗罢相。真宗天禧三年（1019年）复相，封莱国公，又受丁谓排挤降官，后贬雷州，死于南方。能诗，七绝尤有韵味，今传《寇忠愍公诗集》三卷。

注释 （1）引望，引颈而望，远望。（2）尽日，整日、整天。（3）断霭，时有时无、忽聚忽散的烟气。霭，轻烟。（4）流莺，谓婉转的莺鸣。（5）旧业，祖上的基业，如房宅田地等。清渭，指渭水。寇准的家乡在渭水北岸的下邽，他当时在湖北，所以有“遥清渭”的感叹。

简析 这首五言律诗作于寇准二十岁左右的青年时期，大约是太宗太平兴国五年（980年）。当时诗人进士及第，初任巴东知县，身在异乡遇上春天，遂登上高楼北望故乡，写下了这首怀归思乡的诗篇。

江南春

杳杳烟波隔千里[1]，
白蘋香散东风起[2]。
日落汀洲一望时，
柔情不断如春水。

注释 （1）杳杳，深远貌。 （2）白蘋，多年生浅水草本植物，开白花。

简析 《江南春》的一、二句点明题意，描写江南春日黄昏的迷离艳冶之美。末句转入抒情，诗人虽然沉醉春日景色，心中却涌起无限愁绪，绵绵愁情就像眼前的春水，无休无止地奔流。这首诗情深意长，风神秀逸，得唐人绝句风味。

巴东寒食

春雨萧萧寒食天，远行犹在楚江边[1]。
人思故国迷残照[2]，鸟隔深花语断烟。
薄宦未能酬壮节，良时空自感流年[3]。
因循未学陶潜兴，长见孤云倍黯然[4]。

题解 该诗写于太宗太平兴国三年(980年)，此时作者初涉官场，仅任巴东县令。巴东即今湖北省恩施州巴东县。寒食节，亦称"禁烟节""冷节""百五节"，在农历冬至后一百零五日，清明节前一、二日。是日初为节时，禁烟火，只吃冷食。

注释 （1）远行，作者远离故乡，在边远的巴东为官。楚江，指长江湖北段。巴东县城在湖北西南部长江南岸。 （2）故国，故乡，京都。残照，夕阳余晖。 （3）薄宦，卑微的官职，指当时仅任一小小县令。流年，年华似水。此两句意谓官职卑微未能实现自己远大抱负，年华似水逝去，空自感叹。 （4）陶潜兴，指陶潜弃官归隐山林之举。黯然，黯然神伤，心情沮丧。末二句意谓不会效法陶潜消极避世，但是自己仍像孤云飘荡，不禁黯然伤情。

简析 这首诗描述自己在寒食节所看到的巴东景象和内心情感。前四句写景，通过春雨绵绵，楚江茫茫，夕阳残照，鸟鸣花丛几个典型景象的描绘，营造了一个凄美的意境，既是巴东自然景物的写照，也是此时作者心情的烘托。后四句抒发官职卑微、壮志难酬的惆怅,也表达了他不改初心,济世救民的远大志向。果然他从巴东县令起步,后来两度拜相,政绩名声甚佳。

题庐山太平兴国宫

飞泉喷薄走虹蜺(1),远岫峥嵘植玉圭(2)。
若有桃花镇开落(3),游人应认武陵溪(4)。

题解 庐山太平兴国宫始建于唐代,成为历时1300多年的道教宫观,集中见证了庐山道教文化从民间道教走向正统化,又从正统道教趋于边缘化的历史。

注释 (1)虹蜺,即彩虹。宋玉《高唐赋》:"仰视山颠,肃何千千,炫燿虹蜺。" (2)远岫,远处的峰峦。峥嵘,高峻貌。植,树立。玉圭,亦作玉珪,古代帝王、诸侯朝聘或祭祀时所持的玉器。 (3)镇,整,长久。褚亮《咏花烛》:"莫言春稍晚,自有镇开花。"开落,花开花谢。 (4)武陵溪,陶潜《桃花源记》中之武陵源。王安石《即事》诗之七:"归来向人说,疑是武陵源。"

简析 这首题诗用极为夸张的手法,描述了太平兴国宫周边飞瀑喷薄如虹,远山高峻如玉的宏伟壮丽景色,并且假设如果长期有桃花开落,游人们将以为到了世外桃源。

江南春·波渺渺

波渺渺,柳依依(1)。
孤村芳草远(2),斜日杏花飞。
江南春尽离肠断,蘋满汀洲人未归(3)。

注释 (1)柳依依,化用《诗经·采薇》:"昔我往矣,杨柳依依。" (2)芳草远,化用《楚辞·招隐士》:"王孙游兮不归,春草生兮萋萋。" (3)蘋满汀洲,代指春末夏初的时令。蘋,一种水生植物,也叫四叶菜、田字草。汀州,水中的小块陆地。

简析 此词前四句描绘了江南春尽时节的景象,寓情于景;末两句直抒胸臆,点明"伤春怀人"的主题。全词以清丽宛转、柔美多情的笔触,以景起,以情结,情景交融,暗寄了词人如美人迟暮般的感慨和"无可奈何花落去"的凄凉和感伤。

◎潘　阆

九华山

将齐华岳犹多六(1)，若并巫山又欠三(2)。

好是雨余江上望(3)，白云堆里泼浓蓝(4)。

作者简介　潘阆(？—1009年)，宋初著名隐逸文人，字梦空，号逍遥子。大名(今属河北)人，一说扬州(今属江苏)人。其性格疏狂，曾两次坐事亡命。真宗时释其罪任滁州参军。颇有诗名，风格类孟郊、贾岛。亦工词作。今仅存《酒泉子》十首。

题解　九华山，位于安徽省池州市青阳县南四十里，中国四大佛教名山之一，号称东南第一山。《寰宇记》："旧名九子山，唐李白以九峰如莲花削成，改名九华山。今山中有李白堂基址存焉。"

注释　(1)将齐，相比。华岳，西岳华山。犹多六，华山有东西南三峰，故九华山多其六峰。　(2)若并，若比。巫山号称十二峰，故九华山少其三峰。　(3)好，最好、最美。雨余，雨后、雨停、雨霁。　(4)泼浓蓝，显现一片浓厚的蓝色。

简析　古来诗人骚客吟咏九华山的诗词不计其数，而潘阆之诗则显示出他独特的审美眼光。诗人雨后在江边眺望，茫茫云海中九华山只露出几点浓蓝的峰峦，在白色云团的映衬下，显得更加苍翠如泼。此诗仿佛一幅泼墨山水画。

◎鲁宗道

登黄山

三十六峰凝翠霭(1)，数千余仞锁岚烟(2)。

轩皇去后无消息(3)，白鹿青牛何处眠(4)。

作者简介　鲁宗道(966—1029年)，字贯之。亳州人。北宋著名谏臣。少年孤贫。举进士后，为濠州定远尉，继任海盐县令，后改任歙州军事判官，迁秘书丞。真宗天禧元年(1017年)为右正言谏章。官至吏部侍郎、参知政事。仁宗天圣七年(1029年)卒，谥号"简肃"。

注释 (1)黄山有三十六峰,白云四合,形成黄山云海。翠霭,绿色的云气。王筠《望夕霁诗》:“空树含绿滋,遥峰凝翠霭。” (2)岚烟,像薄雾一样的烟云。刘长卿《望龙山怀道士许法棱》:“岚烟瀑水如向人,终日迢迢空在眼。” (3)轩皇,即黄帝轩辕氏。传说轩黄曾经游历黄山,后人于三十六峰之一命名为轩辕峰。(4)白鹿青牛,传说中道家饲养的动物。据说古代曾经有道士在此炼丹。

简析 作者登上黄山,眼前是一片云海茫茫,岚烟缭绕,空旷迷蒙的景象。他此时展开了联想:那远古时代曾经游历至此的轩辕黄帝到哪里去了呢?那在此炼丹的仙道们饲养的白鹿青牛此刻又在何处安眠?全诗营造了一个迷离空幻而神秘的意境。

◎柳　永

八声甘州·对潇潇暮雨洒江天

对潇潇暮雨洒江天(1),一番洗清秋(2)。渐霜风凄紧(3),关河冷落(4),残照当楼。是处红衰翠减(5),苒苒物华休(6)。惟有长江水,无语东流。

不忍登高临远,望故乡渺邈(7),归思难收。叹年来踪迹,何事苦淹留(8)。想佳人妆楼颙望(9),误几回、天际识归舟。争知我(10),倚栏杆处,正恁凝愁(11)!

作者简介 柳永(984?—1053年),原名三变,字景庄。福建崇安人,北宋婉约派代表人物。出身官宦世家,少时学习诗词,有功名用世之志。真宗咸平五年(1002年),柳永离开家乡,流寓杭州、苏州,沉醉于听歌买笑的浪漫生活。屡试不中后一心填词。仁宗景祐元年(1034年),柳永暮年及第,历任睦州团练推官、余杭县令、泗州判官等职,以屯田员外郎致仕,故世称柳屯田。柳永是第一位对宋词进行全面革新的词人,也是两宋词坛上创用词调最多的词人。柳永大力创作慢词,将敷陈叙事的赋法移植于词,同时充分运用俚词俗语,以适俗的意象,淋漓尽致的铺叙,平淡无华的白描等独特的艺术个性,对宋词的发展产生了深远影响。

题解 “八声甘州”,简称“甘州”。唐边塞曲。因全词共八韵,故称“八声”。这首词大约作于柳永游宦江浙淹留长江边某地之时。

注释 (1)潇潇,风雨之声,一说雨势急骤。暮雨,黄昏时下的雨。 (2)一番洗清秋，一番风雨，洗出一个凄清的秋天。（3）霜风凄紧，凄紧一作“凄惨”。（4）关河，关山河川、关塞、关防等。关河常常引申为山河之意。（5）是处，到处。红，翠，红花绿叶，指代花草树木。李商隐《赠荷花》：“翠减红衰愁杀人。”（6）苒（rǎn）苒，原义为草木茂盛状，词中作“渐渐”解。（7）渺邈，久远，广远。刘勰《文心雕龙·原道》：“炎皞遗事，纪在《三坟》；而年世渺邈，声采靡追。”（8）淹留，久留，羁留，逗留。（9）颙（yóng）望，抬头远望。（10）争，通假字，同“怎”。（11）恁（nèn），如此。凝愁，忧愁凝结不解。

简析 面对晚秋暮雨江天，正是失意文人墨客悲秋怀乡之时。作者触景生情，抒写了漂泊江湖的愁思和仕途失意的悲慨。上阕描绘了雨后清秋的傍晚，关河冷落夕阳斜照的凄凉之景以烘托气氛；下阕抒写词人久客他乡急切思念的欲归之情。全词语浅情深，情景交融，写出了古代知识分子怀才不遇的典型感受，从而成为后世文人们传诵的千古名篇。

阳台路·楚天晚

楚天晚(1)，坠冷枫败叶，疏红零乱(2)。冒征尘，匹马驱驱(3)，愁见水遥山远。追念少年时，正恁凤帏，倚香偎暖(4)，嬉游惯。又岂知，前欢云雨分散(5)。　　此际空劳回首，望帝里，难收泪眼(6)。暮烟衰草，算暗锁，路歧无限(7)。今宵又，依前寄宿，甚处苇村山馆(8)。寒灯畔，夜厌厌，凭何消遣(9)。

题解 “阳台路”，宋代词牌名。此调只见此词，似为柳永独创。此词系作者浪游江浙时所作。

注释 （1）楚天，湖北、湖南一带，包括江西、江苏部分。此处泛指江南。（2）疏红，稀疏的花朵。（3）驱驱，亦作“駈駈”，策马奔驰。《韩诗外传》卷九：“孔子行，闻哭声甚悲，孔子曰：‘驱驱，前有贤者。’”（4）正恁凤帏，倚香偎暖，指少年时代的风流生活。（5）云雨分散，告别了风流生活。（6）空劳，徒劳，白费。回首，回望，回顾。帝里，指京城地区（汴梁）。（7）暗锁，暗中阻隔。路歧无限，无数条歧路。（8）甚处苇村山馆，何处山村野店。（9）夜厌厌，长夜漫漫。

简析 作者用两组画面的强烈对比表达了他的思想感情：少年时代的风流温柔与现在的凄凄惨惨；京城的繁华富贵与山村野店的冷冷清清。曾经沉浸在“倚香偎暖”中的词人，更能体会到今日之冷落伶仃的苦楚；曾经梦想金榜题名的自己，更能感受到今日之浪迹江湖的辛酸。此词基调灰暗低沉，充分表现了柳永既潇洒浪漫、才华横溢而又消沉颓废的性格特征，也体现了“婉约派”词人思想感情方面的特点。

◎ 范仲淹

游庐山

五老闲游依舳舻(1)，碧梯云径好和途(2)。
云开瀑影千门挂(3)，雨过松簧十里铺(4)。
客爱往来何所得(5)，僧言荣辱此间无(6)。
从今愈识逍遥旨(7)，一听升沉造化炉(8)。

作者简介 范仲淹(989—1052年)，字希文，北宋著名的思想家、政治家、文学家。真宗大中祥符八年(1015年)进士及第。仁宗景祐五年(1038年)西夏李元昊叛乱时，与韩琦共同担任陕西经略安抚招讨副使，采取“屯田久守”方针，协助夏竦平定叛乱。仁宗庆历三年(1043年)，参与庆历新政，提出了十项改革主张。庆历五年(1045年)，新政受挫，范仲淹被贬出京。仁宗皇祐四年(1052年)卒，谥号文正。范仲淹“先天下之忧而忧，后天下之乐而乐”的思想主张，对后世影响深远。存有《范文正公文集》。

注释 (1)五老，传说中庐山五老峰的五位神仙。据传五老峰是五老携《河图》《洛书》藏经授典的隐身之所，研卦修行和传经布道的地方，是易学文化创元时期的传播之地，也是五老峰命名之由来。舳舻(zhú lú)，泛指船只。 (2)碧梯云径，绿草覆盖的登山石阶如同云间小路。途，登山的道路。 (3)千门挂，形容雨后的庐山处处飞瀑下泄。 (4)松簧，风吹松林，松如琴簧作响。此指松涛。铺，平铺，引申为散开、传遍解。 (5)客爱往来何所得，旅客们喜欢来来往往游览，有什么收获呢？ (6)僧言荣辱此间无，和尚回答说：来此就会荣辱皆忘。 (7)识，理解，懂得。旨，意义、目的、理想。 (8)听，听任、服从、遵循。升沉，比喻命运之变化。造化炉，喻天地。语本《庄子·大宗师》：“今一以天地为大炉，以造化为大冶，恶乎往而不可哉？”

简析 此诗借景抒怀，描述了诗人游雨后庐山所获得的审美享受和哲理启示。前四句描绘了云开雨霁，庐山群峰飞瀑、松涛阵阵的胜景，使之联想起传说中五位神仙乘舟闲游此处的情境。后四句提出设问和解答：人们游此有何收获呢？和尚答曰：荣辱皆忘——而诗人则越发珍惜悠游自在生活的意义，于命运之变化，一切任其自然。此与《岳阳楼记》之"登斯楼也"则"宠辱皆忘"有异曲同工之妙。

寄润州庞籍

北固高楼海气寒(1)，使君应此凭栏干(2)。
春山雨后青无限(3)，借与淮南洗眼看(4)。

题解 该诗为作者寄给润州庞籍的赠诗。润州，今镇江市。庞籍，字醇之，单州成武（今山东荷泽市成武县）人，仁宗朝（1023—1064年）后期曾任北宋宰相。

注释 (1)北固高楼，即北固楼，又称北固亭，坐落于镇江北固山。 (2)使君，对州郡长官的尊称，此处指庞籍。 (3)青无限，无边无际的绿色。 (4)淮南，现安徽省淮南一带。洗眼看，仔细观看。此处谓观赏秀美的景色。苏轼《九日寻臻阇黎遂泛小舟至勤师院》诗之二："笙歌丛里抽身出，云水光中洗眼来。"

简析 此诗当是作者寄给在镇江任职的庞籍的赠诗。"春山雨后青无限"概括了"春风又绿江南岸"的春天景色特点。"借与淮南洗眼看"表达了对江南春色的向往，对朋友的思念。

◎晏 殊

渔家傲·越女采莲江北岸

越女采莲江北岸(1)，轻桡短棹随风便(2)，人貌与花相斗艳。流水慢，时时照影看妆面。 莲叶层层张绿伞，莲房个个垂金盏(3)，一把藕丝牵不断。红日晚，回头欲去心缭乱(4)。

作者简介 晏殊（991—1055年），字同叔。抚州临川（今南昌进贤）人。十四岁以神童入试，赐进士出身，命为秘书省正字，官至同平章事兼枢密使、礼部刑部尚书、观文殿大学士知永兴军、兵部尚书，封临淄公，谥号元献。晏殊历任要职，更兼提拔后进，如范仲淹、韩琦、欧阳修等，皆出其门。他以词著于文坛，尤擅小令，风格含蓄婉丽，有《珠玉词》，以典雅华丽见长。

注释 (1)越女，江南一带的乡村少女。 (2)轻桡短棹，都是划船的工具。

(3)莲房,即莲蓬,因各孔相隔如房,又称莲房。金盏,亦作"金琖",酒杯的美称。 (4)缭乱,心绪纷乱。

简析 这首词描绘江南少女在江边采莲时优雅的身姿和温婉的风情。作者运用大量的细节描写,刻画出少女们艳丽的容颜与盛开的荷花争奇斗艳的情景;呈现出她们一边采莲一边顾影自怜的娇柔情态以及因情爱萌动而产生的不安心态。风格清丽,笔法细腻,表达含蓄,体现了晏殊词的独特风格。

◎ 曾公亮

宿甘露寺僧舍

枕中云气千峰近(1),床底松声万壑哀(2)。
要看银山拍天浪(3),开窗放入大江来。

作者简介 曾公亮(998—1078年),字明仲,号乐正,泉州晋江(今福建泉州市)人。北宋著名政治家、军事家、思想家。仁宗天圣二年(1024年)进士,历任知县、知州,知府、知制诰、翰林学士、端明殿学士,参知政事,枢密使及同中书门下平章事等。曾与丁度承旨编撰《武经总要》,为中国古代第一部官方编纂的军事科学百科全书。

题解 甘露寺,位于今江苏镇江北固山上,下临长江。僧舍即甘露寺僧人的宿舍。

注释 (1)枕中云气千峰近,形容云气仿佛弥散在枕边,群峰环绕身旁。 (2)床底松声万壑哀,山谷中的松涛仿佛在床下呼啸。形容甘露寺僧舍地势之高。杜甫《诸将五首》之五:"巫峡清秋万壑哀。" (3)银山拍天浪,形容长江的惊涛骇浪巨大,像银山一样。

简析 诗人没有直接描写北固山的景色,而是凭借他夜宿甘露寺独特而新颖的感受,间接地给读者再现了一幅云气氤氲、群峰屹立、松涛呼啸、江涛如山的"北固山夜景图"。全诗意境壮阔深远,撼人心魄,给人以无限的审美想象空间。

◎ 梅尧臣

东 溪

行到东溪看水时(1),坐临孤屿发船迟(2)。
野凫眠岸有闲意(3),老树着花无丑枝(4)。
短短蒲茸齐似剪(5),平平沙石净于筛。
情虽不厌住不得(6),薄暮归来车马疲。

作者简介 梅尧臣(1002—1060年),字圣俞,宣州宣城(今属安徽)人。历任州县官属。仁宗皇祐(1049—1054年)初期赐进士出身,授国子监直讲,官至尚书都官员外郎。曾预修《唐书》。诗风古淡,对宋代诗风的转变影响很大,与欧阳修同为北宋前期诗文革新运动领袖。其诗常关注民生疾苦,吟咏自然风光。有《宛陵先生文集》。

注释 (1)东溪,即宛溪,位于安徽宣城,发源于天目山,流至城东北与句溪合,合称双溪。 (2)孤屿,水中孤石。 (3)野凫(fú),大雁或者野鸭的统称。 (4)着(zhuó)花,开花。着作动词解。 (5)蒲茸,水生植物菖蒲的幼苗。 (6)住不得,不能再停留下去了。

简析 仁宗至和二年(1055年),梅尧臣居母丧回到家乡,他经常徜徉于家乡的秀美景色中,吟诗作赋,寄托对山水及人生的情趣。此诗围绕东溪看水,抓住景物的细小特征,描绘了一幅清淡平远而又生意盎然的自然景象,又抒发了一个恬静自得而又老当益壮的人物心情。全诗造语平淡,描绘缜密。

金山寺

吴客独来后(1),楚桡归夕曛(2)。
山形无地接,寺界与波分(3)。
巢鹘宁窥物,驯鸥自作群(4)。
老僧忘岁月,石上看江云。

注释 (1)吴客,作者故乡安徽宣城古属吴地,故以吴客自称。 (2)楚桡,楚地(湘鄂)来的船只。夕曛,落日的余晖。 (3)山形无地接,寺界与波分。两句描述山峦与大地浑然一体,寺庙临近江波。 (4)巢鹘宁窥物,驯鸥自作群。两句描述金山栖居的鹘鸟静静地盯着可以捕食的对象,而鸥鸟则成群结队地自由飞翔。

简析 该诗描述诗人自楚地乘舟东下途径金山寺时的即时审美感受:夕阳映照长江,群山隐隐约约,波浪激荡着金山寺。鹘鸟在觅食,成群结队的鸥鸟自由地翱翔。年迈的僧人忘却了岁月,幽静地观赏江上的云霞。诗人描绘了一幅渺茫迷幻、色彩绚丽、万物和谐的"金山落日图",表达了自己宁静致远的平和心态。

◎欧阳修

生查子·元夕

去年元夜时(1),花市灯如昼(2)。月上柳梢头,人约黄昏后。　今年元夜时,月与灯依旧。不见去年人(3),泪湿春衫袖(4)。

作者简介 欧阳修(1007—1072年),字永叔,号醉翁、六一居士,吉州庐陵(今江西省吉安永丰县)人,北宋政治家、文学家。官至翰林学士、枢密副使、参知政事,谥号文忠。后人将其与韩愈、柳宗元和苏轼合称"千古文章四大家";与韩愈、柳宗元、苏洵、苏轼、苏辙、王安石、曾巩称为"唐宋八大家"。欧阳修是北宋诗文革新运动的旗手,他继承并发展了韩愈的古文理论,在变革文风的同时,也对诗风词风进行了革新。留存有《欧阳文忠公集》。

题解 "生查子",原为唐教坊曲,后用为词调。因朱淑真《生查子》词有"遥望楚云深"句,亦称"楚云深"。此词被认为是仁宗景祐三年(1036年)时写,词人正值青春年华,为怀念他的第二任妻子杨氏夫人所作。

注释 (1)元夜,元宵节之夜。每年农历正月十五为元宵节。自唐朝起有观灯闹夜的民间风俗。北宋时从十四到十六三天开宵禁,游灯街花市,歌舞通宵达旦,盛况空前,也是年轻人密约幽会,谈情说爱的最佳时机。 (2)花市,民俗每年春节举行的卖花、赏花的集市。 (3)去年人,去年约会的情人。 (4)春衫,年轻时穿的衣服,此处指代年轻时的自己。

简析 这首名词采取对比的手法,上阕尽情渲染了元夕夜月光皎洁,灯火璀璨的盛况,用以烘托"人约黄昏后"的甜蜜温馨;下阕则描写今夕月灯依旧,"不见去年人"的凄零与失落。这种今昔情景之间形成的鲜明对比,更加有效地表达了词人在爱情遭遇上的伤感和苦痛。此词意境优美,音韵流畅如歌,具有浓烈的地方色彩和鲜明的民俗风情。

晚泊岳阳

卧闻岳阳城里钟，系舟岳阳城下树。
正见空江明月来(1)，云水苍茫失江路(2)。
夜深江月弄清辉，水上人歌月下归。
一阕声长听不尽(3)，轻舟短楫去如飞。

注释 (1)空江，空旷的江面。 (2)失江路，江水苍茫，看不清江上的水路。 (3)一阕，一首歌曲。

简析 此诗描叙作者被贬夷陵途中，夜泊岳阳时的月下江景。全诗以月亮为情感意象，从不同角度集中描绘。"空江明月"之空旷与诗人旅途的孤寂互衬，"月弄清辉"之空灵与其寂寥相融，而"人歌月下"，轻舟归家的情景更勾起了诗人一丝淡淡的思乡之情。

下牢溪

依依下牢口(1)，古戍郁嵯峨(2)。
入峡江渐曲，转滩山更多。
白沙飞白鸟，青障合青萝(3)。
迁客初经此(4)，愁词作楚歌(5)。

题解 下牢溪发源于今宜昌市夷陵区的牛坪垭，自北向南在南津关注入长江。这首诗写于仁宗景祐四年(1037年)，系《夷陵九咏》第九首。是作者初到夷陵游览下牢溪之作。其时欧阳修被贬放楚地夷陵(今湖北省宜昌市)。

注释 (1)依依，诗中作依稀、隐约解。陶潜《归园田居》诗之一："暧暧远人村，依依墟里烟。"下牢口，下牢溪入长江处。 (2)古戍，边地古老的城堡、营垒。诗中指南津关。嵯峨(cuó é)，形容山势高峻。 (3)青萝，又名松萝，一种攀生在石崖、松柏或墙上的藤类植物。 (4)迁客，被贬放的人，作者自谓。 (5)愁词作楚歌，以愁怨的诗句权当楚人之歌。

简析 此诗虽题名"下牢溪"，描绘的却是从下牢溪口看到的西陵峡内的景色：巍峨的高山，曲折的峡江，残旧的古堡，险滩和危礁……满眼是一片荒凉险峻；那"白沙飞白鸟，青障合青萝”的山水美景，也丝毫激不起画意诗情，只能抒写这般愁情，权作楚人之歌。此诗表达了诗人贬放夷陵时的政治失落感，抒发其漂泊江湖，迁居异地他乡的孤寂之情。

戏答丁元珍

春风疑不到天涯，二月山城未见花(1)。
残雪压枝犹有橘，冻雷惊笋欲抽芽(2)。
夜闻归雁生乡思，病入新年感物华(3)。
曾是洛阳花下客(4)，野芳虽晚不须嗟(5)。

题解 仁宗庆历(1041—1049年)间，作者的好友丁元珍被降职为峡州判官，曾写一诗寄给作者。作者见赠诗后以此诗作答。其时欧阳修也被贬到峡州夷陵(今湖北省宜昌市)为县令。

注释 (1)山城，这里指夷陵(宜昌)。 (2)冻雷，春雷。二月早春，天气寒冷，故称冻雷。 (3)物华，自然景物。杜甫《曲江陪郑南史饮》：“自知白发非春事，且尽芳樽恋物华。” (4)洛阳花下客，作者自称。当时的洛阳园林的牡丹花十分繁盛，作者之前在那里做过推官。 (5)野芳，野花。嗟(jiē)，叹息。

简析 这首七言律诗描述诗人从早春山城荒凉冷寂的景色中敏感到春意；虽贬放天涯，疾病缠身，但他相信春天迟早会来临。“残雪压枝犹有橘，冻雷惊笋欲抽芽”，正是他与命运抗争，坚信未来的精神写照。“野芳虽晚不须嗟”，则表现出他身处逆境，却乐观自信的性格。此诗融情入景，意蕴深远。

松　门

岛屿松门数里长，悬崖对起碧峰双。
可怜胜境当穷塞(1)，翻使留人恋此邦(2)。
乱石惊滩喧醉枕(3)，浅沙明月入船窗(4)。
因游始觉南来远(5)，行尽荆江见蜀江(6)。

题解 松门为西陵峡内的一个小岛屿，位于宜昌西北西陵峡峡口南岸平善坝附近。这里碧峰成双对峙耸立，状如山门，山上多生松树，故称松门。这首诗写于仁宗景祐四年(1037)，为《夷陵九咏》之八。

注释 （1）胜境，优美的景致。穷塞，荒僻的边地。唐成玄英："夫命终穷塞，道德不行。" （2）翻，反而，却。此邦，此地。 （3）喧醉枕，（浪涛拍打礁石险滩的）响声惊醒了醉卧的诗人。喧，喧哗、喧闹，声音巨大而杂乱。 （4）入船窗，白色沙滩，皎洁的月光映入了船窗。 （5）南来远，从汴京来此路途遥远。 （6）荆江，长江宜昌至城陵矶段称荆江。蜀江，宜昌以上鄂川两省的长江段。

简析 该诗开篇吟咏松门青松遍山，碧峰对峙的胜景，却又因其僻远而生留恋之情。入夜，浪击礁石的喧声惊醒了醉卧中的诗人，映入船窗的月光又勾起了乡愁，深感京城至此，多么山长水远啊！此诗反映了诗人陶醉于自然又留恋仕途的复杂心绪。

◎ 苏舜钦

送人归吴江

江云春重雨垂垂[(1)]，索莫离情送客归[(2)]。

不惯东流促回棹[(3)]，羡他双燕逆风飞。

作者简介 苏舜钦（1008—1048 年），字子美，梓州铜山（今四川中江）人。曾任县令、大理评事、集贤殿校理等职。因支持范仲淹的庆历革新，被罢职闲居苏州。后复起为湖州长史，不久即病故。他与宋诗"开山祖师"梅尧臣合称"苏梅"。有《苏学士文集》16 卷。

注释 （1）垂垂，渐渐、低垂、落下状。辛弃疾《江神子 · 赋梅寄余叔良》："暗香横路雪垂垂。" （2）索莫，亦作"索寞"，荒凉萧索貌。（3）回棹，驾船返回，指归舟。

简析 此诗当是作者在江畔送友人乘舟回归吴江时所作。他怀着落寞低沉，依依不舍的心情，目送着船只冒着彤云密布，风雨欲来的恶劣天气远去。此时诗人触景生情，羡慕空中顶风飞行的双燕，而不愿作一个害怕风浪、随波逐流而"开回头船"的人。诗中隐晦地表达了诗人支持新政，绝不退却的斗争精神。

题花山寺壁

寺里山因花得名，繁英不见草纵横[(1)]。

栽培剪伐须勤力[2]，花易凋零草易生[3]。

题解 此诗当是作者游历镇江花山寺时，在墙壁上的题诗。《镇江府志》载有沈括诗《游花山寺》一首，据此花山寺可能在镇江。

注释 (1)繁英，繁花。草纵横，野草丛生。 (2)剪伐，指去掉旁支杂树等。(3)末句暗喻君子易伤而小人层出不穷。

简析 仁宗庆历四年(1044年)诗人被贬苏州之后，来镇江花山寺游观，只见野草丛生，于是有感而发写下了该诗。其语句看似平常，实则包含了很深的内涵。既暗含了作者对当时政治上除旧布新的坚定信念，也揭示了生活经验的哲理性总结。

水调歌头·沧浪亭

潇洒太湖岸[1]，淡伫洞庭山[2]。鱼龙隐处烟雾，深锁渺弥间[3]。方念陶朱张翰[4]，忽有扁舟急桨，撇浪载鲈还[5]。落日暴风雨，归路绕汀湾。 丈夫志，当景盛，耻疏闲[6]。壮年何事憔悴，华发改朱颜。拟借寒潭垂钓[7]，又恐鸥鸟相猜[8]，不肯傍青纶[9]。刺棹穿芦荻[10]，无语看波澜[11]。

题解 "水调歌头"，词牌名，又名"元会曲""凯歌""台城游""水调歌"。沧浪亭，苏州古典园林，建于北宋，是苏州现存诸园中历史最为悠久的古代园林。与狮子林、拙政园、留园一齐列为苏州宋、元、明、清四大园林。

注释 (1)潇洒，本义是形容人神情举止自然大方，不拘谨或无拘束。又形容雨落的样子，或形容景物凄清、幽雅等。 (2)淡伫，静静地矗立着。洞庭山，位于江苏省苏州市西南，太湖东南部的岛屿。是东洞庭山、西洞庭山两山的统称。(3)渺弥，湖水充盈弥漫，旷远无际。《文选·海赋》："冲瀜沆瀁，渺瀰泼漫。"(4)方念，正在回想。陶朱，春秋越国大夫范蠡，辅佐勾践灭吴后，预计勾践难于共富贵，遂弃官从商，自号陶朱公。张翰，吴(今江苏苏州)人，西晋文学家。齐王司马冏执政时，曾被任为大司马东曹掾，因觉察到西晋将发生动乱，借口思念吴中菰菜、莼羹、鲈鱼脍，辞官隐居太湖。 (5)撇浪，搏击风浪。载鲈，装载着鲈鱼。(6)当景盛，耻疏闲。(大丈夫)应当志向远大而羞于冷落闲居。 (7)寒潭，指在丹阳的小潭。此时作者人在苏州。 (8)鸥鸟相猜，这里反用其意，借鸥鸟指别有用心的小人。《列子》：有人与鸥鸟亲近，但当他怀有不正当心术后，鸥鸟便不信任他,飞离很远。 (9)傍青纶,投靠有官职的权贵。青纶,青丝织成的印绶,代指为官身份。 (10)刺棹,即撑船。 (11)无语看波澜,沉默地观看湖水波澜翻滚。寓有冷静地观察官场勾心斗角之意。

简析 《水调歌头·沧浪亭》写于诗人因支持庆历革新遭贬,闲居苏州期间。上阕描述了泛舟太湖的闲暇乐趣和太湖壮阔旖旎的风光;回顾了前人急流勇退,隐逸太湖的情境。下阕触景生情,抒发诗人因岁月蹉跎而壮志难酬的苦闷与惆怅。全词表现了作者在"出世"与"入世"之间进退矛盾的心态。此词风格清旷豪迈,慷慨深沉。

◎ 李 觏

送僧游庐山

山行为客住非家(1),此去庐山况不遐(2)。
要见南朝旧人物(3),池中惟有白莲花(4)。

作者简介 李觏(1009—1059年),字泰伯,建昌军南城(今江西南城)人,北宋时期的哲学家、思想家、教育家、改革家。仁宗皇祐元年(1049年)被范仲淹荐为试太学助教,后升海门主簿。终生从事理学研究,主要著作有《直讲李先生文集》,内容广泛涉及到政治、经济、哲学、法学、军事、教育、诗文诸方面,被誉为康国济民的医国之书。著有诗《退居类稿》等。

注释 (1)此句点出僧人居无定所,四海为家的特点。 (2)况不遐,况且路途不远。遐,远。 (3)南朝旧人物,指慧远、谢灵运等人。东晋时,僧人慧远入庐山,在东林寺广收弟子,传播禅学和般若学。相传曾与十八高贤共结莲社,同修净业,诗人谢灵运要求入社,慧远认为谢氏心杂而没有答应。 (4)白莲花,慧远等人结白莲社,专修念佛法门,誓愿往生西方净土,曾掘池种植白莲。

简析 该诗表达了作者对僧人的依依惜别之情,同时也抒发了他对昔人已去,人生如梦,时光飞逝的无限感慨。

◎曾　巩

金山寺

尘外岧嶤鹫岭宫[1]，架虚排险出青红[2]。
林光巧转沧波上，海色遥涵白日东[3]。
夜静神龙听咒食[4]，秋深苍鹘起抟风[5]。
连荆控蜀长江水，尽在回廊顾盼中[6]。

作者简介　曾巩(1019—1083年)，字子固，北宋政治家、散文家。建昌南丰(今江西南丰)人，后居临川(今江西抚州市西)。仁宗嘉祐二年(1057年)进士。时称南丰先生，唐宋八大家之一。在学术思想和文学事业上贡献卓越。

注释　(1)岧嶤(tiáo yáo)，亦作"岹峣"，山高峻貌。曹植《九愁赋》："践蹊隧之危阻，登岧峣之高岑。"鹫岭宫，印度灵鹫山之别称，传说为如来讲经之处，被称为佛地。这里比作金山寺。　(2)架虚排险，形容金山寺殿阁凌空而建。出青红，现出青瓦红砖的建筑。　(3)白日东，白日从东海升起。　(4)咒，古时僧人、道士、方士等所谓驱魔降妖的口诀。咒食，僧人念经布施饭食。　(5)苍鹘，一种鹰类的凶鸟。抟(tuán)风，典出《庄子·逍遥游》："抟扶摇而上者九万里。"扶摇，旋风。后因称乘风而上为"抟风"，亦指旋风。　(6)回廊，指金山寺曲折环绕的走廊。顾，回头看。盼，远望。

简析　作者以夸张的笔法描述了金山寺崇高峻险的地势和宏伟庄重的建筑格局。站在金山寺回廊上，东海的旭日喷薄而出，西通荆楚巴蜀的长江之水尽收眼底，一切皆在顾盼之中。此诗视野广阔，气势磅礴。

◎王安石

葛溪驿

缺月昏昏漏未央[1]，一灯明灭照秋床[2]。
病身最觉风露早，归梦不知山水长[3]。
坐感岁时歌慷慨，起看天地色凄凉。

鸣蝉更乱行人耳(4),正抱疏桐叶半黄(5)。

作者简介 王安石(1021—1086年),字介甫,号半山,临川(今江西抚州市临川区)人,北宋著名的思想家、政治家、改革家、文学家。宋仁宗庆历二年(1042年),王安石进士及第,后历任扬州签判、鄞县知县、舒州通判等职,政绩显著。神宗熙宁二年(1069年),任参知政事,次年拜相,主持变法。因守旧派反对,熙宁七年(1074年)罢相。一年后被神宗再次起用,旋又罢相,退居江宁。哲宗元祐元年(1086年),保守派得势,新法皆废,王安石郁然病逝于钟山(在今江苏南京),谥号文,故世称王文公。传世文集有《王临川集》《临川集拾遗》等。"唐宋八大家"之一。其诗被誉为"荆公体"。

题解 仁宗皇祐二年(1050年),王安石从家乡临川去钱塘,途经弋阳,宿驿站中。入夜秋声扰攘,彻夜难眠,悲愁交集,作此诗以抒情怀。葛溪,今江西省弋阳县。驿,驿站,是古代官方设立的旅店。

注释 (1)缺月,半圆的月亮。漏,漏壶,古代计时器。未央,未尽,天未亮。(2)明灭,(灯光)忽明忽暗。 (3)归梦,回家的梦,思乡之梦。 (4)行人,诗人自指。 (5)秋蝉紧抱着萧疏的梧桐树,树上的叶子已经半黄。有比喻自己处境之意。

简析 这首七言律诗描绘了一幅情景交融,意境深幽的"驿站秋夜难眠图"。诗人选择缺月、孤灯、风露、鸣蝉、天色、疏桐等一组富含情感的衰残的意象,构成孤寂凄凉的意境,表现了作者羁旅孤独病痛思乡的心情和处境。

落星寺

崒云台殿起崔嵬(1),万里长江一酒杯(2)。
坐见山川吞日月(3),杳无车马送尘埃(4)。
雁飞云路声低过(5),客近天门梦易回(6)。
胜概唯诗可收拾(7),不才羞作等闲来(8)。

题解 落星寺位于江西鄱阳湖北落星湖之中。相传曾有巨星坠落于此而得名。鄱阳是陶侃的故里,落星寺又有许多著名的文人墨客在此游览题诗。故而诗人有感而作。

注释 (1)崒(zú)云,云层崒集。崔嵬,高大耸立。 (2)一酒杯,形容鄱阳湖如同一只酒杯吞纳了万里长江之水。 (3)坐见,只见。 (4)杳无,全无。送尘埃,

(吹)送来尘埃。　(5)云路,大雁在空中的飞行路线。　(6)天门,神话传说中天庭的门户。《晋书·陶侃传》:“(侃)梦生八翼,飞而上天,见天门九重,已登其八,唯一门不得入。”陶侃是鄱阳人,故用此典缅怀之。　(7)胜概,胜景。收拾,表达,概括。　(8)不才,没有才能,作者自谦之词。等闲,轻易,随随便便。

简析　这是一首游览落星寺而写景咏古的题壁诗。作者先以夸张的笔法描述了鄱阳湖气吞万里长江,落星寺高耸入云的宏大气势,渲染其辽阔静谧,远离红尘的自然环境。继而又缅怀前贤陶侃的成就;最后以自谦之词作为题诗之收笔。

寄鄂州张使君

昔人宁饮建业水,共道不食武昌鱼(1)。
公来建业每自如,亦复不厌武昌居(2)。
武昌山川今可想,绿水逶迤烟苍莽。
白鸥晴飞随两桨,岸荠茸茸映鱼网(3)。
投老留连陌上尘,思公一语何由往(4)。

题解　《寄鄂州张使君》一诗当是神宗熙宁三年(1070年),时年五十岁的王安石寄给知鄂州使君张顺的赠诗。使君是当时对州郡长官的尊称。

注释　(1)“宁饮建业水,不食武昌鱼”,是三国时期流行吴国建业(南京)一带的民谣。东吴甘露元年(265年),末帝孙皓欲再度从建业迁都武昌。左丞相陆凯上疏劝阻,疏中引用了这两句“单谣”。武昌鱼,即团头鲂,俗称樊口鳊鱼,鄂州特产。　(2)此二句的意思是,您无论在建业还是武昌,都心安自如,兢兢业业。　(3)荠(jì),荠菜,草本植物,叶羽状分裂,花白色。茎、叶嫩时可用作蔬菜,全草可入药。　(4)末两句的意思是,我虽垂垂老矣,依然流恋田野阡陌,虽说思念您,却无从得见。

简析　此诗借“宁饮建业水,不食武昌鱼”的典故开头,反衬了张使君随遇而安,兢兢业业的敬业精神,赞扬了武昌(鄂州)山川秀丽、人民安居乐业的环境,表达了对田园生活的向往,对张顺人品和治理政绩的仰慕之情。全诗音韵流畅,语言朴实无华,情感真诚自然。

泊船瓜洲

京口瓜洲一水间(1),钟山只隔数重山(2)。

春风又绿江南岸[3],明月何时照我还[4]?

题解 神宗熙宁八年(1075年)二月,王安石第二次拜相。他满怀欣喜,自江宁赴京途经瓜洲泊船时作此诗。

注释 (1)京口,古城名,故址在江苏镇江市。瓜洲,镇名,位于今扬州市南部长江边,京杭运河分支入江处。 (2)钟山,即江苏省南京市紫金山。 (3)绿,形容词作动词用,意为吹绿了,绿遍了。 (4)还(huán),回到(钟山)。

简析 王安石因推行变法遭贬而退居江宁,一年后又奉诏复职。返京途中,舟泊瓜洲,顾盼大江南北,他奉诏回京复职的欣喜和重返政治舞台,继续推行新政的强烈欲望跃然纸上。千古名句"春风又绿江南岸,明月何时照我还"正表达了诗人的这种心情。此诗新颖别致,情景交融,意在言外,优美的意象蕴含着丰富的思想感情。

江　上

江北秋阴一半开[1],晚云含雨却低徊[2]。
青山缭绕疑无路[3],忽见千帆隐映来[4]。

题解 王安石晚年辞官后,闲居于江宁府(南京)东门与钟山之间的"半山园",醉心于山光水色。其间他写了不少精致淡雅的山水绝句。《江上》乃为其中之一。

注释 (1)江北秋阴一半开,秋天黄昏的江北一半阴云,一半明亮。 (2)低徊,低处徘徊,形容浓集的雨云在低空来回飘荡。 (3)缭绕,此处比喻两岸青山蜿蜒盘旋。 (4)隐映,忽隐忽现,时隐时现,若隐若现。

简析 此诗宛如一幅精美的水墨山水,形象鲜明地展现了秋雨欲来时暮江的奇丽景色。其色彩迷离变幻,意境清远淡雅,流露出诗人恬静超然的心境,却又蕴含着深刻的人生哲理。诗中"青山缭绕疑无路,忽见千帆隐映来",后被陆游生发而成"山穷水尽疑无路,柳暗花明又一村"之名句。全诗融景、情、理一体,韵味无穷。

渔家傲·平岸小桥

平岸小桥千嶂抱[1],柔蓝一水萦花草[2]。茅屋数间窗窈窕[3]。尘不到,时时自有春风扫。　午枕觉来闻语鸟[4],欹眠似听朝鸡早[5]。

忽听故人今总老。贪梦好，茫然忘了邯郸道[6]。

题解 “渔家傲”是北宋流行的词牌，也是曲牌名，南北曲均有。王安石二次罢相后，隐居金陵，心境逐渐平淡，终日沉浸于山水之间，激发他创作了不少吟咏钟山湖光山色的景物词。此词即其中之一。

注释 （1）千嶂抱，群山环抱。嶂，山峰。 （2）柔蓝，柔和的蓝色，多形容水。（3）窈窕（yǎo tiǎo），亦作“窈窱”，原义是描述心灵与仪表兼美的女子。词中用来形容窗户精美幽深。 （4）午枕，午睡。 （5）欹（qī）眠，斜躺着睡觉。“似听朝鸡早”，误以为听见公鸡报晓。 （6）邯郸道，唐人传奇《枕中记》写卢生在邯郸道邸舍，遇吕翁授其瓷枕命睡，卢生在梦中享尽荣华富贵，醒来发现邸舍主人蒸的黄粱米饭都未蒸熟，因悟人的穷通得失都不过是黄粱一梦。

简析 此词描述作者退居江宁（南京）半山园时的环境和心态。上阕写景，着力描绘了平岸小桥、群峰环抱、柔蓝一水、花草萦环、春风吹拂、窗棂幽静的自然环境，流露出诗人超凡脱俗、怡然自得的平静心态。下阕描写他隐居生活的情趣与感受：既然时光荏苒，人生易老，不如沉酣梦乡，摈弃所有的世俗烦恼，体现了晚年王安石顺应现实的生活态度和淡泊宁静的精神境界。

桂枝香·金陵怀古

登临送目，正故国晚秋[1]，天气初肃[2]。千里澄江似练，翠峰如簇。归帆去棹斜阳里[3]，背西风，酒旗斜矗[4]。彩舟云淡，星河鹭起[5]，画图难足[6]。　　念往昔，繁华竞逐，叹门外楼头[7]，悲恨相继。千古凭高[8]，对此漫嗟荣辱。六朝旧事如流水[9]，但寒烟，衰草凝绿。至今商女[10]，时时犹唱，后庭遗曲[11]。

题解 “桂枝香”，词牌，又名“疏帘淡月”，兹以王安石《临川先生文集》为准。“金陵怀古”，词题，在故都金陵追怀六朝往事。此词疑为英宗治平四年（1067年）作者出知江宁府时所作。

注释 （1）故国，金陵是六朝故都，故称之故国。 （2）肃，肃杀，形容秋冬季草木凋零，寒气逼人的情景。鲁迅《风筝》：“我倒不如躲到肃杀的严冬中去吧。”（3）归帆去棹，归来的和离开的船舶。帆、棹均代指船舶。 （4）背西风，酒旗斜矗，正当西风，酒旗被吹得歪斜。 （5）星河鹭起，白鹭飞向银河。 （6）画图难足，图画不足以表现这种场景。 （7）门外楼头，化用杜牧“门外韩擒虎，楼头张丽华”诗意，形容英雄美人竞逐风流。 (8)千古凭高，时光久远。 (9)六朝，即东吴、东晋、宋、齐、梁、陈六个朝代。旧事如流水，往事已成陈迹。 (10)商女，歌女，歌妓。 (11)后庭遗曲，陈后主游宴后庭，其曲有《玉树后庭花》。杜牧《夜泊秦淮》：“商女不知亡国恨，隔江犹唱后庭花。”

简析 该词开篇即交代金陵怀古的时令、地点、天气，从登高远眺的视角描绘了一片肃杀的秋色，总体上写金陵的山川形势和具体景物，给读者描绘出一个壮阔而又凄清的背景。下阕由写景转入议论，通过怀古用典，指出六朝兴亡的历史教训。结尾回到现实，借《玉树后庭花》的亡国之音，赋予此词以更为深刻、精辟的思想内容。此词立意高远，隐喻现实，历来被推为金陵怀古词的绝唱。苏轼为此曾赞叹王安石“此老乃野狐精也”。

◎ 裴若讷

江阴绝句

紫莼江上是吾家[1]，一叶扁舟一钓车[2]。
何必陶公种鱼法[3]，雨汀烟渚尽生涯[4]。

作者简介 裴若讷，江苏江阴人，生卒年不详。宋仁宗宝元元年(1038年)进士。曾官龙图阁直学士，知成都。

注释 (1)紫莼，一种可食用的水生植物，俗称紫菜。洪适《渔家傲引·渔家傲》：“八月紫莼浮绿水。细鳞巨口鲈鱼美。” (2)钓车，装有卷线轮的鱼竿。 (3)此句意为何必非要效仿陶朱公(范蠡)以“计然之术”求“什一之利”？种鱼法，代指各种生意经。 (4)末句谓仿效渔翁在雨汀烟渚中逍遥自在地度过人生。

简析 诗作描绘了紫莼浮绿水的江面上，渔翁凭借一叶小舟、一支钓竿捕鱼为业的简朴而自在的生活图景，表现了诗人不羡陶朱公博弈商场，追名逐利的致富门路；而宁愿效仿渔翁，在江河中过着自食其力、逍遥自在的简朴生活的人生态度。

◎沈　括

江南曲

新秋拂雨无行迹，夜夜随潮过江北。
西风卷雨上半天，渡口微吟含晓碧(1)。
城头鼓响日脚垂(2)，天际笼烟锁山色。
高楼索寞临长陌(3)，黄竹一声无北客(4)。
时平田苦无人耕(5)，惟有芦花满江白。

作者简介　沈括(1031—1095年)，字存中，号梦溪丈人，浙江钱塘县人，北宋政治家、科学家。仁宗嘉祐八年(1063年)进士及第，授扬州司理参军。神宗时参与熙宁(1068—1078年)变法，受王安石器重，历任太子中允、检正中书刑房、提举司天监、三司使等职。神宗元丰三年(1080年)，出知延州，兼任鄜延路经略安抚使，驻守边境抵御西夏，后因永乐城之战牵连被贬。晚年移居润州(今江苏镇江)，隐居梦溪园。沈括致力于科学研究，在众多学科领域都有很深的造诣和卓越的成就，被誉为"中国整部科学史中最卓越的人物"。其名作《梦溪笔谈》，集前代科学成就之大成，在世界文化史上有着重要的地位。

注释　(1)晓碧，清晨天空的青翠色。　(2)日脚垂，夕阳西下时落日的光线接近地面。杜甫《羌村三首》："峥嵘赤云西，日脚下平地。"　(3)长陌，大路。　(4)黄竹，一种高大的竹类，亦指毛竹。此处指乐府吴声歌曲"黄竹子歌"。李商隐《瑶池诗》："瑶池阿母绮窗开，黄竹歌声动地哀。"　(5)时平田苦，时局太平，可是田地荒芜。

简析　此诗当是作者被贬后，晚年隐居镇江时所作。这首"江南曲"与当地流行的"黄竹歌"一样，其景色空旷苍茫冷落，其曲调委婉凄苦忧伤，暗寓了诗人疾世哀时的深沉情感。

◎苏　轼

荆州十首(其一)

游人出三峡(1)，楚地尽平川。

北客随南贾，吴樯间蜀船[2]。
江侵平野断[3]，风卷白沙旋。
欲问兴亡意，重城自古坚[4]。

作者简介 苏轼(1037—1101年)，字子瞻，号东坡居士。眉州眉山(今属四川省眉山市)人，祖籍河北栾城，北宋著名文学家、书法家、画家。唐宋八大家之一。仁宗嘉祐二年(1057年)，苏轼进士及第。神宗时曾在凤翔、杭州、密州、徐州、湖州等地任职。神宗元丰三年(1080年)，因“乌台诗案”受诬陷被贬黄州任团练副使。1086年哲宗即位后，曾任翰林学士、侍读学士、礼部尚书等职，并出知杭州、颍州、扬州、定州等地。晚年因新党执政被贬惠州、儋州。1101年徽宗登基时获大赦北还，途中于常州病逝。苏轼之诗题材广阔，清新豪健，善用夸张比喻，独具风格，与黄庭坚并称“苏黄”；其词开豪放一派，与辛弃疾并称“苏辛”；其散文著述宏富，豪放自如，与欧阳修并称“欧苏”。有《东坡七集》《东坡易传》《东坡乐府》等传世。

题解 《荆州十首》是苏轼青年时期五言律诗的代表作。仁宗嘉祐四年(1057年)九月，苏洵、苏轼、苏辙父子三人一道取水路出三峡到荆州，这年十二月八日抵达江陵驿，次年正月初五离江陵北上。三人沿途写了一百首诗文，编成《南行集》。苏轼的《荆州十首》陆续写成于逗留荆州的几十天中。此为其中第一首。

注释 (1)游人，指苏氏父子三人。 (2)樯，船的桅杆，代指船。间，杂。 (3)意思是长江横穿江汉平原，平原分成南北两片。 (4)末两句谓荆州是战略要地，见证了古今历史的变迁。

简析 这第一首是组诗的发端，总括了诗人初到此地的总体印象和感受，描绘了荆州平畴千里、大江奔流、白沙回旋的地理形势、自然环境和人来船往的水陆繁忙场景。结尾两句是对荆州历史的简要回顾，既点明该城的战略重要性，也为组诗的全面展开抒写埋下了伏笔。

渝州寄王道矩

曾闻五月到渝州[1]，水拍长亭砌下流[2]。
惟有梦魂长缭绕，共论唐史更绸缪[3]。
舟经故国岁时改[4]，霜落寒江波浪收。
归梦不成冬夜永[5]，厌闻船上报更筹[6]。

注释 (1)渝州，隋初改楚州为渝州，治巴县，即今重庆。后遂以渝为重庆的简称。

（2）砌，此处作台阶解。（3）绸缪（chóu móu），紧密缠缚，缠绵，喻情意深厚。（4）故国，家乡，指渝州。（5）夜永，长夜漫漫。（6）报更筹，古代更夫在夜间敲竹帮或鸣锣报时。

简析 此诗是苏轼从渝州寄给故乡眉山友人王道矩的。通过对春天渝州相聚"惟有梦魂长缭绕，共论唐史更绸缪"的亲切回忆，对漫漫冬夜孤寂难眠的情境描述，表达了诗人对故人、故乡深深的思念、留恋之情。然而，故人远去，故乡难归，又深感无限惆怅。

游金山寺

我家江水初发源(1)，宦游直送江入海(2)。
闻道潮头一丈高，天寒尚有沙痕在(3)。
中泠南畔石盘陀，古来出没随涛波(4)。
试登绝顶望乡国(5)，江南江北青山多。
羁愁畏晚寻归楫(6)，山僧苦留看落日。
微风万顷靴文细，断霞半空鱼尾赤(7)。
是时江月初生魄(8)，二更月落天深黑。
江心似有炬火明(9)，飞焰照山栖乌惊。
怅然归卧心莫识，非鬼非人竟何物？
江山如此不归山(10)，江神见怪惊我顽。
我谢江神岂得已(11)，有田不归如江水(12)。

注释 （1）家，家住之意。初发源，诗人的家乡眉山位于岷江边。古人认为长江的源头是岷山。（2）宦游，因做官而经历多地。直送江入海，自己从长江上游直到下游。镇江一带江面辽阔，故称海门。（3）诗人曾听人说长江涨潮时潮头有一丈多高，他登寺在冬天，水位下降，但岸边沙滩上的浪痕犹在。（4）中泠南畔二句说中泠泉南畔的巨石，自古以来就追随波涛出没。（5）乡国，故乡。（6）羁愁畏晚，到了夜晚归家念头更加强烈。归楫，从金山回去的船。（7）微风万顷二句意思是：微风吹皱水面，泛起的水波像靴子上的细纹；落霞倒映水中，仿佛金鱼重叠的红鳞。（8）初生魄，新月初生。苏轼游金山正逢农历十一月初三。（9）江心似有炬火明或指江中能发光的某些水生动物，或是江上渔火，或者只是黑暗中诗人看到的幻象。（10）归山，回乡。（11）谢，道歉。岂得已，没有办法。 (12)如江水,古人有对江水发誓的先例。如《左传》僖公二十四年,晋公子重耳对子犯说:“所不与舅氏同心者,有如白水!”

简析 神宗熙宁四年(1071 年),苏轼首次途经润州(镇江),夜宿金山寺中,半夜得以观赏江上奇异的夜景,顿时浮想联翩,写下了这首七言古诗。全诗可分三个层次。前八句写金山寺山水形胜,中间十句写登眺所见黄昏夕阳的璀璨景色,和深夜不明炬火光怪陆离的奇异江景,最后四句抒发此游的感叹。反映了作者对现实政治和官场生涯的厌倦,希望买田归隐的心情。该诗以“江水”贯穿首尾,“乡思”是极力渲染的内容。其笔势矫健,舒展自如;写景咏怀,融为一体。

初到黄州

自笑平生为口忙(1),老来事业转荒唐(2)。
长江绕郭知鱼美(3),好竹连山觉笋香(4)。
逐客不妨员外置(5),诗人例作水曹郎(6)。
只惭无补丝毫事,尚费官家压酒囊(7)。

题解 苏轼因被御史中丞李定及舒亶、何正臣等人诬陷,于神宗元丰二年(1079年)八月十八日被押赴乌台狱勘问。至十二月二十八日获释,责授检校水部员外郎、黄州团练副使。翌年正月初一被押解离京,二月一日至黄州贬所。暂寓居定惠院,随僧蔬食。此诗作于诗人初抵黄州时。

注释 (1)为口忙,此处为双关语,既指因言事和写诗而获罪,又指为谋生糊口,并呼应下文的“鱼美”和“笋香”的口腹之美。 (2)荒唐,作者自嘲之词。荒唐原指行事不正常,不符合一般的规则。诗中实指作者晚年挣脱思想束缚,寻求自由自在的生活。 (3)郭,城郭,城墙之外城。 (4)连山,漫山遍野。 (5)逐客,作者自谓,被贬之人。员外,定额以外的闲官,苏轼所任之职亦属此列。置,安置。 (6)水曹郎,官职名,水部曹郎。白居易《江楼晚眺寄水部张员外》诗:“好著丹青图写取,题诗寄与水曹郎。” (7)尚费官家压酒囊,作者自注:“检校官例折支,多得退酒袋。”压酒囊,压酒滤糟的布袋。宋代官俸一部分用实物抵数,叫折支。

简析 这首诗表现了苏轼初到黄州时的复杂矛盾的心绪。有自嘲自伤,有对权势者的嘲笑,却又以超旷的胸襟对待自己的遭遇,在自然中发现美,在逆境中寻求生活的乐趣,表现了诗人一贯的豁达、乐观。

雨晴后步至四望亭下（二首）

其　一

雨过浮萍合，蛙声满四邻。
海棠真一梦，梅子欲尝新。
拄杖闲挑菜，秋千不见人。
殷勤木芍药[(1)]，独自殿余春[(2)]。

其　二

高亭废已久，下有种鱼塘。
暮色千山入，春风百草香。
市桥人寂寂，古寺竹苍苍。
鹳鹤来何处[(3)]，号鸣满夕阳。

注释　(1)殷勤，形容词，此处拟人用法，有赞扬芍药情谊深厚的意思。木芍药，芍药科，芍药属植物，为多年生落叶小灌木。花色泽艳丽，富丽堂皇，素有“花中之王”的美誉。刘禹锡《赏牡丹诗》：“庭前芍药妖无格，池上芙蕖净少情。唯有牡丹真国色，花开时节动京城。”芍药虽不及牡丹，仍然得到诗人赞赏。　(2)殿，此处作“在最后”解。如殿后，殿军。　(3)鹳鹤(guàn hè)，鸟名。形似鹤，嘴长而直，顶不红，常活动于水旁，夜宿高树。又泛指鹤类。

简析　苏轼在被贬黄州的当年春末，写下了这组诗。描写暮春雨后诗人信步而游所见的景色，写景如画，情景交融，旨意含蓄，富有韵味。

卜算子·黄州定慧院寓居作

缺月挂疏桐[(1)]，漏断人初静[(2)]。谁见幽人独往来[(3)]？缥缈孤鸿影[(4)]。　　惊起却回头，有恨无人省[(5)]。拣尽寒枝不肯栖[(6)]，寂寞沙洲冷[(7)]。

题解　“卜算子”，词牌名，北宋时盛行此曲。定慧院，一作定惠院，在今湖北省黄冈市黄州区东南。苏轼初贬黄州，寓居于此。

注释 （1）缺月，半圆的月亮。疏桐，枝叶稀疏的桐树。（2）漏断，夜已深沉。漏，古代滴水计时的器具。漏断表示水已漏尽，一天过完。（3）幽人，幽居之人，作者自谓。（4）缥缈孤鸿影，比喻自己宛若形影孤单、飘泊不定的孤雁。（5）省（xǐng），理解，明白。（6）栖，栖息，鸟儿在树上停歇。此句意谓不愿随波逐流，迎合权贵，含有“良禽择木而栖”的意思。（7）寂寞沙洲冷，比喻贬放地的孤寂处境。

简析 作者运用象征手法，以孤鸿作为艺术意象，匠心独运地通过月夜孤鸿的孤独缥缈，怀抱幽恨和选求宿处的精细描述，表达了作者贬谪黄州时期的孤寂处境和高洁自许、不愿随波逐流的高傲性格。黄庭坚评此词说：“语意高妙，似非吃烟火食人语，非胸中有万卷书，笔下无一点尘俗气，孰能至此！”

浣溪沙·游蕲水清泉寺

山下兰芽短浸溪(1)，松间沙路净无泥，潇潇暮雨子规啼(2)。 谁道人生无再少(3)，门前流水尚能西，休将白发唱黄鸡(4)。

题解 “浣溪沙”，本唐代教坊曲名，因春秋时越女西施浣纱于若耶溪，故又名“浣溪纱”或“浣沙溪”。此词为神宗元丰五年（1082年）苏轼在黄州时与名医庞安时同游清泉寺所作。蕲（qí）水，县名，今湖北浠水县。清泉寺，在蕲水县城外。

注释 （1）短浸溪，指初生的兰芽浸润在溪水中。（2）潇潇，形容雨声。子规，杜鹃鸟，相传为古代蜀帝杜宇之魂所化，其鸣声凄厉，诗词中常借以抒写羁旅之思。（3）无再少，不能再回到少年时代。（4）白发，指代老年。唱黄鸡，唐代诗人白居易《醉歌》中有“黄鸡催晓”“白日催年”等语，感叹年华易逝，人生易老。苏轼的“休将白发唱黄鸡”反其意而用之，鼓励友人不要因年老而消极悲观。

简析 上阕写游清泉寺沿途的幽雅风光；下阕借景生情，激发一段坦荡、乐观、令人奋发的议论。此词蕴含积极向上人生哲理，体现了作者在逆境中仍热爱生活、乐观旷达的人生态度。

念奴娇·赤壁怀古

大江东去，浪淘尽(1)，千古风流人物(2)。故垒西边(3)，人道是，三国周郎赤壁(4)。乱石穿空，惊涛拍岸，卷起千堆雪。江山如画，一时多少豪杰(5)。　　遥想公瑾当年，小乔初嫁了(6)，雄姿英发。羽扇纶巾(7)，谈笑间樯橹灰飞烟灭(8)。故国神游(9)，多情应笑我(10)，早生华发(11)。人生如梦，一尊还酹江月(12)。

题解　“念奴娇”，词牌名，又名“百字令”“酹江月”等。赤壁，指黄州赤壁，原名“赤鼻矶”，俗称“文赤壁”，在今湖北黄冈市黄州区西。此词是神宗元丰五年(1082年)苏轼贬谪黄州两年之后所写。

注释　(1)淘，本作“洮”，冲洗，冲刷，淘汰。　(2)风流人物，原指杰出的对一个时代有很大影响的人物，有时也指富有文采、举止潇洒甚或豪放不羁的人。(3)故垒，旧时遗留下来的营垒。　(4)人道，人们传说。周郎，三国时吴国名将周瑜，字公瑾，人称“周郎”，赤壁之战时吴国的统帅。　(5)一时，指群雄争霸的三国时期。多少豪杰，主要指决定赤壁之战的曹操、刘备、孙权等历史人物。(6)小乔初嫁，据《三国志·吴志·周瑜传》记载：乔太公有二女，皆国色天香，大乔嫁孙策，小乔嫁周瑜。　(7)羽扇纶(guān)巾，羽扇，羽毛制成的扇子。纶巾，青丝织成的头巾，古代儒将的便装打扮。　(8)樯橹，挂帆的桅杆和船上的桨，这里代指曹操的水军战船。　(9)故国神游，神游故国的倒装句。故国，这里指旧地，作者把此地想象为当年的赤壁战场。神游，在想象、梦境中游历。　(10)多情应笑我即应笑我多情。　(11)华发，花白的头发。　(12)一尊还(huán)酹(lèi)江月，古人以酒浇在地上祭奠。这里指洒酒酬月，寄托自己的感情。尊通樽，酒杯。

简析　《念奴娇·赤壁怀古》是豪放词的代表作之一。此词通过对江上壮美景色的描绘，托物言志，借对古代战场的凭吊和对历史上风流人物才略、气度、功业的追念，曲折地表达了作者怀才不遇，老大功业未成的忧愤之情；以及作者评论历史和人生的旷达胸襟。全词雄浑苍凉，大气磅礴，笔力遒劲，境界宏阔；融写景、咏史、抒情为一体，给人以撼魂荡魄的艺术力量，被誉为“古今绝唱”。

定风波·一蓑烟雨任平生

三月七日，沙湖道中遇雨(1)。雨具先去，同行皆狼狈(2)，余独不觉，已而遂晴(3)，故作此词。

莫听穿林打叶声(4)，何妨吟啸且徐行(5)。竹杖芒鞋轻胜马(6)，谁怕？一蓑烟雨任平生(7)。　　料峭春风吹酒醒(8)，微冷，山头斜照却相迎。回首向来萧瑟处(9)，归去，也无风雨也无晴(10)。

题解 “定风波”，词牌名。唐教坊曲名，后用作词牌，为双调小令。一作“定风波令”，又名“卷春空”“醉琼枝”。此词系苏轼与友人从黄州城出游，至沙湖途中遇雨而作。

注释 (1)沙湖，在今湖北黄州东南三十里。 (2)同行皆狼狈，同去的人都(被雨淋得)狼狈不堪。 (3)已而，过了一会儿。 (4)穿林打叶声，雨点穿透树林滴落在树叶上的声音。 (5)吟啸，放声吟咏。 (6)芒鞋，用稻草或麻编织的鞋称为芒鞋，俗称草鞋。 (7)一蓑烟雨任平生，披着蓑衣在风雨里过一辈子也处之泰然。蓑(suō)，蓑衣，用棕制成的雨披。 (8)料峭，形容突如其来的寒冷。(9)向来，刚才、方才。萧瑟处，指刚才经受的风雨吹打的地方。 (10)也无风雨也无晴，意谓既不怕雨，也不喜晴。

简析 苏轼被贬黄州的第三个早春，与朋友出游沙湖，风雨忽至，他泰然处之。此词通过出游途中偶遇风雨这一生活中的小事，于简朴中见深意，于寻常处生奇景。反映他不避风雨，听任自然的生活态度，表现出旷达超脱的胸襟。

南堂五首(选二)

其 一

江上西山半隐堤[(1)]，此邦台馆一时西[(2)]。
南堂独有西南向，卧看千帆落浅溪。

其 五

扫地焚香闭阁眠，簟纹如水帐如烟[(3)]。
客来梦觉知何处，挂起西窗浪接天。

题解 苏轼到达黄州贬所，先寓居定惠院，后迁居距离大江八十步的临皋亭(驿)。神宗元丰六年(1083 年)五月，在友人的支持下，苏轼在临皋亭南筑屋三间，名之曰“南堂”，完成后即景抒怀，作诗五首，此处选二首。

注释 (1)西山，即樊山，在今湖北鄂州市城西，与黄州赤壁隔江相对。苏轼贬居黄州时经常泛舟过江在此游览、读书，或与僧人交谈，现建有苏园。 (2)此邦，指黄州。台馆，楼台馆阁。一时西，一律坐东朝西。 (3)簟(diàn)，竹席。纹如水，花纹如水。帐如烟，蚊帐轻且薄。

简析 《南堂五首》组诗围绕作者置身南堂的种种感受而写，立意各自不同，五首分列开来，独立成篇，但又相互联接。描绘了南堂及其周边幽静而壮美的自然环境，表现了一种潇洒清旷的静美和悠闲自得的感情，创造出一种清幽绝俗的意境。

满江红·寄鄂州朱使君寿昌

江汉西来，高楼下(1)，蒲萄深碧(2)。犹自带，岷峨雪浪，锦江春色(3)。君是南山遗爱守(4)，我为剑外思归客(5)。对此间，风物岂无情，殷勤说。

《江表传》(6)，君休读；狂处士(7)，真堪惜。空洲对鹦鹉(8)，苇花萧瑟。不独笑书生争底事(9)，曹公黄祖俱飘忽(10)。愿使君，还赋谪仙诗，追黄鹤(11)。

题解 此为作者寄给鄂州知州朱寿昌的赠诗。朱寿昌，字康叔，时为鄂州（治所在今武汉武昌区）知州。使君为汉时对州郡长官之称，唐宋时相当于太守。“满江红”，词牌名。

注释 (1)高楼，此处指武昌黄鹤楼。 (2)蒲萄，即葡萄，此处用未熟的青葡萄比喻水色清澈碧绿。李白《襄阳歌》：“遥看汉水鸭头绿，恰似葡萄初发醅。” (3)此句谓武昌的江水还自带着岷山、峨嵋山下的雪浪和成都锦江的颜色。杜甫《登楼》：“锦江春色来天地。” (4)君，你，指朱寿昌。南山，陕西终南山。朱寿昌曾任陕州通判，通判亦称通守。遗爱，指有惠爱之政引起人们怀念。《左传》昭公二十年载孔子闻郑子产卒时“出涕曰：‘古之遗爱也。’”黄州东坡赤壁亦建有“遗爱亭”。 (5)剑外，四川剑门关以南。苏轼家乡在四川眉山，故自称剑外来客。 (6)《江表传》，晋虞溥著，记述三国时江左吴国时事及人物言行。 (7)狂处士，指三国名士祢衡，其才学高而行为狂放，触犯曹操，被曹操借江夏太守黄祖之手杀害。古时称不出仕之士为处士。 (8)空洲，指鹦鹉洲。据传黄祖长子黄射在洲上大会宾客，有人献鹦鹉，祢衡当即作《鹦鹉赋》，故以为洲名。此句意谓祢衡被杀，鹦鹉洲因而冷落。如同孟浩然死后，李白称“江山空蔡洲”。 (9)书生争底事，祢衡争执什么事情？ (10)曹公黄祖俱飘忽，指曹操与黄祖不也一样不知所往了吗？ (11)谪仙，指李白。追黄鹤，指崔颢《黄鹤楼》诗有“昔人已乘黄鹤去”之语。

简析 此词仍作于贬居黄州期间。上阕描绘长江源远流长的壮丽景色，景中寓情，表达了对故乡的深深思念。下阕直抒胸臆，谈古论今，悼惜祢衡，追怀李白，谴责曹操、黄祖，带有人生如梦、只有文章才是万世不朽的感慨。这首词既表现出朋友间的深厚情谊，又在议论中流露出自己豁达旷荡的人生态度。

过江夜行武昌山闻黄州鼓角

清风弄水月衔山，幽人夜度吴王岘[(1)]。
黄州鼓角亦多情，送我南来不辞远。
江南又闻出塞曲[(2)]，半杂江声作悲健。
谁言万方声一概[(3)]？鼍愤龙愁为余变[(4)]。
我记江边枯柳树，未死相逢真识面。
他年一叶泝江来[(5)]，还吹此曲相迎饯[(6)]。

题解 神宗元丰七年（1084年）三月，诗人贬放黄州团练副使四年后，奉调汝州（今河南汝阳），行前又过长江至鄂州，夜闻黄州鼓角声而作此诗。武昌山，即鄂州西山。

注释 （1）幽人，隐士，诗人自称。岘（xiàn），小而高的山岭。吴王岘，孙权登临过的山岭。（2）出塞曲，原指乐府《横吹曲辞·汉横吹曲》，诗中比喻自己北调汝州，闻黄州鼓角声犹如“出塞曲”。（3）此句意谓谁说各地的声音全都一样？（4）鼍（tuó），动物名，一名鼍龙，俗名猪婆龙，即扬子鳄。余，我。变，指“江声作悲健”。（5）他年，指日后。一叶，指乘一叶扁舟。泝（sù）也作“溯”“遡”，逆水而上。（6）此曲，指出塞曲。迎饯，迎接，接风洗尘。

简析 此诗可谓苏轼贬放黄州几年后的深情告别之作，鼓角、江声、鼍龙、枯柳都富有人的情意。末两句表示他将重返黄州，希望黄州鼓角还吹此曲欢迎他，可见他对黄州的一往情深。尽管他对未来世事难料怀有隐忧，但随遇而乐的达观态度不改。全诗格调清壮悲凉。

题西林壁

横看成岭侧成峰[(1)]，远近高低各不同。
不识庐山真面目[(2)]，只缘身在此山中[(3)]。

题解 神宗元丰七年（1084年），苏轼由黄州贬所改迁汝州（今河南汝阳）团练副使，赴任时经过九江，与友人同游庐山。期间写下多首庐山记游诗。《题西林壁》乃其中之一，并且题写在庐山西林寺的墙壁上。

注释 (1)横看,从正面看。庐山大体呈南北走向,横看就是从东面或西面看。侧看,从侧面看。 (2)真面目,指庐山真实的景色、形状。 (3)缘,因为,由于。

简析 《题西林壁》是一首诗中有画,情理交融的写景诗。作者把平凡的哲理蕴含在对庐山景色的形象描绘中。前两句写从不同角度观察庐山的不同形态与气势,后两句写出了作者审美感受后的哲理升华:只有跳出庐山,才能真正认识庐山;只有综观全局,才能把握事物的本质。此诗意境鲜明,含蓄蕴藉,思致渺远,与王之涣《登鹳雀楼》的"欲穷千里目,更上一层楼"有异曲同工之妙。

惠崇春江晓景

其　一

竹外桃花三两枝,春江水暖鸭先知。
蒌蒿满地芦芽短(1),正是河豚欲上时(2)。

其　二

两两归鸿欲破群(3),依依还似北归人(4)。
遥知朔漠多风雪(5),更待江南半月春。

注释 (1)蒌蒿,草名,有青蒿、白蒿等种。《诗经·鹿鸣》:"呦呦鹿鸣,食野之蒿。"芦芽,芦苇的幼芽,可食用。 (2)河豚,江鱼的一种,学名"鲀",肉味鲜美,但是卵巢和肝脏有剧毒。每年春天逆江而上产卵。江阴一带素有"拼死吃河豚"的习俗。上,指河豚逆江而上。 (3)归鸿,归雁。破群,离开飞行队伍。 (4)依依,依依不舍。归人,回家的人。刘长卿《逢雪寿芙蓉山主人》:"柴门闻犬吠,风雪夜归人。" (5)朔漠,北方沙漠之地。

简析 该诗又名《惠崇春江晚景》。是神宗元丰八年(1085年)苏轼在江阴期间,为同时著名画家、僧人惠崇所绘的鸭戏图而作的题画诗。苏轼根据画意,寥寥几笔就勾勒出一幅生机勃勃的江南早春二月景象。其驾驭诗画艺术规律的高超才能尽显其中。

武昌西山诗并序

嘉祐中,翰林学士承旨邓公圣求为武昌令,常游寒溪西山,山中人至今能言之。轼谪居黄冈，与武昌相望，亦常往来溪山间。元祐六年十一月二十九日，考试馆职，与圣求会宿玉堂。偶话旧事，圣求尝作元次山窪樽铭，刻之岩石。因为此诗，请圣求同赋，当以遗邑人，使刻之铭侧。

春江渌涨葡萄醅(1)，武昌官柳知谁栽(2)。
忆从樊口载春酒(3)，步上西山寻野梅(4)。
西山一上十五里，风驾两腋飞崔嵬(5)。
同游困卧九曲岭(6)，褰衣独到吴王台(7)。
中原北望在何许，但见落日低黄埃。
归来解剑亭前路(8)，苍岩半入云涛堆。
浪翁醉处今尚在(9)，石臼杯饮无尊罍(10)。
尔来古意复谁嗣(11)，公有妙语留山隈(12)。
至今好事除草棘(13)，常恐野火烧苍苔。
当时相望不相见(14)，玉堂正对金銮开(15)。
岂知白首同夜直(16)，卧看椽烛高花摧(17)。
江边晓梦忽惊断，铜环玉锁鸣春雷(18)。
山人帐空猿鹤怨，江湖水生鸿雁来(19)。
愿公作诗寄父老(20)，往和万壑松风哀(21)。

题解　据苏轼该诗的小序可知，仁宗嘉祐年间(1056—1064年)，翰林学士承旨邓圣求任武昌(今鄂州)令时，常游西山和寒溪，并曾就唐代诗人元结(字次山)游西山时以石窪盛酒的佳话写下《窪樽铭》，刻于西山岩石。而苏轼在神宗元丰三年至元丰七年(1080—1084年)担任黄州团练副使期间曾多次渡江游西山，两者到西山的时间相差近二十年。到哲宗元祐六年(1091年)，两人在京城馆试时相遇言及旧事，苏轼遂写下这首《武昌西山诗》，并请邓圣求"同赋"一篇，打算送给鄂州，让当地人刻在《窪樽铭》石侧。邓圣求即邓润甫，字温伯，江西建昌人。窪樽亦作洼樽，因巨石上面凹陷处可以盛酒而得名。唐人在襄阳岘山还建过洼樽亭。苏轼此诗作于元祐六年(1091年)。

注释　(1)渌(lù)，古同"漉"，渗滤。此处指清水。醅，没过滤的原汁酒，此句比喻春天的江水如酒。（2）武昌官柳，陶侃任武昌太守时，在城中普种垂柳并命名为“官柳”。（3）樊口，今湖北省鄂州市樊口，正当樊水入江之口，故名。（4）西山，古称樊山，因在鄂州城西得名，与黄州赤壁隔江相望。（5）风驾两腋，因甩开双臂而两腋生风。（6）九曲岭，在西山半腰。（7）褰衣，提起衣裳。“褰”通“骞”。吴王台，传说孙权所建之台。（8）西山顶有吴王试剑石。（9）浪翁，唐代诗人元结，自称漫郎、漫叟、聱叟、浪士。曾隐居樊山，著有《漫歌八曲》《樊上漫歌》等诗。（10）石臼杯饮，以天然的石窪盛酒。尊罍，古代青铜尊彝，均为古酒器名。无，没有，不用。（11）嗣，有接续、继承、子孙等意。诗中作传承解。（12）公，指邓圣求。山限，山的弯曲处。欧阳修《永州万石亭》：“作诗示同好，为我铭山限。”此指邓早前刻石的《窪樽铭》。（13）好事者，做好事的人。（14）此句谓两人当时并未在西山相会。（15）玉堂、金銮，均指都城的宫殿，此句谓两人在京城相遇。（16）白首，此时两人都成了老年人。同夜值，共同值夜。“直”通“值”。（17）椽烛高花摧，巨大如椽的蜡烛熊熊燃烧。（18）铜环玉锁鸣春雷，形容清晨的开锁敲门声响如春雷。（19）此二句谓从元结到自己等人离去后山水无人欣赏，但仍有音讯传来。（20）公，指邓圣求。父老，指鄂州父老乡亲。（21）往和万壑松风哀，寄去诗作与山壑里的松风和鸣。

简析　小序说明了写作此诗的时间、地点及缘起。正文则回顾昔日登临西山的快乐，描绘西山秀丽幽美的自然风光和悠远辉煌的人文景观，追慕前贤的事迹或潇洒的诗酒人生，全诗表达了对西山景物的挚爱之情和传承西山历史文化的愿望。

◎苏　辙

滟滪堆

江中石屏滟滪堆[1]，鳖灵夏禹不能摧[2]。
深根百丈无敢近，落日纷纷凫雁来[3]。
何人磊落不畏死[4]，为我赤脚登崔嵬[5]。
上有古碑刻奇篆[6]，当使尽读磨苍苔[7]。
此碑若见必有怪，恐至绝顶遭风雷[8]。

作者简介　苏辙（1039—1112年），字子由，一字同叔，晚号颍滨遗老，眉州眉山

(今属四川)人,北宋文学家、诗人,唐宋八大家之一;与父苏洵、兄苏轼合称"三苏"。以散文著称,擅长政论和史论。其诗力图追步苏轼,风格淳朴无华,文采稍逊。著有《诗传》《春秋传》《栾城集》等。

注释 (1)滟滪堆,位于白帝城下瞿塘峡口江中的一块巨石,因成峡中大险,于1958年冬炸除。(2)鳖灵夏禹不能摧,善于治水的鳖灵和夏禹也不能摧毁它。鳖灵,传说中的古蜀国国王,识水性,善于治水。夏禹,即治水的大禹。禹是夏朝的第一位天子,因此后人也称他为夏禹。(3)凫雁(fú yàn),亦作凫鴈,野鸭与大雁,有时单指大雁或野鸭。《荀子·富国》:"然后飞鸟凫雁若烟海。"(4)磊落,原义襟怀坦白,此处作勇敢解。(5)崔嵬,形容高大雄伟的物体(多指山)。(6)刻奇篆,镌刻在石上的奇特篆书。篆书是大篆、小篆的统称。(7)磨苍苔,除去苍苔。苍苔,青色苔藓。(8)末二句表示想去探究石碑上的古文字,但又担心风险太大。

简析 此诗以极其夸张的手法描述了滟滪堆的艰险崔嵬,称颂冒险登上巨石留下篆刻文字的古人,如实表现自己想一探究竟但又怕危险的矛盾心情,确属淳朴无华。

◎黄庭坚

池口风雨留三日

孤城三日风吹雨[1],小市人家只菜蔬[2]。
水远山长双属玉[3],身闲心苦一舂锄[4]。
翁从旁舍来收网,我适临渊不羡鱼[5]。
俯仰之间已陈迹[6],莫窗归了读残书[7]。

作者简介 黄庭坚(1045—1105年),字鲁直,自号山谷道人,晚号涪翁,又称黄豫章,洪州分宁(今江西修水)人。英宗治平四年(1067年)进士。历任叶县尉、北京国子监教授、校书郎、著作佐郎、秘书丞。哲宗绍圣(1094—1098年)初以校书郎参修《神宗实录》,被新党诬其失实,曾被贬为涪州别驾、黔州安置等。1105年逝于宜州贬所。

著名的诗人、词人、书法家,"江西诗派"开山之祖。早年受知于苏轼,与张耒、晁补之、秦观并称"苏门四学士"。一生创作了数以千百的行书精品。诗与苏轼齐名，人称“苏黄”。其诗风奇崛瘦硬，力摈轻俗之习。

题解　神宗元丰三年（1080年）秋，黄庭坚自汴京（今开封）出发赴江西太和上任。途中因风雨阻隔而留滞池口（今安徽贵池）时写此诗。

注释　（1）孤城，即池口。　（2）小市人家只菜蔬，市场上的小商贩只有蔬菜卖，形容地方贫苦。　（3）双属玉，诗中指远山像两只玉鸟。属玉，水鸟，似鸭而大，长颈赤目，紫绀色。　（4）一春锄，一只白鹭。因其啄食的姿态有如农夫舂锄，故有此喻。　（5）临渊不羡鱼，反用典故“临渊羡鱼”。《淮南子·说林》：“临渊羡鱼，不如退而结网。”比喻空有愿望而不去努力实现。　（6）俯仰之间，低头和抬头之间，比喻时间很短。化用王羲之《兰亭集序》的成句：“向之所欣，俯仰之间，已为陈迹。”　（7）莫窗，暮色中的窗下，莫同暮。

简析　该诗记述了诗人滞留雨中孤城三日的所见所感。前四句用白描手法描绘了地方上的贫困状态与四野水瘦山寒、冷寂荒凉的景象。接下来运用典故抒怀，先反用临渊羡鱼典故，表达了不求仕进、自甘淡泊的心境，显示出诗人超出流俗的胸襟。继而化用“俯仰之间，已为陈迹”成语，表达了时光易逝的感慨。全诗抒发了作者因抱负难以实现的抑郁和清净无为的消极思想。

水调歌头·游览

瑶草一何碧，春入武陵溪[1]。溪上桃花无数，枝上有黄鹂。我欲穿花寻路，直入白云深处，浩气展虹霓[2]。只恐花深里，红露湿人衣[3]。

坐玉石，倚玉枕，拂金徽[4]。谪仙何处？无人伴我白螺杯[5]。我为灵芝仙草，不为朱唇丹脸[6]，长啸亦何为[7]？醉舞下山去，明月逐人归。

题解　“水调歌头”是词牌名之一，又名“元会曲”“凯歌”“台城游”“水调歌”。黄庭坚晚年两次被贬官四川涪州（涪陵）和黔州（贵州一带）。此词大约写于作者晚年被贬谪期间，游览桃花源武陵溪时所作。

注释　（1）瑶草，神话传说中的仙草。此处比喻武陵溪畔的春草。武陵溪，亦称桃花溪。湖南桃源县西南桃花源风景区的一条溪流。　（2）虹霓，彩虹。　（3）红露，花瓣上的露珠。　（4）拂金徽，轻轻拂拭琴弦。金徽，指古琴。黄滔《塞上》诗：“金徽互呜咽，玉笛自凄清。”　（5）谪仙，谪居世间的仙人，常用以称誉才学优异的人，如屈原、李白等。白螺杯，白色海螺制作的酒杯。　（6）灵芝仙草，朱唇丹脸，分别比喻理想境界与浮华尘世，表达作者的审美追求。　（7）长啸，长歌。亦何为？也为何，为了什么？

简析 此词为春行纪游之作，作者运用浪漫主义的手法，描写其游览桃花源武陵溪的情境和心态。体现了他屡遭政治风波和人生挫折后，“出世”与“入世”思想相冲撞的世界观，表现了他对污浊现实的极度愤慨和对理想世界的执着追求，以及洁身自好的高贵品德。词中大量运用了起兴、比拟、夸张、想象等手法，全词充满着梦幻意境。

雨中登岳阳楼望君山二首

跋云：“崇宁之元正月二十三日，夜发荆州，二十六日至巴陵，数日阴雨不可出。二月朔旦，独上岳阳楼。”

其　一

投荒万死鬓毛斑(1)，生入瞿塘滟滪关(2)。
未到江南先一笑(3)，岳阳楼上对君山(4)。

其　二

满川风雨独凭栏(5)，绾结湘娥十二鬟(6)。
可惜不当湖水面(7)，银山堆里看青山(8)。

题解 哲宗绍圣二年(1095年)，黄庭坚谪官贬放蜀中的涪州、戎州，六年后的元符三年(1100年)才被放还。徽宗崇宁元年(1102年)，沿江东下赴故乡分宁(今江西修水)。途经岳阳时冒雨登楼，饱览湖光山色，并写下组诗以表达自己遇赦后的喜悦之情。

注释 (1)投荒，被流放到蛮荒边地。鬓(bìn)毛，鬓发。斑，花白。 (2)生入，活着进入，与上句中的万死对应成万死一生之意。瞿塘，瞿塘峡，长江三峡第一峡，位于今重庆市奉节县东。滟(yàn)滪(yù)关，滟滪堆，矗立在瞿塘峡口江中的巨石像关口一样。 (3)江南，泛指长江中下游之地。 (4)君山，洞庭湖中的一个小岛。 (5)满川，泛指长江和洞庭湖。 (6)绾(wǎn)结，(将头发)向上束起。湘娥，《楚辞·九歌》中的湘君和湘夫人，君山是她们居住的地方。鬟(huán)，发髻。十二鬟，形容岳阳东南面丘陵起伏，如同女神各式各样的发髻。 (7)不当湖水面，东南面的群山不是正对湖水。 (8)银山堆，形容洞庭湖中的波浪。看青山，即看湖中的君山。

简析 这组七言绝句描述了诗人雨中登岳阳楼远眺君山的观感，抒发了他遇赦还乡时苦涩而又欣喜的复杂感情。全诗以叙事和抒情为主，适当展开联想，视野开阔，情感自然真挚。

鄂州南楼书事

四顾山光接水光(1)，凭栏十里芰荷香(2)。
清风明月无人管，并作南楼一味凉(3)。

题解 鄂州，唐宋时期的鄂州辖今湖北省武汉、鄂城、黄石、咸宁一带，治所在武昌。南楼，南楼有多处，诗中指武昌蛇山之南楼。徽宗崇宁元年(1102年)贬谪巴蜀六年的黄庭坚，遇赦召回都城开封才几个月，又被罢官客居武昌。

注释 (1)四顾，向四周环望。 (2)芰(jì)荷，指菱叶与荷叶。《楚辞·离骚》："制芰荷以为衣兮，集芙蓉以为裳。" (3)并，合并在一起。一味凉，一片凉意。

简析 诗人写自己夜登蛇山之顶南楼的四望所见，情调明快，意境开阔，含意深邃，深情地表达了作者对纯净优美、空灵广阔的大自然的热情赞美，对自由生活的强烈期盼。

松风阁诗

依山筑阁见平川，夜阑箕斗插屋椽(1)。
我来名之意适然(2)。
老松魁梧数百年，斧斤所赦今参天(3)。
风鸣娲皇五十弦(4)，洗耳不须菩萨泉(5)。
嘉二三子甚好贤(6)，力贫买酒醉此筵。
夜雨鸣廊到晓悬(7)，相看不归卧僧毡。
泉枯石燥复潺湲，山川光辉为我妍(8)。
野僧早饥不能饘(9)，晓见寒溪有炊烟(10)。
东坡道人已沈泉(11)，张侯何时到眼前(12)。
钓台惊涛可昼眠(13)，怡亭看篆蛟龙缠(14)。
安得此身脱拘挛(15)，舟载诸友长周旋(16)。

题解 徽宗崇宁元年(1102年)秋九月,黄庭坚携友同游鄂城西山,在松林间一座亭阁中畅饮而醉,借僧房过夜,听松涛而成韵,作《松风阁》以抒怀。所手书《松风阁诗帖》最被奉为精品。

注释 (1)夜阑,夜将尽。箕斗,即箕宿与斗宿,皆星座。插屋椽,形容松风阁之高。(2)意适然,心情愉快。(3)斧斤,泛指各种斧头刀器。赦,放过。(4)娲皇,女娲,补天的女神。五十弦,传说中善弦歌的女神素女所鼓之瑟为五十弦。后指悲哀的乐曲,或泛称音乐、琴瑟。(5)菩萨泉,陕西汉阴菩萨泉,传说以此泉水洗耳能使人复聪。(6)二三子,指同游松风阁的几位好友。(7)晓悬,天明。(8)妍,美丽、妍丽、妍媸。(9)早饥,原帖在"早"字之下又写了一"早"字。饘(zhān),本义为稠,这里指煮粥,吃早饭。(10)寒溪,西山脚有小溪名寒溪。(11)东坡道人,东坡居士,指苏轼。沈泉,即沉泉,原义是沉入深渊(黄泉),意即去世、作古。(12)张侯,张文潜,即将贬放鄂州但尚未到任的好友。(13)钓台,钓鱼台,位于西山北麓长江边。(14)怡亭,西山景点之一,有碑刻。看篆蛟龙缠,欣赏石刻笔走龙蛇的小篆。(15)拘挛,原义是肌肉收缩,不能自如伸展。此处引申为羁绊和束缚。(16)长周旋,不受时间限制在江中自由自在地漫游。

简析 本诗开篇即概述了松风阁的地形特征和高耸态势,其峻伟的景观特点一目了然。接下来描绘了漫山遍野古松参天的壮丽景色,抒写了聆听松涛有如品尝仙乐,胜似清泉洗耳的美好感受。继而描述与几位失意文友醉卧僧房,清晨继续游览西山名胜古迹,因触景生情而缅怀苏轼,并抒发挣脱官场束缚,长与友人自在游玩的强烈愿望。通篇笔力峻峭,音韵和谐。

◎ 李之仪

卜算子·我住长江头

我住长江头[1],君住长江尾[2]。日日思君不见君,共饮长江水。

此水几时休,此恨何时已[3]。只愿君心似我心,(定)不负相思意[4]。

作者简介 李之仪(1048—1117年),字端叔,自号姑溪居士、姑溪老农,沧州无棣(今属山东省)人。哲宗元祐(1086—1094年)末从苏轼于定州幕府,朝夕酬唱。徽宗崇宁(1102—1107年)初提举河东常平,因得罪权贵蔡京,除名编管太平州(今安徽当涂),后遇赦复官,晚年卜居当涂。著有《姑溪词》一卷、《姑溪居士前集》

五十卷和《姑溪题跋》二卷。

题解 “卜算子”，词牌名，又名“百尺楼”“眉峰碧”“楚天遥”等。

注释 (1)长江头，长江上游，今四川一带。 (2)长江尾，指长江下游，今江苏一带。 (3)已，结束、罢休。 (4)定，词中的衬字。在填词规定的字数外适当地增添一二不太关键的字词，以更好地表情达意，谓之衬字，亦称“添声”。故卜算子最后一句通常只五个字，而此词有六个字。

简析 此词以长江为抒情意象和抒情线索。悠悠长江水，既是万里阻隔的天然障碍，又是一脉相通、遥寄情思的天然载体；既是悠悠相思、无穷别恨的触发物与象征，又是双方永恒友谊与期待的见证。这首词具有浓郁的民歌风味，语言通俗，音韵流畅，复叠回环，读来朗朗上口。1957年12月14日，中国副总理、外交部长陈毅元帅在陪同周恩来总理访问缅甸时，挥毫赋诗《赠缅甸友人》，对原词进行了改造，化为“我住江之头，君住江之尾。彼此情无限，共饮一江水。……”用注入新意的词句，表达中缅两国人民的情谊，贴切自然，适体合度。

◎秦　观

秋日三首(选一)

霜落邗沟积水清(1)，寒星无数傍船明(2)。
菰蒲深处疑无地(3)，忽有人家笑语声。

作者简介 秦观(1049—1100年)，字少游，一字太虚，别号邗沟居士，学者称其淮海居士。江苏高邮人。北宋文学史上的重要作家，被尊为婉约派一代词宗。神宗元丰八年(1085年)进士，于北宋后期的政争中屡受贬谪。在秦观现存的所有作品中，词有三卷100多首，诗有十四卷430多首，文则多达三十卷共250多篇，但以词的艺术成就最高。

注释 (1)邗沟，又名邗江，即今江苏境内自扬州市西北入淮之运河，中途流经高邮。 (2)傍，靠近。 (3)菰蒲，即茭白和蒲草。

简析 小诗极其生动细腻地描绘了邗沟附近的水乡夜色特征。前三句写霜气、秋水、寒星和菰蒲几个意象，营造了一个迷蒙空旷，万籁无声的秋夜意境。正当诗人感到“菰蒲深处疑无地”时，却突然传出的笑语声打破了秋江夜晚的空寂。全诗观察细致,描写细腻,具有浓郁的生活气息。

还自广陵

天寒水鸟自相依(1),十百为群戏落晖(2)。
过尽行人都不起,忽闻冰响一齐飞(3)。

注释 (1)自相依,相互依偎在一起。 (2)戏落晖,在落日的余晖里嬉戏。(3)冰响,冰炸裂时发出的响声。

简析 此诗以水鸟为审美对象,描绘诗人自广陵返回高邮家乡途中瞬间所见的生动场景。前三句是静态描写,用"自相依""戏落晖""都不起"分别形象地刻画了水鸟的不同神态,表现它们的安宁自在,彼此相亲的情形。第四句则转静为动,将水鸟因冰裂声而惊起纷飞的景象绘声绘色地表现出来。鸟儿的神态活灵活现,情景生动如画。

泗州东城晚望

渺渺孤城白水环(1),舳舻人语夕霏间(2)。
林梢一抹青如画,应是淮流转处山(3)。

题解 泗州,泗州是一个存在于北周到清朝之间的历史地名,辖地大致在今泗县、泗洪、天长、盱眙、明光一带。州城屡经迁徙。旧城在清代康熙年间(1662—1722年)已沉入洪泽湖。

注释 (1)渺渺,水汽浩渺。白水,指水汽朦胧的河水。 (2)舳,船后的舵。舻,船头。舳舻指船。夕霏,夕阳西下时的云气烟雾。南朝宋谢灵运《石壁精舍还湖中》:"林壑敛暝色,云霞收夕霏。" (3)应是淮流转处山,应该是远方淮河转弯处的山影。

简析 该诗描绘自己在泗州东城晚望时所看到夕阳西下时的暮色,营造了一个朦胧迷离、恬淡静谧的意境,表现了作者宁静致远的心态和高雅的审美情趣。此诗语言明丽、意境空灵,留给读者以丰富的想象空间。

梦扬州·晚云收

晚云收(1),正柳塘(2),烟雨初休。燕子未归,恻恻清寒如秋(3)。小栏外,东风软(4),透绣帷,花蜜香稠。江南远,人何处,鹧鸪啼破春愁。

长记曾陪燕游。酬妙舞清歌,丽锦缠头(5)。殢酒为花(6),十载因谁淹留(7)。醉鞭拂面归来晚(8),望翠楼(9),帘卷金钩。佳会阻(10),离情正乱,频梦扬州(11)。

题解 "梦扬州",《钦定词谱》云:"宋秦观自制词,取词中结句为名。"又云:"此调只此一词,无别首可校。"可知此词为少游创调。神宗元丰二年(1079年)正月十五日,少游将赴浙江省亲,与苏轼偕行,过无锡,游惠山,至吴兴,泊西观音院。此词是他在外冶游时怀恋扬州的一位歌妓而作。

注释 (1)晚云收,黄昏时暮云散去。 (2)柳塘,栽植杨柳的池塘。 (3)恻恻(cè),寒侵肌肤的感觉。韩愈《秋怀》:"秋气日恻恻,秋空日凌凌。" (4)东风软,春风轻柔。 (5)缠头,唐宋时以锦彩赏赐歌女舞妓,称"缠头"。白居易《琵琶行》:"五陵年少争缠头,一曲红销不知数。" (6)殢(tì),困扰,滞留。殢酒为花,意为沉溺于酒色之中。 (7)十载因谁淹留,化用杜牧《遣怀》:"十年一觉扬州梦,赢得青楼薄幸名。"自喻在扬州为恋人淹留之久。 (8)醉鞭拂面,酒醉中用马鞭在脸上轻轻拂拭。白居易《晚兴》:"柳条春拂面,衫袖醉垂鞭。" (9)翠楼,华美的高楼,此处指歌妓之所居楼舍。 (10)佳会,即佳期,指约会。 (11)离情正乱,离别的痛苦正使诗人心烦意乱。频梦,常常梦见。

简析 词中抒写作者思恋扬州邂逅的歌妓,满怀离情,缠绵悱恻。上阕想象歌妓对游子的思念,下阕抒游子之离情。此词以艳语写乡情。

金山晚眺

西津江口月初弦(1),水气昏昏上接天。
清渚白沙茫不辨,只应灯火是渔船。

题解 《金山晚眺》作于神宗元丰七年(1084年)十月上旬,诗人与苏轼同游金山之后。金山,即今江苏省镇江市金山风景区。沈括的诗句"楼台两岸水相连,江南江北镜里天"就是对当年金山风景的写照。

注释 (1)西津,指西津渡,镇江市西面的渡口,与金山隔水相望。初弦,即上弦月。《释名》:"弦,月半之名也,其形一旁曲,一旁直,若张弓弦也。"农历每月的初八、初九时,月亮缺上半,故称"上弦"。

简析 此诗描绘作者站在金山上,晚眺西津渡口冷寂清幽的初月情境。作者以极其精炼清丽的语言,描绘了一幅意境清幽空灵的"月夜金山远眺图",其超然闲逸之情跃然纸上。

钗头凤·别武昌

临丹壑[1],凭高阁,闲吹玉笛招黄鹤[2]。空江暮,重回顾,一洲烟草,满川云树[3]。住住住。　江风作,波涛恶,汀兰寂寞岸花落[4]。长亭路,尘如雾,青山虽好,朱颜难驻[5]。去去去。

注释 (1)临,登临。丹壑,赤石构成的峰峦沟壑。词中描绘黄鹤楼的地势险峻。杜甫《冬至》:"杖藜雪后临丹壑,鸣玉朝来散紫宸。" (2)玉笛,玉制作的笛子。李白《与史郎中钦听黄鹤楼上吹笛》:"黄鹤楼中吹玉笛,江城五月落梅花。" (3)一洲烟草,满川云树,化用崔颢《黄鹤楼》:"晴川历历汉阳树,芳草萋萋鹦鹉洲。" (4)汀,水边平地。兰,兰草,一种水边生长的香草。范仲淹《岳阳楼记》:"岸芷汀兰,郁郁青青。" (5)朱颜,形容美好的容颜,此处应指黄鹤楼的雄伟壮丽。难驻,难以保持。驻,停留、保持。南唐李煜《虞美人》:"雕栏玉砌应犹在,只是朱颜改。"

简析 此词表达了作者告别武昌时依依不舍的眷恋之情,抒发了对世事艰险、自身前景难测的彷徨忧愁的心绪。上阕化用李白、崔颢吟诵黄鹤楼的名句,再现了当年黄鹤楼之雄伟壮丽,表达了对武昌城风景的留恋与赞美,和对前代文人骚客的仰慕。下阕语气顿转,用对比和暗喻的手法,描述此时此地的风狂浪恶,兰寂花落;联想自己屡遭贬放的前景,长途漫漫,迷蒙如雾,前景难测,由此而感叹"青山虽好,朱颜难驻"。此词情感真挚强烈,韵律跌宕起伏,化用前人名句而融汇自如。

临江仙·千里潇湘

千里潇湘挼蓝浦[1],兰桡昔日曾经[2]。月高风定露华清[3]。微波澄不动,冷浸一天星[4]。　独倚危樯情悄悄[5],遥闻妃瑟泠泠[6]。新声含尽古今情。曲终人不见,江上数峰青[7]。

题解 哲宗绍圣三年(1096年)秦观贬徙湘南郴州，途中夜泊湘江时触景生情，联想浮翩而作此词。“临江仙”，词牌，双调小令，唐教坊曲。潇湘，潇水和湘水，泛指湖南之地。

注释 (1)挼(ruó)蓝，古代按取蓝草汁以取青色，同“揉蓝”。此处形容江水的清澈。 (2)兰桡(ráo)，兰舟，船的美称。古代长江中下游一带喜用木兰树造船。桡，桨，借代为船。曾经，曾经过。 (3)露华，露水、露气。李白《清平调》：“云想衣裳花想容，春风拂槛露华浓。” (4)“冷浸一天星”，倒映的满天星星仿佛浸在寒冷的江水中。 (5)危樯，高耸的船桅杆。 (6)“遥闻妃瑟泠泠”，遥听远处传来湘灵凄清的鼓瑟声。妃瑟，《楚辞·远游》：“使湘灵鼓瑟兮，令海若舞冯夷。”湘灵，帝舜二妃，溺于湘水，尊为湘夫人。 (7)曲终人不见，江上数峰青，曲子弹奏完了，却不见弹琴人，唯见江上几座青峰。此处直接借用唐钱起《省试湘灵鼓瑟》诗成句。

简析 此词抒写作者贬官郴州夜泊湘江时，忆及当年泛舟湘江潇水的情境。他触景生情，将此时自己遭贬的艰难处境，与远古的屈原、湘夫人的不幸遭遇联系起来；把满腔的愁怨与空幻凄清的江上夜景融汇在一起，穿越古今，情景交融。

点绛唇·桃源

醉漾轻舟，信流引到花深处(1)。尘缘相误(2)，无计花间住(3)。烟水茫茫，千里斜阳暮。山无数，乱红如雨(4)。不记来时路。

注释 (1)漾，荡漾。信流，任小舟自在漂流。此句写作者梦幻中的世外桃源。(2)尘缘，佛教名词。佛经中把色、声、香、味、触、法称作“六尘”，以心攀缘六尘，遂被六尘牵累。 (3)无计，不可能，没法子。 (4)乱红，纷纷飘零的落花。李贺《将进酒》：“况是青春日将暮，桃花乱落如红雨。”欧阳修《蝶恋花》：“泪眼问花花不语，乱红飞过秋千去。”

简析 此词写于作者贬放郴州期间，描述了醉游世外桃源的梦境，借此抒发其历经坎坷、屡遭打击的愤懑和愁怨，表达了对现实世界的厌倦和向往理想世界的思想感情。全词情景交融，意境虚幻深幽。

◎杨 备

秦 淮

一气东南王斗牛[1],祖龙潜为子孙忧[2]。
金陵地脉何曾断[3],不觉真人已姓刘[4]。

作者简介 杨备,字修之,北宋词人,生卒爵里不详。因曾任尚书虞部员外郎郎中,故世称杨虞部。其文学造诣极高,有《姑苏百题诗》三卷、《金陵览古诗》三卷等诗作。作品大多描写南京、苏州及太湖的景物,据此推测当为吴地人。

注释 (1)一气,指东南王者之气。王,通"旺"、旺盛之意。斗牛,天上星宿名。古代堪舆家认为,大凡帝王兴起之处,必有祥光瑞气,即王气。《新五代史·吴越世家》:"豫章有善术者,望斗牛间有王气。" (2)祖龙,秦始皇之别称。潜为子孙忧,暗中为子孙后代能否永居王位而忧愁。 (3)金陵地脉何曾断,指秦始皇曾挖断丹徒京岘山,疏通秦淮河,以断金陵王气。《金陵志》:"始皇三十六年(公元前211年)……断山疏淮(秦淮河)。" (4)不觉,未曾预料。真人,真命天子。已姓刘,指刘邦的汉王朝还是取代了秦王朝。

简析 这首借古鉴今的咏古诗以描述东南"王气"旺盛开篇,讽刺秦始皇"断山疏淮,以败其势"来维护一家一姓私利的行为,强调时势变易非一二统治者所能掌控和预料。

◎周邦彦

解语花·上元

风消绛蜡[1],露浥红莲[2],灯市光相射。桂华流瓦[3],纤云散,耿耿素娥欲下[4]。衣裳淡雅,看楚女纤腰一把[5]。箫鼓喧,人影参差,满路飘香麝[6]。 因念都城放夜[7],望千门如昼,嬉笑游冶。钿车罗帕[8],相逢处,自有暗尘随马[9]。年光是也[10],唯只见,旧情衰谢[11]。清漏移[12],飞盖归来[13],从舞休歌罢[14]。

作者简介 周邦彦(1056—1121年),字美成,号清真居士,钱塘(今浙江杭州)人。

官历太学正、庐州教授、知溧水县等。精通音律，曾创作不少新词调，在婉约派词人中被尊为“正宗”。有《清真居士集》，已佚，今存《片玉集》。

题解 “解语花”，词牌名，典出五代王仁裕《开元天宝遗事·解语花》。唐明皇称杨贵妃为“解语花”，意为会说话的花。比喻美人聪慧可人。上元，即正月十五元宵节。

注释 (1)绛蜡，红烛。 (2)浥，沾湿。红莲，指荷花灯。 (3)桂华，指代月亮。传说月中有桂树。流瓦，月光倾泻瓦上。 (4)耿耿，明亮，鲜明。素娥，嫦娥。(5)楚女纤腰一把，指细腰的窈窕淑女。杜牧《遣怀》：“楚腰纤细掌中轻。” (6)香麝，芳香。 (7)放夜，古代京城禁止夜行，惟正月十五夜弛禁，市民可欢乐通宵，称作“放夜”。 (8)钿车罗帕，女子坐在装饰豪华的马车上用香罗手帕向游人相招。 (9)有暗尘随马，车马经过之处，尘土飞扬。苏味道《观灯》：“暗尘随马去，明月逐人来。” (10)年光是也，年年如此，年年一样。 (11)旧情衰谢，往日的豪情消谢。 (12)清漏移，夜深了。漏，古代用滴水计时的工具。 (13)飞盖，飞驰的车子。盖，车顶，代指车。 (14)从舞休歌罢，让这喧闹的歌舞休歇也就算了！

简析 此词系作者寓居湖北荆州时所写，历来被推崇为写元宵节的上佳之作。词中既铺陈了宋代楚地元宵节丰富多彩的民情风俗，又回顾了昔日帝京（汴京）上元节的盛况，暗寓对统治者醉生梦死的豪奢生活的嘲讽。此词结构缜密，厚重顿挫，极具匠心。

◎ 胡安国

舟入荆江东赴建康

长江渺渺接天浮，万古朝宗日夜流(1)。
洲在尚传鹦鹉赋(2)，台高应见凤凰游(3)。
路经赤壁怀公瑾(4)，水到柴桑忆仲谋(5)。
白日幸无云物蔽(6)，好看澄景对高秋。

作者简介 胡安国（1074—1138年），字康侯，福建崇安人。哲宗绍圣四年（1097年）进士。任荆南教授，提举湖南学事，因得罪蔡京被除名。徽宗大观四年（1110年）复官。南宋初因进《时政论》二十一篇又遭解职。高宗绍兴五年（1135年），进宝文阁直学士，卒谥“文定”。潜心研究《春秋》达二十多年。著有《春秋传》《资治通鉴举要补遗》。

注释 (1)朝宗，本义是臣下朝见帝王。亦常用比喻支流流注长江，长江流向东海。 (2)洲，指武昌鹦鹉洲。崔颢《黄鹤楼》：“晴川历历汉阳树，芳草萋萋鹦鹉洲。” (3)台，指凤凰台，原在鄂州东洋澜湖畔。《明一统志》：“在虎头山，吴王因凤凰见(现)，筑台于此，诏周瑜、鲁肃定建都之计。”此后南京亦有凤凰台，故李白有《登金陵凤凰台》。 (4)赤壁，诗中应为嘉鱼赤壁，传为周瑜火烧赤壁破曹之处。 (5)柴桑，今九江市。仲谋，孙权字仲谋。 (6)白日幸无云物蔽，字面意思是太阳没有被乌云等遮蔽，深意则是希望君主不要为奸佞蒙蔽。李白《登金陵凤凰台》：“总为浮云能遮日，长安不见使人愁。”

简析 该诗记叙作者从荆州乘舟赴建康(南京)途中所见所思。诗人尽情欣赏两岸的自然风光和名胜古迹，吟诵前人的华丽诗章。最后两句化用李白诗句，希望不再有“浮云蔽日”，让自然的风景和国家政治都能清明澄澈。

移居碧泉

买山固是为深幽(1)，况有名泉冽可求(2)。
短梦正须依白石(3)，澹情好与结清流(4)。
庭栽疏竹客驯鹤(5)，月满前川寺补楼(6)。
十里乡邻渐相识，醉歌田舍即丹丘(7)。

题解 作者因多次直言而屡遭贬斥。靖康之乱后，一度应其弟子黎明之热情邀请，移居湖南湘潭隐山碧泉，并且建立碧泉书院。

注释 (1)买山，移居湘潭隐山碧泉。隐山又名龙山、龙王山，湘潭四大名山之一。 (2)冽(liè)，清澄，水清澈明净。欧阳修《醉翁亭记》：“泉香而酒冽。” (3)依白石，倚靠在白石上。 (4)澹(dàn)情，恬静、安然的心态。清流，洁净的清水，亦指品行正直之士。 (5)客驯鹤，客人戏耍仙鹤。 (6)寺补楼，庄重的寺庙代替了富丽堂皇的楼台亭阁。 (7)丹丘，传说中神仙所居之地，日夜常明。《楚辞·远游》：“仍羽人於丹丘兮，留不死之旧乡。”

简析 诗人以明快优美的笔法描绘了碧泉世外桃源般的自然风光和悠闲的生活情景，表达了作者在远离战乱和黑暗官场，移居碧泉后怡然自得的心情和淡泊明志的精神状态。

◎ 李清照

临江仙·庭院深深深几许

欧阳公作《蝶恋花》[1]，有“深深深几许”之句，予酷爱之。用其语作“庭院深深”数阕，其声即旧《临江仙》也[2]。

庭院深深深几许[3]？云窗雾阁常扃[4]。柳梢梅萼渐分明[5]。春归秣陵树[6]，人老建康城[7]。　　感月吟风多少事[8]，如今老去无成[9]。谁怜憔悴更凋零[10]。试灯无意思[11]，踏雪没心情[12]。

作者简介　李清照（1084—1155年），号易安居士，齐州济南（今山东省济南市）人。宋代女词人，有“千古第一才女”之称。金兵入据中原后，流寓南方的建康（南京）、金华、绍兴一带。境遇孤苦，所作词多感怀国难、悲叹身世，情调感伤而深沉。论词强调协律，崇尚典雅，语言清丽。亦有诗感时咏史，情辞慷慨，并非全属悲苦凄切。

题解　这首词是李清照南渡后于建炎三年（1129年）正月在建康（南京）时所作。

注释　（1）欧阳公，即北宋文学家欧阳修。《蝶恋花》，指欧阳修的词作《蝶恋花·庭院深深深几许》。（2）声，即调，指词牌。“临江仙”，原唐教坊曲名，后用作词牌名。（3）几许，多少。（4）云窗雾阁，云雾缭绕的楼阁。扃（jiōng），门锁、门闩等，此处作动词用，谓门窗关闭。（5）梅萼，梅花的花瓣。分明，长出。（6）秣陵，秦改金陵为秣陵。（7）人老建康城，一作“人客建安城”。建康与上句的秣陵均指南京。（8）感月吟风，即吟风弄月，指以风月等自然景物为题材写诗填词，形容心情悠闲自在。（9）老去无成，即年老无成，系承上句之意，指对“风月”不感兴趣，灵感枯竭，什么也写不出来。（10）凋零，形容颓唐衰败。（11）试灯，未到元宵节而张灯预赏，谓之试灯。（12）踏雪，谓在雪地行走。亦指赏雪。

简析　这首词抒写寓居建康（南京）时的复杂心绪。上阕写虽然春归大地，词人却闭门幽居，思念亲人，自怜身世；下阕进而追忆往昔，对比眼前国破家亡的漂泊生活，因一事无成而心灰意冷。全词格调苍凉沉郁，几乎全以口语入词，明白晓畅，又极准确、深刻地表达了词人自己的心理状态。

绝　句

生当作人杰[(1)]，死亦为鬼雄[(2)]。
至今思项羽[(3)]，不肯过江东[(4)]。

题解　宋朝南渡后的建炎三年(1129年)二月，其夫赵明诚罢江宁守。三月与李清照"具舟上芜湖，入姑孰，将卜居赣水上"。据其《金石录后序》所言："舟过乌江楚霸王自刎处(安徽和县东北)，清照有感而作《绝句》以吊项羽。"

注释　(1)活着应当是人中俊杰。　(2)死了也要做鬼中英雄。　(3)思，追思，怀念。项羽，曾领兵摧毁秦军主力。亡秦后和刘邦争夺天下最后失败，在乌江自刎。　(4)江东，指江南江苏一带。项羽原是跟随叔父项梁在吴地(今江苏省苏州)起兵。自刎前表示没颜面再见江东父老。

简析　这首诗赞美了项羽不肯忍辱偷生的英雄本色。活着时是人中豪杰，死也要做鬼中的英雄。人们至今还在思念项羽，就因崇敬他当年宁死不屈、不肯苟且偷生的英雄气概。此诗通过赞颂项羽而暗讽偏安江南，委曲求全的南宋王朝。

忆秦娥·临高阁

临高阁[(1)]，乱山平野烟光薄[(2)]。烟光薄，栖鸦归后，暮天闻角[(3)]。

断香残酒情怀恶[(4)]，西风催衬梧桐落[(5)]。梧桐落，又还秋色，又还寂寞[(6)]。

题解　此词乃作者流亡江南，登临高楼时触景生情所作。"忆秦娥"，词牌名，此调始见《唐宋诸贤绝妙词选》所录李白词《忆秦娥·箫声咽》。

注释　(1)临高阁，登临高楼。　(2)烟光薄，烟雾淡而薄。此句暗示因战乱而人烟稀少。　(3)角，号角。形如竹筒，外施彩绘。古时军中多用以警昏晓。(4)断香残酒，指熏香的香烧尽了，杯里的酒喝完了。情怀恶，心情极坏。　(5)西风催衬梧桐落，到秋天梧桐本来就要落叶。秋风劲吹，自然叶子落得更快。此处喻指金兵每当秋高马肥之时，便对南宋发动攻势。气息奄奄的王朝政权更加危险。催衬，催逼，使得。梧桐落，在古典诗词中，桐死、桐落既可指妻妾的丧亡，亦可指丧夫。　(6)又还，仍然，更加。还是秋色，只是更加寂寞。

简析　此词应是李清照饱受国破家亡之痛，颠沛流离于江南时所作。词人抒写她在深秋时节登临高楼之所见所思所感。上阕起笔写远望，“乱山平野”，景象不堪；再写近景，栖鸦聒噪，暮天号角，已隐然有山河荒残之痛。下阕先写室内，“断香残酒”，自己心情糟糕；再写室外，西风萧瑟，梧桐叶落，使人倍增凄凉。

永遇乐·元宵

落日镕金[1]，暮云合璧[2]，人在何处。染柳烟浓，吹梅笛怨[3]，春意知几许。元宵佳节，融和天气，次第岂无风雨[4]。来相召，香车宝马[5]，谢他酒朋诗侣。　　中州盛日[6]，闺门多暇，记得偏重三五[7]。铺翠冠儿[8]，捻金雪柳[9]，簇带争济楚[10]。如今憔悴，风鬟霜鬓[11]，怕见夜间出去。不如向，帘儿底下，听人笑语。

题解　“永遇乐”，词牌名，又名“消息”。此词为作者晚年流落南方时的伤今忆昔之作。

注释　(1)落日镕金，落日的颜色好像熔化的黄金。　(2)合璧，傍晚的云霞，像璧玉一样合拢。　(3)此二句为浓烟染柳，怨笛吹梅倒置。梅，指乐曲《梅花落》，用笛子吹奏此曲，其声哀怨。　(4)次第，过后、其后之意。岂无风雨，表示担忧。　(5)香车宝马，古代贵族妇女所乘坐的装饰华美的车驾。　(6)中州，即中土、中原，这里指北宋的都城汴京(开封)。　(7)三五，即十五日，此处指元宵节。　(8)铺翠冠儿，饰有翠羽的女式帽子。　(9)捻金雪柳，元宵节女子头上的装饰。雪柳，以素绢和银纸做成状如柳叶的头饰。　(10)簇带，聚集之意。带即戴，加在头上谓之戴。济楚，美好、端整、漂亮。簇带、济楚均为宋时方言。　(11)风鬟，指女子的头发。霜鬓，鬓角灰白如染霜，比喻年岁已大。

简析　该词上阕写寓处元宵佳节的景况，将表面的祥和太平与内心的忧虑结合在一起。下阕着重回忆早年在京城汴京过元宵佳节的装扮和欢快，再与现实中自己的憔悴孤单作对比，借以抒发自己的故国之思和漂泊之愁。并含蓄地表现了对南宋统治者苟且偷安的不满。词语化俗为雅，极为平易，未言哀痛而哀情溢于言表。

◎ 陈与义

登岳阳楼

洞庭之东江水西(1),帘旌不动夕阳迟(2)。
登临吴蜀横分地(3),徙倚湖山欲暮时(4)。
万里来游还望远,三年多难更凭危(5)。
白头吊古风霜里(6),老木沧波无限悲(7)。

作者简介 陈与义(1090—1138年),字去非,自号简斋,祖籍洛阳。登徽宗政和三年(1113年)上舍甲科。高宗绍兴(1131—1163年)中,历任中书舍人,拜翰林学士,参知政事。著有《简斋集》,《鹤林玉露》称"诗人遭值靖康之乱,崎岖流落,感时恨别。"其词语意超绝,笔力横空,疏朗明快,自然浑成。

题解 钦宗靖康元年(1126年)四月,金兵攻破开封,徽宗、钦宗二帝被掳,北宋灭亡。南宋高宗建炎二年(1128年)秋天,作者逃难至岳阳,登楼而赋此诗。

注释 (1)洞庭之东江水西,介绍岳阳楼的地理位置,在洞庭湖之东,长江之西。 (2)帘旌,泛指帘幕,酒店或茶馆的布招子。白居易《旧房》:"床帷半故帘旌断,仍是初寒欲夜时。"夕阳迟,夕阳缓慢地下沉。 (3)吴蜀横分地,三国时吴国和蜀国争夺荆州,岳阳乃双方分界处。横分,指瓜分。 (4)徙倚,徘徊,逡巡。(5)三年多难,诗人从靖康元年开始逃避战乱,至建炎二年时已是三个年头。凭危,指登高楼。凭,倚靠。危,指高处。 (6)白头,指自己年已老迈。吊古,哀吊,凭吊。 (7)老木,古树。沧波,清苍色的波浪。

简析 北宋灭亡,诗人为躲避战乱,颠簸流离三年后逃到了岳阳。诗人在岳阳楼上眺望中原,观景伤时,抒发了感怀家国的无限伤痛和忧心时局的悲哀之情。

春　寒

二月巴陵日日风(1),春寒未了怯园公(2)。
海棠不惜胭脂色(3),独立蒙蒙细雨中。

题解 该诗写于南宋高宗建炎三年二月。作者此时仍在岳州,借居于郡守后园的君子亭。

注释 (1)巴陵,即岳阳。 (2)怯,畏。园公,作者自称。 (3)胭脂色,鲜红色。

简析 该诗以二月的春寒料峭比喻时局,诗人的畏怯实为对风雨飘摇的南宋朝廷命运的深切担忧。进而借吟咏海棠不畏风雨,在春寒中悄然绽放的艺术形象,赞扬了坚贞不屈之士在艰难时世中傲然挺立的性格特征。诗中运用了象征、拟人的手法,诗短情长,意在言外。

◎ 张元干

满江红·自豫章阻风吴城山作

春水迷天,桃花浪(1),几番风恶。云乍起,远山遮尽,晚风还作。绿卷芳洲生杜若(2),数帆带雨烟中落。傍向来沙嘴共停桡(3),伤飘泊。

寒犹在,衾偏薄(4)。肠欲断,愁难著(5)。倚篷窗无寐(6),引杯孤酌。寒食清明都过却(7),最怜轻负年时约(8)。想小楼,终日望归舟,人如削(9)。

作者简介 张元干(1091—1161年),字仲宗,号芦川居士、真隐山人。芦川永福(今福建永泰)人。历任太学上舍生、陈留县丞。金兵围汴,秦桧当国时,入李纲麾下,坚决抗金,力谏死守。其词作慷慨悲凉,充满家国情怀。与张孝祥一起号称南宋初期"词坛双壁"。

题解 "满江红",词牌名。徽宗宣和元年(1119年)三月张元干出京师返乡,途中被风雨阻于吴城山时作此词。豫章,今江西南昌市。吴城山,位于南昌东一百八十里。

注释 (1)桃花浪,即桃花水。农历二三月春水涨,正值桃花怒放之时。杜甫《春水》:"三月桃花浪,江流复旧痕"。 (2)绿卷,绿遍,绿作动词用。杜若,一种香草。《楚辞·湘君》:"采芳洲兮杜若。" (3)傍,停靠。向来,一直习惯的。沙嘴,突出水中而连接陆地的沙洲称沙嘴。桡,桨具,代指船。 (4)衾,被子。 (5)著,着落,解除。 (6)无寐,没有睡意。 (7)过却,过去了。 (8)年时约,过年时曾与家中约定春天返家。 (9)削,形容消瘦。

简析 这是一首情感深挚的思归词,描写作者在旅途中被风阻于吴城山下的情景与急切无奈的心境,抒发了词人的羁旅愁怨。全词以写景起,以抒情终,情景交融,意蕴深远。

石州慢·己酉秋吴兴舟中作

雨急云飞，惊散暮鸦，微弄凉月。谁家疏柳低迷，几点流萤明灭。夜帆风驶，满湖烟水苍茫，菰蒲零乱秋声咽[(1)]。梦断酒醒时，倚危樯清绝[(2)]。　　心折[(3)]。长庚光怒[(4)]，群盗纵横[(5)]，逆胡猖獗[(6)]。欲挽天河，一洗中原膏血[(7)]。两宫何处[(8)]？塞垣只隔长江[(9)]，唾壶空击悲歌缺[(10)]。万里想龙沙[(11)]，泣孤臣吴越[(12)]。

题解　“石州慢”，词牌名。高宗建炎三年（1129年）春天，金兵直逼扬州，南宋朝廷继续南逃。词人亦避难南行。是年秋天，他在吴兴（今浙江湖州）乘舟夜渡时作此词。

注释　(1)菰蒲（gū pú），菰草和菖蒲草。秋声咽，西风声音凄切。　(2)危樯，船上高耸的桅杆。清绝，凄清至极。　(3)心折，心中摧折，伤心之极。江淹《别赋》：“使人意夺神骇，心折骨惊。”　(4)长庚光怒，金星闪射着愤怒的光芒。长庚，金星。《史记·天官书》载，金星主兵戈之事。　(5)群盗纵横，指宋朝部分将帅纷纷兴兵叛乱。如建炎二年十二月，济南知府刘豫叛宋降金。三年，苗傅、刘正彦作乱，逼迫高宗传位太子，兵败被杀。　(6)逆胡猖獗，金兵入侵，任意横行。逆胡，斥金人为逆胡。胡，对北方民族的泛称。　(7)欲挽天河两句，想以力挽天河之水，洗刷中原的血腥。　(8)两宫何处，靖康元年（1126年）十一月，金军攻破汴梁（开封），次年五月金军虏徽、钦二帝北返囚禁。两宫，指徽、钦二帝。　(9)塞垣只隔长江，南宋与金国夹岸对峙，边境只隔长江一水。塞，边境。垣，本意为墙，此处引申为边防。　(10)唾壶句，借典故说明自己不能亲自杀敌雪耻的悲愤心情。刘义庆《世说新语·豪爽》：“王处仲每酒后，辄咏‘老骥伏枥，志在千里。烈士暮年，壮心不已’。以如意打唾壶，壶口尽缺。”　(11)龙沙，沙漠边远之地，此处指徽、钦二帝幽囚之所。　(12)孤臣，词人自己。吴越，古代的吴国和越国，今江浙一带，此时为南宋政权所在地。

简析　该词上阕写景，描绘湖中阴冷凄清的夜色，以烘托词人逃难中的悲凉心态。下阕概述了国难当头的重重危机，并抒发自己有心报国却无力回天的满腔悲愤。全词基调感慨悲凉。

◎岳　飞

满江红·登黄鹤楼

遥望中原，荒烟外，许多城郭。想当年，花遮柳护，凤楼龙阁。万岁山前珠翠绕，蓬壶殿里笙歌作(1)。到而今，铁骑满郊畿(2)，风尘恶。

兵安在？膏锋锷(3)。民安在？填沟壑(4)。叹江山如故，千村寥落。何日请缨提锐旅，一鞭直渡清河洛(5)。却归来，再续汉阳游，骑黄鹤(6)。

作者简介　岳飞(1103—1142年)，字鹏举，相州汤阴县(今河南汤阴)人，抗金名将，位列南宋中兴四将之一。宋金议和中，岳飞遭受秦桧、张俊等人诬陷，以“莫须有”罪名被杀害。孝宗时岳飞冤狱获平反，改葬于杭州西湖畔。追谥武穆，又追谥忠武，封鄂王。他的不朽词作《满江红·怒发冲冠》，是千古传诵的爱国名篇。

题解　这首词写于南宋高宗绍兴四年(1134年)，当时岳飞屯兵鄂州(今湖北武昌)，请缨出兵收复襄阳六州。出兵前夕，岳飞到黄鹤楼登高，北望中原，心潮起伏，联想浮翩，写下此词。

注释　(1)万岁山、蓬壶殿，徽宗时在汴梁城(开封)西北构筑的土山苑囿、亭台宫殿。现开辟为万岁山风景区。　(2)铁骑，指攻陷汴梁的金兵。郊畿，古代称靠近国都的地方为畿辅、京畿。此处指汴梁周围。　(3)膏，原义为油脂，此处作动词用。锋锷，刀矛等兵器的锋刃。此句谓血肉裹住了刀矛箭头，意即将士们伤亡很多。　(4)填沟壑，(老百姓)死在山里路边。　(5)一鞭直渡，部队快速行动，渡过江河。清，此处作动词用，澄清，收复之意。河洛，以中原(河南)洛阳为中心一带。此处泛指被金兵占领的广大北方地区。　(6)再续汉阳游，骑黄鹤，继续汉阳游，重登黄鹤楼。

简析　这是一首壮怀激烈的抒情感怀词。作者运用对比的手法，描述当年京城繁花似锦，歌舞升平的盛世景象，转瞬间敌骑横行，将士喋血，民死路途的惨状。最后则表达了作者请缨北伐，澄清中原，重游黄鹤楼的战斗决心和必胜信念。全词悲壮凄凉，却又豪情万丈。

池州翠微亭

经年尘土满征衣(1)，特特寻芳上翠微(2)。

好水好山看不足，马蹄催趁月明归。

题解 高宗绍兴五年(1135年)春,岳飞率兵驻防皖南池州。其间曾春游城东南齐山翠微亭并作此诗。

注释 (1)经年,常年。征衣,离家远行者的衣服,这里指从军的戎衣。 (2)特特,特地、专门,亦可解作马蹄声。寻芳,游春看花。翠微,指翠微亭。

简析 这首纪游诗记述了作者春游翠微亭的情景和心态。在常年激烈的战争之余,登山赏景,"好山好水看不足"正体现作者对大好河山的热爱。但是军务倥偬,虽依依不舍也得匆忙离去,继续驰骋疆场。杰出战神马背赋诗的高大形象跃然纸上。

◎陆 游

黄 州

局促常悲类楚囚(1),迁流还叹学齐优(2)。
江声不尽英雄恨(3),天意无私草木秋(4)。
万里羁愁添白发(5),一帆寒日过黄州。
君看赤壁终陈迹(6),生子何须似仲谋(7)!

作者简介 陆游(1125—1210年),字务观,号放翁,越州山阴(今浙江绍兴)人。孝宗(1163—1190年在位)初,获赐进士出身,历任福州宁德县主簿、隆兴府通判等职,因坚持抗金而屡遭主和派排斥。乾道七年(1171年),应四川宣抚使王炎之邀,投身军旅,任职于南郑幕府。光宗(1190—1195年在位)继位后升为礼部郎中兼实录院检讨官。旋因"嘲咏风月"罢官归居故里。宁宗嘉泰二年(1202年),主持编修孝宗、光宗两朝实录和《三朝史》,书成后蛰居山阴终老,留绝笔诗《示儿》。陆游一生笔耕不辍,其诗语言平易晓畅,章法整饬谨严,兼具李白的雄奇奔放与杜甫的沉郁悲凉,对后世影响深远。

题解 孝宗乾道五年(1169年),陆游受命为四川夔州通判。翌年溯江前往赴任,于八月间到达黄州。诗人沿途游览了黄州附近的几个景点,赋诗多首,此为其一。黄州,今称黄冈。在武汉下游百里处的长江北岸,有著名的东坡赤壁。

注释 (1)局促,受约束而不得舒展。类,近似。楚囚,《左传》成公九年:"晋侯观于军府,见钟仪。问之曰:'南冠而縶者,谁也?'有司对曰:'郑人所献楚囚也。'"

后人多用此典指处于困境而不忘故国的人。 (2)迁流,迁徙、流放,指作者被远遣到巴蜀任职。齐优,齐国的优伶。《史记·乐书》:"仲尼不能与齐优遂容于鲁。"后借指一般优伶须曲意承欢,讨好于人。陆游正用此意,比喻自己的难堪处境。 (3)英雄,此处指三国赤壁之战中吴国的孙权、周瑜等人。 (4)天意无私,大自然无所偏爱。秋,凋零的季节。 (5)羁愁,旅途之愁。 (6)赤壁,赤壁之战的赤壁,在湖北省蒲圻县(今赤壁市)。诗中写的是黄州赤壁,作者对苏轼《念奴娇》中"人道是三国周郎赤壁"加以沿用。 (7)生子何须似仲谋,《三国志·吴书·吴主传》记曹操言:"生子当如孙仲谋,刘景升儿子若豚犬耳。"这里反其意而用,暗指南宋朝廷不思北伐,生子如孙仲谋又有何用!仲谋,孙权。

简析 诗题为《黄州》,但并非专咏黄州,而是借怀古而叹今。开篇两句诉述自己类如"楚囚""齐优"的尴尬处境,继而又以惋惜孙权、周瑜等英雄遗恨以发泄胸中的愤懑不平,借吟咏黄州赤壁而抒发其政治抱负和爱国激情。全诗表达了对于朝廷昏庸、国耻难雪而自己壮志未酬的激愤情怀。诗中借典叙事,内容深刻丰富;即景抒情,情感真切深沉。

发黄州泊巴河游马祈寺

南望武昌山(1),北望齐安城(2)。
楚江万顷绿,著我画舫横。
云帆不须挂,鼍鼓不须鸣(3)。
淡然隐曲几(4),山水相逢迎。
疏雨漏薄日,非阴亦非晴。
晚泊巴河市,小陌闻屐声(5)。
紫髯刑马地(6),一怒江汉清。
中原今何如?感我白发生(7)。

题解 《舆地纪胜》:"巴河,在黄冈县东四十三里。"陆游《入蜀记》:"晚泊巴河口。……有马祈寺,吴大帝刑马台。传云吴攻寿春,刑白马祭江神于此。"诗人于乾道六年入蜀路过,顺道一游。

注释 (1)武昌山,今鄂州西山。 (2)齐安城,今黄州。 (3)鼍鼓,用鼍皮蒙的鼓。其声亦如鼍鸣。鼍即扬子鳄,俗称鼍龙、猪婆龙。 (4)隐曲几,隐几而卧。几,矮或小的桌子,类似今之茶几。 (5)小陌,街巷。屐,木屐,木板制作的拖鞋。

(6)紫髯刑马地,此处曾经是孙权杀马祭江的地方。紫髯,紫色胡须,指孙权。《三国志》称孙权碧眼紫须。孙权曾建都鄂州,屯军于此,联蜀抗魏(曹操)。(7)中原今何如?感我白发生,诗人关心中原沦陷的情况,又感叹自己年事渐高,时不我待。

简析 该诗描述了从黄州至巴河沿江两岸的山水景色,而后着重记叙了游览马祈寺时所产生的联想:当年孙权在此杀马祭江,敢与魏蜀争夺天下,而今金兵蹂躏中原四十余年,难免感叹自己年事渐高,看不到时局扭转。

晚泊松滋渡口二首(选一)

小滩拍拍鸬鹚飞(1),深竹萧萧杜宇悲(2)。
看镜不堪衰病后,系船最好夕阳时。
生涯落魄惟耽酒(3),客路苍茫自咏诗。
莫问长安在何许(4),乱山孤店是松滋。

注释 (1)鸬鹚,大型食鱼游禽,俗称鱼鹰、水老鸭。拍拍,鱼鹰拍翅的声音。(2)杜宇,鸟名,又名杜鹃、子规,叫声悲凄。传说为古代蜀国望帝魂魄所化。(3)耽酒,极好饮酒。 (4)长安,代指南宋的都城临安(杭州)。

简析 孝宗乾道六年(1170年),陆游自山阴(今浙江绍兴)出发前往夔州(今重庆奉节)赴任。十月秋夜,船泊湖北松滋渡口。夜深人静之时,耳旁传来的是沙洲上鸬鹚起飞的翅膀拍打声,和岸上竹林深处杜鹃鸟的哀鸣;晨起对镜,一副病衰的面容。诗人酒后又生思乡之情,顿觉前路茫茫。

秋波媚·秋到边城

七月十六日夜,登高兴亭,远望长安南山。

秋到边城角声哀(1),烽火照高台(2)。悲歌击筑(3),凭高酹酒(4),此兴悠哉! 多情谁似南山月,特地暮云开(5)。灞桥烟柳(6),曲江池馆(7),应待人来(8)。

题解 "秋波媚",词牌名。又名"眼儿媚"。孝宗乾道八年(1172年),陆游协助四川宣抚使王炎守边备战,筹划北伐。七月十六日夜,与几位朋友登上位于南郑(今陕西汉中)的高兴亭,眺望烽烟四起的长安而作此词。南山即终南山。

注释 (1)角声,号角声。 (2)高台,烽火台。 (3)筑,古代的一种弦乐乐器,形似古筝。 (4)酹酒,把酒浇在地上,以表示祭奠。 (5)多情二句谓当晚天气极好,月明云淡,可以看见终南山。 (6)灞桥,位于长安城东,灞水之上的一座桥。汉唐时代,古人常在此折柳送别。 (7)曲江,水池名,在长安城东南,唐以来为游览胜地。 (8)待人来,等待迎接凯旋的宋朝大军。

简析 该词上阕渲染边城号角哀鸣、烽烟照高台的战争气氛,描写了作者登台击筑而歌,浇酒祭地的悲情豪兴,此为写实。下阕则驰骋想象,憧憬长安即将收复,那多情的南山风月、灞桥烟柳、曲江池馆,都将迎接王师归来,此乃写虚。全词构思想象丰富,描写虚实结合,情感浓烈真挚。

初发夷陵

雷动江边鼓吹雄(1),百滩过尽失途穷(2)。
山平水远苍茫外,地辟天开指顾中(3)。
俊鹘横飞遥掠岸(4),大鱼腾出欲凌空。
今朝喜处君知否(5),三丈黄旗舞便风(6)。

题解 陆游在度过八年的川陕边地生活之后,奉诏东归赴临安(杭州)廷对。此诗描述了他出川后从夷陵(在今湖北宜昌)出发时的情景。

注释 (1)雷动江边鼓吹雄,形容江边浪花拍打巨石发出的巨大声响,好像擂鼓吹号。 (2)百滩,虚数,描述滩多。失途穷,船过百滩后,江面风平浪静,一片坦途。失,此处作走出、脱离解。 (3)指顾中,一指一瞥中,形容时间短暂、迅速。指,弹指。顾,回看,一瞥。班固《东都赋》:“指顾倏忽,获车已实。” (4)俊鹘,一种鹰类的猛禽,因其凶猛而称俊鹘。 (5)君知否,你知道吗?作者自问。(6)三丈黄旗,官船桅杆上悬挂的旗帜。三丈极言其长。便风,顺风。李白《送殷淑三首》:“天明尔当去,应有便风飘。”

简析 这首诗通过写景,抒发作者结束了八年的川陕行役后,奉诏回京的喜悦心情。开篇用夸张手法描绘三峡惊涛拍岸、涛声如雷的险峻气势,继而描述船过百滩后水天辽阔,雄鹰飞翔,鱼跃水面,一派生机勃勃的景象。暗喻作者希望自己的政治前程也顺风顺水,从而可以一展报国的宏图大略。

南乡子·归梦寄吴樯

归梦寄吴樯(1),水驿江程去路长。想见芳洲初系缆(2),斜阳,烟树参差认武昌。　　愁鬓点新霜(3),曾是朝衣染御香(4)。重到故乡交旧少(5),凄凉,却恐他乡胜故乡(6)。

题解　“南乡子”,词牌名。孝宗淳熙五年(1178 年)春,陆游自蜀返吴。秋初即将抵达武昌时,在船中写了这首词。

注释　(1)吴樯,驶往吴地的船只。　(2)芳洲,指鹦鹉洲,在武昌东北长江中。崔颢《黄鹤楼》:“芳草萋萋鹦鹉洲。”缆,缆绳,靠岸后固定船只所用的铁索或粗绳。　(3)新霜,新添的白发。　(4)朝衣染御香,指在朝中为官。朝衣,朝见皇帝时所穿官服。染御香,沾上了宫中的香气。　(5)交旧,旧交,老朋友。少,八年的时间转瞬即逝,朝中的老友恐怕减少了。　(6)他乡胜故乡,作者在川中已八年,以朋友交情而论,在朝中恐不及川中,故预计会有凄凉之感。

简析　诗人奉命在川蜀边地服务多年,时常怀念朝廷和故乡。如今奉诏东归,却又忧喜交织。船近武昌,故乡遥遥在望时,又生出许多愁绪。毕竟八年过去,朝廷和故乡志同道合的朋友恐怕少了许多吧!如此一来,虽然回到朝思暮想的故乡,自己有可能比在川蜀还显孤独凄凉!这真是另一种原因的“近乡情更怯”。

泊三江口

迟明离武昌,薄暮次黄冈。
勿言触热行,一雨三日凉。
北窗荻萧萧(1),南窗江茫茫。
玄云一池墨(2),碧线半篆香(3)。
尚无车马尘,况复争夺场(4)。
徐行勿挂帆,此乐殊未央(5)。

题解　万里长江上称作三江口的地方似有多处。前面数首诗中的三江口,均指洞庭湖和荆州段的三江口。而陆游此诗中的三江口,已说明是在武昌之下黄冈之上,可见是在鄂城境内的黄柏山附近。

注释 (1)荻萧萧,风吹芦苇发出的声音。荻,芦苇。 (2)玄云一池墨,形容砚盘中的墨水如同一片乌云。(3)碧线半篆香,形容盘中的盘香如同绿丝线篆结。 (4)尚无车马尘,况复争夺场,描述舟中的安宁静谧,既无尘市的喧嚣,更没有官场的追名逐利。 (5)徐行勿挂帆,此乐殊未央,嘱咐船夫不要挂帆,让船缓缓行驶,以便尽情享受这难得安静。未央,未尽。

简析 作者乘船朝发武昌,薄暮时分接近黄州,雨后天气凉爽,芦苇萧萧,江水茫茫,船舱内砚中墨水浓黑如云,绿色的线香青烟袅袅。诗人在这远离尘市喧嚣和官场争斗的环境中,获得了暂时的宁静和快乐,有意让船缓缓行驶。

登赏心亭

蜀栈秦关岁月遒[1],今年乘兴却东游。
全家稳下黄牛峡[2],半醉来寻白鹭洲[3]。
黯黯江云瓜步雨[4],萧萧木叶石城秋[5]。
孤臣老抱忧时意[6],欲请迁都涕已流[7]。

题解 《登赏心亭》是诗人奉诏从蜀中回临安(杭州)途中,经金陵(南京)时登赏心亭所作。赏心亭,在金陵(南京)水西门城楼上。

注释 (1)蜀栈秦关,泛指川陕,诗人曾任职、游历于此八年。岁月遒,岁月很快过去。遒,急促、快速。 (2)黄牛峡,在湖北宜昌西,乃三峡西陵峡中的一段。(3)白鹭洲,南京江中心的一片沙洲,因白鹭多聚于此而得名。今已与岸边相连。 (4)黯黯,昏黑、黯淡、黯黑。瓜步,瓜步山,在长江北岸六合境内,与南京隔江相望。 (5)石城,石头城,即南京。 (6)孤臣,诗人自称。老抱忧时意,到老来仍忧心时局。(7)迁都,南宋主战派一贯主张把都城从临安(杭州)迁到建康(南京),便于出师收复汴京,陆游是坚定的主战派。

简析 诗人东归临安路经建康时,登临金陵赏心亭,俯瞰四野却只见一派落叶萧萧的凄凉秋景,白鹭洲和瓜步山都笼罩在黯淡的乌云密雨之中。萧杀的秋景所渲染的凄凉氛围,既烘托了偏安杭州的南宋小朝廷的衰败气象,更折射出诗人忧国忧民的感伤。回想当年曾上书建议自临安迁都金陵以利攻守而未被采纳,不觉触景伤情而涕泪交流。诗句表现了诗人对国家统一,人民安居乐业的强烈牵挂,赏心亭变作了伤心亭。

长相思·桥如虹

桥如虹[1],水如空[2],一叶飘然烟雨中[3]。天教称放翁[4]。　侧船篷[5],使江风[6],蟹舍参差渔市东[7]。到时闻暮钟。

题解　“长相思”,词牌名。孝宗淳熙十五年(1188 年)八月,64 岁的陆游退居山阴故乡三山别业,创作了一组“长相思”词牌的词,表达自己归田之后的生活情景和复杂情感。此处选其一。

注释　(1)桥如虹,形容拱桥形状如同天上的彩虹。　(2)水如空,形容水天融为一色,清澈明亮。　(3)一叶,指轻巧的小船。　(4)称放翁,陆游自号放翁。词中描述作者归隐后自由飘逸的豪放状态。《宋史·陆游传》:“范成大帅蜀,游为参议官,以文字交,不拘礼法。人讥其颓放,因自号放翁。”　(5)侧船篷,船篷侧放,作帆使用。　(6)使江风,顺江风而行。　(7)蟹舍,渔家搭在水滨的小茅屋。参差渔市东,高低不齐地分布在渔市的东边。

简析　这首遣怀词实为诗人狂放情怀的精彩写照,他用艺术形象证明:“放翁”之放,并非“颓放”,而是“狂放”“旷放”,是对自己屡受打击而报国无门的宣泄,是对朝廷腐败无能的一种抗议,是他独立的高贵人格的集中体现。联系诗人临终前的绝笔诗《示儿》:“死去元知万事空,但悲不见九州同。王师北定中原日,家祭无忘告乃翁。”就可知他心中有一大“块垒”始终未能放下。

◎ 范成大

恭州夜泊

草山硗确强田畴[1],村落熙然粟豆秋[2]。
翠竹江村非锦里[3],青溪夜月已渝州[4]。
小楼高下依盘石[5],弱缆西东战急流[6]。
入峡初程风物异[7],布裙跣妇总垂瘤[8]。

作者简介　范成大(1126—1193 年),字至能,一字幼元,早年自号此山居士,晚号石湖居士。平江府吴县(今江苏苏州)人。高宗绍兴二十四年(1154 年)进士,任著作郎、吏部侍郎。曾出使金国,不辱使命,归来任中书舍人。后曾任广西西道安抚使、四川制置使。进资政殿学士,加大学士。晚年退居石湖。与杨万里、陆游、尤袤合称南宋“中兴四大诗人”。著有《石湖居士诗集》《石湖词》《揽辔录》《吴船录》《吴郡志》《桂海虞衡志》等。

题解 恭州,徽宗崇宁元年(1102年),渝州人赵谂叛宋,被平息,诏令改渝州为恭州。至孝宗淳熙十六年(1189年),又改恭州为重庆府。《恭州夜泊》为范成大赴四川制置使任经过渝州时所作。

注释 (1)硗(qiāo)确,土地坚硬而且瘠薄。强田畴,勉力耕种。 (2)熙然,祥和状。粟豆,泛指粮食。秋,有收成。 (3)翠竹江村,翠竹环绕的江边村落。锦里,成都的别名。 (4)渝州,即重庆。 (5)小楼高下依盘石,小楼高高低低依石山而建。 (6)弱缆,细小的缆绳。战急流,在湍急的江中行船。 (7)入峡初程,初次进入三峡。风物异,民情风俗和产物都与别处不同。 (8)跣妇,赤足的妇女。垂瘤,当时一种地方性疾病,导致妇女身上带有下垂的肉瘤。

简析 诗人细腻地描述了川东山城恭州(重庆)优美的自然环境,独特的风土民情和老百姓的艰苦生活,尤其是劳动妇女的形象。虽有新奇却更多同情。作者之能够成为一代名臣,心系百姓安危是根本原因。

赤甲山诗并序

鱼腹浦泊舟(1),望月出赤甲山(2)。山形断缺,如鼍龙坐而张颐(3),月自缺中腾上山顶,因有诗。

月生赤甲如金盆(4),蹲龙呀口吐复吞(5)。
长风浩浩挟之出(6),影落半江沉复翻(7)。
天高夜静四山寂,惟有滩声喧水门。
高斋诗翁不可作(8),我亦不眠终夕看(9)。

注释 (1)鱼腹浦,在夔门之西奉节城南一公里处。 (2)望月,看月亮。赤甲山,位于白帝城长江之东,与白盐山隔江对峙,形成宏伟的夔门。其土色赤,故称赤甲山。 (3)鼍龙,即扬子鳄。张颐,张大面孔。颐,面部两颊、腮帮。 (4)月生赤甲如金盆,月亮从赤甲山升起,如同金盆一样。 (5)蹲龙呀口吐复吞,山形好像蹲坐的扬子鳄,把月亮吐出来又吞进去。 (6)挟之出,带着月亮出来。之,指月亮。 (7)月影在江水中随波浪起伏。 (8)高斋诗翁,指杜甫。杜甫写有《夔州歌十绝句》。不可作，已去世很久，不能复起。作，起。 (9)我亦不眠终夕看，我也彻夜难眠地观看。

简析 这是一幅极为壮丽的“夔门月夜图”。前六句着力写景，诗人运用夸张和比喻，真实生动地描绘了月升赤甲山的壮观景色。整个画面动静结合，有声有色，气势恢宏，震撼人心。末二句感叹杜甫曾经有诗写夔门，但早已去世不能复起，而自己也像当年的杜甫那样，终夜不眠，细看如此壮景。

鄂州南楼

谁将玉笛弄中秋(1)，黄鹤飞来识旧游。
汉树有情横北渚(2)，蜀江无语抱南楼(3)。
烛天灯火三更寺(4)，摇月旌旗万里舟(5)。
却笑鲈乡垂钓手(6)，武昌鱼好便淹留(7)。

题解 鄂州，隋文帝开皇九年(589年)改郢州为鄂州，治所在江夏(今武汉市武昌区)。南楼，指武昌黄鹄山(俗称蛇山)顶的南楼，原址在今黄鹤楼东南数十米处。该诗作于南宋孝宗淳熙四年(1177年)中秋节。

注释 (1)玉笛，横吹竹笛，以玉形容其精美。李白《与史郎中钦黄鹤楼上听笛》：“黄鹤楼中吹玉笛。” (2)汉树，汉阳的云树。北渚，长江北岸的沙洲。崔颢《黄鹤楼》：“晴川历历汉阳树，芳草萋萋鹦鹉洲。” (3)蜀江，长江。以其上游流过巴蜀而来。 (4)烛天，照彻天空。 (5)摇月旌旗，旌旗在月光中飘飞。 (6)鲈乡垂钓手，典出西晋张翰，因思念故乡吴中(今苏州)的莼羹、鲈鱼脍，从京城长安辞官回家。而作者范成大也是吴中人，故自称鲈乡垂钓手。 (7)因为武昌鱼味美，而在鄂州长时停留。

简析 诗人在中秋节月夜登临蛇山南楼，目眺汉阳云树，江水平流，寺庙灯火映天，舟中旌旗晃月，自然记起李白、崔颢的著名诗句，信手拈来化用于诗。末二句更联想到故乡前贤因爱家乡风味而急忙辞官的趣事，但反其意而用。全诗反映了诗人此时轻松愉快的心绪，因而给人温馨雅致之感。

◎杨万里

小　池

泉眼无声惜细流[1]，树阴照水爱晴柔[2]。
小荷才露尖尖角[3]，早有蜻蜓立上头。

作者简介　杨万里（1127—1206年），字廷秀，号诚斋。吉州吉水（今江西省吉水县）人。高宗绍兴二十四年（1154年）进士，先任地方小吏，召为国子博士，渐升郎官、秘书监。孝宗（1163—1190年在位）末出为江东转运副使。与陆游、尤袤、范成大并称“南宋四大家”“中兴四大诗人”，被誉为一代诗宗。著有《诚斋集》等。

注释　（1）泉眼，泉水的出口。惜，爱惜。　（2）晴柔，晴天里柔和的风光。（3）小荷，刚刚长出水面的嫩荷叶。尖尖角，还没有展开的嫩荷叶呈尖角状。

简析　这是一篇充满诗情画意的诗歌小品。作者以其独特的审美眼光，捕捉并精细地描绘了乡野池塘明媚的初夏风光。此诗从“小”处取景，如小池、小泉眼、涓涓细流，一池柔和的树荫，几支刚出水面的小荷，还有轻盈的蜻蜓，构成一帧春意盎然的“小池风物图”。作者热爱生活，热爱大自然的幽深情趣尽融其中。

过百家渡四绝句（选三）

其　二

园花落尽路花开，白白红红各自媒[1]。
莫道早行奇绝处，四方八面野香来。

其　三

柳子祠前春已残[2]，新晴特地著春寒。
疏篱不与花为护，只为蜘蛛作网竿。

其　四

一晴一雨路乾湿[3]，半淡半浓山迭重。
远草坪中见牛背，新秧疏处有人踪。

题解 百家渡，湘江一渡口，位于湖南零陵朝阳岩南里许的诸葛庙前，为零陵至道县的必经之地。作者经过此处时作绝句四首，此处选其中三首。

注释 (1)各自媒，各自为媒，引来蜂蝶。 (2)柳子祠，唐代文学家柳宗元的纪念祠堂。春已残，春末，春将尽。 (3)路乾湿，道路干了又湿。乾，现写作“干”。

简析 这组诗作于孝宗隆兴元年(1163年)春。此时是杨万里任零陵丞的最后一年。诗人喜爱农村生活，醉心田园风光，因而能抓住乡村风光和生活的细节，诗句清新自然。在平淡中寻情趣见韵味，极易引起人们共鸣。

◎张孝祥

西江月·黄陵庙

满载一船明月，平铺千里秋江。波神留我看斜阳(1)，唤起鳞鳞细浪。 明日风回更好(2)，今朝露宿何妨？水晶宫里奏霓裳(3)，准拟岳阳楼上(4)。

作者简介 张孝祥(1132—1170年)，字安国，别号于湖居士，历阳乌江(今安徽和县乌江镇)人。高宗绍兴二十四年(1154年)，张孝祥甲科状元及第，授承事郎，签书镇东军节度判官。因支持岳飞遭秦桧迫害。秦桧死后官至中书舍人等职。孝宗隆兴元年(1163年)，张浚出兵北伐，诗人被任为建康留守，荆南湖北路安抚使，还出任过抚州、平江、静江、潭州等地的地方长官，均有政绩。善诗文，风格宏伟豪放，与张元干并称“词坛双璧”。有《于湖居士文集》《于湖词》等传世。

题解 孝宗乾道四年(1168年)秋八月，张孝祥离开湖南长沙，赴湖北荆州(今江陵)任职。这首词是他在赴任途中，在黄陵山下船遇巨风所阻时作。黄陵庙，位于湖南湘阴县北洞庭湖边，湘水由此入湖。黄陵山上建有祭祀帝舜之二妃娥皇、女英的庙宇。

注释 (1)波神留我看斜阳，作者把风浪阻船前进，戏说为水神留他欣赏夕阳景色。 (2)风回，风向转换，变为顺风。 (3)水晶宫里奏霓裳，悦耳动听的涛声仿佛是水晶宫里在演奏《霓裳羽衣曲》。 (4)准拟岳阳楼上，一定去岳阳楼上观看洞庭湖的景色。

简析 《黄陵庙》又题名《阻风三峰下》，可是全词字里行间只字未写风浪之险，未露惊吓之情，而呈现的全是奇幻的艺术想象，显示出诗人乐观的处世态度，杰出的艺术才华和浪漫主义的创作风格。

浣溪沙·荆州约马举先登城楼观塞

霜日明霄水蘸空(1)，鸣鞘声里绣旗红(2)，澹烟衰草有无中(3)。
万里中原烽火北，一尊浊酒戍楼东(4)，酒阑挥泪向悲风(5)。

注释 (1)霜日明霄水蘸空，秋天明朗的天空，像水洗过一样清澈透明，此句又含有水天相连的意思。 (2)鸣鞘声里绣旗红，将士们佩戴的武器铿锵作响，鲜红的战旗猎猎飘扬。鞘，刀鞘。 (3)淡淡的轻烟，连天的衰草。有无中，隐隐约约，若隐若现。 (4)戍楼，驻守有军队的城楼。 (5)酒阑，酒尽，酒后。挥泪向悲风，在秋风中流泪。

简析 孝宗乾道四年(1168年)，诗人任荆南湖北路安抚使，驻守抗金重镇荆州。在一个秋高气爽的日子里，词人约友人一起登临荆州城楼，视察要塞，触景生情，遂写下此诗。他既喜见将士们斗志旺盛，严阵以待；又深忧中原的烽火连天，因此悲愤交加。

◎ 辛弃疾

水龙吟·登建康赏心亭

楚天千里清秋，水随天去秋无际。遥岑(1)远目，献愁供恨(2)，玉簪螺髻(3)。落日楼头，断鸿声里(4)，江南游子。把吴钩看了(5)，栏杆拍遍，无人会(6)，登临意。 休说鲈鱼堪脍，尽西风，季鹰归未(7)？求田问舍，怕应羞见，刘郎才气(8)。可惜流年(9)，忧愁风雨(10)，树犹如此(11)！倩何人唤取(12)，红巾翠袖(13)，揾英雄泪(14)！

作者简介 辛弃疾(1140—1207年)，字幼安，号稼轩，山东东路济南府历城县(今济南市历城区)人。金兵占据中原时，辛弃疾投入山东义兵抗金，高宗绍兴三十二年(1162年)归南宋，历任承务郎、天平节度掌书记、建康府通判等职，后更任过湖北、湖南、江西、两浙东路等处安抚使。一生以恢复为志，整军经武，廉政爱民。擅长填词，时人称之为“词中之龙”。其词艺术风格多样，沉雄豪迈又不乏细腻柔媚。现存词 600 多首，有《稼轩长短句》等传世。

题解 “水龙吟”，词牌名，出自李白诗句“笛奏龙吟水”，又名“龙吟曲”“庄椿岁”“小楼连苑”。该词为诗人登建康赏心亭时所作。赏心亭，《景定建康志》：“赏心亭在（城西）下水门城上，下临秦淮，尽观赏之胜。”

注释 （1）遥岑，远山。（2）献愁供恨，山水使人看了产生多种情感。（3）玉簪，玉做的簪子。螺髻，像海螺形状的发髻，此处均用以比喻高矮和形状各不相同的山岭。（4）断鸿，失群的孤雁。（5）吴钩，古代吴地制造的一种宝剑。李贺《南园》：“男儿何不带吴钩，收取关山五十州。”（6）会，领会、理解。此句紧承看吴钩句，暗示自己不被人理解。（7）鲈鱼堪脍，《世说新语·识鉴篇》：“张季鹰辟齐王东曹掾，在洛，见秋风起，因思吴中菰菜、莼羹、鲈鱼脍。”此后就将思念家乡称为莼鲈之思。季鹰，张翰字季鹰。（8）求田问舍，置地买房求一家之安。刘郎，刘备。才气，胸怀、气魄。（9）流年，流逝的时光。（10）忧愁风雨，担忧风雨飘摇的国势。（11）树犹如此，语出庾信《枯树赋》：”树犹如此，人何以堪！”此处抒发自己不能抗击敌人，收复失地，虚度时光的感慨。（12）倩，请托。（13）红巾翠袖，女子装饰，此处代指女子。（14）揾，擦拭。

简析 此词系辛弃疾登临建康赏心亭北望中原，有感抒发自己壮志难酬的悲愤之情。全词由写景进而抒情，情景交融，将内心的感情写得既含蓄而又淋漓尽致。格调沉痛悲愤而又激昂慷慨，尽显辛词豪放之风格特色。

菩萨蛮·书江西造口壁

郁孤台下清江水（1），中间多少行人泪。西北望长安（2），可怜无数山。　　青山遮不住，毕竟东流去。江晚正愁余（3），山深闻鹧鸪（4）。

题解 “菩萨蛮”，本唐教坊曲，后用为词牌，也用作曲牌。这首词为孝宗淳熙三年（1176 年）作者任江西提点刑狱，驻节赣州，途经造口时所作。造口，一名皂口，在江西万安县南六十里。

注释 （1）郁孤台，在今江西省赣州市城区西北部贺兰山顶，又称望阙台，因“隆阜郁然，孤起平地数丈”而得名。清江，赣江与袁江合流处旧称清江。（2）长安，今陕西省西安市，为汉唐故都。此处代指宋都汴京。刘攽《九日》：“可怜西北望，白日远长安。”（3）愁余，使余（我）发愁。《楚辞·九歌·湘夫人》：“帝子降兮北渚，目眇眇兮愁予。” (4)鹧鸪，鸟名，传说其叫声如“行不得也哥哥”，啼声凄清苦楚。

简析 此词写作者登郁孤台远望帝京，“借水怨山”无限感慨。上阕由眼前之景引出历史回忆，抒发家国沦亡之创痛和收复无望的悲愤；下阕借景生情，再抒个人愁苦及对朝廷苟安的愤懑之情。词中运用比兴手法，表达了蕴藉深沉的家国情怀。

阮郎归·耒阳道中为张处父推官赋

山前灯火欲黄昏(1)，山头来去云。鹧鸪声里数家村(2)，潇湘逢故人(3)。　　挥羽扇，整纶巾(4)，少年鞍马尘(5)。如今憔悴赋《招魂》(6)，儒冠多误身(7)。

题解 “阮郎归”，词牌名。又名“醉桃源”“醉桃园”“碧桃春”。孝宗淳熙六年至七年(1179—1180年)，辛弃疾正在湖南安抚使任上，在湖南耒阳道上遇到故友张处父。二人倾盖相接，把酒话旧，写下此词。

注释 (1)欲黄昏，即将黄昏。 (2)数家村，散落着几户人家的村庄。王安石《即事》：“纵横一川水，高下数家村。” (3)潇湘逢故人，语出柳恽《江南曲》：“洞庭有归客，潇湘逢故人。” (4)纶巾，有青丝带的帽子。羽扇纶巾是魏晋时代“儒将”的服饰。 (5)鞍马尘，鞍马满是尘土。此处是诗人回忆自己当年驰骋战场的情形。 (6)憔悴，指衰老。《招魂》，汉代王逸以为是宋玉所作，今人多以其为屈原之作，且又有屈原招楚怀王和自己招自己两说。此处宜理解为作者自己回忆和反思自身。 (7)儒冠，读书人戴的帽子，指代书生。杜甫《奉赠韦左丞丈二十二韵》：“纨绔不饿死，儒冠多误身。”

简析 此词上阕写景，描写在日落时分的耒阳道上，遇见故人时的凄清景色，烘托作者此时的孤寂处境和忧愤心情。下阕面对故友倾诉自己的内心矛盾和痛苦。借用典故，含义深远；词短情长，感情真挚朴实。

满江红·家住江南

家住江南，又过了，清明寒食(1)。花径里，一番风雨，一番狼藉(2)。红粉暗随流水去，园林渐觉清阴密(3)。算年年，落尽刺桐花，寒无力(4)。

庭院静，空相忆。无说处，闲愁极(5)。怕流莺乳燕，得知消息(6)。

尺素始今何处也(7),彩云依旧无踪迹(8)。谩教人(9),羞去上层楼(10),平芜碧(11)。

题解 《家住江南》又名《暮春》。辛弃疾于光宗绍熙三年(1192 年)至五年(1194 年),曾在福建任提点刑狱、安抚使等官,此词大约写于此时。

注释 (1)清明寒食,春天的两个节日。寒食,约在清明节前一二天,是日初为节时,禁烟火,只吃冷食。 (2)一番风雨,一阵风雨。一番狼藉,一片花叶散乱。(3)红粉,红花飘落。清阴,碧绿的树叶浓阴。意思是红花少了,绿叶多了。李清照《如梦令·昨夜雨疏风骤》:“知否?知否?应是绿肥红瘦。” (4)刺桐花,豆科植物,一名海桐,落叶乔木,春天开花,有黄红、紫红等色。寒无力,在春寒面前无力抵御。 (5)闲愁,自嘲之词,实际并非闲愁,乃是感叹自己担忧国事为时势操心。作者晚年在多处把国家之愁作闲愁。 (6)流莺乳燕,暗指朝中鼓唇弄舌,搬弄是非的权奸佞臣。得知消息,知道我又在发表议论。 (7)尺素,书信。古乐府《饮马长城窟行》:“客从远方来,遗我双鲤鱼。呼儿烹鲤鱼,中有尺素书。”(8)彩云,指想念的人或令人振奋的好消息。 (9)谩教人,空教我。谩,作空、徒解。 (10)羞去上层楼,王之涣《登鹳雀楼》:“欲穷千里目,更上一层楼。”而作者不愿再去登楼望远,是因为看到千里之外的失地又会悲伤。 (11)平芜碧,不登高楼,就让自己只看眼前的绿色平野。

简析 这是一首十分委婉缠绵的伤春相思词。上阕写江南暮春景致,下阕暗含作者去国怀乡的家国之愁。词人之意,常在若有若无、若即若离之际,此词亦意境迷离,使得该词带有模糊性的特点。

鹧鸪天·游鹅湖醉书酒家壁

春入平原荠菜花(1),新耕雨后落群鸦。多情白发春无奈,晚日青帘酒易赊(2)。　闲意态(3),细生涯(4)。牛栏西畔有桑麻(5)。青裙缟袂谁家女(6),去趁蚕生看外家(7)。

题解 “鹧鸪天”,词牌名,又名“思佳客”“醉梅花”“剪朝霞”“骊歌一叠”等。宁宗庆元元年到四年(1195—1198 年),诗人遭遇罢官削职,遂闲居江西上饶带湖。其间作者常往来鹅湖游赏,并写此词题于酒家壁上。

注释 (1)荠菜,一二年生草本植物,基出叶丛生,羽状分裂,叶被毛茸,春天开白色小花,嫩叶可食用。花,开花。 (2)青帘,古代酒店门口挂的幌子,多用青布制成。这里借指酒家。郑谷《旅寓洛南村舍》:“白鸟窥鱼网,青帘认酒家。” (3)闲意态,神情姿态悠闲自如。 (4)细生涯,简朴的生活。 (5)桑麻,桑树和麻,同为古代农耕社会代表性的经济作物,此处代农事。 (6)青裙缟袂,青色裙,素色衣,此处借指农家妇女。苏轼《于潜女》:“青裙缟袂于潜女,两足如霜不穿屦。” (7)趁蚕生,趁蚕儿刚出,蚕事不忙。外家,指外婆家或妻子的娘家。

简析 此词上阕描述仲春之季田园的美丽风光和词人借酒消愁的无奈心情。下阕描绘朴实闲适的农家生活图景。但是盎然春意中又暗含词人内心那不甘闲居、不甘消沉的暮年壮志。景物描写色彩明丽丰富,动静结合。

◎陈　亮

念奴娇·登多景楼

危楼还望[(1)],叹此意,今古几人曾会[(2)]。鬼设神施[(3)],浑认作,天限南疆北界[(4)]。一水横陈,连岗三面[(5)],做出争雄势[(6)]。六朝何事[(7)],只成门户私计[(8)]。　　因笑王谢诸人[(9)],登高怀远,也学英雄涕[(10)]。凭却江山,管不到[(11)],河洛腥膻无际[(12)]。正好长驱,不须反顾,寻取中流誓[(13)]。小儿破贼[(14)],势成宁问强对[(15)]。

作者简介 陈亮(1143—1194年),原名汝能,后改名亮,字同甫,号龙川。婺州永康(今属浙江)人。年轻时力学著书十余年,高宗、孝宗和宁宗时多次上书,主张励精图治,作育人才,经营长江上中游,北伐收复失地。以豪侠而屡遭下狱。至1190年光宗继位后策进士,御笔擢其第一,后授佥书建康府判官厅公事,未至官而卒。所作政论气势纵横,词作豪放,有《龙川文集》和《龙川词》传世。

题解 孝宗淳熙十五年(1188年),作者前往京口(今江苏镇江市)观察形势时,登楼并写下了这首词。多景楼,《清一统志》:“多景楼在丹徒县北固山甘露寺内,北面大江,颇据形胜,始建于宋郡守陈天麟,即唐临江亭故址。”丹徒县即今江苏镇江市。

注释 (1)危楼还望,在高楼上四面眺望。还通环。 (2)会,理解,领会。 (3)鬼设神施,鬼斧神工。江山景物奇妙,非人工所能为。 (4)浑认作,天限南疆北界。浑,全、都。认为长江是天然形成的南北疆界。 (5)一水横陈,连岗三面，长江横在前面，三面环山。（6）做出争雄势，造成南北征战的形胜之地。（7）六朝，从三国时的吴、东晋、宋、齐、梁、陈六个建都南京的朝代。（8）只成门户私计，都成了偏安一隅的自私打算。（9）王谢诸人，原指东晋和南朝时琅琊王氏与陈郡谢氏两个世家大族，此处讽指当时有声望地位但偏安一隅的士大夫们。（10）登高怀远，也学英雄涕，嘲笑南渡士大夫们在北固山登楼远望时只是空叹去国怀乡，学英雄样空为流泪而已。（11）凭却江山，凭靠如此有利形胜却无法顾及。（12）河洛腥膻无际，河洛，黄河，洛阳，代指中原地区。腥膻无际，代指游牧民族占领大好河山。（13）中流誓，《晋书·祖逖传》：东晋元帝时，祖逖奉命北伐，"中流击楫而誓曰：'祖逖不能清中原而复济者，有如大江'"。（14）小儿破贼，典出《通鉴》记淝水之战："谢安得驿书，知秦兵已败，时方与客围棋，摄书置床上，了无喜色，围棋如故。客问之，徐答曰：'小儿辈遂已破贼。'"当时率晋军作战的是其弟谢石和侄谢玄，故称"小儿辈"。（15）势成，大势已成。宁问，岂问，何必问。强对，劲敌。

简析 这是一首借古论今之作。词中借批判六朝统治者偏安江左，谴责南宋统治者不图恢复中原。"一水"三句，指出地形对南宋有利，应当北上争雄。但是南宋朝廷颓靡不振，紧步六朝后尘，"只图门户私计"，对中原百姓弃而不顾，而只在登高远望时装模作样。作者认为应当像东晋的祖逖和谢安那样，中流击楫，沉着冷静，造成有利局势，克敌制胜。全词议论精辟，笔力挺拔，大有雄视一世的英雄气概。

◎姜　夔

点绛唇·丁未冬过吴松作

燕雁无心(1)，太湖西畔随云去(2)。数峰清苦(3)，商略黄昏雨(4)。
第四桥边(5)，拟共天随住(6)。今何许(7)。凭阑怀古，残柳参差舞(8)。

作者简介 姜夔（1154—1221年），字尧章，号白石道人，饶州鄱阳（今江西省鄱阳县）人。少年孤贫，屡试不第，终生未仕，一生转徙江湖，靠卖字和朋友接济为生。他多才多艺，对诗词、散文、书法、音乐，无不精善，是苏轼之后又一难得的艺术全才。诗词题材广泛，超凡脱俗、豪放不羁。有《白石道人诗集》《白石道人歌曲》《续书谱》《绛帖平》等书传世。

题解 "点绛唇"，词牌名。丁未，即南宋孝宗淳熙十四年（1187年）。吴松，今属江苏省苏州市。是年冬,姜夔由湖州前往苏州拜访范成大,途经吴松时作此词。姜夔平生最心仪晚唐隐逸诗人陆龟蒙,吴松乃陆龟蒙生前隐居之地。

注释 (1)燕(yān)雁,北雁,北方幽燕一带的鸿雁。燕,古幽燕,今河北一带。无心,无忧无虑,自由自在。 (2)太湖,位于长江三角洲的南缘,古称震泽,是中国五大淡水湖之一,横跨江、浙两省。 (3)数峰清苦,形容几座山峰在风雨欲来之前阴云密布,冷清阴沉。 (4)商略黄昏雨,酝酿着一场黄昏风雨。商略,酝酿、准备。 (5)第四桥,《苏州府志》:"吴江城外之甘泉桥","以泉品居第四"。(6)天随,晚唐文学家陆龟蒙,自号天随子。 (7)今何许,现在何处? (8)参差,不齐貌。

简析 全词清新蕴藉,情景交融,淡远飘逸,潇洒自如;既表达了对太湖风物的瞬间审美感受,又抒发了怀古伤时之情,同时寄寓了身世苍凉之感。

淡黄柳·空城晓角

客居合肥南城赤阑桥之西,巷陌凄凉,与江左异[1],惟柳色夹道,依依可怜。因度此阕,以纾客怀[2]。

空城晓角[3],吹入垂杨陌[4]。马上单衣寒恻恻[5]。看尽鹅黄嫩绿[6],都是江南旧相识。 正岑寂[7],明朝又寒食[8]。强携酒,小桥宅。怕梨花落尽成秋色[9]。燕燕飞来[10],问春何在,唯有池塘自碧[11]。

注释 (1)江左,指长江以南。 (2)纾,解除,排除,宽解。客怀,寓居异地者的羁旅情怀。 (3)空城,合肥曾被金兵掠夺一空。晓角,清晨的号角。 (4)垂杨陌,杨柳低垂的小巷。 (5)寒恻恻,寒冷凄恻。 (6)鹅黄,淡黄,像小鹅绒毛的颜色。嫩绿,浅绿,皆形容杨柳的新生绿叶。 (7)岑寂,寂静。 (8)寒食,清明节前一天为寒食节。 (9)此句谓害怕春天很快过去。 (10)燕燕(yān yàn),北方的燕子。 (11)唯有池塘自碧,只有池塘还是一片碧绿。

简析 此词抒写作者客居合肥时,清晨在垂杨巷陌的凄凉感受。此前金人入侵,江北沦陷,合肥百姓流离失所,"空城"一词即概括了江淮一带的凄凉境况。其时已近寒食节,但依然寒气逼人,人去城空,只有依依绿柳夹道,还似江南景色。诗人的感时伤春,实际上反映出国破家亡时人们普遍的惶恐不安。

◎牟　巘

长江图

汉川影落鹦鹉洲(1),金山钟到多景楼(2)。
老龙几载卧寒碧(3),中涧不断万古流(4)。
晚来雪浪大如屋(5),澎湃舞我一叶舟。
舟移岸转知何处,离离烟草令人愁(6)。
说与渠侬莫倚柁(7),转帆别浦盍少休(8)。
此图此景俱可惜(9),展玩不足空白头(10)。
家在江水发源处(11),何时还我旧菟裘(12)。

作者简介　牟巘(1227—1311年),字献甫,一字献之,学者称陵阳先生,祖籍井研(今属四川),徙居湖州(今属浙江)。以父荫入仕,曾为浙东提刑。理宗朝(1225—1265年),累官大理少卿,因忤贾似道去官。恭宗德祐二年(1276年)元兵陷临安后,即杜门不出,但被强起为陵阳(今属安徽)教授,后以上元(今南京)簿致仕。有《陵阳集》二十四卷(其中诗六卷)。

题解　此诗当是元兵攻陷临安(杭州)后,诗人杜门不出,隐居江南期间观览一幅《长江图》时所作。

注释　(1)汉川,汉水。川即河流。　(2)金山,位于江苏省镇江。多景楼,位于镇江甘露寺内。　(3)老龙,指长江源头之水。寒碧,给人以清冷感觉的绿色。指代清冷的江河湖水。姜夔《暗香》词:“长记曾携手处,千树压,西湖寒碧。”(4)中涧,指长江。　(5)雪浪,白浪,雪白的浪花。李白《司马将军歌》:“江中白浪如银屋。”　(6)离离烟草,旷远迷蒙的大片草地。白居易《赋得古原草送别》:“离离原上草。”　(7)渠侬,吴方言,即“他”。倚柁,靠在柁上休息,柁同舵。(8)转帆别浦,换一个地方停靠。盍少休,何不稍稍休息,盍同何。　(9)可惜,怜惜、珍惜。　(10)展玩,把图展开欣赏。不足,不止。空白头,坐待年老。(11)家在江水发源处,作者祖籍是四川,古时人们以为长江源头是四川岷江。(12)菟裘,古邑名,春秋鲁地,在今山东泰安东南楼德镇。《左传》隐公十一年:“使营菟裘,吾将老焉。”意谓在菟裘终老。后世因称士大夫告老退隐的处所为“菟裘”,诗句隐含希望告老还乡回到四川老家的意思。

简析　这是一首记述作者在展玩《长江图》时心理活动的题图诗。诗中开首几句描绘了长江上下几处名胜景点和江水雪浪滔天、万古奔流的壮丽景色，重点是写南宋亡国，自己好似一叶孤舟，任波浪颠簸，不知飘向何处的窘境与怅惘。作者展玩《长江图》兴致颇浓，既是对长江美景的深沉挚爱，更是思考选择在何处度过余生。所以诗作的意义在体现易代之际各式人物的艰难选择。

◎ 文天祥

采石怀古

不上蛾眉二十岁(1)，重来为坠山河泪(2)。
今人不见虞允文(3)，古人曾有樊若水(4)。
长江阔处平如驿(5)，况此介然衣带窄(6)。
欲从谪仙捉月去(7)，安得燃犀照怪物(8)。

作者简介 文天祥(1236—1283年)，初名云孙，字宋瑞，一字履善。自号文山、浮休道人。江西吉州庐陵(今江西省吉安市)人，南宋末年政治家、文学家，抗元名臣。与陆秀夫、张世杰并称为“宋末三杰”。理宗宝祐四年(1256年)状元及第，官至右丞相，封信国公。元军打过长江，直逼南宋都城临安(今杭州)时，文天祥于恭帝德祐元年(1275年)在江西起兵勤王，转战四年。帝昺(bǐng)祥兴元年(1278年)文天祥在广东海丰于坡岭兵败被俘，翌年被押解至燕京(今北京)，囚禁四年。元世祖忽必烈至元十九年(1282年)十二月初九，文天祥在大都(今北京)柴市从容就义。著有《文山诗集》《指南录》《指南后录》《正气歌》等。

题解 南宋末恭帝德祐元年(1275年)，元军已占领长江以北大片国土。此时作者登上安徽马鞍山采石矶的蛾眉亭，遥望江北烽烟，缅怀与采石矶有关的历史人物，为山河破碎，大局岌岌可危而作此诗。

注释 (1)蛾眉，蛾眉亭，旧址在采石矶上。此句谓诗人已有二十年没来此处。(2)山河泪，为山河变色而流泪。 (3)虞允文，南宋初年大臣，高宗绍兴三十年(1161年)曾在采石矶率兵大破元军。 (4)樊若水，又名樊知古，在南唐举进士不第，结庐于采石矶，熟悉采石矶一带地形水性。宋太祖赵匡胤即位后，他即向宋太祖献计，从采石矶渡江，灭掉南唐。 (5)平如驿，宽阔的江面，风平浪静，犹如驿路。 (6)介然，坚固。《孟子·尽心下》：“山径之蹊间介然，用之而成路。”衣带窄，形容此处江面很窄，如一衣带水。 (7)谪仙捉月，谪仙指李白。传说李白在采石矶泛舟，酒醉后见江中月影，俯身捉之，遂溺水而死。 (8)燃犀，传说燃烧犀牛角照明，可以发现水中怪物。《晋书·温峤传》："(峤)至牛渚矶，水深不可测，世云其下多怪物，峤遂毁犀角而照之。须臾，见水族覆灭，奇形异状，或乘马车著赤衣者。"联系诗中点名樊若水，应该说文天祥此语有担心和防范降将和奸细之意。

简析 这是一首怀古叹今的诗。二十年后诗人重来采石矶，登上蛾眉亭，担忧大好河山可能易手，缅怀南宋初年虞允文抗金的辉煌业绩，宣泄了对朝廷无能、奸臣当道、大片国土沦丧的悲愤之情。此诗借古喻今，含蓄深邃，感情凝重。

扬子江

几日随风北海游(1)，回从扬子大江头(2)。
臣心一片磁针石(3)，不指南方不肯休(4)。

题解 南宋末恭帝德祐二年(1276年)二月中旬，元军兵临南宋都城临安城下，宋军全无斗志，战、守、迁皆不及实行。文天祥从众意，以资政殿学士身份，赴都城北三十里处的皋亭山元军大营，与元军统帅伯颜晤谈，被其拘留二十余日。后乘间逃脱，奔京口、过长江、趋真州、扬州、高邮、泰州，再到南通。然后乘船渡江入海，在海上漂流十四天，到台州(浙江临海)上岸，转往福州，与从临安逃来的端宗会合。此诗即为作者从南通渡江回往南方时所作。

注释 (1)几日，文天祥在1276年农历二月最后一天从元军营逃脱，到闰三月十七日从南通乘船渡江入海，时间已有一个半月之久。随风，比喻身不由己，到处飘泊躲避。北海游，实指江苏境内江北的扬州、真州、高邮、海陵、海安、如皋、南通等地。 (2)回从，回到。扬子大江头，南通以下长江入海口处。 (3)磁针石，指南针，比喻对宋朝的忠诚。 (4)南方，此时端宗皇帝(帝昰 shì)已逃至福建，文天祥决心南行追随。

简析 这首诗是文天祥在南通乘船渡江时所写。诗人对自己四五十天出生入死般的艰难经历，只用"几日随风北海游"一语轻轻带过，表现了作者的大无畏牺牲精神。诗的重点仍在表达自己对南宋政权的忠贞，决心至死也要尽忠王事。全诗明白流畅，但情感激昂。

金陵驿

草合离宫转夕晖(1)，孤云飘泊复何依？

山河风景元无异，城郭人民半已非[(2)]。
满地芦花和我老，旧家燕子傍谁飞[(3)]？
从今别却江南路[(4)]，化作啼鹃带血归[(5)]。

题解 帝昺祥兴元年(1278年)，文天祥在广东兵败被俘，翌年(元世祖至元十六年)由广州押往大都(今北京)。七月路过金陵驿，所见者半数是占领者元军，于是作此诗以抒怀言志。

注释 (1)草合，野草铺满了。离宫，即行宫，皇帝出巡时临时居住的地方。南宋以临安(今杭州)为都城，只在金陵建有行宫。 (2)山河、城郭二句意谓元军占领了金陵，自然的山河风景不会改变，但城里城外的人民半数或死或逃。 (3)旧家燕子，化用刘禹锡《乌衣巷》："旧时王谢堂前燕，飞入寻常百姓家。" (4)别却，离开，告别，不会再回了。 (5)啼鹃带血，借用古蜀王杜宇死后化为杜鹃鸟，啼鸣带血的典故，暗喻此次北行将以死殉国，只有魂魄归来。

简析 《金陵驿》描写南宋灭亡后金陵的荒凉衰败，一半以上的官民或死或逃的凄惨情景，抒发了深深的悲愤之情，并表达自己以身殉国的决心。全诗景色惨淡，风格悲壮，用典贴切，语言精练，具有强烈的震撼力。

元代诗歌

◎白　朴

双调·沉醉东风·渔夫

黄芦岸白蘋渡口(1),绿柳堤红蓼滩头(2)。虽无刎颈交(3),却有忘机友(4)。　点秋江白鹭沙鸥(5)。傲杀人间万户侯(6),不识字烟波钓叟(7)。

作者简介　白朴(1226—1306年),原名恒,字仁甫,后改名朴,字太素,号兰谷。祖籍隩州(今山西河曲),也有资料显示可能是山西曲沃县。后徙居真定(今河北正定县),晚岁寓居金陵(今南京市),终身未仕。著名杂剧作家,与关汉卿、马致远、郑光祖并称为元曲四大作家(一说为关汉卿、马致远、王实甫、白朴)。代表作主要有《唐明皇秋夜梧桐雨》《裴少俊墙头马上》《董秀英花月东墙记》等。

题解　"双调",曲调名,元明以来,常把两叠的词称为"双调"。"沉醉东风",曲牌。"渔夫",曲题,此曲当为作者晚年寓居金陵时所作。

注释　(1)黄芦,芦苇,水边生长的植物。白蘋(pín),水中浮草,浅水多年生植物。杜甫《丽人行》:"杨花雪落覆白蘋,青鸟飞去衔红巾。"　(2)红蓼,一种水边生的草本植物,开白色或浅红色的小花。　(3)刎颈交,刎,割;颈,脖子。比喻同生共死的朋友。《廉颇蔺相如列传》:"(廉颇蔺相如)卒相与欢,为刎颈之交。"　(4)忘机友,机,机巧、心机。忘机友即相互不设心机,无所顾忌,毫无算计之心的朋友。　(5)点,点点、点数,作动词用。　(6)傲杀,鄙视。万户侯,本意是汉代具有万户食邑的侯爵,在此泛指高官显贵。　(7)叟,老头。

简析　这支小令描绘了一幅大江辽阔、水草丛生、鸥鹭翱翔的和谐宁静的大自然图景,描写了渔夫悠闲的生活情趣。而渔夫就是作者审美理想的化身。表现了作者寄情山水,鄙视荣华富贵,甘心淡泊宁静生活的高尚情怀,也流露出对社会不平的愤慨。此曲意象艳丽,境界阔大,给人以无限美感。

双调·得胜乐·秋水

红日晚,残霞在,秋水共长天一色(1)。
寒雁儿呀呀的天外(2),怎生不捎带个字儿来(3)?

注释　(1)秋水句化用唐代王勃《滕王阁序》:"落霞与孤鹜齐飞,秋水共长天一色。"　(2)寒雁句,寒天的大雁。宋代赵长卿《柳梢青·过何郎石见早梅》:"云暗天低，枫林凋翠，寒雁声悲。” (3)怎生，怎么。字儿，书信。古代有雁足传书之说。

简析 作者在这支小令中巧妙地排列了夕阳、残霞、秋水、长天、寒雁等一组冷艳的意象，了无痕迹地化用前人诗句，展示了一帧绚丽而又空寂的“秋江落霞图”，与作者凄清孤寂的心情相呼应。曲终由写景转而抒发怀人念远之情。

◎ 马致远

南吕·四块玉·巫山庙

暮雨迎，朝云送，暮雨朝云去无踪[(1)]。
襄王漫说阳台梦[(2)]。
云来也是空，雨来也是空，怎捱十二峰[(3)]。

作者简介 马致远(1250? —1324年)，字千里，号东篱。著名杂剧家、散曲家，元大都(今北京)人，与关汉卿、郑光祖、白朴并称元曲四大家。青年时期仕途坎坷，中年中进士，曾任浙江省官吏，后在大都任工部主事。晚年不满时政，隐居田园，以衔杯击缶自娱。作品见于著录的有16种，今存《汉宫秋》《荐福碑》《岳阳楼》《青衫泪》《陈抟高卧》《任风子》6种，以《汉宫秋》最著名。散曲有《东篱乐府》。

题解 “南吕·四块玉”是元代散曲小令曲牌。“巫山庙”，曲题。小令以宋玉《高唐赋》之巫山神女与楚襄王梦会阳台为题。

注释 (1)暮雨朝云，黄昏的雨，清晨的云。 (2)阳台梦，典出宋玉《高唐赋》：传说楚襄王游览巫山高唐时白天小睡。睡梦中梦见一位绝色仙女自荐枕席。临别还说：“妾在巫山之阳，高丘之阻。旦为朝云，暮为行雨，朝朝暮暮，阳台之下。”后世以“高唐梦”代指男女邂逅之事。 (3)“怎捱十二峰”，捱(ái)，拖延，熬过。十二峰，指川(今为渝)鄂边境长江三峡中巫山的望霞、翠屏、朝云、松峦、集仙……等十二座山峰。李涉《竹枝词》：“十二峰头月欲低，空聆滩上子规啼。”

简析 作者借“巫山庙”曲吟咏楚王梦遇巫山神女的故事，抒发其人生无常，欢爱难久的感慨。此曲语言扑朔迷离，意境空灵虚幻，留给读者以美妙的想象空间。

双调·寿阳曲·潇湘夜雨

渔灯暗，客梦回(1)。一声声滴人心碎(2)。
孤舟五更家万里(3)，是离人几行清泪(4)。

题解　“寿阳曲”，曲牌名，又名“落梅风”。“潇湘夜雨”，曲题。“潇湘夜雨”是宋元人所称“潇湘八景”之一。

注释　(1)梦回，梦醒。　(2)此句谓雨声增加行人愁绪。　(3)五更，旧时自黄昏至拂晓一夜之间，有甲、乙、丙、丁、戊五个关键时间点，谓之五更。又称五鼓、五夜。　(4)以雨水比喻或象征泪水。

简析　此曲是思乡之作。作者用潇湘的夜雨、孤舟、渔灯的意象组合，构成一个凄凄惨惨的意境，烘托了一位五更梦醒，清泪长流，心系故园的天涯断肠人的形象。曲子意境凄清，情景交融，感人至深。

双调·寿阳曲·远浦帆归

夕阳下，酒旆闲(1)，两三航未曾着岸(2)。
落花水香茅舍晚(3)，断桥头卖鱼人散。

注释　(1)酒旆(pèi)，酒店的旗帘。旆，古代下边像燕尾的旗。　(2)两三航，两三只船。着岸，靠岸。　(3)落花水香，落花染香了流水。

简析　远浦帆归是潇湘八景之一，犹如一幅江村渔人晚归图。小令描摹了江滨黄昏归舟的美景，传达了渔人劳作归来后的轻松喜悦之情，表现出作者无限向往宁静生活的思想感情。全曲境界幽清淡远闲适，显示出一种疏淡旷雅、平和静穆的生活之美。

◎ 陈益稷

驻马渡头

大别山头汉口前(1)，吴王矶下沔城边(2)。

立残秋水隔滩鹭，噪落夕阳何处蝉？

赤壁冷烟销魏卒(3)，黄州淡月照坡仙(4)。

英雄潇洒名俱在，我爱狂吟不愧天(5)。

作者简介 陈益稷(1253—1329年)，祖籍福建，生于升龙(今河内)。安南(今越南)陈朝开国君主陈太宗第五子，1268年陈朝封其为昭国王。1284年至1288年，元朝与安南多次发生战争。战争伊始，陈益稷即向元世祖忽必烈之子、镇南王脱欢投诚，脱欢亦打算胜利之后以陈益稷为安南国王。1288年元军在白藤江之战失利后退出安南，陈益稷随之迁往鄂州(今武昌)，担任湖广行省平章政事(从一品，掌管财政、军事、行政)，累进金紫光禄大夫仪同三司。在鄂四十年，终老于斯。此诗是作者驻马汉水入长江的汉阳渡口时所作。

注释 (1)大别山，今汉阳龟山。汉口，指汉水入江口。 (2)吴王矶，汉阳龟山临江处，又名禹功矶。沔城，汉阳旧称。 (3)赤壁，此指“武赤壁”。三国时发生赤壁之战之处，在今湖北赤壁市。魏卒，曹操率领的魏兵。 (4)黄州，今湖北黄冈市中心所在地。北宋苏东坡曾贬放至此，创作了流传千古的《念奴娇·大江东去》和前后《赤壁赋》等词赋。后人在黄州汉川门外赤鼻矶建赤壁纪念他，俗称“文赤壁”。 (5)不愧天，《孟子·尽心上》：“仰不愧于天。”

简析 作者驻马汉水入长江的渡口，观赏江滩上的鹭立，聆听黄昏中的蝉鸣，继而放眼滔滔长江，眼前浮现三国时期赤壁之战的壮烈场景；耳旁回响起苏东坡的华丽诗章。对比前人之文采武功，他陶醉于吟诗作赋，以为也无愧于天地。此诗视野广阔，境界宏大，词语清新简练。

巴陵雨中

鸦拂平林雁阵空(1)，黄花行李老秋风(2)。

如何一夜江南梦(3)，尽在巴陵细雨中。

注释 (1)拂，轻轻飞过。雁阵空，成群的大雁刚飞过去了。 (2)行李，亦作行理、使者。《左传》僖公三十年：“行李之往来，共(供)其乏困。”此句意谓黄花(菊花)开放时节，作客在外，不知不觉中已是深秋。 (3)一夜江南梦，在巴陵做了一夜秋梦。

简析 该诗描述自己在秋风细雨中，客居洞庭湖畔岳阳城之夜的感受。其意境清新迷离，其心情轻松惬意。

◎赵孟頫

纪旧游

二月江南莺乱飞，百花满树柳依依。
落红无数迷歌扇(1)，嫩绿多情妒舞衣。
金鸭焚香川上暝(2)，画船挝鼓月中归(3)。
如今寂寞东风里，把酒无言对夕晖。

作者简介 赵孟頫(1254—1322年)，字子昂，号松雪道人，又号水晶宫道人、鸥波。浙江吴兴(今浙江湖州)人。著名书法家、画家、诗人，宋太祖赵匡胤十一世孙。元世祖忽必烈赞赏其才貌，历任集贤直学士、济南路总管府事、浙江等处儒学提举、翰林侍读学士等职，后借病乞归。著有《松雪斋文集》等。博学多才，能诗善文，懂经济，工书法，精绘艺，擅金石，通律吕，解鉴赏，被称为"元人冠冕"。

题解 《纪旧游》是赵孟頫在元朝初年以集贤直学士身份担任"浙江等处儒学提举"时任上所作，追记自己在南宋末年的一次出游。纪同记。

注释 (1)落红，落花。歌扇，舞女们跳舞时手执的彩扇。 (2)金鸭，状如鸭子的铜香炉。川上暝，河面上已经薄暮冥冥。 (3)挝鼓，击鼓，或特指击登闻鼓。岑参《与独孤渐道别长句兼呈严八侍御》："军中置酒夜挝鼓，锦筵红烛月未午。"

简析 《纪旧游》追述南宋末年一次令人难忘的游春经历。诗人以独到的细腻情感和画家敏锐的观察视角，从细微处着笔，通过几个细小的场景展现了"春景醉""宴饮乐""夜游畅"三幅画面，描绘了当年春景的美丽，春游的欢畅场景。忆往视今，让诗人不禁想起自己坎坷的身世变迁，含有对南宋灭亡的感慨，是其尴尬矛盾心灵的形象表达。

多景楼

层颠官阁几时修(1)，绕栏长江万古流。
白露已零秋草绿(2)，斜阳虽好暮云稠(3)。
平南筹策张华得(4)，治内人才葛亮优(5)。
景物未穷登览兴，角声孤起瓮城秋(6)。

注释 (1)层颠,层层叠叠而且高大的样子。官阁,指多景楼。位于江苏镇江甘露寺中。 (2)白露,洁白的露珠。已零,被太阳晒干了。 (3)暮云稠,黄昏时浓云密布。 (4)张华,西晋初大臣,善于谋划,极力献策灭吴。得,成功。 (5)葛亮,诸葛亮。治蜀时内政政绩卓然。 (6)瓮城,大城外的小城,用来加强防御。

简析 作者在镇江登上多景楼眺望,依旧是大江东去,秋草斜阳。他想起西晋初年的张华献灭吴之计得以成功,可是治理一国之内,还是更需要诸葛亮这样的贤才。从诗意可知诗人仕元之后,对于元朝的治理未必满意,故登楼览景兴致乏如,抒情亦是欲语还休。

◎赵 雍

雪夜黄州城

雪后人家早闭门,江寒水落见沙痕[1]。
黄州城下东坡路[2],月浸梅花正断魂[3]。

作者简介 赵雍(1289—1360年),字仲穆,著名画家赵孟頫之子。以父荫入仕,官至集贤待制(正五品)、同知湖州路总管府事。绘画有父风,山水、人物、花鸟、鞍马,皆其所长。兼工书法,真、行、草书承家学,有“精妙”之誉。此外还是著名的书画鉴赏家,有《赵待制遗稿》一卷传世。

注释 (1)江寒水落见沙痕,寒冬是长江的枯水季节,江边的大片沙滩都显现出道道痕纹。 (2)东坡路,东坡赤壁下的一条道路。东坡赤壁建于黄州汉川门外,长江北岸的赤鼻矶上。 (3)月浸梅花,梅花仿佛浸泡在雪夜明月的清辉中。断魂,沉醉。

简析 雪夜的黄州,家家关门闭户,万籁俱寂。赤鼻矶下的寒江,不再惊涛拍岸,而是水瘦山寒,沙滩裸露。唯有那城郊东坡路旁的红梅,沐浴着月光与雪光迎寒怒放,显得更加娇艳夺目,令人销魂。此诗诗题虽为“雪夜黄州城”,实则一首雪夜咏梅诗。

◎陈　孚

鄂渚晚眺

黄鹤楼前木叶黄，白云飞尽雁茫茫。
橹声摇月归巫峡，灯影随潮过汉阳。
庾令有尘污简册(1)，祢生无土盖文章(2)。
阑干只有当年柳(3)，留与行人记武昌(4)。

作者简介　陈孚（1240—1303 年），字刚中，号勿庵，浙江临海人。世祖至元（1264—1295 年）间，以布衣上《大一统赋》，得署河南上蔡书院山长，调国史院编修官，摄礼部郎中，曾出使安南，不辱使命。使还，任翰林待诏。成宗大德（1297—1308 年）间，任台州路总管府治中。性任侠不羁。诗文不事雕琢，纪行诗多描摹风土人情。著有《观光集》《交州集》等。

注释　（1）庾令，即庾亮，东晋大臣，出身中原南迁士族，历仕元帝、明帝、成帝三朝，以外戚辅佐成帝，任中书令，执朝政。后镇守武昌，任征西将军，领江、荆、豫三州刺史，都督六镇军事，准备北伐恢复中原，反被后赵南侵攻破邾城（今武汉新洲）。庾亮自请贬三等，忧愤而死。作者此语意谓庾亮位高权重，却不能北伐建功，故在历史上有污点。简册，古代用于书写的材料，多用竹或木制成简片，连接为册。此处指代史册、史书。　（2）祢生，指东汉文学家祢衡，他长于文章议论，曾讥讽曹操、刘表、黄祖（江夏太守）等权贵，后为黄祖所杀，其所作《鹦鹉赋》却流传千古，未能湮灭。　（3）阑干，除了等同栏杆之外，还有用以形容星斗、涕泪、珠玉、草木等横斜纷乱之状的先例。此处形容树枝横斜。当年柳，此指东晋陶侃任刺史在鄂州植下的柳树。　（4）鄂渚本为今之武昌，作者有意混用鄂州和武昌两处地名。

简析　该诗前四句写远眺武昌一带江景，气势宏大而极具诗意。后四句转入怀古，评述了几位古人在历史上的影响。从而把眼前苍茫壮阔的自然景致与悠远的人文历史融汇一处，使得立意升华，内容更加充实。

江天暮雪

长空卷玉花(1)，汀洲白浩浩。
雁影不复见，千崖暮如晓(2)。

渔翁寒欲归，不记巴陵道(3)。

坐睡船自流，云深一蓑小(4)。

注释 (1)玉花，雪花。梁昭明太子萧统《黄钟十一明启》："玉雪开六出之花。"雪花成六瓣状。 (2)千崖暮如晓，黄昏中群山覆盖着白雪，朦朦胧胧、半幽半明，仿佛日出前的凌晨。 (3)巴陵道，李益《喜见外弟又言别》："明日巴陵道，秋山又几重。"此处指归家的路被雪覆盖。 (4)蓑，蓑衣，诗中指代渔翁。

简析 《江天暮雪》传神地描绘了一幅潇湘江上的黄昏雪景图。全诗以动衬静，突出雪天特征，不仅渲染了天地之间一片空灵静谧，更刻意表现了江上渔翁（当然也是诗人自己）淡泊宁静的心态。全诗首尾呼应，动静相间，意境高旷。

◎ 郑光祖

正宫·塞鸿秋·门前五柳侵江路

门前五柳侵江路(1)，庄儿紧靠着白萍渡(2)。

除彭泽县令无心做(3)，渊明老子达时务(4)。

频将浊酒沽，识破兴亡数(5)。

醉时节笑捻着黄花去(6)。

作者简介 郑光祖，生于元世祖至元初年，即1264年左右，卒年不详。字德辉，平阳襄陵（今山西临汾市襄汾县）人。他主要活动在杭州，成为南方戏剧圈中的巨擘，所作杂剧在当时"名闻天下，声振闺阁"。与关汉卿、马致远、白朴并列，合称为元曲四大家。除杂剧外，郑光祖能写散曲，有小令六首、套数二套流传。

题解 "正宫"，元曲宫调。"塞鸿秋"，元曲散曲曲牌。此曲描叙陶渊明的隐居生活。陶渊明，自号五柳先生。

注释 (1)五柳侵江路，江边小路长满了柳树。五柳，"五"为虚数，表示许多。陶潜自号五柳先生。 (2)白萍渡，长满白萍的渡口。白萍，水生植物。 (3)除，拜官授职。除彭泽县令无心作，被任为彭泽县令却不愿作。彭泽县，古称彭蠡，今属江西省九江市。 (4)达时务，通达时务。 (5)识破兴亡数，看透了世间兴亡变化和人的命运起伏。 (6)捻，古同"捏"，用拇指和其他手指夹住。黄花即菊花。

简析 这支散曲描绘了陶潜幽美宁静的隐居环境，生动形象地刻画了他鄙视功名利禄，狂放不羁的精神个性和散淡闲适的生活方式。表达了作者对陶潜的敬仰和对其隐居生活的向往。

◎范 梈

浔 阳

露下天高滩月明(1)，行人西指武昌城(2)。
扁舟未到心先到，卧听浔阳谯鼓声(3)。

作者简介 范梈（1272—1330年），字亨父，又一字德机。江西清江人。家贫早孤，刻苦学文，三十六岁离家北游，卖卜燕市。被荐为左卫教授，迁翰林院编修官。出任岭海廉访史、闽海道知事，迁江西湖东道。因病退，全家迁徙江西新喻百丈山。著有《燕然稿》《江夏稿》《百丈稿》《范德机诗》七卷。

注释 （1）露下，深夜时分，已经下露水了。滩月明，沙滩上空月光明亮。（2）武昌城，此处指湖北鄂州。（3）浔阳，今江西九江。谯鼓声，谯楼上的鼓角声。谯楼，古代在城墙上建筑用来瞭望、击鼓报时的更楼。

简析 《浔阳》诗属歌行体，文字晓畅，节奏感强，配合作者心驰神往的急切心情，读之琅琅上口。

蕲州城下晚泊

——与土人语及西方事平，有喜而作

野阔秋无际，天空夕始凉。
渔船下浦急，畬火入云长(1)。
洲远怀鹦鹉(2)，山危指凤凰(3)。
戍人新敛甲(4)，垂老幸时康(5)。

题解 作者乘舟西行，泊舟湖北蕲州岸边，与当地人交谈中得知西方的战火平息，欣然作此诗。此句西方事平,因资料缺乏所指不明。

注释 (1)畲(shē)火,开垦荒地火耕时所放的火。一读作yú,《尔雅·释地》:“田,一岁曰菑,二岁曰新田,三岁曰畲。” (2)鹦鹉,汉阳鹦鹉洲,在蕲州的上游二百余里处。 (3)凤凰,凤凰山,在蕲春县北,山上建有凤凰台。 (4)戍人,服役的边塞兵士。敛甲,卸下甲衣退役。意思是战争平息了。 (5)幸时康,庆幸时世太平。

简析 此诗作于乘舟晚泊湖北蕲州江畔之时。前四句描绘了蕲州秋天傍晚江天辽阔,天气凉爽、渔舟下河、野火入云的广袤、宁静的景色。后四句抒发他得知西方战火停息,时世太平,庆幸自己得以安享太平的晚年。此诗情景交融,意境清新淡然。

黄州道中

径转山仍掩[1],沙移圃自成[2]。
蒹葭连水白[3],杨柳荫门清[4]。
无复论余事[5],真堪了此生。
眼中陈仲子[6],九鼎一毫轻[7]。

注释 (1)径转,小路弯曲。仍掩,(小路)仍被山林掩盖。 (2)圃,原义是种植菜蔬、花草、瓜果的园子,如菜圃、花圃。此处指江中沙洲。 (3)蒹葭(jiānjiā),水边野草,多指芦苇。 (4)荫,荫遮、荫盖。清,清凉。 (5)无复,不再。余事,其他的事,往事。 (6)陈仲子,本名陈定,字子终,是战国时期齐国著名的隐士。因见其兄食禄万钟,以为不义,故避兄离母,又先后坚辞不受齐国大夫、楚国国相等职,先迁居於陵,后隐居山中,以示“不入污君之朝,不食乱世之食”,最终饥饿而死。 (7)九鼎一毫轻,视功名利禄如粪土之意。九鼎,相传夏禹铸九鼎,象征九州,夏商周三代奉为象征国家政权的传国重器。诗中比喻功名利禄。一毫,一根毫毛。比喻极小或很轻。

简析 此诗描绘自蕲州至黄州沿江自然幽美的景色,抒发了诗人淡泊清静,视功名利禄如鸿毛的精神情操。淡泊的心态衬以静美的风光,可谓融情入景,情景交融。

◎张养浩

黄州道中

濯足常思万里流(1),几年尘迹意悠悠(2)。
闲云一片不成雨(3),黄叶满城都是秋。
落日断鸿天外路,西风长笛水边楼(4)。
梦回已悟人间世,犹向邯郸话旧游(5)。

作者简介 张养浩(1270—1329年),字希孟,号云庄,又称齐东野人,济南人。一生经历世祖、成宗、武宗、仁宗、英宗、泰定帝和天顺帝七朝。正直清廉,多次上书改革时弊,未得采用,七次辞官又不得不出。张养浩是元代散曲的代表作家之一,诗歌成就也很高,能与“元诗四大家”相媲美,作品内容充实,题材广泛,在咏史纪游、反映现实政治、民生疾苦方面,都有上乘之作。

题解 武宗(1308—1312年)时,张养浩任监察御史,奉命南巡,在黄州写下此诗。黄州在元朝时属黄州路。

注释 (1)濯足,本义是洗去脚污。后以“濯足”比喻自己要清除世尘,保持高洁。《沧浪歌》:“沧浪之水浊兮,可以濯我足。”万里流,此处指万里长江。 (2)尘迹,亦作“尘躋”,犹陈迹,暗喻过去坎坷多难的官场经历。 (3)闲云一片不成雨,暗喻自己多次向当朝提出改革建议,均不得君王采纳,由此哀叹个人作用有限,犹如一片闲云难以形成沛然大雨。 (4)落日断鸿天外路两句含有行走天涯,孤独飘零之意。 (5)梦回,梦醒。末两句借用“黄粱美梦”(又名“邯郸梦”)的典故。据沈既济《枕中记》记载:少年卢生在邯郸旅店里做了一个享尽荣华富贵的美梦,梦醒时小米饭还没有煮熟,因此有所感悟。但诗句中的“犹向”二字,表明诗人明知困难但依然想有所作为的决心。

简析 该诗通过闲云一片、满城黄叶、落日断鸿、西风长笛等凄清景色的描绘,烘托自己政治孤立,难以有所作为的失望心情;同时又巧妙地化用“濯足”“邯郸梦”等名句和典故,表达了他坚持理念,不轻言放弃的态度。全诗多用比喻、典故,景物描写含意深远。

中吕·普天乐·平沙落雁

稻粱收,菰蒲秀(1)。

山光凝暮(2),江影涵秋(3)。

潮平远水宽,天阔孤帆瘦。

雁阵惊寒埋云岫(4),下长空飞满沧州(5)。

西风渡头,斜阳岸口,不尽诗愁。

题解　“中吕”“普天乐”“平沙落雁”,均为元曲(散曲小令)曲牌。该小令是作者《潇湘八景》组诗之第五首。

注释　(1)菰,多年水生草本植物。蒲,菖蒲,水生植物。秀,茂盛。　(2)凝暮,暮色四合。　(3)涵秋,蕴含秋意。　(4)云岫,云雾缭绕的峰峦。陶潜《归去来辞》:“云无心以出岫。”　(5)沧州,水边比较开阔的地方,常用指隐士住地。谢朓《之宣城出新林浦向板桥》:“既欢怀禄情,复协沧州趣。”

题解　该小令描绘了湖南湘江潇水一带江边清秋黄昏时候的景色。西风吹拂,夕阳辉耀。凄美的江边秋色,却激起独立渡口的诗人无尽的愁思。清幽渺远的意境与诗人内心的活动情景交融。

◎虞　集

听　雨

屏风围坐鬓毵毵(1),绛蜡摇光照莫酣(2)。

京国多年情尽改(3),忽听春雨忆江南。

作者简介　虞集(1272—1348年),字伯生,号道园,世称邵庵先生。江西崇宁人,南宋丞相虞允文裔孙。元成宗大德(1297—1308年)初,被荐授大都路儒学教授,历国子助教、博士。仁宗(1312—1321年在位)时,迁集贤修撰,除翰林待制。文宗(1328—1332年在位)即位,累除奎章阁侍书学士。领修《经世大典》,著有《道园学古录》《道园遗稿》。虞集素负诗名,与揭傒斯、范梈、杨载齐名,人称“元诗四家”。

注释　(1)毵毵(sān sān),毛发、枝条等细长垂拂、纷披散乱的样子。(2)绛蜡,红烛。白居易《和微之春日投简阳明洞天五十韵》:“柳眼黄丝颣,花房绛蜡珠。”莫酣,不能入眠。酣,酣睡、入眠。　(3)京国多年,已在京城大都(燕京,今北京)

做官多年。情尽改，家国情怀全变。

简析 该诗起首两句描叙诗人深夜独坐，鬓发散乱的孤凄形象和彻夜难眠的愁苦心情。后两句则说自己身在大都为官，已渐渐适应环境，但听到春雨淅沥声又突然回忆起杏花春雨的江南故乡了。此诗以圆熟的技巧，情景交融地刻画出王朝更替时一些官员文人的复杂心态。

舟次湖口

江沙如雪水无声，舟倚蒹葭雁不惊(1)。
霜气隔篷才数尺，斗杓插地已三更(2)。
抛书枕畔怜儿子(3)，看剑灯前慨友生(4)。
尚有乘桴无限意(5)，催人摇橹转江城(6)。

注释 (1)蒹葭，芦苇。 (2)斗杓，又称斗柄，北斗七星中的第五、六、七颗星。王安石《作翰林时》："欲知四海春多少，先向天边问斗杓。"插地，斗杓转动，杓指向下。 (3)怜，怜惜、怜爱。 (4)慨，叹息、叹气。友生，朋友和门生。 (5)乘桴，乘坐竹木小筏。王维《济上四贤咏》："已闻能狎鸟，余欲共乘桴。" (6)摇橹，摇动船橹，意即开船。江城，此处似指九江。

简析 《舟次湖口》写景平淡无奇，重点在表达诗人三更还不能入眠，既想念家中的孩子，更为多种遭遇不同命运的朋友、门生感叹。而自己还需要继续奔波，赶往江城。

◎ 萨都剌

江浦夜泊

千里长江浦月明(1)，星河半入石头城(2)。
棹歌未断西风起(2)，两岸菰蒲杂雨声(4)。

作者简介 萨都剌(1272? —1355年)，字天锡，号直斋，回族(一说蒙古族)。其先世为西域人，出生于雁门(今山西代县)，泰定帝四年(1327年)进士。授应奉翰林文字，擢南台御史。以弹劾权贵左迁镇江录事司达鲁花赤，累迁江南行台侍御史，又左迁淮西北道经历。晚年居杭州。萨都剌善绘画，精书法，尤善楷书。有“虎卧龙跳”之才，人称雁门才子。文学创作以诗歌为主。诗词内容以游山玩水、归隐赋闲、慕仙礼佛、酬酢应答之类为多。

注释 （1）浦月，江边的月亮。（2）星河，星空，又称银河。夜空群星闪烁，宛如发光的河流。石头城，南京。（3）棹歌，船夫曲，船夫们摇棹时唱的民歌。（4）菰蒲，菰和蒲，水生或沼生植物。苏轼《夜泛西湖》：“菰蒲无边水茫茫，荷花夜开风露香。”

简析 《江浦夜泊》描绘诗人夜泊南京江边时所见天气遽变的情境。起首两句描绘夜空晴朗、星月辉耀的江天和南京城的远影。后两句则描叙船歌未断，西风骤起，雨打两岸菰蒲发出淅淅沥沥的声音。诗人用动态手法表现天气的变化，也暗喻其心情的起伏。

采石漫兴

谁记将军亡国时(1)，江东父老鬓如丝。
古今天堑几千里，南北楼船百万师。
中国一飞传檄箭(2)，前朝漫有渡江碑(3)。
太平到处山如画，暖日清风飏酒旗(4)。

题解 采石，即采石矶，亦称牛渚矶，位于安徽马鞍山长江南岸，是著名的古战场。南宋高宗绍兴三十一年（1161年）宋金采石矶之战即发生于此地。元文宗至顺三年（1332年）四月，萨都剌由金陵出行，夜宿采石驿，作《采石漫兴》《过采石驿》诗以纪行。漫兴，随兴而作。

注释 （1）谁记将军亡国时，意谓到亡国之时还有谁记得将军？此处将军指南宋将军虞允文，当年在采石矶大破金兵。（2）中国，指中原，古代统一中国的王朝多建都于中原。檄是古代官府往来文书中下行文种的名称之一，用以征召、晓谕或声讨。檄箭则形容传递速度快如箭矢。（3）前朝漫有渡江碑，指金国完颜宗弼在采石矶立有碑石纪事。（4）酒旗，古时酒店门口悬挂的布旗，类似招牌。

简析 该诗是作者游览采石矶古战场时即兴而作的咏古怀今诗。诗人凭吊在此大破金兵的南宋名将虞允文，追怀那场事关南宋存亡的采石矶大战，感叹古今天堑见证了多少王朝兴亡。而在作者眼中，江山依然如画，到处一片太平景象。诗中既蕴含着兴亡之感，又对元朝的统一天下感到欣慰。

念奴娇·登石头城次东坡韵

石头城上，望天低吴楚，眼空无物(1)。指点六朝形胜地(2)，惟有青山如壁。蔽日旌旗，连云樯橹，白骨纷如雪(3)。一江南北，消磨多少豪杰(4)。　寂寞避暑离宫(5)，东风辇路，芳草年年发(6)。落日无人松径里，鬼火高低明灭(7)。歌舞尊前(8)，繁华镜里(9)，暗换青青发(10)。伤心千古，秦淮一片明月(11)！

题解　“念奴娇”，词牌名，因全词共一百字，又称“百字令”。石头城，即金陵城，在今南京清凉山，昔为六朝都城。次东坡韵，采用苏东坡《念奴娇·赤壁怀古》韵脚。

注释　(1)望天低吴楚，眼空无物，放眼望去，天边吴楚两地相接，眼前一片辽阔无际。吴楚，今江浙、皖赣、两湖一带地区。　(2)六朝形胜，六朝指东吴、东晋、宋、齐、梁、陈六个朝代。形胜，形容地形优越壮美。　(3)蔽日旌旗，连云樯橹，白骨纷如雪，三句话写当年军容盛大，战争激烈的场面。白骨，因战乱而死的士兵和老百姓的尸骨。　(4)“消磨”，一作“销磨”，消耗。辛弃疾《江城子》：“人生今古不消磨。”豪杰，英雄杰出人士。因争夺江山而折腰的众多英雄豪杰。(5)离宫，皇宫之外为皇帝修建的永久性居住的宫殿，也泛指皇帝出巡时的住所。　(6)辇路，天子车驾所经的道路。陆游《韩太傅生日》：“珥貂中使传天语，一片惊尘飞辇路。”芳草年年发，每年都长出青草。　(7)明灭，忽隐忽现，时隐时现。　(8)尊，同“樽”，酒杯。　(9)繁华，鲜花盛开，喻青春美丽。　(10)暗换青青发，不知不觉中乌黑的头发慢慢变灰变白。　(11)伤心千古，秦淮一片明月，化用刘禹锡《石头城》：“淮水城头旧时月，夜深还过女墙来。”意谓秦淮河上明月依旧，六朝的繁华却早已消逝。

简析　作者登临石头城，远眺辽阔江天，俯瞰六朝形胜之地，战争的风云在眼前变幻，历史的教训在胸中积淀。诗人触景生情，抚今追昔，高度浓缩了一系列典型的艺术形象，采取倒叙与对比的手法，描绘了世事变迁、昔盛今衰的两幅图景，抒发了人事无常而山河常在的感慨。此词境界深邃宽广，风格悲壮苍凉，写景、咏史、抒怀浑然一体。

据《毛泽东年谱》记载，1975年4月上旬，毛泽东指示注释和印制一批大字本文献，其中就有萨都剌的《满江红》《念奴娇》(《百字令》)、《木兰花慢·彭城怀古》三篇。1976年2月，毛泽东邀请因“水门事件”下台的尼克松总统再次访华，在为其安排的文艺演出“中国古典诗词演唱”中，就有《念奴娇·登石头城次东坡韵》一词，可谓意味深长。

木兰花慢·彭城怀古

古徐州形胜，消磨尽，几英雄。想铁甲重瞳(1)，乌骓汗血(2)，玉帐连空(3)。楚歌八千兵散(4)，料梦魂，应不到江东。空有黄河如带(5)，乱山回合云龙(6)。　　汉家陵阙起秋风(7)，禾黍满关中(8)。更戏马台荒(9)，画眉人远(10)，燕子楼空(11)。人生百年如寄(12)，且开怀，一饮尽千钟。回首荒城斜日，倚栏目送飞鸿(13)。

题解　“木兰花慢”，词牌名，原为唐教坊曲。彭城，又名彭城邑、彭城县，曾为古都涿鹿(即今江苏徐州)的旧称。历史上是重要的战略要地。楚汉相争时，项羽建都彭城。西汉设彭城郡，东汉设彭城侯国。

注释　(1)铁甲重瞳，指西楚霸王项羽。重瞳，眼中有两个瞳子。《史记·项羽本纪》：“吾闻之周生曰：舜目盖重瞳子，又闻项羽亦重瞳子，羽岂其苗裔邪。”　(2)乌骓，项羽所骑战马。汗血，汉朝时得自西域大宛的千里马，又称天马。此借以形容项羽所骑名马。　(3)玉帐，指军中营帐。　(4)楚歌，指四面楚歌。楚歌乃中国古代楚地的土风歌谣。项羽的绝命之作《垓下歌》和刘邦的还乡之作《大风歌》均为楚歌。八千兵，秦末项梁、项羽叔侄率八千子弟兵在江东起义。此句谓项羽所率之兵在垓下失败。　(5)黄河如带，据《徐州府志》卷二：黄河在城东北，自河南虞城县流入郡界，经砀山、萧县，入铜山界。《史记》：“封爵之誓曰：使河如带，泰山若厉，国以永宁，爰及苗裔。”　(6)乱山回合，据《徐州府志》记载，徐州周围有许多山，城北有九里山，城西有楚王山，城南有太山，城东南有奎山、三山，城东有子房山(一名鸡鸣山)、定国山、圣水山，城东北有彭城山、桓山、寨山、荆山等。因云龙山较著名，故举其大者。《旧志》亦称：山有云气蜿蜒如龙，故名之。　(7)汉家陵阙，西汉帝王陵墓。化用李白《忆秦娥》中的“西风残照，汉家陵阙”词句。　(8)禾黍满关中，庄稼长满了关中。禾黍，泛指黍稷稻麦等粮食作物。关中指今陕西省一带。此句意谓刘邦虽然最后建立汉朝，以长安为都城，但如今长安陵阙照样为漫山遍野的庄稼所遮掩。　(9)戏马台，徐州古迹，在徐州城南部，与云龙山相对。项羽以山为台，以观戏马，故名。　(10)画眉人远，当年在长安做官的人早就不在了。《汉书·张敞传》：“长安中传张京兆眉怃。”即京兆尹张敞擅长为妇画眉。　(11)燕子楼，旧址在徐州城北。空，孤寂。　(12)寄，暂居，形容人生短暂。此句化用苏轼《将往终南和子由见寄》：“人生百年寄鬓须，富贵何啻(chì)霞中莩。” (13)目送飞鸿,目送飞雁远去。嵇康《兄秀才公穆入军赠诗十九首》:“目送归鸿,手挥五弦。”

简析 江苏彭城(徐州)古时为必争之战略要地,悲剧人物楚霸王项羽曾经在此建都。作者游览遗址,激起怀古叹今的诗兴,上阕凭吊项羽,描叙了他失败的悲剧命运。下阕更进而描写即使在胜利者刘邦奠都的长安,雄伟壮观的陵阙照样也被庄稼覆盖,由此而产生世事屡变而人生短暂的深沉感喟。

卜算子·泊吴江夜见孤雁

明月丽长空[1],水净秋宵永[2]。悄无乌鹊向南飞[3],但见孤鸿影。

自离边塞路,偏耐江波静。西风鸣宿梦魂单[4],霜落蒹葭冷[5]。

题解 “卜算子”,词牌名,又名“百尺楼”“眉峰碧”“楚天遥”等。该词为萨都剌被贬官后南行途中,夜泊吴江见孤雁而作。

注释 (1)丽,此作光亮、亮丽解,为形容词使动用法,使长空亮丽。 (2)秋宵永,秋夜特别漫长。永,长久,漫长。 (3)乌鹊向南飞,化用曹操《短歌行》:“月明星稀,乌鹊南飞,绕树三匝,何枝可依。”词中暗喻自己的命运。 (4)西风鸣宿梦魂单,西风呼叫了一整夜,梦中也感到孤单。 (5)霜落蒹葭冷,霜降了,江边的芦苇也感到寒冷。

简析 该词借写孤雁寄托自己的情怀,表达了作者在被贬南行途中的孤寂之感和对前途难卜的忧惧之情。意境开阔而又凄清,语句流畅朴实,清新委婉。

◎ 揭傒斯

夏五月武昌舟中触目

两髯背立鸣双橹[1],短蓑开合沧江雨[2]。

青山如龙入云去,白发何人并沙语[3]。

船头放歌船尾和,篷上雨鸣篷下坐[4]。

推篷不省是何乡[5],但见双双白鸥过。

作者简介 揭傒斯(1274—1344年),字曼硕,号贞文,龙兴富州(今江西丰城)人。

家贫力学,成宗大德(1297—1308年)间出游湘汉。仁宗延祐(1314—1321年)初年由布衣荐授国史院编修官,迁应奉翰林文字,官奎章阁授经郎,拜集贤学士,翰林侍讲学士阶中奉大夫。修辽、金、宋三史,为总裁官。为文简洁严整,为诗清婉丽密。与虞集、杨载、范梈同为"元诗四大家",又与虞集、柳贯、黄溍并称"儒林四杰。"著有《文安集》。

注释 (1)两髯,两个蓄着长须的船夫。背立鸣双橹,一立船头,一立船尾,双橹发出声音。 (2)短蓑开合,船夫身穿的短蓑衣在摇橹时一张一合。 (3)沙语,小船摩擦水中沙石发出的声音。 (4)篷下坐,客人(指作者自己)坐在船篷下。 (5)不省是何乡,指客人不知道船到了何处。

简析 作者以细腻的笔法刻画两位船夫冒雨驾船,船歌互答的生动形象,赞扬他们无所畏惧而又乐观自信的神情,表现了诗人对下层劳动人民的同情和敬意。

女儿浦歌二首

其　一

女儿浦前湖水流,女儿浦前过湖舟。
湖中日日多风浪,湖边人人还白头(1)。

其　二

大孤山前女儿湾,大孤山下浪如山。
山前日日多风雨,山下舟船自往还(2)。

题解 女儿浦是江西九江东南三十里处的一个湖泊,位于大孤山之侧,源出庐山,流入鄱阳湖。周边人们多以捕鱼为生。

注释 (1)因为"湖中日日多风浪",湖边渔民担惊受怕,因发愁而白头。 (2)即使"山前日日多风雨",渔民们别无选择,为了生计不得不日复一日下湖捕鱼。

简析 诗人怀着沉重的心情,描述了大孤山下女儿浦中常年风急浪高的生存环境,和周边渔民只能以下湖捕鱼为生,因而未老先衰的艰辛生活,一如既往地体现了他对劳动人民生存状况的深刻同情。此诗非常接近民歌,具有浓郁的地方色彩。

泊安庆时再北游

夜泊淮西郡(1),寒生客子衣(2)。
酒家临岸闭(3),野烧映江飞(4)。
云尽月初出,潮平风渐微。
前年城下路(5),此际正南归(6)。

注释 (1)淮西郡,大体仍是宋代淮南西路范围,元代设淮西总管府。安庆属其管辖。 (2)寒生客子衣,寒气渗透了旅客的衣服。客子,旅客,行人,作者自称。 (3)酒家临岸闭,临岸酒家闭的倒置。形容市面萧条冷落。 (4)野烧,冬天焚烧郊野的枯草。 (5)城下路,安庆城边的道路。 (6)此际正南归,紧接上句,说前年的此刻正由此南归(意谓今年又经此再次北游)。

简析 诗人再次北游,又重新夜泊在前年由此南归的安庆江边。大约时值冬天,寒气袭人,市面一片萧条,郊外野火映红江天。该诗从一个侧面反映了当时社会的萧条衰败,也流露其孤寂的心情和忧患意识。

梦武昌

黄鹤楼前鹦鹉洲,梦中浑似昔时游(1)。
苍山斜入三湘路(2),落日平铺七泽流(3)。
鼓角沉雄遥动地(4),帆樯高下乱维舟(5)。
故人虽在多分散,独向南池看白鸥。

注释 (1)浑似,好像,完全像。梦中浑似昔时游,梦中觉得是很熟悉的地方。(2)三湘,泛指湖南。 (3)七泽,相传古时楚地有七处沼泽,后以七泽泛称楚地诸湖泊。 (4)鼓角,鼓声和号角声。 (5)帆樯高下,船帆和桅杆高高低低。维舟,舟船停泊。南朝梁何逊《与胡兴安夜别》:“居人行转轼,客子暂维舟。”

简析 武昌是揭傒斯湘汉之游期间居住最久的的地方,印象最深,故友较多,因而在离开后以《梦武昌》为题,抒写自己游览该处的记忆,表达作者对旧游之地和友人的怀念之情。全诗词藻瑰丽,风格凝重,意境壮美。

◎黄　溍

送人归豫

已觉栖迟懒曳裾[1]，可能为我强踌躇[2]。
一帆秋色红尘外[3]，千里江关白雁初[4]。
建业水清谁共饮[5]？浔阳潮断定无书[6]。
黄金未尽朱颜在，莫种桃花学隐居[7]。

作者简介　黄溍（1277—1357年），字晋卿，一字文潜，婺州路义乌（今浙江义乌）人。仁宗延祐（1314—1321年）间进士，曾任临海县丞、诸暨判官，后调任应奉文字兼国史院编修官、翰林直学士、翰林侍讲学士等职。诗词文赋及书法、绘画皆精，与柳贯、虞集、揭傒斯并称元代“儒林四杰”，其门人宋濂、王袆、金涓、傅藻等皆有名于世。黄溍终生嗜学，著有《日损斋稿》三十三卷和笔记一卷。

题解　按诗意解，当是作者在南京江边为一位乘舟西去，返回故乡河南的朋友而作的送别诗。

注释　（1）栖迟，本义为雀鸟“游息”，通常作栖居、栖身解。杜甫《移居公安敬赠卫大郎》：“白头供宴语，鸟儿伴栖迟。”懒曳裾，比喻懒得收拾打扮。　（2）踌躇，勉强，犹豫不决。　（3）一帆秋色红尘外，秋色中一只帆船远离红尘而去。　（4）千里江关白雁初，千里江面只见秋天的大雁刚刚飞来。　（5）建业水，南京的水。由“宁饮建业水，不食武昌鱼”而来。　（6）浔阳潮断定无书，担心大潮阻断长江水路，书信不通。　（7）黄金未尽朱颜在，莫种桃花学隐居，此处以黄金比喻时光，朱颜在也是指青春尚在，即劝勉对方，你还年富力强，莫学隐居桃花源中的人。

简析　这首赠别诗表达了作者对即将北归河南的挚友的深情厚谊。前面四句描绘了孤帆远去，白雁初来，江畔送别的凄清情境；继而流露出此后无人共饮“江水”，甚至书信不通的孤独难耐。最后劝勉对方趁此年富力强应有所作为，不要过早效法古人退隐桃花源中。全诗既是惜别，更有劝勉。情真意切，委婉动人。

次韵章兄雨中

春尽余寒去却回[1]，江天五月未闻雷[2]。
南风祇在浮云外[3]，弹折朱弦唤不来[4]。

注释 (1)春尽余寒去却回,写自然现象,春天已经过完,“倒春寒”却又来了。(2)此句谓五月的江天还未响起春雷声。 (3)此句谓和煦的春风被阴云挡住。祗,只。 (4)弹奏乐曲,拨断了琴弦也唤不来春天。朱弦,用熟丝制的琴弦。《荀子·礼论》:“清庙之歌,一唱而三叹也。县(同悬)一钟,尚拊之膈,朱弦而通越也。”

简析 此诗表达了诗人在乍暖还寒,阴雨绵绵的春末时刻,渴望“春风又绿江南岸”的“盼春”心情。末二句或只是另有深意的一种表达。

◎ 周德清

正宫·塞鸿秋·浔阳即景

长江万里白如练,淮山数点青如淀(1)。
江帆几片疾如箭,山泉千尺飞如电。
晚云都变露,新月初学扇(2),塞鸿一字来如线(3)。

作者简介 周德清(1277—1365 年),字日湛,号挺斋,高安暇堂(今属江西)人。北宋著名词人周邦彦裔孙,终身不仕。工乐府,善音律,所著《中原音韵》一书,对语音学和曲律的研究贡献甚著。《录鬼簿续篇》称其“又自制为乐府甚多,长篇短章,悉可为人作词之定格”。又云:“人皆谓德清之韵,不但中原,乃天下之正音也;德清之词,不惟江南,实天下之独步也。”散曲现存小令一首、套数三套。

题解 “正宫”,元曲宫调。“塞鸿秋”,元曲散曲曲牌。“浔阳即景”,曲题。浔阳,即今江西省九江市。

注释 (1)淮山,中古时长江北岸毗邻九江的安徽、湖北部分地方称为淮西,故称其山为淮山。淀,即蓝靛,蓝色染料。 (2)新月初学扇,古代团扇为圆形,新月未圆,故称其初学扇。 (3)塞鸿一字来如线,塞外鸿雁排成一条直线飞来。

简析 作者在这首散曲小令中捕捉到七个典型风景断片,即每句一个景像。运用娴熟的比喻、夸张和动静结合、远近结合的艺术手法,描绘了一幅绚丽多彩而又意境幽远的浔阳清秋晚景图。此曲辞藻华美,音韵流畅,设喻贴切,想象力极为丰富,读来如身临其境。

◎ 马祖常

湖北驿中偶成

江田稻花露始零(1),浦中莲子青复青。
楚船祠龙来买酒(2),十幅蒲帆上洞庭(3)。
罗衣熏香钱满箧(4),身是扬州贩盐客。
明年载米入长安(5),妻封县君身有官(6)。

作者简介 马祖常(1279—1338 年),字伯庸,光州(今河南光山)人。元代回族著名诗人。仁宗延祐二年(1315 年)会试第一,廷试第二,授应奉翰林文字,拜监察御史。时铁木迭儿为丞相,专权用事,马祖常率同列劾奏其十罪,因而累遭贬黜。自元英宗硕德八剌(1321—1324 年在位)朝至顺帝(1333—1341 年在位)朝,历任翰林直学士、礼部尚书、参议中书省事、江南行台中丞、御史中丞、枢密副使等职。为文效法先秦两汉,宏瞻精核,富丽新奇。诗作圆密清丽,除应酬之作外,亦有不少反映民间疾苦的作品。

注释 (1)露始零,露水开始降落。零,零落。 (2)祠龙,敬奉龙王菩萨。船民习俗,买酒致祭龙王菩萨,以保佑行船平安。 (3)十,虚数,表示许多。蒲帆,用蒲草编织的船帆。诗中指代船舶。李贺《江南弄》:“水风浦云生老竹,渚暝蒲帆如一幅。” (4)罗衣,用绫罗绸缎缝制的华贵衣衫。箧(qiè),箱子一类的东西。钱箧,即钱箱。 (5)长安,此处以长安城代指都城。 (6)县君,为中国古代宗女、命妇的封号。元制与唐制相同,五品官员的母亲和妻子为县君。身有官,自身也有官职。身,指扬州贩盐商人,至少也有五品官衔。

简析 此诗前半部分描绘长江中游优美的自然景色和繁忙的交通物流景况,后半部分摹写扬州盐商的气焰和志满意得,语含讥讽。

◎ 吴师道

舟行得风

江豚卬鼻喷惊波(1),秋来江风西北多。
掣帆鼓篷疾于电(2),银屋怒拥高嵯峩(3)。

江南江北青山色，著意相看忽如失。
我行小迟亦何害[4]，人生取快宁多得[5]。
贾人舟子勿啸呼[6]，野有垂泣耕田夫，
三月不雨田水枯[7]！

作者简介 吴师道(1283—1344年)，字正传。婺州兰溪(今浙江金华兰溪)人。英宗至治元年(1321年)进士，授高邮县丞，调宁国路录事，再迁池州建德县尹。召为国子助教，寻升博士，以奉议大夫、礼部郎中致仕。为官清廉，关心国计民生。所著有《易诗书杂说》《春秋胡传附辨》《战国策校注》《敬乡录》及文集二十卷。

注释 (1)江豚，长江特有水生动物，俗名江猪，即白鳍豚。鼻在脑上，喷水发声。风大浪急时出没江面。卬(yǎng)，古同“仰”，向上。 (2)掣帆鼓篷，形容江风鼓动船帆和船篷。疾于电，船只行驶极快。 (3)银屋，白浪如同成排的巨屋。嵯峩，高大貌。 (4)小迟，(船速)稍稍慢一点。 (5)宁，岂，难道。 (6)贾人舟子勿啸呼，商人船夫们不要欢呼歌唱吧！ (7)末句说数月干旱，稻田干涸，禾苗枯焦了。

简析 西北风起，江豚出没；舟行得风，顺风顺水，商旅船夫欢呼雀跃。但是诗人却同情地关注着岸上干涸农田里流泪的农人。已经数月无雨，而今西北风又起，意味着继续干旱，农人只有悲苦流泪了。此诗体现了作者的同情心和民本精神。

夏夜江上

绕屋清江竹万竿[1]，水风萧瑟竹光寒[2]。
夜深月上门不掩[3]，卧听钓归船过滩。

注释 (1)绕屋清江，清江绕屋的倒置。竹万竿，万竿竹的倒置。 (2)萧瑟，拟声词，形容风吹竹木的声音，表示环境清幽。 (3)掩，掩上，关闭。

简析 这是一首充满诗情画意的诗歌小品，宛如一帧山水画。月色溶溶，凉风习习，竹光摇曳的夏夜，清清的江水环绕着夜不闭户的农舍；静卧床上的诗人可以隐约听到晚归渔舟过滩的桨声和水声。显示了诗人追求幽静自在的生活情趣和审美精神。

◎许有壬

登岳阳楼

半空轮奂壮巴丘(1),消得骚人一系舟(2)。
云气远携湘雨至,湖光寒入蜀江流。
山川信美非吾土(3),天地无穷有此楼。
三十四年如梦过,可怜华鬓赋重游(4)。

作者简介 许有壬(1287—1364年),字可用,彰德汤阴(今河南汤阴)人。仁宗延祐二年(1315年)进士,授同知辽州事。顺宗至正初(1341年)官中书左丞时,京城外发生饥荒,他主张放赈救济。河南农民军起,建议备御之策,并主张对起义农民实行招抚。至正十五年(1355年)迁集贤大学士,兼太子左谕德,两年后致仕,历事七朝,垂五十年。有《至正集》《圭塘小稿》。

注释 (1)轮奂,形容屋宇高大壮美。范成大《吴船录》:“真君殿前有大楼,曰玉华,翚飞轮奂,极土木之胜。”巴丘,今岳阳一带。 (2)消得,使得,需要。骚人,诗人,文人。昭明太子萧统《〈文选〉序》:“骚人之文,自兹而作。” (3)信美,的确壮美。非吾土,不是我家乡的乡土。 (4)末二句说,三十四年前曾来过,重游时已经满头华发了。

简析 该诗描绘了岳阳楼雄伟壮丽的景色和洞庭湖波澜壮阔的气势,惋惜此地不是自己的家乡,故时隔三十四年才能再度重游,因此感叹人生易老。此诗意境壮美,情感却略带苍凉。

荻港早行

水国宜秋晚(1),羁愁感岁华(2)。
清霜醉枫叶(3),淡月隐芦花。
涨落高低路,川平远近沙。
炊烟青不断,山崦有人家(4)。

题解 荻港,今安徽省荻港镇,位于芜湖市与铜陵市之间的长江南岸。该诗写于荻港乘舟早行之时。

注释 (1)水国，即水乡。宜秋晚，秋天来的迟。 (2)羁愁，旅人的愁思。南朝齐江孝嗣《北戍琅琊城》："薄暮苦羁愁，终朝伤旅食。"岁华，时光、年华。 (3)醉，诗中为"染红"之意。 (4)山崦，山坳，山曲。许浑《岁暮自广江至新兴往复中题峡山寺》："树随山崦合，泉到石棱分。"

简析 该诗描绘了水乡秋晨清丽旷远，苍凉幽静的景色，蕴含着诗人淡泊悠闲的心态和些许羁旅伤时的愁情。

◎王 冕

别金陵

六朝旧迹俱寻遍[1]，千古英雄一笑休[2]。
黄叶乱随秋雨落，长江空带楚天流。
樽前有客翻新调[3]，白下无人说故侯[4]。
明日西风天色好，吹箫骑鹤上扬州[5]。

作者简介 王冕(1310—1359年)，字元章，号煮石山农，亦号食中翁、梅花屋主等，浙江诸暨人。著名画家、诗人、篆刻家。出身贫寒，幼年替人放牛，靠自学成才。王冕性格孤傲，鄙视权贵，终身不仕。诗文多同情人民苦难，谴责豪门权贵，轻视功名利禄，描写田园隐逸生活之作。一生写诗近千首，有《竹斋集》3卷、续集2卷。

题解 顺帝至正七年(1347年)王冕北游，从杭州古塘出发沿运河到达南京小住，之后又前往扬州。此诗是告别南京前往扬州时所作。

注释 (1)六朝，曾经在南京建都的六个朝代：即东吴、东晋、南朝宋(或称刘宋)、南朝齐(或称萧齐)、南朝梁、南朝陈这六个朝代。 (2)一笑休，一笑了之。(3)樽前，酒樽之前，指酒席。翻新调，演奏新曲调。 (4)白下，旧时南京的别称，因沿江旧有白石陂，东晋陶侃于此筑白石垒，后人又筑白下城，故名之。故侯，古时的王侯。 (5)吹箫骑鹤上扬州，最早典出自南朝宋人殷芸的《小说》："有客相从，各言所志：或愿为扬州刺史，或愿多资财，或愿骑鹤上升。其一人曰'腰缠十万贯，骑鹤上扬州'，欲兼三者。"

简析 这首诗描叙了作者告别南京时的印象和感触。小住南京时，他遍寻六朝胜迹,当年不可一世的英雄豪杰俱往矣!时下的南京,秋风苦雨,黄叶纷飞,只见长江空际流。达官富贾们的酒宴上,演奏着元朝的新曲;古都居民无人再提逝去的历代王侯。明天风和日丽,还是学古人“吹箫骑鹤上扬州”吧!此诗于叙事的字里行间表达了对南京厚重历史的凭吊,也蕴含着沧桑易变、时过境迁的感喟。

江南妇

江南妇,何辛苦!
田家澹泊时将雨(1),敝衣零落面如土(2)。
馌彼南亩随夫郎(3),夜间织麻不上床。
织麻成布抵官税,力田得米归官仓。
官输未了忧心触(4),门外又闻私债促。
大家揭贴播通衢(5),生谷十年还未足。
长儿五岁方离手,小儿三周未能走。
社长呼名散户由(6),下季官盐添两口(7)。
舅姑老病毛发枯(8),忍饥忍寒蹲破庐。
残年无物做慈孝(9),对面冷泪空流珠。
燕赵女儿颜如玉(10),能拨琵琶调新曲。
珠翠满头金满臂,日日春风嫌酒肉。
五侯七贵争取怜(11),一笑可得十万钱。
归来重藉锦绣眠,罗帏暖拥沉麝烟(12)。

注释 (1)澹泊,清苦惨淡。春荒时逢多雨季节。 (2)敝衣零落,破衣烂衫。面如土,面如土色。 (3)馌(yè)彼南亩,往田野送饭。《诗经·七月》:“同我妇子,馌彼南亩。” (4)官输,指应交给官府的钱粮。 (5)大家,原指皇帝,此指大官家。揭贴播通衢,在大街上张贴通告。 (6)社长,村社头人或里甲。户由,政府按时、按户发出应缴粮米和各种税款的通知,亦称“由单”。 (7)官盐,食盐由国家垄断买卖,故称官盐。添两口,增缴两个人口的盐税。 (8)舅姑,公婆。(9)做慈孝,按上慈下孝的规矩行事。但饥荒时上辈无法关爱小辈,小辈也无法赡养老人。 (10)燕赵女儿,指从河北地区(包括当时京城大都在内)南来的歌妓。 (11)五侯七贵,西汉成帝时,封其舅王谭、王商、王立、王根、王逢同时为侯,世称五侯。又西汉以吕、霍、上官、丁、赵、傅、王等七家后族为七贵。此处泛指皇亲国戚和其他权贵。争取怜，歌姬向权贵献媚争宠。（12）罗帏，罗帐。麝烟，麝香盘香散发的清香。

简析 元朝统治者把境内臣民分为蒙古人、色目人、汉人、南人四等，南方汉人的地位最为低下，赋税负担最为沉重。再加上性别歧视，故江南妇女所受的剥削压迫无疑最甚。该诗先着重描写江南妇女的辛勤劳作和痛苦不堪的艰辛生活，继而把权贵千金买笑的奢侈和醉生梦死作为对比，充分体现了诗人同情劳动人民，痛恨腐败权贵的立场和态度，其鲜明的人民性可与杜甫的《三吏》《三别》相媲美。

◎ 贡师泰

游江阴君山

孤嶂临沧海(1)，千山涌大江。
远帆归市独，高塔倒波双。
鸥鹭争洲溆(2)，蛟龙怒石矼(3)。
壮游心未已，飞雨洒楼窗。

作者简介 贡师泰（1298—1362年），字泰甫，号玩斋，宣城（今属安徽）人。泰定四年（1327年）进士，初在安徽、浙江任地方官，后历任吏部侍郎，兵部侍郎，礼部尚书，平江路（今苏州）总管，浙江省参知政事，官至户部尚书。著有《玩斋集》。

题解 江阴即今江苏江阴市，因地处大江之阴（南）而得名，历来为长江下游军事要塞。君山在江阴北郊黄田港东岸，原名瞰江山。

注释 （1）孤嶂，孤立的山峰。杜甫《登兖州城楼》："孤嶂秦碑在，荒城鲁殿余。"临沧海，距大海很近。（2）鸥鹭，江鸥和鹭鸶。洲溆，浦，水边。高启《松江亭》："绵绵洲溆平，莽莽葭菼积。"（3）石矼，石桥。一说为置于浅水中供人渡涉的踏脚石。蛟龙，比喻水流波涛。怒石矼，形容流水因遇石蹬之类障碍，流得更激，波涛更大。

简析 作者通过孤嶂、千山、独帆和高塔一组典型意象的组合描绘，展现了君山附近雄伟险峻、波澜壮阔的画面。而鸥鹭争浦、蛟龙怒矼则增加了画面的动感和听觉想象。全诗既描绘了君山景色之壮美，更抒发了诗人壮游之豪情。

南　归

朱仲文编修还江西，诸公分题赋诗为饯。予适同载南归，约至扬子桥分别。因为赋此。

瓜洲渡江浪如山(1)，扬子桥头水似云(2)。
夹岸芙蕖红旖旎(3)，满汀杨柳绿纷纭。
一杯酒向今朝别，万里船从此地分(4)。
他日重来须舣棹(5)，莫叫惊散白鸥群。

题解　该诗前面只见小序而无诗题，或是视小序为诗题吧。编者从小序中拈出“南归”二字加作诗题。

注释　(1)瓜洲，在扬州之南的长江北岸，与京口(今镇江)隔江相望。　(2)扬子桥，在瓜洲附近，为江滨要津。　(3)芙蕖，荷花。旖旎，本为形容旌旗随风飘扬状，此处取其轻飏柔美意。　(4)朱编修回老家江西，作者回皖南老家，两人从大都(今北京)同乘舟到瓜洲后分别。　(5)舣棹，小船。

简析　该诗前半部分抓住浪花、水云、红荷、绿柳等景物，想象瓜洲江滨的雄浑而秀美的景致。后半部分继续延伸到瓜洲后的二人分别，并相约来日再会重游。全诗体现诗人归途中的轻松愉快，以及对同行友人的深情厚谊。

◎吴　当

浔阳舟中三首(之一)

百年头上着乌纱(1)，一日江边踏钓槎(2)。
病似相如空有赋(3)，贫于杜甫更无家(4)。
渔歌楚楚蒹葭月(5)，樵笛村村踯躅花(6)。
事业已随兵燹尽(7)，青门惟守邵平瓜(8)。

作者简介　吴当(1298—1362年)，字伯尚，江西崇仁县人。顺帝至正(1341—1368

年)初年以荫入仕,荐为国子助教,参与编修宋、辽、金三史。江南兵起,拜江西肃政廉访使。以汉人不宜带兵为由被解职,左迁抚州路总管,亦很快被罢职。再擢行省参知政事。时陈友谅已攻克九江,遣人征召,吴当被人用床抬送至九江,坚不附从,隐于吉水,逾年病卒。

题解 浔阳舟中三首为吴当被陈友谅强召赴九江途中所作。

注释 (1)百年,终生,一生,长久之意。乌纱,古代官帽,借代官职。 (2)钓槎,钓舟、渔船。此句谓一旦解职为民,就去江边钓鱼。 (3)相如,司马相如,西汉著名辞赋家。因汉景帝不爱辞赋,他遂称病免官归家。 (4)此句说自己比杜甫还穷,无处安家。 (5)楚楚,清晰鲜明貌。蒹葭,芦苇。 (6)踯躅(zhí zhú)花,杜鹃花的别名,又名映山红。白居易《题元十八溪居》:"晚叶尚开红踯躅,秋房初结白芙蓉。" (7)兵燹(xiè),因战乱而造成的焚烧破坏等灾害。 (8)青门惟守邵平瓜,邵平为秦东陵侯。秦亡后,隐居长安城东种瓜。其瓜味美,时谓东陵瓜。阮籍《咏怀》(之六):"昔闻东陵瓜,近在青门外。"作者借此典故抒发自己罢官隐退之后甘居贫贱的心态。

简析 该诗是作者晚年罢官归隐后的自我抒怀。诗中写到自己长期为官,晚年贫病交加,生计为难的窘境,但村野的自然景色和渔樵生活不失美好,故自己也甘于淡泊,过起普通人的生活。

◎黄　庚

江　村

极目江天一望赊[(1)],寒烟漠漠日西斜。
十分秋色无人管[(2)],半属芦花半蓼花[(3)]。

作者简介 黄庚,字星甫,号天台山人,天台(今属浙江)人。早年习举子业,因元代"科目不行,始得脱屣场屋,放浪湖海,发平生豪放之气为诗文"。以游幕和教馆为生,与宋遗民多有交往。晚年自编其诗为《月屋漫稿》。

注释 (1)赊(shē),遥远状。王勃《滕王阁序》:"北海虽赊,扶摇可接。"唐人戎昱《桂州腊夜》:"坐到三更尽,归仍万里赊。" (2)无人管,无人顾及。 (3)芦花,芦荻的花,多为白色。蓼花,一年生或多年生草本植物。花小,白色或浅红色,穗状花序或团状花序。

简析 这是一首吟咏江村晚秋景色的小诗。诗人把水乡郊野特有的芦花和蓼花作为描绘意象,抓住景物的特征,用极其简练、流畅的语言,写尽了暮色中晚秋江村的景色特征。

抒　怀

故乡迢递几时还(1),目断长江杳渺间(2)。
一雁飞边天万里,白云多处是青山。

注释 (1)迢递,亦作"迢遰""迢遞",此处作遥远解。 (2)目断,眺望到目力所及处。杳渺(yǎo miǎo),悠远,渺茫貌。《镜花缘》:"岂可因事杳渺,人有妍媸,一并使之泯灭?"

简析 小诗的前两句描写作者怀念故乡,望尽长江而不见家园的惆怅。后两句描绘天边一只失群的孤雁和远处迷蒙的白云青山,用以象征自己的孤独与空虚寂寞之情。此诗意境清新,情景交融。

◎余　阙

吕公亭

鄂渚江汉会(1),兹亭宅其幽(2)。
我来窥石镜(3),兼得眺芳洲(4)。
远岫云中没(5),春江雨外流。
何如乘白鹤(6),吹笛过南楼(7)。

作者简介 余阙(1303—1358年),字廷心,一字天心,先世为唐兀人,祖籍甘肃武威,生于庐州(今安徽合肥)。顺帝元统(1333—1335年)进士。至正十二年(1352年)代理淮西宣慰副使、都元帅府佥事,分兵守安庆。此后五六年间,余阙率元兵与红巾军激战百余次。至正十八年(1358年)春,红巾军攻陷安庆城,余阙自刎后沉于安庆西门外清水塘中。有《青阳集》传世。

题解 吕公亭,建在武昌黄鹤楼旁祭祀吕祖(即吕洞宾)的一座亭阁。

注释 (1)鄂渚,今武昌。江汉会,长江、汉水汇流于此。 (2)宅其幽,建筑在幽静的地方。 (3)石镜,光滑如镜的石壁。 (4)芳洲,指鹦鹉洲。 (5)远岫,远处的山峦。 (6)白鹤,化用崔颢“昔人已乘黄鹤去”之句,但因鹤为白色者多,故有意改黄为白。 (7)吹笛,李白有《与史郎中钦听黄鹤楼上吹笛》诗。南楼,武昌南楼,旧址在黄鹄山(今称蛇山)上。

简析 诗人登临武昌蛇山吕公亭远眺,当然是景物依旧,而且激起他对前代诗人的仰慕。但作者不以黄鹤楼而以吕公亭为诗题,又愿乘白鹤而非黄鹤,大概总有别一层意思。然而“诗无达诂”,读者未必能够全然解其心思。

别樊时中

桃花灼灼柳丝柔[1],立马看君发鄂州[2]。
懊恼人生是离别,不如江汉共东流[3]。

题解 此诗乃作者在鄂州江边送别挚友樊时中时所作。樊时中名执敬,字时中,曾任江浙行省参知政事。

注释 (1)桃花灼灼,典出《诗经·桃夭》:“桃之夭夭,灼灼其华。”灼灼,花朵艳丽。柳丝柔,柳树枝条轻柔。古人送行多折柳相赠,表达依依惜别之情。 (2)鄂州,今湖北省鄂州市,位于武汉下游百里余的长江南岸。 (3)江汉共东流,汉水在武汉汇入长江,又一同东流大海。

简析 此诗化用古诗名句,描叙作者在桃花盛开的春天,怀着依依惜别的深情送别挚友的情景。又以江汉汇合后化为一水的自然景象作比喻,表达了与朋友永不分离的美好愿望。全诗情真意切,意境优美。

◎ 钱为善

送曹克明员外之湖广省

钱塘西望武昌城[1],天际飞艎几日程[2]。
一峡波涛下江汉,九嶷云雾接巫衡[3]。
笑谈落落萧曹佐[4],登览苍苍屈宋情[5]。

更把文风变丹微[6],不须铜柱纪南征[7]。

作者简介 钱为善,字思复,钱塘(今浙江杭州)人。自号曲江居士,心白道人。生卒年不详。领顺帝至正元年(1341年)乡荐,官至副提举。张士诚据吴时,退隐吴江简川,后移居华亭(今属上海市)。明朝洪武初去世。有《江山风月集》存世。

题解 这是诗人赠给从杭州去武昌赴任的曹克明员外的劝勉诗。员外,此处用其本义,指正员以外设置的官员,多由纳钱捐买而得。之,去、赴。湖广省,直属元朝中央的湖广行中书省,简称湖广省,大体包括今湖南湖北两省范围,治所在武昌。

注释 (1)钱塘,指代杭州。 (2)飞艎,即飞驰的大型船舶。 (3)九嶷,即湖南零陵境内的九嶷山,又名苍梧山。巫衡,四川的巫山与湖南的衡山。 (4)落落,落落大方,从容大气。萧曹,萧何与曹参,西汉重臣,辅佐刘邦平定天下。佐,辅佐。 (5)苍苍,深青色,此处形容深邃悠远。屈宋,战国时楚国的屈原和宋玉。情,情所钟的地方。 (6)更把文风变丹微,以传播文化来改变南方边地的民情风俗。丹微,南方边境,此指湖广地区。 (7)铜柱,据传东汉马援用武力南征交趾,立铜柱纪念战功。此句提醒友人不要像马援那样一味靠武力征服。

简析 作者在这首送别赠诗中,向朋友概叙了湖广雄奇的山川形势,追溯了各具特色的历史人物,其意在劝勉友人赴任后要致力于以文教化民成俗,切莫迷信武力强制征服。此诗写于元朝末年,统治者的残暴腐败已经激起红巾军在江淮、湖广大地上揭竿而起,作者忧心时事,但仍然本着儒者的信仰,希望以仁政解决社会矛盾。

◎张　羽

过瓜洲

落日瓜洲渡,余寒透薄衣。
客囊空薏苡[1],春色自蔷薇[2]。
江远水东去,天晴雁北飞。
故乡千里外,昨夜梦先归[3]。

作者简介 张羽(1333—1385年),元末明初文人。字来仪,更字附凤,号静居,浔阳(今江西九江)人,后移居吴兴(今浙江湖州),与高启、杨基、徐贲称为"吴中四杰"。又与高启、王行、徐贲等十人共被称为"北郭十才子"。元末官至太常丞。山水画宗法米芾(fú)父子,诗作笔力雄放俊逸,著有《静居集》。

注释 (1)客囊空薏苡,形容自己囊中羞涩。客囊,旅客的行李袋。薏苡,本义指苡米,泛指粮食,诗中借指钱财。 (2)春色自蔷薇,春色依旧之意。 (3)诗人老家在九江,距离扬州附近的瓜洲确有千里之远。

简析 此诗描叙船过瓜洲时,诗人衣不御寒,囊中羞涩的窘境。衬以江水东去,大雁北归,只有春色依旧的苍凉情境,作者自然流露出强烈的羁旅之愁和思乡之情。

◎ 丁鹤年

樊口隐居

万里云霄敛翼回(1),挂冠高卧大江隈(2)。
春深门巷先生柳(3),雪后园林处士梅(4)。
翠拥樊山邀杖屦(5),绿浮汉水映樽罍(6)。
谁能领取坡仙鹤,月下吹箫共往来(7)。

作者简介 丁鹤年(1335—1424年),字永庚,号友鹤山人。回族,武昌(今湖北省鄂州市)人。丁鹤年出身官宦,父职马禄丁官至武昌达鲁花赤。丁鹤年自幼学习儒家经典,十七岁即因精通《诗》《书》《礼》而负盛名。元末明初,为躲避"反色目人"风潮,丁鹤年浪迹江湖,以教书、卖药为生。明洪武十二年(1379年)才回到武昌,后隐居曾祖父阿老丁墓旁,研究"天方之法"(即伊斯兰教义)。曾自编《海棠集》,后人集为《丁孝子集》,收诗346首、铭5篇。

题解 《樊口隐居》一诗作者原注有"为武昌李均玉作",可知此诗是赠给归隐樊口的李均玉其人的。樊口,今湖北省鄂州市鄂城区樊口镇,因当樊水入长江之口而得名。

注释 (1)云霄,高空,比喻地位显赫。敛翼,鹏鸟收拢双翼,比喻官员归隐。刘禹锡《送裴处士应制举》:"白帝城边又相遇,敛翼三年不飞去。" (2)挂冠,辞官。大江隈,长江转弯的地方。 (3)先生柳,陶潜《五柳先生传》:"宅边有五柳树,因以为号焉。”此处指李均玉效法五柳先生宅旁种柳。（4）处士梅，宋代诗人刘学箕隐居西湖孤山，喜好种梅养鹤，所作《和林处士咏梅诗八首》，广为流传。（5）樊山，即鄂州市西山。杖屦，本义指手杖与鞋子，引申为对尊者、老者的敬称。古礼，五十岁老人可扶杖；又古人入室必脱鞋于户外，为尊敬长辈，长者可先入室后脱鞋。（6）樽罍（zūn léi），樽与罍皆盛酒器。罍似坛。亦指饮酒。（7）谁能领取坡仙鹤，月下吹箫共往来，谁能招来坡仙（苏轼），在月明之夜，吹着洞箫，与你共同吟诗作赋、饮酒作乐呢！苏轼贬放黄州时，经常月夜泛舟过江来到西山与僧人、诗友相聚，并且著有前后《赤壁赋》。《后赤壁赋》：“适有孤鹤，横江东来。”《前赤壁赋》：“客有吹洞箫者，依歌而和之。”

简析　这首诗描绘李均玉归隐之地优美静谧的自然环境，赞赏其闲逸自由，自得其乐的归隐生活，表现了历经颠簸流离生涯的作者对这种生活的渴望与向往。诗中大量运用了与鄂州历史文化有关的名人典故，展开想象与联想，使之文采斐然，内容更加深远丰富。

武昌南湖度夏

南浦幽栖地(1)，当门罨画开(2)。
青山入云去，白雨渡湖来。
石润生龙气(3)，川光媚蚌胎(4)。
芙蕖三百顷(5)，何处著炎埃(6)？

题解　此武昌南湖当为今武汉市武昌（时为江夏）南湖。据中国古代地理总志丛刊《舆地记胜》记载：南湖“旧名赤栏湖，外与江通，长堤为限，四旁居民蚁附。”

注释　（1）南浦，在今武汉市武昌南，一名新开港，是古代泊船之所。（2）罨（yǎn）画，色彩鲜明的绘画，指门外风景如画。（3）石润生龙气，础石被水汽润湿，预知天将雨。苏洵《辨奸论》：“月晕而风，础润而雨。”龙气，蛟龙的气味。传说龙能兴雨。（4）川光媚蚌胎，湖光秀丽更适合蚌孕珠胎。蚌胎，珍珠。珍珠产于湖里蚌壳中。（5）芙蕖，荷花。三百顷，一望无际。三百乃虚数。（6）何处著炎埃，哪里还有炎热的尘埃？

简析　此诗形象地描叙了酷暑中武昌南湖的景色和气候特点，表达了诗人在此度夏的独特感受：湖光山色，湿气浸润，雨丝飞洒，荷花飘香。因满湖幽静，一片清凉，而无比舒适惬意。南湖可谓号称“火炉”武汉的避暑胜地。

明代诗歌

◎钱　宰

长江伟观图

忆曾北固望扬州(1),万里凉霄一雁秋。
天下已无南北限(2),江流不尽古今愁。
山横晓树连京口(3),棹拂春云下石头(4)。
快我凭高看图画(5),长歌酾酒赋重游(6)。

作者简介　钱宰(1299—1394年),字子予,一字伯均,会稽(今浙江绍兴)人。元顺帝至正(1341—1368年)间中甲科,以亲老不出仕。明洪武二年(1369年)征为国子助教,十年后进博士并赐敕遣归。撰有《临安集》六卷,《四库总目》赞其诗吐辞清拔,寓意高远。

题解　元代著名画家、浙江新昌人董太初画有《长江伟观图》,钱宰曾为该图题诗三首,此为其中之一。

注释　(1)北固,镇江北江边的北固山,上有北固楼。　(2)天下已无南北限,指明朝开国,天下一统,长江再也不是疆界了。　(3)京口,镇江。　(4)棹拂春云下石头,船舶在倒映着春云的江面上航行,驶向南京。石头,石头城,为南京别称。　(5)图画,指长江壮丽,风景如画。苏轼《念奴娇·赤壁怀古》:"江山如画,一时多少豪杰。"　(6)酾(shī)酒,有滤酒、斟酒之意。苏轼《后赤壁赋》:"酾酒临江,横槊赋诗。"

简析　该诗是作者观看《长江伟观图》时,引起对自己当年登临北固楼观景的回忆。通过描绘如画的景色和浩荡的气势,感叹古今时势变化,抒发了对国家终于统一的无比喜悦之情。

瓜洲夜泊

旅夜瓜洲泊(1),秋怀浩欲沈(2)。
星河与海合(3),江汉入吴深。
天堑无南北,川流自古今。
隔花渔唱起(4),千里故园心(5)。

注释 (1)瓜洲,在今扬州市邗江区,有著名的瓜洲古渡。 (2)秋怀,秋日的思绪与情怀。浩,广大。沈,此处读 chén,同“沉”,引申为深沉。 (3)星河,天空之银河。 (4)渔,渔歌。 (5)故园心,思乡之心,故乡情,乡愁。

简析 此诗描叙了诗人瓜洲夜泊时所见的壮丽夜景,并引起的深沉思索:山河统一,长江再也不是天堑。悠扬的渔歌,勾起作者淡淡的思乡之情。全诗立意高远,意境壮阔。

◎杨 基

长江万里图

我家岷山更西住(1),正是岷江发源处。
三巴春霁雪初消(2),百折千回向东去。
江水东流万里长,人夸漂泊尚他乡(3)。
烟波草色时牵恨(4),风雨猿声欲断肠(5)。

作者简介 杨基(1326—1378年),字孟载,号眉庵。原籍嘉州(今四川乐山),因祖父仕江左,元末隐居于吴中(今苏州)赤山。曾被张士诚辟为丞相府记室,未几辞去。洪武二年(1369年)起为河南荥阳知县,累官至山西按察使,后被谗夺官,罚服劳役,死于工所。与高启、张羽、徐贲为诗友,时人称为“吴中四杰”。杨基著有《眉庵集》《论鉴》等。

题解 此处《长江万里图》应为宋代画家夏圭(浙江钱塘人,生卒年不详)长达十一米的手卷。此后明中叶的画家吴伟,清代康熙年间的画家王翚,也都画有《长江万里图》,但明初人杨基自不及见。

注释 (1)岷山,位于四川西北部。 (2)春霁,春雨初晴。唐人梁洽《海重润赋》:“飞涛叠跃於秋阴,白浪翻光於春霁。” (3)人夸漂泊尚他乡,此句暗示自己在吴中还是有漂泊无定之感。 (4)时牵恨,经常勾起阵阵愁怨。 (5)风雨猿声欲断肠,听到风雨中的猿啼更加痛心。

简析 诗人自幼远离川蜀故土,漂泊吴中,宦游官场,因而时生乡愁。见烟波草色而生恨,闻风雨猿声而断肠,虽语带夸张,但漂泊万里,无法回乡的愁苦之情却被写得淋漓尽致。

望武昌二首

一

吹面风来杜若香[1],离离烟柳拂鸥长[2]。
人家鹦鹉洲边住[3],一向开门对汉阳。

二

春风吹雨湿衣裙,绿水红妆画不如[4];
却是汉阳川上女,过江来买武昌鱼[5]。

注释 (1)吹面风,拂面的春风。僧志安《绝句》:“沾衣欲湿杏花雨,吹面不寒杨柳风。”杜若,即姜花,鸭跖草科,气极香,妖娆旖旎。《楚辞·九歌·湘君》:“采芳洲兮杜若,将以遗兮下女。” (2)离离,草木繁茂状。拂鸥长,形容柳条下垂,可以拂拭水面上的鸥鸟。 (3)明初,鹦鹉洲依然存在于武昌江边,如今已经沉没。 (4)画不如,画不成,意谓如此美景和女子不容易画出来。 (5)武昌鱼,原产于鄂城樊口,始得名于三国时期。诗中借用为武昌之鱼。

简析 这两首诗再现了明代初年武汉长江两岸的景致和生活画面;尤其是春风细雨中穿红戴绿的少女们来往江上的青春靓影,比画图还美,令诗人赞叹不已。

◎高　启

登金陵雨花台望大江

大江来从万山中,山势尽与江流东[1]。
钟山如龙独西上[2],欲破巨浪乘长风。
江山相雄不相让,形胜争夸天下壮。
秦皇空此瘗黄金[3],佳气葱葱至今王[4]。
我怀郁塞何由开,酒酣走上城南台[5]。
坐觉苍茫万古意[6],远自荒烟落日之中来。

石头城下涛声怒(7),武骑千群谁敢渡?
黄旗入洛竟何祥(8),铁锁横江未为固(9)。
前三国,后六朝,草生宫阙何萧萧(10)!
英雄乘时务割据,几度战血流寒潮。
我生幸逢圣人起南国(11),祸乱初平事休息(12)。
从今四海永为家,不用长江限南北(13)。

作者简介 高启(1336—1374年),字季迪,号槎仙,长洲(今江苏苏州)人。元末曾隐居吴淞江畔的青丘,因自号青丘子。朱元璋称帝,以荐被征,参修《元史》,并被命教授诸王。洪武三年(1370年)擢户部右侍郎,辞归,授徒自给。四年后,苏州知府魏观在张士诚旧宫基址修府署,获罪腰斩。高启亦因为府署作"上梁文"中有"龙盘虎踞"四字,连坐被杀。高启为明初著名文学家,与杨基、张羽、徐贲合称吴中四杰。有诗集《高太史大全集》,文集《凫藻集》,词集《扣舷集》。

题解 该诗作于明洪武二年(1369年),时作者应诏入京修《元史》。

注释 (1)山势尽与江流东,山的走势与江水流向都是朝东。 (2)钟山,即紫金山。 (3)秦皇空此瘗黄金,《丹阳记》:"秦始皇埋金玉杂宝以压天子气,故名金陵。"瘗(yì),埋。 (4)气象旺盛,暗指朱元璋建都金陵。 (5)城南台,即雨花台。 (6)坐觉,自然而生。万古意,久远的历史沧桑感。 (7)石头城,在南京市,为东吴孙权所筑。《建康志》:"北缘大江,南抵秦淮口,去台城九里。六朝以来,皆守此为固。" (8)黄旗入洛,吴王孙皓听术士说"庚子之年(280年)紫盖黄旗当入于洛",竟以为自己可入洛阳代晋。结果恰是当年吴被晋灭,孙皓入洛阳奉表投降。故此处说"黄旗入洛竟何祥"。 (9)铁锁横江,吴军为阻止晋兵进攻,曾在长江上设置铁锥铁锁,均被晋兵所破。刘禹锡《西塞山怀古》:"千寻铁锁沉江底,一片降幡出石头。" (10)前三国,后六朝,前有三国,后有六朝,均已灭亡。只剩下旧日残破的宫殿长满野草,一片萧瑟残破。 (11)圣人起南国,指朱元璋在南方起兵,消灭了元朝。 (12)休息,休养生息。 (13)《三国志·吴书》列《吴录》:"(魏文)帝见(长江)波涛汹涌,叹曰:'嗟乎!固天所以隔南北也。'"作者此处反其意而用。

简析 这是一首长篇叙事抒情诗。诗人为解"郁塞","酒酣"中独上雨花台,诗兴大发:他惊叹金陵的形胜,抒发万古之幽思,感叹建都于此的历朝历代的兴亡,赞颂朱元璋统一中国的丰功伟绩,庆幸自己生活在一个没有战乱,没有分裂,人民能够休养生息的和平时代。诗中借用了大量历史典故,化用前人诗句,使得此诗内容丰富,蕴含着深邃的哲理。

湘中弦

凉风袅袅月粼粼(1),竹色兰香秋水滨(2)。
一夜猿声流泪尽,黄陵祠下泊舟人(3)。

题解 “湘中弦”缘起于传说故事:唐玄宗天宝十年(751年),吴兴(今浙江湖州)人钱起赴省试,客舍夜中,闻有人吟曰:“曲终人不见,江上数峰青。”恰巧次日试题为《湘灵鼓瑟》。钱起即用其末两句。试官以为神功,起遂得中。《楚辞·远游》:“使湘灵鼓瑟兮,令海若舞冯夷。”

注释 (1)袅袅(niǎo niǎo),形容微风轻拂。《楚辞·九歌·湘夫人》:“袅袅兮秋风。”粼粼,清澈貌。翁卷《题东池》:“一池寒水绿粼粼。” (2)竹色,竹子的色泽。李商隐《潭州》:“湘泪浅深滋竹色,楚歌重叠怨兰丛。” (3)黄陵祠,即黄陵庙,传说为祭祀帝舜二妃娥皇、女英之庙,亦称二妃庙。在湖南省湘阴县之北。郦道元《水经注·湘水》:“湖水西流,途适二妃庙南,世谓之黄陵庙也。”

简析 诗人于月夜船泊黄陵祠下,触景生情,神驰于有关湘妃的神话传说和诗词意境中;而一声凄凉的猿啼,使之顿感漂泊天涯之孤独。此诗意境玄幻而凄清。

潇湘夜雨

云暗苍梧万里情(1),满江秋雨夜寒生。
黄陵祠下萧萧竹(2),并作篷窗一夜声。

注释 (1)苍梧,即九嶷山,在今湖南宁远县南六十里。传说帝舜南巡驾崩于此。之后,帝舜二妃殉情投湘江而死。“云暗苍梧万里情”即借此事表现无限情思。(2)黄陵祠,祭祀二妃的庙祠。萧萧竹,即湘妃竹被风吹动发出的响声。湘妃竹,传说二妃泪水洒在竹上而留斑点。《楚辞·九歌·山鬼》:“风瑟瑟兮木萧萧。”

简析 夜泊黄陵祠下,潇湘夜雨声,萧萧湘竹响,此时此景撩起诗人无限的遐想,该诗表达了作者对二妃忠贞爱情的景仰与追慕。

寄题安庆城楼

层构初成百战终(1),凭高应喜楚氛空(2)。
山随粉堞连云起(3),江引清淮与海通(4)。
远客帆樯秋水外,残兵鼓角夕阳中。
时清莫问英雄事(5),回首长烟灭去鸿(6)。

题解 元朝末年,朱元璋、陈友谅两大起义军互相攻战,1358 年陈友谅从元军手中夺下安庆。1361 年,朱元璋击败陈友谅,攻克安庆。此诗写于朱元璋已经平定天下的洪武三年(1370 年)。

注释 (1)层构,层层叠叠的城楼建筑物。百战终,指朱元璋击败了陈友谅。 (2)楚氛,陈友谅起兵湖北,故称之为"楚氛"。氛,凶气。 (3)粉堞,白色的城堞,亦称女墙。杜甫《秋兴八首》:"山城粉堞隐悲笳。" (4)江引清淮,《汉书 · 地理志》:"桑钦言淮水出陵阳县东南,北入长江。"淮水由此入长江,通大海。 (5)时清,时世太平。 (6)长烟灭去鸿,远去的大雁已隐没在飘渺的云烟中。

简析 作者登临战乱刚过去不久的安庆城楼,喜看烽烟熄灭,城墙和城楼修葺一新,大江商船往来,淮河通江达海,呈现出初步的繁荣景象。此诗表达了诗人在长期战乱结束后的喜悦心情。

◎管 讷

江行二首(其二)

行行几百里(1),又过十三矶(2)。
宿雁逢沙落,惊凫带水飞。
山寒花寂寞,江晚树依稀。
自笑无家客(3),他乡亦当归(4)。

作者简介 管讷,字时敏,松江华亭(今属上海市)人,生卒年不详。明洪武年间(1368—1399 年)以秀才征,拜楚王府长吏,任事四十余年,忠诚谨恪,年七十致仕，楚王留居武昌禄养，逝于武昌。著有《蚓窍集》。此诗写其乘舟江行安徽繁昌一带的所见所思。

注释 (1)行行，不停地前行。《古诗十九首》："行行重行行，与君生别离。" (2)十三矶，应为安徽繁昌附近江畔的一处地方。 (3)无家客，浪迹天涯，居无定所的旅人，作者自称。 (4)他乡，异乡，外地。当归，也当做归家。

简析 该诗描叙自己常年奔波，傍晚还在乘船赶路的所见所感。通过宿雁、惊凫、山寒花寂、江晚树稀几个意象的描绘，展示了一幅寂静空旷的"暮江夜行图"，映衬了一个游子的乡愁。而诗末两句又表达了诗人随遇而安的豁达胸襟。

◎ 吴文泰

送人之巴蜀

烟波迢递古荆州(1)，君去应为万里游。
倚棹遥看湘浦月(2)，听猿初泊渚宫秋(3)。
云开巫峡千峰出，路转巴江一字流(4)。
若见东风杨柳色，便乘春水泛归舟(5)。

作者简介 吴文泰(1340—1413年)，字文度，号康能，吴县(今苏州)人。尝作幕僚，洪武年间(1368—1399年)以才被荐为涿州同知，后坐事谪徙云中(山西北部)卒。清才逸思，虽忧困而不废吟咏。著有《愚庵集》。《明诗综》与《明诗别裁》均收有其诗。

注释 (1)迢递(tiáo dì)，亦作"迢遰""迢逓"。遥远貌。荆州，古称江陵，是春秋战国时楚国都城所在地，位于江汉平原腹地。 (2)湘浦月，湘江月色。 (3)渚宫，春秋时期楚国的宫名，故址在今湖北省江陵县。《左传》文公十年："沿汉泝江，将入郢。王在渚宫，下，见之。" (4)巴江，诗中指嘉陵江与长江汇合段，形似巴字，故名。 (5)末二句的意思是，假如你看见东风吹拂，杨柳青青之时，便可趁春水盛涨时乘船归来。

简析 这首诗抒写了诗人送别友人的感情变化过程：从惜别到祝愿再到期待归来。离别时，烟波迢递，猿啼凄清，令人感到惆怅伤感。待写到云开巫峡、路转巴江之时，明朗壮阔的气象传达出诗人对友人一帆风顺的美好祝愿。而东风杨柳、春水归舟的明媚远景，又饱含着期待友人归来的深情厚谊。诗中虚实结合，作者展开了丰富的联想与想象，意境优美而情深意切。

◎浦　源

送友人之荆门

长江风飏布帆轻(1)，西入荆门感客情(2)。
三国已亡遗旧垒，几家犹在住荒城。
云边路绕巴山色，树里河流汉水声。
此去郢中应有赋(3)，千秋白雪待君赓(4)。

作者简介　浦源(1341？—？)，字长源，号海里(东海生)，福建闽县人。曾任晋王府引礼舍人，后归居家乡九龙山中。洪武年间(1368—1399年)著名诗人，与林鸿等并称闽中十才子，有《浦舍人集》留世。

注释　(1)飏，同扬，飞扬，飘扬。　(2)荆门，此指今湖北宜都西北荆门山。荆门山与宜昌的虎牙山隔江对峙。　(3)郢中，楚都郢城，今湖北江陵。　(4)白雪，“阳春”“白雪”，均指代高雅的名曲。宋玉《对楚王问》：“其为‘阳春’‘白雪’，国中属和者数十人。”赓，继续，接续。

简析　诗人在这首送别诗中首先回顾了楚地丰厚的历史遗存，描叙了那里优美的自然环境，进而表示友人此行一定会诗兴大发，鼓励友人续写出“阳春白雪”般高雅的作品。

◎杨士奇

江上早行

汉阳矶上鼓初稀(1)，烟柳朦胧一鹊飞。
乘月不知行处远(2)，满江风露湿人衣。

作者简介　杨士奇(1365—1444年)，名寓，字士奇，号东里，死后追谥文贞，江西泰和人。早孤，家贫力学。建文(1399—1403年)初，充编纂官。成祖时(1403—1425年)由编修入内阁。仁宗初(1425—1426年)擢礼部尚书兼华盖殿大学士，英宗时(1457—1465年)与杨溥、杨荣并称三杨。共历五朝，任内阁辅臣四十余年，其中任首辅二十一年。以学行见长，先后担任《明太祖实录》《明仁宗实录》《明宣宗实录》总裁，著有《东里全集》。

注释 (1)鼓初稀，古时夜间击鼓报时，鼓初稀表示天将破晓，约五更时分。(2)乘月，乘着(拂晓的)月色。

简析 汉阳江面的凌晨，更鼓声残，月照大江，烟柳朦胧，一鹊横江，轻风晨露沾湿了衣衫。诗人塑造了一个空寂飘渺而又清幽的意境，含蓄地表达了江上早行的感受。

发淮安

岸蓼疏红水荇青(1)，茨菰花白小如蓱(2)。
双鬟短袖惭人见(3)，背立船头自采菱(4)。

注释 (1)蓼(liào)，生长在水边的草本植物，夏秋长出穗状或球状的红花。荇(xíng)，浮在水面上的水生植物。(2)茨菰，又名慈姑，多年生草本植物，生在水田里，叶像箭头，开白花。蓱，萍。 (3)双鬟短袖，采菱姑娘头扎两个发髻，穿着短袖衫。惭人见，羞于见人。 (4)采菱，采菱角。菱，一年生水生草本植物，果实俗称菱角，可食。

简析 这首小诗宛如一帧生机勃勃、优美淡雅的水乡风景画，表达了诗人瞬间产生的物我交融的审美感受和自然恬淡的心情。

◎戴　缙

楚江旅怀

薄暮过潇湘(1)，秋空万里长。
黄芦千里月(2)，红叶万山霜。
客梦悬双阙(3)，乡心逐五羊(4)。

羁情谁与晤[5]，劳者若为伤[6]。

作者简介 戴缙（1427—1510年），字子容，号云巢居士，广东南海人。明宪宗成化（1465—1488年）间进士，授御史，后官至南京工部尚书。著有《云巢诗稿》及《疏草》。

注释 （1）潇湘，潇水、湘江。诗中指代湖南。（2）黄芦，开始枯黄的芦苇，表示已是深秋时节。（3）客梦，旅客的梦。客，自称。双阙，皇宫正面两侧的楼观，诗中代指京都。（4）乡心，思乡之心。五羊，五羊城，今广州市。作者是广东南海人，故视广州为故乡。（5）羁情，羁旅之情。晤，晤面，交谈。（6）劳者，劳碌奔波的人。作者自谓。若为，哪堪。

简析 这首诗抒发诗人船过潇湘时复杂沉郁的心情。作者既要在朝廷立身扬名，又时时思念故乡。故以诗坦陈内心的矛盾和痛苦，以为这种劳碌奔波之苦和羁旅之情无人能体会。其实这种常人的感触是再普通不过了。

◎ 李东阳

游岳麓寺

危峰高瞰楚江干[1]，路在羊肠第几盘。
万树松杉双径合[2]，四山风雨一僧寒[3]。
平沙浅草连天远，落日孤城隔水看[4]。
蓟北湘南俱入眼[5]，鹧鸪声里独凭栏[6]。

作者简介 李东阳（1447—1516年），字宾之，号西涯，湖南茶陵人。英宗天顺八年（1464年）举二甲进士第一，授庶吉士，官编修，累迁侍讲学士，充东宫讲官。孝宗弘治八年（1495年）以礼部右侍郎、侍读学士入直文渊阁，预机务。立朝五十年，柄国十八载，清节不渝。尤当刘瑾擅权时能极力保全善类，逝后赠太师，谥文正。其诗文典雅流丽，有诗文集多种。

注释 （1）危峰，险峻高耸的山峰。高瞰，从高处俯瞰。楚江，指湘江。干，岸边。（2）万树松杉，形容松树、杉树满山遍野。双径，两条山路从不同方向通向寺前，在此交会。（3）四山风雨，四面来的风雨。僧，代指寺庙。（4）孤城，指长沙。隔水看，在岳麓山上隔着湘江看长沙城。（5）蓟北，指河北省北部。湘南，指湖南省南部。兮指视野广阔。 (6)鹧鸪,一种叫声特殊的鸟。古人喻为哀伤之声,在中国古典诗词中常与鸿雁、杜鹃鸟等作为艺术意象,表达忧虑之情。

简析 这首纪游诗描叙诗人在山顶凭栏俯瞰岳麓山,远眺湘江和长沙城所看到的空旷辽远景象,和神驰于都城与家乡之间的思绪。最后,借鹧鸪这一艺术意象与人在情感上的联系,含蓄地表达了作为一代重臣,心忧天下的忧患意识和家国情怀。

九日渡江

秋风江口听鸣榔[1],远客归心正渺茫。
万古乾坤此江水,百年风日几重阳[2]。
烟中树色浮瓜步[3],城上山形绕建康。
直过真州更东下[4],夜深灯火宿维扬[5]。

题解 这是诗人于宪宗成化十六年(1480年)主持应天(今南京)乡试后所作。诗人在乡试放榜后,从南京渡江经扬州北上,恰值重阳节,因有此诗。

注释 (1)鸣榔,捕鱼时用木条敲打船舷,使鱼惊惶混乱。 (2)风日,犹风光、时光。卢思道《上巳禊饮》:"山泉好风日,城市厌嚣尘。" (3)瓜步,步一作埠。镇名,在南京市六合区东南,古代军事重地。 (4)真州,今江苏省仪征市。 (5)维扬,今扬州市。

简析 《九日渡江》抒写诗人重阳节渡江之感。首联交代渡江时令、情境与心境。颔联抒发长江万古奔流,而人生百年短暂的感慨。后两句连写沿江四座城市,概述了长江两岸的景观形胜,又写出了舟行如飞,诗人归心似箭的喜悦。

◎唐　寅

登庐山

匡庐山高高几重[1],山雨山烟浓复浓。
移家欲往屏风叠[2],骑驴来看香炉峰[3]。
江上乌帽谁涉水[4],岩际白衣人采松[5]。

古句摩崖留岁月(6),读之漫灭为修容(7)。

作者简介 唐寅(1470—1524年),字伯虎,后改字子畏,号六如居士、桃花庵主、鲁国唐生、逃禅仙吏等。江苏吴中(今苏州)人。三十岁时进京会试,涉会试泄题案而被革黜,一生坎坷。后游历名山大川,以卖文鬻画闻名天下。其画融会南北画派,笔墨细秀,布局疏朗,风格秀逸清俊。与沈周、文徵明、仇英并称吴门四家或明四家。诗文与祝允明、文徵明、徐祯卿并称吴中四才子。

题解 武宗正德九年(1514年),唐寅应宁王朱宸濠(朱元璋五世孙)之聘,从苏州来到南昌,不久发现朱宸濠有反叛企图。为避免陷入其中,唐寅装疯逃离,乘船经鄱阳湖返回故里。途中登上庐山,画了一幅《庐山图》,写下这首诗。

注释 (1)匡庐,指江西的庐山。相传殷周之际有匡氏兄弟七人结庐于此而得名。(2)屏风叠,庐山一山岭之名,其山峰重叠如屏。陆游《储福观唐玉真公主修真之地》:"路转屏风叠,云藏帝子家。" (3)香炉峰,庐山东面瀑布所在山峰。李白《望庐山瀑布》:"日照香炉生紫烟,遥看瀑布挂前川。" (4)乌帽,黑帽,诗中借指庶民。古为贵者常服,隋唐后多为庶民、隐者之帽。陈安《中秋有感》:"於今寂寞江城暮,乌帽西风叹白头。" (5)白衣人,山间隐士。 (6)古句,古人留下的题诗。摩崖,把文字直接书刻在山崖石壁上称"摩崖"。 (7)漫灭,磨灭,模糊不清。修容,原义指修饰面容。此处作学习、模拟、修为解,即提炼自己的精神境界。

简析 唐寅逃离南昌之后,骑驴登上庐山。他纵情于山水之中,有感于庐山烟雨迷蒙的梦幻境界,羡慕江上涉水的老百姓和山间隐士们无拘无束的自由生活。仔细辨认、吟咏摩崖上的古诗,陶醉在自然与人文景观之中。此诗表达了他逃脱险境之后的轻松心情和精神感悟。

◎ 李梦阳

浮　江

浮江晴放舸(1),挂席晓须风(2)。
日倒明波底(3),天平落镜中(4)。
开窗问赤壁(5),捩柁失吴宫(6)。
万古滔滔意(7),浔阳更向东(8)。

作者简介 李梦阳(1475—1531年),字献吉,号空同。祖籍河南扶沟,出生于庆阳府安化县(今甘肃省庆城县)。孝宗弘治(1488—1506年)间进士,武宗(1506—1522年在位)时官江西提学副使,以事夺职。明代中期文学家,复古派前七子的领袖人物。提倡"文必秦汉,诗必盛唐",所倡导的文坛"复古"运动盛行一个世纪,后为袁宗道、袁宏道、袁中道三兄弟为代表的公安派所替代。

注释 (1)放舸,开船。 (2)挂席,挂帆。孟浩然《晚泊浔阳望庐山》:"挂席几千里,名山都未逢。" (3)日倒,红日倒映在明澈的水底。 (4)天平,广阔无际的蓝天映照在明镜般的水中。 (5)赤壁,此处指黄州东坡赤壁。 (6)捩柁,即转舵。吴宫,与黄州赤壁隔江相望的鄂州西山吴王避暑宫。 (7)万古滔滔,形容江河万古奔流不息。 (8)浔阳,今江西省九江市。

简析 该诗抒写浮江东下,途经长江中游黄州至九江段时所见到的自然景色和历史景观。红日倒映在清澈的江水里,蓝天万里平滑如镜,东坡赤壁与吴王避暑宫隔江相望,万古奔腾的江水到了九江又继续流向东方。这首诗色彩明丽,气势壮阔,音韵优美,充分表达了作者旅途中轻松愉快的心情。

夏口夜泊别友人

黄鹤楼前日欲低(1),汉阳城树乱乌啼(2)。
孤舟夜泊东游客(3),恨杀长江不向西(4)。

注释 (1)日欲低,太阳即将落山。 (2)乱乌啼,一作"乱莺啼",黄昏归巢的鸟儿纷飞乱叫。 (3)东游客,乘舟东游的旅客。作者自谓。 (4)恨杀,恨极了。杀通"煞"。

简析 此诗描叙作者与友人于夏口舟中依依惜别时的情景。落日映照黄鹤楼,鸟儿纷飞乱叫汉阳树,这空寂苍茫而又迷乱喧闹的氛围,与诗人孤寂复杂的心绪相烘托。友人已经西去,作者即将东游,"恨杀长江不向西"一句极为夸张地表达了作者与友人深厚的友情和别离后的孤单心情。

◎ 徐祯卿

彭蠡湖

茫茫彭蠡口(1),隐隐鄱阳岑(2)。
地涌三辰动(3),江连九派深(4)。
扬舲武昌客(5),兴发豫章吟(6)。
不见垂纶叟(7),烟波空我心(8)。

作者简介 徐祯卿(1479—1511年),吴县(今江苏苏州)人,字昌谷、昌国。孝宗弘治(1488—1506年)进士。授大理寺左副,后贬国子博士。少时与唐寅、祝允明、文徵明齐名,并称吴中四才子。为诗初学白居易、刘禹锡,后改趋汉魏盛唐,与李梦阳、何景明等并称"前七子"。有《谈艺录》《剪胜野闻》《昌谷集》《迪功集》留世。

注释 (1)彭蠡口,即鄱阳湖口。 (2)岑,小而高的山峦。 (3)三辰,日月星谓之三辰。 (4)九派,长江流到湖北、江西九江一带有九条支流,因以九派称这一带的长江。一说长江至浔阳分为九派。 (5)舲(líng),有窗户的小船。屈原《涉江》:"乘舲船余上沅兮,齐吴榜以击汰。" (6)豫章,江西的旧称,此处指乐府清商曲名《豫章行》。 (7)垂纶叟,垂钓的老翁。 (8)空我心,使我心空乏。此句谓因见不到垂钓人,诗人很失望。

简析 《彭蠡湖》写诗人自武昌乘舟至彭蠡口之所见所感,大笔描绘了湖口一片苍茫隐约的湖光山色,地涌日月星辰,水连长江九派的宏大气势,反衬了旅人孤单空寂之情。其意境空茫而旷远。

◎ 何景明

避雨山合舍望见蒲圻县

向晚蒲圻道(1),遥闻鸡犬喧。
斜光入深巷(2),疏雨过闲门(3)。
县市浑依水(4),人烟只类村。

萧条灯火夕，沽酒共谁论(5)。

作者简介 何景明(1483—1521年)，字仲默，号白坡，河南信阳人。孝宗弘治十五年(1502年)进士，授中书舍人，武宗正德(1506—1522年)间官至陕西提学副使。前七子之一，与李梦阳并称“何李”，又与边贡、徐祯卿、王廷相并称四杰。性耿直，淡名利，敢于直谏。著有辞赋32篇、诗1560首、文章137篇，有《大复集》38卷。

题解 此诗为作者乘船赴湖南，途经湖北蒲圻避雨时所作。蒲圻，今赤壁市原名，位于湖北省东南部，东接咸宁，南界崇阳，西邻湖南临湘，北连嘉鱼，西北隔长江与洪湖相望。三国时赤壁之战的古战场在蒲圻境内。

注释 (1)向晚，傍晚。 (2)斜光，晚霞余晖。 (3)闲门，指进出往来的人不多，显得清闲的门庭。 (4)县市，县城街市。温庭筠《送客偶作》：“鸡犬夕阳喧县市，凫鹥秋水曝城壕。” (5)沽酒，买酒。韩愈《赠崔立之评事》：“墙根菊花好沽酒，钱帛纵空衣可准。”

简析 该诗描述作者远望蒲圻的所闻所见所感。用鸡鸣犬吠、疏雨斜阳、人烟稀少、城临大江等几个典型意象，勾勒出这座江畔小城黄昏中幽静清冷的景色特点，表露了诗人旅途中孤独寂寞的心情。

沅水驿(四首之二)

去国日以远(1)，登楼思故乡。
雨来江气白(2)，日出市烟黄(3)。
岛屿秋逾静，轩窗晚更凉。
凭高凝伫久，槐影下微阳(4)。

题解 作者乘船由洞庭湖入沅江，在驿站写诗四首，此处选其第二首。沅水，又称沅江，湖南省第二大河流，注入洞庭湖。

注释 (1)去国，离开京都或朝廷。日以远，每天越走越远。 (2)江气，江上的水汽或雾气。王安石《题朱郎中白都庄》：“山光隔钓岸，江气杂炊烟。” (3)市烟，街市的炊烟。 (4)微阳，微弱的阳光。李商隐《燕台》诗之一：“醉起微阳若初曙，映帘梦断闻残语。”

简析 作者通过描述陌生而又空寂清幽的沅江景色，表露出离开都城后的寂寞惆怅和深沉的怀乡之情。

送陆舍人使吴下

柳拂清江画鹢飞(1),节旄更喜便南归(2)。
回风树里吹官骑(3),返照河边上客衣(4)。
北固楼台秋寺遍(5),长洲花草故宫非(6)。
登临莫怪多辞赋(7),吴下才人是陆机(8)。

注释 (1)画鹢,船首画有鹢鸟的快船。鹢(yì),古书上的一种水鸟,形如鹭而大,羽色苍白,善高飞。 (2)节旄(máo),古代旌节上所缀的牦牛尾饰物,此指陆舍人持旌节出使南下。《汉书·苏武传》:“杖汉节牧羊,卧起操持,节旄尽落。” (3)官骑,原义为帝王或大臣外出时仪仗队的前驱。此处指陆舍人的随从骑兵。 (4)返照,日光回照。上客,送行的贵客们。 (5)北固楼,又称北固亭,坐落于镇江北固山。遍,遍布。 (6)长洲,即长洲苑,在苏州西南,曾经是春秋时吴王阖闾游猎之地。 (7)登临莫怪多辞赋,此行游览后你一定会写下很多辞赋。 (8)吴下,泛指吴地。陆机,字士衡,吴郡华亭(今为上海市松江区)人,西晋著名文学家。此处以陆舍人之才华比作陆机。

简析 此诗描绘了江畔送别时柳绿江清、画船飞驰、和风拂面、送者云集的明丽画面,然后想象出行者在京口北固山和苏州长洲苑游览,并多产佳作,表达了作者对陆舍人的祝福和称赞。

竹枝词

十二峰头秋草黄(1),冷烟寒月过瞿塘(2)。
青枫江上孤舟客(3),不听猿啼亦断肠(4)。

题解 竹枝词是一种民歌诗体,由古代巴蜀间的民歌演变而来。唐代刘禹锡将其改造成文人诗体,对后代影响很大。竹枝词主要吟咏大江上下风土人情,通俗明快,多能反映社会生活。

注释 (1)十二峰,指巫山十二峰,长江两岸各六峰。 (2)瞿塘,即三峡之一的瞿塘峡,险峻为三峡之首。 (3)青枫江,《楚辞·招魂》:“湛湛江水兮上有峰。”孤舟客,作者自谓。 (4)不听猿啼亦断肠,即使不听猿的啼叫,也感到悲凉。化用汉代民谣“巴东三峡巫峡长，猿鸣三声泪沾裳”。

简析 该诗通过对瞿塘峡中秋草荒芜、冷烟寒月、猿声凄厉、枫叶孤舟等秋景描绘，表现了江峡秋夜的阴森恐怖，令人心悸，也映衬出诗人孤舟过峡的孤寂伤感之情。此诗意境凄清苍凉。

◎杨 慎

竹枝词(九首选五)

夔州府城白帝西[1]，家家楼阁层层梯。
冬雪下来不到地[2]，春水生时与树齐[3]。

日照峰头紫雾开，雪消江面绿波来。
鱼腹浦边晒网去[4]，麝香山上打柴回[5]。

沙头秋色换春风，江上枫林青又红。
下水上风来往惯，一年长在马船中[6]。

最高峰顶有人家，冬种蔓菁春采茶[7]。
长笑江头来往客，冷风寒雨宿天涯。

上峡舟航风浪多，送郎行去为郎歌。
白盐红锦多多载[8]，危石高滩稳稳过。

作者简介 杨慎(1488—1559年)，字用修，初号月溪、升庵，又号逸史氏、博南山人等，四川新都人。孝宗弘治(1488—1506年)东阁大学士杨廷和之子。武宗正德六年(1511年)进士第一，授翰林修撰，参与编修《武宗实录》。世宗嘉靖三年(1524年)，以“大礼”之议触犯世宗，下狱。谪戍永昌卫(今云南保山)。嘉靖三十八年(1559年)卒于戍所。杨慎少时即以诗文知名，受业李东阳门下。流放滇南三十年，博览群书，以记诵之博，著述之富，被推为嘉靖三才子之首。著作达四百余种，后人辑为《升庵集》。

注释 （1）夔州府，今奉节。白帝城，位于重庆奉节县瞿塘峡口的长江北岸，奉节东白帝山上。原名子阳城，为西汉末年割据蜀地的公孙述所建，公孙述自号白帝，故名城为白帝城。（2）峡中水气升腾，冬雪未落地即融化于水汽之中。（3）春天从地势高处流来的水与树齐平。（4）鱼腹浦，位于奉节县东约一公里处的长江北岸一块碛石沙滩，呈鱼腹状。上有“八阵图”和“盐灶”遗址。（5）麝香山，位于奉节县东约四十里。杜甫《入宅》诗之二：“水生鱼腹浦，云暖麝香山。”（6）马船，宋代采用所谓“马纲”，即用船运马出川后，再用马运。此句说夔民劳役之苦。（7）蔓菁，即芜菁，又名葑（fēng），俗称大头菜。（8）蜀地既产井盐，也产锦帛。

简析 诗人娴熟地运用巴蜀的民歌诗体，描绘了一幅色彩鲜明的明代“夔州民俗图”。诗中形象地表现了瞿塘峡一带独特的地理形势、自然风貌、民居特点；生动地刻画了生活在那里的农夫、船夫、纤夫、商贾们辛苦的劳作状况和勤奋精神；表达了少女对情郎的思念与美好祝愿。全诗呈现出浓郁的地方色彩和民俗风情，具有较高的艺术性和地域历史的真实性。

临江仙·戍云南江陵别内

楚塞巴山横渡口[1]，行人莫上江楼。征骖去棹两悠悠[2]。相看临远水，独自上孤舟。　　却羡多情沙上鸟，双飞双宿河洲[3]。今宵明月为谁留？团团清影好，偏照别离愁。

题解 “临江仙”是唐教坊曲，双调小令，用作词调。明世宗嘉靖三年（1524年）秋，杨慎因“大礼议”案被谪戍云南。离京启程时，他续娶的妻子、即尚书黄珂的女儿黄娥伴送，由潞河而南，溯江西上至江陵后，一乘舟归西蜀，一骑马赴云南。此词即作于夫妻在江陵告别之时。

注释 （1）楚塞巴山，代指湖北西部。（2）杨慎自己将骑马南下云南。征骖，指驾车远行的马，亦指旅人远行的车。王勃《饯韦兵曹》：“征骖临野次，别袂惨江垂。”棹，舟船。悠悠，遥远貌。杨慎妻子黄娥将乘舟西上巴蜀。（3）双飞双宿，原指鸳鸯宿在一起，飞在一起，引申比喻相爱的男女形影不离。尤袤《全唐诗话》卷六：“眼想心思梦里惊，无人知我此时情。不如池上鸳鸯鸟，双宿双飞过一生。”

简析 这首《临江仙》的上阕实写了作者与妻子分别于江陵渡口的情景。一人乘车马南下荒僻的云南，一人乘舟返归遥远的西蜀，二人隔着江水频频相望，从此劳燕分飞，天各一方。词的下阕则移情于景，用“却羡”一词引入“双宿双飞”的“沙上鸟”，表达了对夫妻终身厮守，相亲相爱生活的渴望；又用月圆人不圆反衬二人的哀怨之情，把满腔离愁别绪写得深挚凄婉，感人至深。

宿金沙江

往年曾向嘉陵宿(1)，驿楼东畔栏干曲(2)。
江声彻夜搅离愁，月色中天照幽独。
岂意漂零瘴海头(3)，嘉陵回首转悠悠；
江声月色那堪说，断肠金沙万里楼。

题解 金沙江，长江上源干流，又名丽水、泸水，以产金沙得名。此诗写于世宗嘉靖十四年(1535年)，被谪贬云南戍边的杨慎，回四川省亲，借宿于金沙江巡检司衙门时作。

注释 (1)嘉陵，即嘉陵江，长江上游的一条支流，发源于陕西，到重庆流入长江。(2)驿楼，驿站的楼房。栏干曲，指栏干所围成的形状。辛弃疾《满江红》：“最苦是、立尽月黄昏，阑干曲。” (3)瘴海，指南方云贵川一带的瘴厉之地。卢纶《夜中得循州赵司马侍郎书因寄回使》：“瘴海寄双鱼，中宵达我居。两行灯泪下，一纸岭南书。”

简析 杨慎被贬放瘟瘴之地云南达30年，历经坎坷磨难。其间嘉靖十四年(1535年)，杨慎获准回四川省亲，在渡过金沙江，借宿于金沙江巡检司衙门之夜，听金沙江水涛声阵阵，心潮滚滚，夜不能寐，遂以今昔行旅思情相对照，发泄怀才不遇，谪戍穷乡僻壤边陲之地的满腔愁怨和愤懑之情。

西江月·滚滚长江东逝水

滚滚长江东逝水，浪花淘尽英雄(1)。是非成败转头空。青山依旧在，几度夕阳红。　　白发渔樵江渚上(2)，惯看秋月春风。一壶浊酒喜相逢(3)。古今多少事，都付笑谈中。

题解 这是杨慎所作《廿一史弹词》第三段《说秦汉》的开场词，为杨慎谪戍云南时所写。原名《历代史略十段锦词话》，传世后易名为《廿一史弹词》。它取材于正史，用浅近文言写成，被誉为“后世弹词之祖”。清初毛宗岗父子将其置于《三国演义》开篇。此词被谱成歌曲作为电视连续剧《三国演义》的主题曲。“西江月”是词牌名,原唐教坊曲,用作词调,又名“白蘋香”“步虚词”“晚香时候”等。

注释 (1)浪花淘尽英雄,比喻时光如流水,让一代接一代的英雄豪杰成为过去。(2)渔樵,渔夫与樵夫。江渚,江中沙洲,亦指江畔。(3)浊酒,浊酒与清酒相对而言。把酒醪经压滤后所得的新酒静止一周,抽出上清部分,其留下的白浊部分即为浊酒。在中国古典诗词中,浊酒常作为文学意象蕴含着深厚凝重、质朴亲切之意。嵇康《与山巨源绝交书》:“今但愿守陋巷,教养子孙;时与亲旧叙阔,陈说平生。浊酒一杯,弹琴一曲,志愿毕矣。”

简析 这首词把“滚滚长江东逝水”作为抒情意象,把最终不可抗拒的自然变化,用来消解人世因得失成败而带来的烦恼和忧愁;一切英雄伟业终将随时间消逝,是非成败成为后人酒后笑谈;而青山始终巍然屹立,长江永远奔流。该词把形象的抒情性与人事变迁的哲理性完美融合。其意境高远,豪放而又含蓄,高亢而又悲壮深沉,寄托了作者鄙视功名利禄,追求淡泊宁静生活的人生理想。

◎金　銮

除　夕

还忆去年辞白下(1),却怜今夕在黄州(2)。
空江积雪添双鬓,细雨疏灯共一楼(3)。
世难久拚鱼雁绝(4),家贫常为稻粱谋(5)。
归来故旧多凋丧(6),愁对东风感壮游。

作者简介 金銮(1494—1587年),字在衡,号白屿,陇西(今甘肃)人,侨居金陵。性任侠,喜交游。往来淮扬两浙。工诗,善填词,有《徙倚轩集》和《萧爽斋乐府》二卷。

注释 (1)白下,金陵别称。(2)黄州,今湖北省黄冈市黄州区。(3)细雨疏灯,细雨纷纷,灯火昏暗。(4)世难,时世艰难。拚(pàn),此处为摒弃、抛弃之意。世难久拚即被艰难的时世抛弃、遗忘。鱼雁,代指书信。(5)稻粱谋,谋稻粱之倒置。原义指鸟兽寻觅食物,亦比喻人谋求食物,寻找生计。(6)故旧,故人和老朋友。凋丧,衰老或死亡了。

简析 该诗为作者在风雪除夕夜流落他乡，困居黄州而作。开篇即描绘了屋外“空江积雪”，楼内“细雨疏灯”的凄清孤寂情景，继而又倾诉了时世艰难，浪迹天涯谋生的艰辛；最后因思念故乡故旧而感叹不已。

◎ 罗洪先

夜泊赤壁

五百年来此胜游(1)，水光依旧接天浮。
徘徊今夜东山月(2)，仿佛当年壬戌秋(3)。
有客得鱼来赤壁(4)，无人载酒出黄州。
吟成一啸江山寂(5)，孤鹤横江掠小舟(6)。

作者简介 罗洪先（1504—1564年），字达夫，号念庵，江西吉水人。世宗嘉靖（1522—1566年）间进士，曾官修撰和春坊左赞善。学宗王守仁（阳明）。长期致力于地理学研究，“考图观史”，绘成《广舆图》。并有《冬游记》《念庵集》传世。

注释 （1）五百年，从北宋元丰年间苏轼游赤壁至作者再游，其间约五百年。（2）徘徊今夜东山月，苏轼《前赤壁赋》：“月出于东山之上，徘徊于斗牛之间。”（3）仿佛当年壬戌秋，苏轼《前赤壁赋》：“壬戌之秋，七月既望，苏子与客泛舟游于赤壁之下。” （4）有客得鱼来赤壁，苏轼《后赤壁赋》：“今者薄暮，举网得鱼，巨口细鳞，状如松江之鲈。” （5）吟成一啸，高歌一曲。江山寂，山水寂静。 （6）孤鹤横江，苏轼《后赤壁赋》：“适有孤鹤，横江东来，掠予舟而西也。”

简析 黄州赤壁因苏轼“一词两赋”而流传千古。五百年后，作者慕名而来。小舟夜泊赤壁，但见水光依旧接天，明月照样徘徊，他完全沉浸在苏轼所创造的意境中。诗人巧妙地化用《赤壁赋》的词句，完美地把现实感受与《赤壁赋》的意境创造融合在一起，其思绪在历史的长河与艺术的联想中遨游。在表达审美愉悦的同时，又流露出“前人已逝”的遗憾与孤寂。

◎ 李攀龙

于郡城送明卿之江西

青枫飒飒雨凄凄[1]，秋色遥看入楚迷[2]。
谁向孤舟怜逐客[3]，白云相送大江西[4]。

作者简介 李攀龙(1514—1570年)，字于鳞，号沧溟，历城(今山东济南)人。世宗嘉靖(1522—1566年)间进士，官至河南按察使。继“前七子”之后，与李先芳、谢榛、吴国伦、王世贞等倡导文学复古运动，为“后七子”的领袖人物，被尊为“宗工巨匠”，主盟文坛20余年，其影响及于清初。有《沧溟集》《古今诗删》等。

题解 这是作者在济南送别贬放江西的吴国伦而写的赠诗。郡城，指济南府(今山东济南市)。吴国伦，字明卿，号北园，兴国(今湖北阳新)人，嘉靖年间进士，“后七子”之一。任兵科给事中时忤严嵩，贬谪江西南康推官。

注释 (1)飒飒，风雨声。 (2)楚，此处指江西，古为吴头楚尾之地。 (3)怜，怜惜，同情。逐客，指贬逐出京的官员，此指吴国伦。 (4)白云，南朝梁代隐士陶宏景《诏问山中何所有赋诗以答》：“山中何所有，岭上多白云。只可自怡悦，不堪持赠君。”李攀龙化用其意，意谓自己心随白云送吴国伦远赴江西贬所，表示对友人的同情。

简析 这首赠别诗格调低沉含蓄，别情依依，回味无穷。开篇通过秋风秋雨愁煞人的凄凉情境，烘托了自己无尽的依恋与怅惘。三、四句直抒其情，以天上飘浮的白云寄托自己的情感。

送子相归广陵

广陵秋色雨中开[1]，系马青枫江上台。
落日千帆低不度[2]，惊涛一片雪山来[3]。

注释 (1)广陵，今江苏省扬州市主城区。 (2)低，降帆，停船。度，通“渡”。意思是日落时分，船帆降落。不再渡江了。 (3)雪山，比喻江浪汹涌，大如雪山。

简析 这首送别诗构思奇妙，全篇不写送别场面，却写想象中的别后情境：风雨秋色中，归客系马青枫眺望江水，落日余晖，千帆降落，雪山似的惊涛骇浪。既衬托了归途的孤寂，又充分表现了对友人的关心，怀念朋友的深厚情谊，全寄寓在这想象的景色描绘之中。

◎宋登春

江阁晚望呈荆州诸公(二首选一)

几处蒹葭连岸白(1),数村烟火隔江明。
无家自合依刘表(2),有赋谁能荐长卿(3)。
巫峡去帆江树隐,衡阳归雁暮云平(4)。
黄金已尽还为客(5),湘汉长歌万古情。

作者简介 宋登春(约1515—1586年),字应元,号海翁、鹅池,冀州真定府新河县(今河北邢台新河县)人。能诗善画,年二十余弃家远游。晚年依其兄子,居江陵之天鹅池,自号“鹅池生”。徐学谟守荆州,深敬礼之。后在钱塘江跃江自尽。留有《宋布衣集》。

题解 此诗当是作者客居江陵时赠给时任荆州府知府徐学谟等官员的自伤之作。

注释 (1)蒹葭,芦荻,开白花。 (2)自合,只宜、自应。依刘表,东汉王粲避难荆州,依附刘表,后归附曹操。《三国志·魏志·王粲传》:“诏除黄门侍郎,以西京扰乱,皆不就,乃之荆州依刘表。”此句言自己无家可归,只好客居他乡。(3)有赋谁能荐长卿,汉武帝喜司马相如所作《子虚赋》,招至长安后,又以作《上林赋》被举为郎。此句意谓自己怀才不遇,谁人能荐举我于朝廷。 (4)衡阳归雁,衡山有回雁峰,秋冬北雁飞至此处不再往南。 (5)黄金已尽,以苏秦初游说六国未遇,穷途落魄比喻自己目前的窘境。《战国策·秦策》:“苏秦说秦王,书十上而说不行,黑貂之裘弊,黄金百金尽。”

简析 诗人晚登高楼眺望大江,眼前芦花瑟瑟,江村烟火,巫峡去帆,衡阳归雁,一派凄凉秋景,因而触景生情,写此诗呈送荆州知府等人。诗中引经据典,倾诉了自己客居异乡,穷困潦倒的窘境,暗含怀才不遇,希望举荐于朝的愿望。末句表达了对徐学谟礼遇自己的感激之情。

◎ 张居正

舟泊汉江望黄鹤楼

枫林霜叶净江烟(1),锦石游鱼清可怜(2)。
贾客帆樯云里见(3),仙人楼阁镜中悬(4)。
九秋槎影横清汉(5),一笛梅花落远天(6)。
无限沧州渔父意(7),夜深高咏独扣舷(8)。

作者简介 张居正(1525—1582年),字叔大,号太岳,荆州江陵人。世宗嘉靖(1522—1566年)间进士,以庶吉士历官礼部左侍郎,兼东阁大学士,总裁《世宗实录》,进礼部尚书,兼武英殿大学士。神宗(1573—1620年在位)时任内阁首辅十年,开创万历新政,推行"一条鞭法",政绩斐然,国势一振。然而人亡政息,张居正死后遭人诬陷,被万历皇帝(即神宗)削籍抄家,子弟戍边。至熹宗天启二年(1622年),时隔四十年之后被恢复名誉。有《张太岳集》《张太岳杂著》《书经直解》《帝鉴图说》等传世。

题解 张居正初入政坛时,正值严嵩当政,官场黑暗。他无法施展其政治抱负,又因体弱多病,一度萌生归田思想。嘉靖三十三年(1554年),遂借口养病,告假归乡。此诗当为返乡途中船泊汉江口时所作。

注释 (1)江烟,江上的水汽和雾气。 (2)锦石,水中的彩色石子。可怜,可爱。 (3)贾客,商人。见(xiàn),显现。 (4)仙人楼阁镜中悬,黄鹤楼如同悬挂在明镜中。 (5)九秋,深秋。杜甫《月》:"斟酌姮娥寡,天寒奈九秋。"槎,同"查",传说中来往于海上和天河间的木筏。此处指船或筏。 (6)梅花落,唐代曲名。李白《与史郎中钦听黄鹤楼上吹笛》:"黄鹤楼中吹玉笛,江城五月落梅花。" (7)沧州,临水的地方,古时常用之称隐士隐居的地方。渔父,亦指隐士。 (8)扣舷,扣舷而歌,敲打着船舷高歌。

简析 诗人运用虚实结合的手法展开想象与联想,构成了一幅旷远清丽,静谧悠闲的"江汉秋景图":江面辽阔、水汽弥漫,水中的彩石和游鱼清晰可见,天际的商船仿佛从云中驶来,巍峨的黄鹤楼宛若悬挂在明镜般的天空;夜空的星星倒映在汉江里,船儿像停泊在银河边;耳畔仿佛从黄鹤楼传来"梅花落"的悠扬笛声。此时的诗人有如隐居的渔夫,神驰于超脱尘世的幻想世界中,情不自禁地扣舷高歌。作者在理想与现实的矛盾中,借想象与联想缓解胸中的郁闷和孤寂之情,含蓄地表达其对理想世界的憧憬与追求。

◎汤显祖

再觐回宿龙潭驿

谁向归舟唱一声,玉兰花尽牡丹荣[1]。
似怜游子三春月[2],才换江南第一程[3]。

作者简介 汤显祖(1550—1617年),字义仍,号海若、若士、清远道人,江西临川人。出身书香门第,早有才名,以拒绝张居正延揽,神宗万历十一年(1583年),三十四岁时始成进士,历官南京太常博士、詹事府主簿和礼部祠祭司主事。后为遂昌知县,以抑豪强触怒权贵,被劾归里,家居二十余年,精研词曲和传奇,专事戏曲创作。其作品《牡丹亭》《紫钗记》《南柯记》和《邯郸记》合称"临川四梦"。著有《玉茗堂全集》四卷、《红泉逸草》一卷,《问棘邮草》二卷。

题解 觐,入朝晋见天子的通常说法。再觐即再次晋见。神宗万历二十六年(1598年)三月,时任浙江遂昌知县的汤显祖赴北京公干,往返均借宿龙潭驿。第二次借宿时作此诗。龙潭,在长江南岸,居镇江至南京途中。

注释 (1)玉兰花尽牡丹荣,玉兰花三月盛开,春末花谢,此时恰是牡丹花怒放之时。 (2)游子三春月,化用孟郊《游子吟》:"谁言寸草心,报得三春晖。"此处意谓久客在外,终可回家一叙天伦之乐。 (3)换,换取。第一程,第一次回家。

简析 江上船歌高唱,岸上花谢花开,迷人的江南春色烘托着诗人轻松愉快的心情。化用《游子吟》名句,又表现了他归心似箭、思亲心切,也含蓄委婉地表达了他厌倦官场,渴望隐居家乡的心情。此诗写得洒脱清丽,自然流畅。

江　宿

寂历秋江渔火稀[1],起看残月映林微[2]。
波光水鸟惊犹宿,露冷流萤湿不飞[3]。

题解 该诗为诗人宿于故乡江西临川抚江舟中时作。

注释 (1)寂历,寂静、冷落、静谧。 (2)林微,树梢。 (3)流萤,飞动的萤火虫。

简析 这首小诗是作者晚年归居故乡江西临川时所作。描绘临川抚江秋夜残月的景色,宛若一帧水墨淡彩的山水小品。画面形象生动,境界深邃空灵,气氛静谧清幽，表达了作者归隐后闲逸轻松的愉悦心情。

◎黄翼圣

渝城度岁

风俗它乡异，巫歌达四邻[1]。
江明无月夜[2]，猿唤不眠人。
眷属生兼死[3]，年光腊带春[4]。
客中艰一醉[5]，辜负物华新[6]。

作者简介 黄翼圣(1596—1659年)，字子羽，号摄六、莲蕊居士，明末常熟(今属江苏)人。崇祯(1628—1644年在位)中，以秀才应聘，官四川新都知县、安吉州知州。晚年在家乡筑莲蕊楼，自号莲蕊居士，明亡后杜门不出。著有《莲蕊居士诗选》《跃影斋诗集》等。

注释 (1)巫歌，巫师歌舞。巴蜀尚巫鬼，除夕常拜神歌舞。 (2)无月夜，除夕夜(腊月三十日)称"晦"，夜晚无月。 (3)眷属，亲戚六眷。生兼死，有出生有死亡。 (4)腊带春，农历腊月(十二月)下旬立春，故称腊带春。 (5)客中艰一醉，羁旅在外的人难得一醉。 (6)物华新，焕然一新的景物。物华，自然景物。

简析 该诗为作者远离江南，千里为官客居四川，在重庆过年守岁时所作。通过描叙除夕夜山城的情境和陌生的风土人情，表达了诗人"独在异乡为异客"的孤独之感和对远方亲人的强烈牵挂之情。

◎邝　露

洞庭酒楼

落日洞庭霞，霞边卖酒家。
晚虹桥外市[1]，秋水月中槎[2]。
江白鱼吹浪，滩黄雁踏沙。

相将楚渔父，招手入芦花[3]。

作者简介 邝露（1604—1650年），广东南海人。与黎遂球、陈邦彦崛起于明末诗坛，被称为"岭南前三大家"。邝露工于诗词，通晓兵法、骑马、击剑、射箭，还是古文物鉴赏家和收藏家，也是篆、隶、行、草、楷各体兼擅的书法家。历仕南明唐王、桂王，清兵入粤，邝露与诸将戮力死守凡十余月。广州城陷，不食，抱琴而死。有诗集名《峤雅》。

注释 （1）晚虹桥外市，傍晚的彩虹映照着桥边的集市。（2）秋水月中槎，秋水月影中停泊着舟船。槎（chá），木筏，诗中指船舶。（3）相将，相与，相共。楚渔父，典出《吴越春秋》：伍子胥在楚国遭难，逃亡吴国途中曾隐藏在芦洲芦苇丛中，遇一楚国渔夫搭救脱险。

简析 此诗作于南明初年，即清军已攻占两湖地区之际。诗人通过对洞庭湖绚丽夜景的形象描绘，表达了对故国大好河山的深情眷恋；借用伍员与渔父的故事，作者表达了决不辱身降志的思想准备。

莫愁湖赠别刘瞻甫

憔悴行吟落照时[1]，莫愁湖上与君期[2]。
五噫一赋梅花国[3]，三黜重逢柳士师[4]。
吴苑旧游淹越鸟[5]，楚裳今雨浥江蓠[6]。
姑苏烟月长相待[7]，萎绝芙蓉白露滋[8]。

题解 这是作者与挚友刘瞻甫在莫愁湖惜别时写的赠诗。作者诗后小记云："刘瞻甫初莅太仓，三降杂职，谪居梅花国。时聘江西分考，得士最著。与予邂逅都门，觞咏弥月。后转成都节推，音问顿绝。其直道不阿，大节凛然，信乎！朋友者，如此而已。"

注释 （1）行吟，步行而歌。诗中指刘瞻甫屡遭贬谪行吟莫愁湖畔。典出《史记·屈原列传》："行吟泽畔，颜色憔悴，形容枯槁。"落照时，太阳下山时。（2）莫愁湖，位于今南京水西门外，是一座有着1500年悠久历史和丰富人文资源的江南古典名园，为六朝胜迹。相传六朝时期有女子卢莫愁居住于此，故名之。与君期，指与刘瞻甫相约。（3）五噫，即《五噫歌》，是东汉诗人梁鸿所作的一首古体诗，诗中每句末用一"噫"字感叹，为楚歌变体。该诗字里行间充满了对帝王穷奢极欲的谴责，以及对人民苦难的深切同情。此典比喻刘瞻甫吟诗作赋，忧国忧民。

梅花国，梅花丛生处。（4）三黜（chù），三次遭到贬谪。《论语·微子》："柳下惠为士师三黜。"（5）吴苑，即长洲苑，春秋时吴王阖闾的苑囿。淹，淹留。越鸟，代指刘瞻甫（刘为越人）。（6）楚裳，楚人的衣裳。浥，沾湿。江蓠，一种红藻，诗中亦指刘瞻甫。（7）姑苏，即苏州。长相待，会长久地等你。（8）萎绝芙蓉白露滋，凋谢的芙蓉，经过雨露的滋润依然重发光华。这是对刘瞻甫的鼓励和祝愿。

简析 在这首赠别诗里，诗人以南京名苑莫愁湖为背景，回忆了与刘瞻甫的深情厚谊；借用历史典故，赞扬他忧国忧民的高贵品格，对其刚正不阿而屡遭贬谪的遭遇深表同情和愤懑。句末以"萎绝芙蓉白露滋"，表达对即将分别的朋友的安慰与美好的祝愿。此诗基调于沉郁悲愤之中又透出一抹亮色。

◎ 朱茂曙

秦淮河春游即事

桥下溪流燕尾分(1)，湾头新水惯湔裙(2)。
六朝芳草年年绿，双调鸣筝户户闻(3)。
春雨杏花虞学士(4)，酒旗山郭杜司勋(5)。
儿童也爱晴明好(6)，纸剪风鸢各一群(7)。

作者简介 朱茂曙（？—1644年），字子蘅，浙江秀水人，乡人称其安度先生。明末诗人、画家，擅长行楷书。清代著名词人、学者朱彝尊之父。留存有《静志居诗话》《秀水志》《尧峰文抄》等。

注释 （1）燕尾分，形容桥下流水如燕尾左右披分。（2）惯湔裙，惯，经常。湔（jiān），同"溅"，冲洗。裙，衣裙。（3）双调，乐律名。《册府元龟》："天宝十三年，改诸乐名中吕商，时号双调。"筝，古琴。（4）虞学士，即虞集，元代著名学者，诗文素负盛名，为"元四家"之一。有《城东观杏花》诗，引起众多诗人奉和。（5）杜司勋，唐代著名诗人杜牧，曾任司勋员外郎，故称之。杜牧《绝句·江南春》："千里莺啼绿映红，水村山郭酒旗风。"（6）晴明，晴朗明丽的天气。（7）风鸢，或称纸鸢，即风筝。

简析 作者形象生动地描述了春游秦淮河的美好感受，给读者展示了一幅充满诗情画意的"秦淮风俗图"：桥下溪流左右分流，妇女们在清澈的浅水里浣洗衣裙，春草绿遍郊野，家家户户传出悠扬的古筝声，风和日丽，成群结队的儿童兴高采烈地放着风筝。畅游其中的诗人触景生情，沉浸在前代诗人吟诵秦淮河的名诗佳句中。

◎ 陈子龙

秋日杂感(其二)

行吟坐啸独悲秋(1)，海雾江云引暮愁。
不信有天常似醉(2)，最怜无地可埋忧(3)。
荒荒葵井多新鬼(4)，寂寂瓜田识故侯(5)。
见说五湖供饮马(6)，沧浪何处著渔舟(7)？

作者简介 陈子龙(1608—1647年)，初名介，字卧子、懋中、人中，号大樽、海士、轶符等。江苏松江华亭(今属上海)人。崇祯十年(1637年)进士，曾任绍兴推官。清兵陷南京，他联络太湖民众武装组织，开展抗清活动，事败后被捕，投水殉国。他是明末重要作家，诗歌成就较高，被公认为“明诗殿军”。亦工词，为婉约词名家、云间词派盟主，被后代众多著名词评家誉为“明代第一词人”。

题解 清兵攻入江南后，陈子龙在苏州、松江一带联络当地武装抗清，作战之余，作《秋日杂感》十首，本诗为其中之二。

注释 (1)悲秋，典出宋玉《九辩》：“悲哉，秋之为气也。萧瑟兮草木摇落而变衰。” (2)不信有天常似醉，不相信上天总是这样醉酒似的不分邪正，对不公之事听之任之。 (3)最怜无地可埋忧，最可怜的是没有地方可以容纳忧愁之身。 (4)葵井，村落，村庄。《乐府诗集·十五从军行》：“中庭生旅谷，井上生旅葵。”新鬼，新近被杀或才死的人。指清兵大肆屠杀。 (5)故侯，秦代的东陵侯邵平到汉代沦为平民，在长安城东以种瓜为生。此处比喻前明贵胄沦为清初贫民。 (6)见说五湖供饮马，听说五湖都供清兵饮马了。五湖，此处泛指所有湖泊。 (7)沧浪，原指汉水，此亦泛指江河。著渔舟，可供停泊渔船。

简析 《秋日杂感》实为一首秋日悲歌，唱出了诗人万千悲痛与感伤。它形象地表明诗人对故国山河深深的眷恋，对惨遭杀戮百姓的同情。全诗沉郁顿挫，哀惋动人，有力地表达了作者内心的愤懑和沉痛。

山花子·春愁

杨柳迷离晓雾中，杏花零落五更钟(1)。寂寂景阳宫外月(2)，照残红(3)。　蝶化彩衣金缕尽(4)，虫衔画粉玉楼空(5)。惟有无情双燕子，舞东风。

题解　南明灭亡之后，陈子龙来到南京，凭吊原六朝南朝陈的故宫景阳宫遗址，写下此词。

注释　(1)杏花零落，温庭筠《菩萨蛮》："雨后却斜阳，杏花零落香。"五更钟，即黎明之前。李商隐《无题》："来是空言去绝踪，月斜楼上五更钟。"　(2)景阳宫，即景阳殿，是南朝陈的宫殿，故址在今南京市北玄武湖畔一带。　(3)残红，指凋残的花；落花。郭沫若《瓶》诗之十六："风过一片残红，把孤坟化成了花冢。"　(4)蝶化彩衣，典出《罗浮山志》："仙蝶为仙人彩衣所化，大如盘而五色。"葛洪成仙，遗衣化为彩蝶。金缕尽，金丝线朽烂掉了。　(5)虫衔画粉玉楼空，昔日的玉宇琼楼早已被虫子朽蚀一空，剥落的画粉飞飞扬扬。

简析　词题虽为"春愁"，但词中却无关春情，也无关春光，而是以春色中的景阳宫为艺术意象，抒发悲怀故国的一腔遗恨。此词用古今对比的方式，写当年繁华的景阳宫殿，而今是衰柳凄迷，月照残红，虫蛀画栋，杳无人迹，一片荒凉的景象，唯有双飞燕子，依旧翩翩起舞。作品透露出不胜今昔盛衰的深沉伤感。作者"以浓艳之笔，传凄婉之神"(陈延焯《白雨斋词话》)。

谒金门·五月雨

莺啼处，摇荡一天疏雨(1)。极目平芜人尽去(2)，断虹明碧树(3)。
费得炉烟无数(4)，只有轻寒难度(5)。忽见西楼花影露，弄晴催薄暮(6)。

题解　"谒金门"，唐教坊曲。明人吴讷编《金奁集》将其归入"双调"。"五月雨"，词题，写江南五月的黄梅雨。

注释　(1)疏雨，淅淅沥沥、时断时续的纷纷细雨。　(2)平芜，草木荒芜的旷野。欧阳修《踏莎行》："平芜尽处是春山，行人更在春山外。"　(3)断虹，一作"断红"，飞舞的片片飞花。明，映照。碧树，深绿色的树。　(4)费得炉烟无数，周邦彦《满庭芳·夏日溧水无想山作》："地卑山近，衣润费炉烟。"炉烟，指炉火。　(5)只有轻寒难度,“乍暖还寒之时,最难将息”之意。(6)忽见西楼花影露,弄晴催薄暮。忽然看见西楼边上露出了花影,天已放晴了,时间已接近傍晚。

简析 这首词上阕写景,通过莺啼、疏雨、平芜、断红与碧树几个意象的描绘,细腻形象地描绘了江南梅雨天的景色特点。下阕抒写作者在这时暖时寒,忽雨忽晴季节的具体感受。最后又描绘了黄昏时由雨转晴的绚丽景色。

点绛唇·春日风雨有感

满眼韶华[1],东风惯是吹红去[2]。几番烟雾,只有花难护。　梦里相思,故国王孙路[3]。春无主!杜鹃啼处,泪洒胭脂雨[4]。

题解 “点绛唇”,词牌名。因南朝梁江淹《咏美人春游》诗中有“白雪凝琼貌,明珠点绛唇”句而取名。“春日风雨有感”,词题,作者因见江南风雨落花有感。

注释 (1)韶华,指美好的时光,常指春光。李贺《嘲少年》:“莫道韶华镇长在,发白面皱专相待。” (2)东风惯是吹红去,明写东风吹得落红遍地的景物变化,暗喻清兵入关,烽火遍地,明王朝覆灭的政治局面。(3)梦里相思,梦中念念不忘。王孙,淮南小山《招隐士》:“王孙游兮不归。”此处暗指在东南沿海逃亡的南明鲁王、唐王等。 (4)春无主,杜鹃啼处,泪洒胭脂雨。感叹群龙无首,复国不易,无限哀痛。

简析 该词上阕描绘江南春光被雨打风吹去,只留得落红无数的凄惨景象,暗寓明王朝的倾覆;下阕借怀念“王孙”与杜鹃啼血的描写,抒发对国事的忧虑。词中借惜花比喻怀君,诗情幽深哀婉。在风流清丽中忧时托志,内涵深邃。

◎ 夏完淳

绝　句

扁舟明月两峰间[1],千顷芦花人未远[2]。
缥缈苍茫不可接[3],白云空萃洞庭山[4]。

作者简介 夏完淳(1631—1647年),字存古,号小隐,又号灵首。江苏松江华亭(今属上海)人,祖籍会稽(今浙江绍兴)。陈子龙弟子。自幼聪慧,有神童之誉,

“五岁知五经，七岁能诗文”，14 岁随父夏允彝参加抗清。其父殉难后，他和陈子龙继续斗争，兵败被俘，不屈而死，年仅十七岁。牺牲前怒斥洪承畴叛国降清。作《狱中上母书》。诗文多悲壮豪放，慷慨激昂。有《夏完淳集》。

注释 (1)两峰间，两座山峰之间。 (2)千顷芦花，芦花千顷，言其广阔。人未远，人们没有远离。 (3)不可接，湖水渺茫信息不通。 (4)洞庭山，在太湖中，有东西二山，东山古名莫厘山、胥母山，元明后与陆地相连成半岛。西山即古包山。

简析 这首绝句恰似一帧“月夜太湖泛舟图”。作者细腻地抒写了月夜泛舟太湖，赴洞庭山访友的情境。其景色幽美空灵，其意境壮阔静谧；情景交融，表达了诗人沉浸在湖光山色之中的闲逸与喜悦之情。

咏史杂感口号

黄金台下雨茫茫(1)，云梦悲歌满大荒(2)。
凭吊兴亡千古事，风流燕楚二昭王(3)。

题解 咏史杂感，品评历史人物，吟咏千古兴亡的杂感。口号，古诗标题用语，表示随口吟成，类似口占。该诗为诗人流亡期间所写。

注释 (1)黄金台，古台名，又称金台、燕台，故址在今河北省易县。相传为战国燕昭王所筑，并置千金于台上，以延请天下贤士，故名之黄金台。李白《古风》之十五：“燕昭延郭隗，遂筑黄金台。”诗中喻指南京明故宫。 (2)云梦，即云梦泽，指古楚地，诗中泛指被清兵占领下的长江中下游。 (3)风流燕楚二昭王，此句赞誉具有文韬武略的燕昭王和楚昭王。燕昭王(公元前 335—前 279 年)，战国时燕国第 39 代君主，在位期间使燕成为大国。楚昭王(约公元前 523—前 489 年)，名壬，又名轸，春秋时期楚国国君，一度使楚国中兴强大。

简析 此诗写于南明倾覆之际。诗人放眼苍茫大地，既勾起他对千古兴亡历史的回顾，更激起对国家强盛，人民安居乐业情景的无限向往。开篇写景，寓情于景；诗末咏古，直抒其情。全诗格调悲壮深沉，立意邃远。

秋夜感怀

登楼迷北望，沙草没寒汀(1)。
月涌长江白，云连大海青。

征鸿非故国(2),横笛起新亭(3)。
无限悲歌意(4),茫茫帝子灵(5)。

注释 (1)寒汀,清寒冷落的水上小洲。骆宾王《在江南赠宋之问》:“秋江无绿芷,寒汀有白蘋。” (2)征鸿非故国,南飞的大雁不是来自故国。故国,此处意指北京以及整个北方,此时已全被清军占领。 (3)横笛,横吹的七孔笛子,与传统的直吹洞箫相对而言。新亭,故址在今南京市江宁县南。即东晋过江人士感叹“举目有江山之异”,“皆相视涕流处”。 (4)无限悲歌意,笛声充满对明朝亡国的无限悲痛。 (5)帝子,皇帝的儿女,此处指崇祯帝。茫茫帝子灵,此句意谓崇祯自杀殉国,他魂归何处?

简析 诗人登楼北望,眼前是沙草、寒汀,月涌长江,云连大海,一派凄迷苍茫。空中飞雁的悲鸣,江畔笛声的哀怨,无不寄托着作者对山河变色、崇祯殉国的无限悲痛之情。

秋日避难嘐东柬智含

昨夜秋风起洞庭(1),三山落木晓风轻(2)。
亲朋相态浑如梦(3),湖海生涯敢独醒(4)。
我已无家随汗漫(5),知君愁坐独俜伶(6)。
故人频洒河桥泪(7),南国招魂感鹡鸰(8)。

题解 该诗为清兵南侵之际,作者在秋天避难于嘐(liú)东(嘉定属下的地名)时所写。柬,致信,此处为赠诗意。智含,作者友人。

注释 (1)洞庭,此处洞庭为江苏之太湖,湖中有洞庭山(包山)。《文选·吴都赋》:“指包山而为期,集洞庭而淹留。” (2)三山,原指传说中的海上三神山,诗中泛指嘉定一带的山峦。苏轼《奉和陈贤良》:“三山旧是神仙地,引手东来一钓鳌。” (3)相态,状态。浑如梦,浑浑噩噩,如在梦中,指众人不知亡国之痛。 (4)独醒,独自清醒,不忘国恨家仇。《楚辞·渔父》:“众人皆醉我独醒。” (5)汗漫,漫无边际地漂游。 (6)君,你,指友人智含。俜伶(pīng líng),孤独貌。 (7)河桥泪,思乡泪。河桥代指故乡。 (8)招魂,古代吟诗作赋招生者或者死者之魂魄。王逸《题解》:“《招魂》者,宋玉之所作也。宋玉怜哀屈原,……故作《招魂》,欲以复其精神,延其年寿。”鹡鸰(jī líng),亦作“脊令”,《诗经·棠棣》:“脊令在原,兄弟急难。”言脊令失所,飞鸣求其同类。俗称张飞鸟,古时用作比喻兄弟。

简析 此诗前半部分描绘太湖秋风阵阵，三山落叶纷纷的苍茫萧瑟景象，烘托了清兵南侵后凄清迷茫的社会气氛和诗人孤寂凄凉的心情。后半部分则抒写自己宁肯四处漂泊也不甘作顺民的志向，并表示相信朋友一定能理解自己。

由丹阳入京

万里河山拱旧京(1)，楚囚西去泪如倾(2)。
斜风衰柳丹阳郭(3)，细雨孤帆白下城(4)。
残梦忽惊三殿报(5)，新愁翻觉一身轻。
从军未遂平生志，遗恨千秋愧请缨(6)。

题解 1647年夏季，夏完淳在反清斗争中兵败被俘，继而被从丹阳取水路押解南京，途中写下此诗。农历九月十九日，夏完淳慷慨就义于南京西市。

注释 (1)旧京，南京，曾经作为明朝京城。 (2)楚囚，楚国囚犯，泛指囚犯。《左传》成公九年："晋侯观于军府，见钟义，问之曰：'南冠而縶者谁也'，有司对曰：'郑人所献楚囚也。'" (3)丹阳郭，丹阳城的外郭。丹阳，现江苏省镇江市下属县级市。 (4)白下城，南京的别名。 (5)三殿，皇帝和太后、皇后一道出行称为三殿。诗中指梦见明朝皇帝驾到。 (6)请缨，将士自告奋勇请命杀敌。《汉书·终军传》："军自请愿受长缨，必羁南越王而致之阙下。"

简析 被押解西行的路上，斜风细雨，衰柳孤舟，河山依旧但换了主人，天翻地覆的变化使得末路英雄即景生悲。诗人义无反顾却回天无力，又引起他壮志未酬的无穷遗恨。

清代诗歌

◎钱谦益

留题秦淮丁家水阁(二首选一)

苑外杨花待暮潮(1),隔溪桃叶限红桥(2)。
夕阳凝望春如水,丁字帘前是六朝(3)。

作者简介 钱谦益(1582—1664年),字受之,号牧斋,江南常熟(今属江苏)人。神宗万历三十八年(1610年)进士。早年参加东林党活动。崇祯(1628—1644年在位)初官至礼部侍郎,被人攻讦,削籍归乡。顺治二年(1645年)清兵南下,他率先迎降。翌年授秘书院学士兼吏部侍郎,充修《明史》副总裁。不久即告病归乡,以著述自愉。为文博瞻,长于诗词,与吴伟业、龚鼎孳并称"江左三大家"。著有《牧斋集》《初学集》《有学集》《投笔集》等,编有《列朝诗集》。

题解 钱谦益降清后,因招致物议又未得要职,渐生悔意,即告病归隐故乡常熟,吃斋礼佛,其间也常外出活动,与抗清志士暗有联系。此诗为其重到南京,再游秦淮河时所作。

注释 (1)苑,原义指皇家宫苑,诗中指秦淮丁家水阁。 (2)桃叶,即桃叶渡。相传东晋王献之于此送其爱妾桃叶而得名。旧址在今南京市秦淮河与清溪合流处。限红桥,隔着红桥。红桥本在扬州,此处借指。 (3)丁字帘,地名。在南京秦淮河上利涉桥畔,明时为乐户聚居之地。六朝,秦淮河为六朝繁华之地,因以六朝代指秦淮。元好问《赠答赵仁甫》:"六朝人物风流在,两月燕城笑语疏。"

简析 故地重游,风景依旧;可是山河变色,气氛凄清,诗中隐约流露出作者对故国的深沉思念,对自己变节行为的愧悔之情。陈寅恪的《柳如是别传》认为此诗是钱谦益为第二位夫人柳如是而作,也是一说。

和盛集陶《落叶》

秋老钟山万木稀(1),凋伤总属劫尘飞(2)。
不知玉露凉风急(3),只道金陵王气非(4)。
倚月素娥徒有树(5),履霜青女正无衣(6)。
华林惨淡如沙漠(7),万里寒空一雁归。

题解 顺治五年(1648年)钱谦益遭疑反清被捕,后改为狱外看管。其时他与好友盛集陶、林古度、何寤明等常“相与循故宫，踏落叶，悲歌相和”。此诗是他与盛集陶《落叶》唱和诗中的第二首。

注释 （1）秋老钟山，钟山深秋。钟山，即南京紫金山。秋老，秋尽，深秋之意。（2）劫尘，劫后灰烬。佛教中指烧毁一切的大火后所剩的灰烬。（3）玉露，白露。（4）金陵王气非，暗喻明朝灭亡。（5）素娥，即嫦娥。徒有树，传说月宫有桂花树。（6）履霜，踏着霜。《易经·坤卦》：“履霜坚冰至。”意思是踏霜即预示着严寒将至。青女，传说中主霜雪的女神。（7）华林，曹魏时的皇家园林，诗中借指南京前明的园林遗址。

简析 此诗借咏物而怀旧，用典故而讽今。通过描绘钟山深秋景物，暗喻南京易主后的社会环境之萧条凄凉，抒发了作者的遗老之情和故国凋零之悲。

金陵秋兴八首次草堂韵己亥七月初一作（之二）

杂虏横戈倒载斜（1），依然南斗是中华（2）。
金银旧识秦淮气（3），云汉新通博望槎（4）。
黑水游魂啼草地，白山新鬼哭胡笳（5）。
十年老眼重磨洗（6），坐看江豚蹴浪花（7）。

注释 （1）杂虏，指清军，因其由满洲八旗、蒙古八旗和汉军八旗等组成。横戈倒载，形容其布防列阵。（2）指郑成功与张煌言的反清义军仍在东南坚持奉明朝正朔。南斗，星宿，诗中借指南方。（3）金银，指当年秦始皇为镇住金陵王气，在钟山埋金，凿通秦淮河。（4）云汉，天汉。双关语，既指天河，更指以往的大汉王朝。博望，西汉张骞因通西域获封博望侯。槎，登天或浮海的筏。博望槎暗喻郑成功、张煌言的舟师。（5）“黑水游魂”“白山新鬼”均指清兵。这两句是描写甚至设想清兵将一败涂地的情景。（6）十年老眼重磨洗，眼睛看山河变色已经十余年，突然为之一亮。（7）借用许浑《金陵怀古》中“江豚吹浪夜还风”句，描写反清将士在长江上与清军战斗。

简析 顺治十六年（1659年），郑成功联合在浙江坚持抗清的张煌言等，发动了一次大规模北伐。郑军从海道进入长江，占领了镇江、芜湖等四府三州二十四县，直达南京近郊。此诗作于当年七月郑成功水师入长江之际。虽然作者不得已归顺了清朝，但晚年愧疚之心日深，故在诗中满怀喜悦地歌颂郑成功、张煌言的胜利，期望恢复明朝江山。

◎吴伟业

秣陵口号

车马垂杨十字街，河桥灯火旧秦淮。
放衙非复通侯第[1]，废圃谁知博士斋[2]。
易饼市傍王殿瓦[3]，换鱼江上孝陵柴[4]。
无端射取原头鹿，收得长生苑内牌[5]。

作者简介 吴伟业(1609—1672年)，字骏公，号梅村，别署鹿樵生。江苏太仓人。明崇祯四年(1631年)进士，曾任翰林院编修、左庶子等职。清顺治十年(1653年)被迫应诏北上，翌年被授予秘书院侍讲，后升国子监祭酒。三年后以奉嗣母丧为由乞假南归，此后不复出仕。明末清初著名诗人，初学以唐代元稹、白居易为代表的“长庆体”，后自成新吟，称为“梅村体”。著有《梅村家藏稿》《绥冠纪略》《春秋地理志》。

题解 秣陵，秦始皇改金陵为秣陵。口号，诗歌创作中口占的意思，即时作诗。此诗为清初作者重游南京城时所写。

注释 (1)放衙，公事办完之后退衙。非复，不再。通侯第，列侯的官邸。 (2)废圃谁知博士斋，博学之士的书斋变成了废园。 (3)易饼市傍王殿瓦，买卖麦饼的集市旁堆满了王宫的瓦砾。 (4)樵夫用采自孝陵卫的木材向渔夫换鱼。孝陵，明孝陵，是明朝开国皇帝朱元璋和皇后马氏的合葬陵墓。 (5)无端，随意。原头鹿，原野上的鹿。唐明皇曾在原上猎取一鹿，鹿颈上挂有一牌，竟然是汉武帝时宫苑里的鹿。暗喻时光流逝，沧桑巨变。

简析 诗人身为明朝遗老，重游清初的金陵即景生情，口占此诗。全诗具体描绘了南京改朝换代后的沧桑巨变，物是人非。通过对旧都残宫、故景旧物的今昔对比，充分表达了作者强烈怀旧的遗民心理与深沉的金陵情结，凄怆而悲愤之情跃然纸上。

过淮阴有感

登高怅望八公山[1]，琪树丹崖未可攀[2]。
莫想阴符遇黄石[3]，好将鸿宝驻朱颜[4]。

浮生所欠止一死[5]，尘世无由识九还[6]。
我本淮王旧鸡犬[7]，不随仙去落人间[8]。

题解 顺治十一年（1654年），吴伟业应朝廷强诏赶赴京城，途经淮阴写下此诗。淮阴，今江苏省淮安市。

注释 （1）八公山，在安徽省寿县北，凤台县东南。山上有淮南王刘安庙。《水经注·淝水》：刘安信道术，有门客"八公"，能炼丹化金，后随刘安登山，埋金于地，白日升天。山因而得名。（2）琪树，玉树，指八公山上的树。琪，美玉。丹崖，朱红色的石崖，亦指八公山的石崖。（3）阴符，即《阴符经》，我国古代论兵法的书。遇黄石，《史记·留侯世家》：汉代张良在下邳（今属江苏省）圯上遇见黄石公，得授《太公兵法》，此处阴符即指《太公兵法》。（4）鸿宝，刘安请宾客作的讲道术的书。驻朱颜，指长生不老。（5）浮生，一生。（6）九还，道家炼丹需循环九次而成。（7）淮王旧鸡犬，葛洪《神仙传》：刘安升天时，留下丹药在院子里，鸡犬得食后也升天了。（8）自己是前朝的臣民，如今先帝都已经仙逝升天了，而我还苟活在人间。

简析 作者被迫赴京时途经淮阴，遥望八公山而触景生情，咏古叹今。该诗以淮南王刘安升天的故事为依托，表达了自己苟活尘世的自责之情，真实地抒发了作者身为遗民甚至贰臣的内心矛盾和困苦。

中秋看月有感

今年京口月，犹得杖藜看[1]。
暂息干戈易[2]，重经少壮难[3]。
江声连戍鼓[4]，人影出渔竿。
晚悟盈亏理[5]，愁君白玉盘[6]。

注释 （1）杖藜，藜老可以为杖，老人执以杖行，谓之"杖藜"。僧志南《绝句》："古木阴中系短蓬，杖藜扶我过桥东。"（2）干戈，古代兵器统称，常用来代指战争。文天祥《过零丁洋》："辛苦遭逢起一经，干戈寥落四周星。"（3）少壮，少年或壮年。此句谓人的青春时期不会重来。（4）戍鼓，指戍楼上的更鼓。戍楼是边防驻军的瞭望楼。（5）晚悟，老来醒悟。盈亏理，盈满亏损的道理。（6）白玉盘，代指月亮。李白《古朗月行》："小时不识月，呼作白玉盘。"此处愁君白玉盘暗指清王朝以武力统一全中国，但未来不知会怎么样。

简析 中秋之夜，年迈的诗人杖藜在京口赏月，触景生情。他惋惜在国破家亡的战火中度过了青春岁月，羡慕和平的日子里江上垂钓的渔翁。望见天上的满月，他感叹月有阴晴圆缺，事有得失盛衰，可惜到老才明白这个道理。此诗意境凄清而意蕴深沉，充满愁情与哲理。

满江红·蒜山怀古

沽酒南徐(1)，听夜雨，江声千尺(2)。记当年，阿童东下(3)，佛狸深入(4)。白面书生成底用(5)？萧郎裙屐偏轻敌(6)。笑风流北府好谈兵(7)，参军客(8)。　　人事改，寒云白。旧垒废，神鸦集(9)。尽沙沉浪洗，断戈残戟。落日楼船鸣铁锁(10)，西风吹尽王侯宅(11)。任黄芦苦竹打寒潮(12)，渔樵笛。

题解 “满江红”，词牌名。“蒜山怀古”，词题。蒜山，即算山，在江苏丹徒西的长江口。

注释 (1)南徐，镇江别称。 (2)江声千尺，化用苏轼《后赤壁赋》：“江流有声，断岸千尺。” (3)阿童，西晋将领王浚小字阿童。《晋书·王浚传》：“浚上书自理曰：臣被诏之日，即便东下。”王浚于武帝太康元年(280年)正月，发兵成都，攻克吴地丹阳，“阿童东下”出自此。诗中指代清兵南下。 (4)佛狸，南北朝时期北朝魏国皇帝拓跋焘小字佛狸。《南史·宋文帝纪》：“元嘉二十七年(450年)，拓跋焘率大众至瓜步，声欲渡江。”“佛狸深入”在此诗中指代清兵南下。 (5)白面书生成底用，《南史·沈庆之传》：“元嘉二十七年，文帝将北侵，庆之固陈不可。时丹阳尹徐湛之、吏部尚书江湛并在座上，使难庆之，庆之曰：‘今欲伐国，而与白面书生辈谋之，事何由济’。” (6)萧郎，南北朝梁武帝时的萧渊藻，风流潇洒，自命儒将，实为纸上谈兵。裙屐，指其修饰华美。 (7)北府，东晋末在扬州和京口设立北府军，招募北方南来的游民，颇具战斗力。以刘牢之、刘裕为统帅。北府军先后受王恭、司马元显倚重。但刘牢之先后背叛王恭、司马元显，使二人兵败被杀。刘裕更篡晋以自代，建立南朝宋王朝。 (8)参军客，即指北府参军刘牢之辈。此处三句感慨东晋到南朝镇守扬州—京口的将领，或是书生谈兵，或是心怀二志。 (9)旧垒废，神鸦集，昔日的作战营垒成为废址，乌鸦群聚。化用辛弃疾《永遇乐·京口北固亭怀古》：“佛狸祠下，一片神鸦社鼓。” (10)落日楼船鸣铁索，化用杜牧《西塞山怀古》：“王濬楼船下益州，金陵王气黯然收。千寻铁锁沉江底，一片降幡出石头。” (11)王侯宅，指旧时明朝的宫殿官邸。化用辛弃疾《永遇乐·京口北固亭怀古》:“舞榭歌台,风流总被雨打风吹去。” (12)黄芦,秋天变黄之芦苇。苦竹,又名伞柄竹,其笋味苦。白居易《琵琶行》:“黄芦苦竹绕宅生。”

简析 《满江红·蒜山怀古》是吴伟业在明亡之后创作的一首怀古咏今词。此词上阕写雨夜听到长江波涛声,使他联想起当地历史上发生的种种事件:从阿童东下,佛狸深入,萧渊藻纸上谈兵,以及北府兵贻害东晋。往事历历一一从作者眼前闪过。下阕感叹现实,物是人非。过去兵家必争之地,只剩下断戈残戟,昔日王公贵族的宅第,今日也烟销灰灭。江南大地只剩下黄芦、苦竹,还有渔童、樵夫在吹着村笛。作者的遗民心态、家国情怀,仍然是其诗歌创作的动力。

◎ 顾炎武

白　下

白下西风落叶侵(1),重来此地一登临。
清笳皓月秋依垒(2),野烧寒星夜出林(3)。
万古河山应有主,频年戈甲苦相寻(4)。
从教一掬新亭泪(5),江水平添十丈深(6)。

作者简介 顾炎武(1613—1682年),南直隶苏州府昆山(今江苏省昆山市)人,字忠清、宁人。曾参加南明反清斗争。南明灭亡后,改名炎武。杰出的思想家、经学家、史地学家和音韵学家,与黄宗羲、王夫之并称为明末清初“三大儒”,被誉为清学“开山始祖”。其学以博学于文,行己有耻为主,合学与行、治学与经世为一。其主要作品有《日知录》《天下郡国利病书》《音学五书》《亭林诗文集》等。诗多伤时感事之作。

注释 (1)白下,南京别称。 (2)清笳,凄清的胡笳声。杜甫《洛阳》:“清笳去宫阙,翠盖出关山。” (3)野烧,农人燃烧杂草,称野烧。寒星,亦名启明星。 (4)频年,连续数年。戈甲苦相寻,战争连续不断。 (5)从教,听从,听任。新亭泪,东晋初渡江诸人在新亭北望中原泪流不止。 (6)末句夸张地形容流泪人数和泪水之多。

简析 在西风落叶、清笳皓月、野烧寒星的凄清气氛中,诗人重回旧战场,面对象征着怀念故国山河的伤心之地“新亭”,他禁不住泪如潮涌。身为遗民,诗人的忠贞之气,刚正精神和悲怆的情感,全寄寓在这首情景交融的诗中。

酬朱监纪四辅

十载江南事已非[1],与君辛苦各生归[2]。
愁看京口三军溃[3],痛说扬州十日围[4]。
碧血未消今战垒[5],白头相见旧征衣。
东京朱祜年犹少[6],莫向尊前叹式微[7]。

题解 酬,答。朱监纪,作者的友人,曾参加南明反清斗争。四辅,明朝官职,洪武十三年(1380年),朱元璋命设立四辅官。从诗句中可知此诗作于南明灭亡之后十年左右。

注释 (1)十载江南事已非,指江南十年的反清斗争已经失败。 (2)各生归,各自还能活着回来。 (3)京口三军溃,顺治二年(1645年)农历五月九日,清军趁黎明渡江攻京口,南明守军仓皇列阵甘露寺,很快崩溃,南明苏松巡抚霍达及副使杨文骢逃往苏州。 (4)扬州十日围,顺治二年(1645年)农历四月十八日清军包围扬州,二十五日破城。清军攻占扬州后,在扬州城内进行了十天的大屠杀,至五月二日才宣布"封刀"。 (5)碧血,指为正义死难而流的血,烈士的血。《庄子·外物》:"苌弘死于蜀,藏其血,三年而化为碧。" (6)朱祜,东汉光武皇帝刘秀属下大将,自刘秀起兵一直追随左右,帮助刘秀复兴汉室。这里比喻朱监纪还年轻。 (7)尊,今作樽,是商周时代的一种大中型盛酒器。式微,衰败、消沉。《诗经·式微》:"式微式微,胡不归。"

简析 诗人在这首酬答诗中,回顾了十年反清斗争的艰险与惨烈,借用朱祜始终为刘秀复国奔走立功的典故,鼓励对方不要消沉。全诗壮怀激烈,充满顽强坚韧的斗争精神。

◎宋 琬

江上阻风

睡起无聊倚舵楼[1],瞿塘西望路悠悠。
长江巨浪征人泪[2],一夜西风共白头[3]。

作者简介 宋琬(1614—1673年),字玉叔,号荔裳。莱阳(今山东莱阳市)人。顺治四年(1647年)进士,晚年官至四川按察使。清初著名诗人,与安徽宣城施闰章齐名,有“南施北宋”之称。有《安雅堂集》传世。

注释 (1)无聊,百无聊赖,无所寄托的精神状态。 (2)征人,旅人、行人。(3)共白头,征人的头发和峡中浪花一样白。

简析 该诗描述自己风阻瞿塘峡时的情景和心情。作者生平坎坷,晚年再次踏上仕途,但对前景依然是忧心忡忡。诗中用路悠悠、征人泪、巨浪、西风、白头这些意象渲染了凄清悲凉的气氛,抒发其对家乡的思念,同时也流露出诗人在波云诡谲的仕途上惊惧惶恐、愤懑悲凉的思想感情。本诗用语奇丽,比喻委婉含蓄。

◎ 施闰章

过湖北山家

路回临石岸(1),树老出墙根。
野水合诸涧,桃花成一村。
呼鸡过篱栅,行酒尽儿孙。
老矣吾将隐,前峰恰对门(2)。

作者简介 施闰章(1619—1683年),字尚白,一字屺云,号愚山,媲萝居士、蠖斋,晚号矩斋。江南宣城(今安徽宣城市)人,顺治六年(1649年)进士,授刑部主事。十八年(1661年)举博学鸿儒,授侍讲,预修《明史》,进侍读。文章醇雅,尤工于诗,与宋琬并称“南施北宋”,位“清初六家”之列。著有《学馀堂文集》《试院冰渊》等。

题解 顺治十八年(1661年),作者调任江西布政使司参议,分守湖西道,辖临江、吉安、袁州三府。此诗写于此时。过湖北山家,拜访湖之北的山民之家。过,拜访、造访。

注释 (1)路回,山路盘旋曲折。 (2)末二句感叹说,将来我老了,就找一个同样的地方隐居,恰好开门就能眺望前峰。

简析 这首诗描绘了一幅山路沿河盘旋,山涧潺潺流水,满村桃花盛开,户户老树成荫，村民安宁祥和的田园风景画，表现了作者对仕途生活的厌倦，对淡泊宁静情境的憧憬。与陶渊明的《桃花源记》、孟浩然的《过故人庄》，有异曲同工之妙。

燕子矶

绝壁寒云外，孤亭落照间(1)。
六朝流水急(2)，终古白鸥闲。
树暗江城雨(3)，天青吴楚山(4)。
矶头谁把钓？向夕未知还(5)。

注释 (1)落照，晚霞的余晖。 (2)六朝流水急，历史上的东吴、东晋、宋、齐、梁、陈六个朝代，就像匆匆的流水一去不复返了。 (3)江城，当指南京。燕子矶位于南京幕府山东北，临长江。 (4)吴楚山，泛指南京上游的山。南京古属吴地，沿江而上的安徽、江西古属楚地。 (5)向夕，傍晚，薄暮。陶潜《岁暮和张常侍》："向夕长风起，寒云没西山。"末二句说时至傍晚，钓鱼人还不知回家。

简析 绝壁寒云，孤亭余晖，凄清的黄昏中，诗人独立燕子矶。联想起朝代更替如逝水，只有江上白鸥始终悠闲自在，何不学习矶头钓翁，忘却晚之将至？作者把追求宁静淡泊之情，寄托在景物的描绘之中。

◎ 朱彝尊

鸳鸯湖棹歌一百首(选二)

一

穆湖莲叶小于钱(1)，卧柳虽多不碍船(2)。
两岸新苗才过雨，夕阳沟水响溪田。

二

屋上鸠鸣谷雨开(3)，横塘游女荡船回(4)。
桃花落后蚕齐浴(5)，竹笋抽时燕便来。

作者简介 朱彝尊(1629—1709年),字锡鬯,号竹垞,又号驱芳,晚号小长芦钓鱼师,又号金风亭长。秀水(今浙江嘉兴市)人。康熙十八年(1679年)举博学鸿词科,除检讨。二十二年(1683年)入直南书房。曾参加纂修《明史》。写诗与王士祯并称南北两大家。作词风格清丽,为浙西词派的创始者。精于金石文史,购藏古籍图书不遗余力,为清初著名藏书家之一。

题解 鸳鸯湖棹歌组诗作于康熙十三年(1674年),仿民歌以写嘉兴风物之美。鸳鸯湖,一名南湖,在浙江嘉兴南三里。棹歌,一边划船一边唱的歌。

注释 (1)穆湖,也叫穆溪,在嘉兴东北。钱,铜钱,古代钱币,形容新荷之小。(2)卧柳,枝干斜卧于水上的柳树。碍,妨碍。 (3)鸠鸣,斑鸠鸣叫,预示晴天。《埤雅》:"鸠,阴则屏其妇,晴则呼之。"谷雨,清明后一个节气。开,雨霁天晴。(4)横塘,地名,在今江苏苏州西南,以分流东出,故名。游女,驾游船的妇女。(5)蚕齐浴,养春蚕同时浴谷种。陆游《初春》:"年光满眼吾何憾,又近吴蚕浴种时。"

简析 第一首诗描绘了穆湖雨后黄昏春景:新莲刚冒嫩叶,柳枝轻拂着小舟。雨后春苗一片嫩绿,夕照沟溪、流水潺潺。诗人不仅描绘了穆湖春天的勃勃生机,也透视出他对乡村春景的由衷喜爱。第二首描写苏州横塘地区的民俗风情。首句点出时节并写天气,谷雨时节,斑鸠欢叫,雨霁天晴,令人心旷神怡。游女荡船而归,蚕农忙着浴种,竹笋刚刚冒出嫩芽,燕儿又联翩归来……诗人非常细腻地描绘了乡民们不误农时的繁忙景象,全诗充满浓郁的生活气息。

卖花声·雨花台

衰柳白门湾(1),潮打城还(2)。小长干接大长干(3)。歌板酒旗零落尽,剩有渔竿(4)。 秋草六朝寒,花雨空坛。更无人处一凭阑(5)。燕子斜阳来又去,如此江山。

题解 "卖花声",词牌名,即"浪淘沙"。雨花台,在南京聚宝门外聚宝山上。相传南朝梁代云光法师在这里讲经,感动天上降下花来,故称雨花台。雨,降落。

注释 (1)白门,本为建康(南京)台城的外门,后来用为建康的别称。 (2)城,这里指古石头城,在今南京清凉山一带。 (3)小长干、大长干,古代里巷名,故址在今南京城南。 (4)歌板,即拍板,中国古代打击乐器。歌唱时用以打拍子。李贺《酬答》:"试问酒旗歌板地,今朝谁是拗花人?"酒旗,酒店门口的布制招牌。

(5)凭阑,倚着栏杆。

简析 该词上阕通过衰柳、潮水、秋草、斜阳、歌板、酒旗、鱼竿、燕子等意象的组合描绘,营造了一种衰败、冷清的意境,映衬了清朝统治下南京萧条衰败的社会环境。下阕抒发江山依旧,人事已非的深沉感慨。全词句句吊古伤今,字字蕴涵着兴亡之慨。其风格哀婉抑郁,清丽自然。

◎王士禛

真州绝句(其四)

江干多是钓人居(1),柳陌菱塘一带疏(2)。
好是日斜风定后(3),半江红树卖鲈鱼(4)。

作者简介 王士禛(1634—1711年),字子真,一字贻上,号阮亭,又号渔洋山人,世称王渔洋。山东新城(今桓台西)人,常自称济南人。清顺治十四年(1657年)进士,康熙四十三年(1704年)官至刑部尚书,颇有政声。负诗文名,与朱彝尊并称"南朱北王"。诗论创"神韵"说,于后世影响深远。早年诗作清丽澄淡,中年转为苍劲。有《池北偶谈》《古夫于亭杂录》《香祖笔记》等。

题解 真州绝句是作者早年任扬州司理时到真州所写的一组诗,共五首,此选第四首。真州,今江苏仪征市。

注释 (1)江干,即河干、河岸。《诗经·伐檀》:"坎坎伐檀兮,置之河之干兮。" (2)柳陌菱塘,柳树荫盖的小路,长着菱藕的池塘。疏,稀疏,通畅。 (3)日斜,黄昏时分。 (4)半江红树,晚霞染红了树林,倒映江水中。

简析 这首诗细致地描绘了真州渔村的优美风景和渔民的生活情景,宛如一幅诗画共一体的渔村风景图,再现了渔民们自给自足的生活,含蓄地表达了对渔村景物与生活的赞赏。此诗清新自然,淡远幽雅,生活气息浓郁。

蟂矶灵泽夫人祠

霸气江东久寂寥(1),永安宫殿莽萧萧(2)。
都将家国无穷恨,分付浔阳上下潮(3)。

题解 蟂(xiāo)矶灵泽夫人祠，在安徽芜湖西江中，高十丈，周九亩有奇。矶上旧有灵泽夫人孙尚香祠。魏蜀吴三国鼎立时期，为抗曹，孙刘不仅联盟，还联姻。孙权把妹妹孙尚香嫁给刘备。后来孙吴联盟破裂，据传孙尚香在此投江而死。后人称之为灵泽夫人，并建祠纪念。

注释 (1)霸气江东，指孙权的吴国曾经霸气十足。久寂寥，霸业早就无影无踪了。 (2)永安宫殿，三国时刘备所建，故址在今重庆市奉节县城内。刘备曾在永安宫托孤。莽萧萧，形容野草丛生。 (3)都将家国无穷恨，分付浔阳上下潮，感叹灵泽夫人的悲惨命运。沈德潜曾云："此昭烈夫人祠也，浔阳以上为刘，浔阳以下为孙，夫人之恨真无穷也！"

简析 诗人凭吊灵泽夫人祠堂，思绪穿越千古，感慨万千。三国鼎立，吴蜀联盟，孙刘联姻，灵泽夫人系"家国"命运于一身。但不久吴蜀联盟破裂，灵泽夫人投江自尽，故只剩下无穷之恨伴着滔滔江水千古长流。作者借此表达了对历史兴亡的感慨，和对灵泽夫人悲剧命运的哀悼之情。全诗气韵沉雄，格调苍老，意蕴含蓄深远。

题秋江独钓图

一蓑一笠一扁舟[1]，一丈丝纶一寸钩[2]。
一曲高歌一樽酒[3]，一人独钓一江秋。

注释 (1)蓑(suō)，蓑衣，用草或棕编织成的防雨衣。笠，用竹篾或芦秆篾片编织的帽子。两物均为渔家、农民所用。 (2)丝纶，即丝线制作的钓鱼绳。 (3)樽，酒杯。

简析 这首题画诗是诗人早年应朋友邀请为《秋江独钓图》所题。该诗前两句用白描手法，客观再现了画中渔翁一件蓑衣、一顶斗笠、一叶轻舟垂钓的外在形态。后两句则发挥想象，活灵活现地刻画了渔翁一面歌唱，一面饮酒的潇洒神情。九个"一"的连用，突出了秋江独钓潇洒中蕴含的孤寂，是潇洒自由的生活情趣还是抒发百无聊赖的心情？足以任人遐想。

送张杞园待诏之广陵(二首选一)

茱萸湾上夕阳楼[1]，梦里时时访旧游[2]。
少日题诗无恙否[3]？绿杨城郭是扬州[4]。

题解 张贞,名起元,号杞园,山东安邱(安丘)人。康熙十一年(1672年)拔贡,后官至翰林院待诏。与王士祯既是朋友也是同乡。该诗为诗人晚年作品。

注释 (1)茱萸湾,在扬州市东北,运河支流流经处。夕阳楼,清代新筑的观景楼。(2)旧游,指四十年前,即顺治十六年(1669年)作者选扬州推官,曾与友同游。(3)指诗人顺治十六年与友同游夕阳楼时的题诗《浣溪沙》。(4)绿杨城郭是扬州,四十年前旧作《浣溪沙》中之诗句。

简析 在这首送别好友赴扬州的赠诗里,诗人特别向其推介了扬州夕阳楼的美景,一往情深地回忆起四十年前与友同游,吟诗作赋的欢乐情境,并吟诵了其中的诗句。这既是对绿杨环抱的扬州的怀念,对旧友的思念,更是对自己青春生活的追怀。该诗语言清新,情感真切。

◎孔尚任

北固山看大江

孤城铁瓮四山围[(1)],绝顶高秋坐落晖[(2)]。
眼见长江趋大海,青天却似向西飞[(3)]。

作者简介 孔尚任(1648—1718年),字聘之,又字季重,号东塘,别号岸堂,自称云亭山人。山东曲阜人,孔子六十四代孙,清初诗人、戏曲作家。自幼即留意礼、乐、兵、农等学问,还考证过乐律,为以后的戏曲创作打下了音乐知识基础。代表作为《桃花扇》。世人将他与《长生殿》作者洪升并论,称为"南洪北孔"。

注释 (1)铁瓮,镇江城的别名。(2)坐落晖,坐在夕阳的落晖中。(3)青天却似向西飞,江水东流迅疾,倒映水面的天空好像向西飞去。

简析 该诗形象生动地刻画了诗人静坐北固山绝顶,沐浴着晚霞,全神贯注凝视大江东去的从容旷达心态和潇洒闲逸的形象,更利用感觉错位,以天向西飞来衬托大江东去,一泻千里的宏大气势。本诗构思新奇,想象奇特,境界宏大。

无　　题

梨花似雪草如烟,春在秦淮两岸边[(1)]。

一带妆楼临水盖[2]，家家粉影照婵娟[3]。

题解 该诗为孔尚任所作《桃花扇》中之唱词。原无诗题，“无题”乃编者所加。

注释 (1)秦淮，秦淮河，长江下游南岸支流。古称龙藏浦，汉代起称淮水，唐以后改称秦淮。六朝建都南京，流经市区的河段两岸歌台舞榭鳞次栉比，美女歌妓云集，成为达官商贾，文人墨客们娱乐之地。 (2)妆楼，旧称妇女居住的楼房。沈佺期《侍宴安乐公主新宅应制》：“妆楼翠幌教春住，舞阁金铺借日悬。” (3)粉影，雪白的影壁。影壁也称照壁，古称萧墙，是中国传统建筑中正门前方用于遮挡视线的墙壁。婵娟，美女、美人。方干《赠赵崇侍御诗》：“却教鹦鹉呼桃叶，便遣婵娟唱竹枝。”

简析 此诗由远而近，由外及内，描绘了秦淮河妩媚多彩的春色：远处的秦淮河两岸，成片的洁白梨花似漫天飞雪，芳草萋萋轻柔如茵。近处的河水里倒映着华美的楼影；而家家户户的雪白照壁映照着美女佳人的婀娜身影。诗人用优美的语词，绘就了一幅唯美的《秦淮风情图》。

折桂令·问秦淮

问秦淮旧日窗寮[1]，破纸迎风，坏槛当潮[2]，目断魂消[3]。当年粉黛[4]，何处笙箫[5]？ 罢灯船端阳不闹[6]，收酒旗重九无聊[7]。白鸟飘飘，绿水滔滔，嫩黄花有些蝶飞，新红叶无个人瞧[8]。

题解 该散曲出自《桃花扇》结尾的一套北曲《哀江南》。“折桂令”，曲牌。“问秦淮”，曲题。含有质疑、愤懑之意。

注释 (1)窗寮，双层窗里面的小窗，亦泛指窗。 (2)当，通挡(dǎng)，遮挡。(3)目断魂消，不堪入目，令人伤感之意。 (4)粉黛，女子化妆用的脂粉、颜料，借指昔日秦淮河的歌妓。 (5)笙箫，指代歌舞。 (6)罢灯船端阳不闹，河中没有彩灯画舫闹端阳。 (7)收酒旗重九无聊，岸上酒家关门，无人饮酒庆重阳。写今日秦淮河的冷落萧条。 (8)末四句写大自然依旧春意盎然，生机勃勃，却再也无人赏景作乐了。

简析 这套散曲借《桃花扇》剧中人物苏昆生重访秦淮的个人观感，突出描绘了战后南京荒凉残败，萧条冷落的景象，表达了因昔盛今衰而引发的冷寂落寞之情。繁茂永恒的自然界与萧条没落的人类社会环境形成了物是人非的情感冲击，在艺术的对照中深化了主题的表达。散曲大量运用了借代、反问、对比、描摹等修辞手法，强化了作品的形象感染力。

◎查慎行

三江口苦雨

那刹矶头雨杀风(1)，千樯烟气湿蒙蒙(2)。
楚天低压平芜外(3)，何处青山认皖公(4)。

作者简介 查慎行(1650—1727年)，初名嗣琏，字夏重，号查田，后改名慎行，字悔余，号他山，又称查初白。浙江海宁人。康熙四十二年(1703年)以举人特赐进士，授翰林院编修。五十二年(1713年)乞休归里，家居十余年。自朱彝尊去世后，为东南诗坛领袖。著有《敬业堂集》《他山诗钞》。

题解 康熙三十一年(1692年)，诗人重游江西，途经安徽桐城东南枞阳河入长江处的三江口，遇秋风苦雨而作此诗。苦雨，久下成灾的雨。《左传》昭公四年："春无凄风，秋无苦雨。"

注释 (1)那刹矶，俗称罗刹矶，位于安徽省贵池县西六十里长江中。雨杀风，风雨交加。 (2)千樯，形容船只很多。湿蒙蒙，潮湿昏暗。 (3)平芜，平旷的原野。 (4)皖公，皖公山，位于安徽省潜山县西。

简析 该诗描述了苦雨之景，抒发了苦雨之情。前三句由近及远，细腻地描写了那刹矶头风雨交加的近景，继而描写江面千帆停航，雨气蒙蒙的中景，第三句写到了远处浓云低压的楚天和旷野，一片烟雨苍苍。最后一句"何处青山认皖公"，既是写景，也是叹息，含蓄地抒发了诗人遭遇凄风苦雨的愁闷和无奈之情。

早过大通驿

夙雾才醒后(1)，朝阳未吐间。
翠烟遥辨市，红树忽移湾(2)。
风软一江水(3)，云轻九子山(4)。
画家浓淡意，斟酌在荆关(5)。

题解 康熙三十一年(1692年)，作者四十三岁，离家前往北京时途经安徽。此诗写诗人清晨乘船驶经大通驿所见美景。大通驿，在安徽铜陵，大通河由此入长江。

注释 (1)夙雾，早雾，晨雾。夙，早。醒，(晨雾)刚刚散去。 (2)翠烟遥辨市，红树忽移湾，青烟袅袅，远处市镇依稀可辨。朝霞映红树林，仿佛忽然移到了河湾。 (3)风软一江水，清风吹拂，泛起一江微微涟漪。软，轻吹，轻拂。 (4)九子山，即青阳县的九华山。 (5)末二句的意思是，即便是荆、关再世，要描画这山光水色，也得为笔墨浓淡费一番斟酌。荆关，五代后梁画家荆浩、关仝。二人擅长山水画。

简析 该诗抒写途经大通驿时所见景色：青烟袅袅，朝霞映树，晨风吹拂江水，白云飘浮在九华山。全诗紧扣"早过"二字，描绘了晓雾朝霞中的江南瑰丽景色。最后诗人断言这种自然美，就是山水画高手画起来也费斟酌。而诗作本身就用诗的语言，画家的眼光，给读者描绘了一幅写意山水画。

舟夜书所见

月黑见渔灯，孤光一点萤[1]。
微微风簇浪[2]，散作满河星[3]。

注释 (1)孤光，孤零零的灯光。萤，萤火，萤光，比喻微弱的渔火。韩愈《和崔舍人咏月》："长河晴散雾，列宿曙分萤。" (2)簇，包围，拥起。 (3)散作满河星，比喻河中好像撒落无数的星星。

简析 这首五言绝句仿佛一幅速写。诗人通过对月黑江面一点渔灯的细致观察，展开丰富的想象，运用动静结合、明暗对比的手法，展示了一幅奇丽的江上夜景。从而表达诗人的即时审美感受，抒发了对自然美的陶醉之情。

◎ 纳兰性德

秣陵怀古

山色江声共寂寥[1]，十三陵树晚萧萧[2]。
中原事业如江左[3]，芳草何须怨六朝[4]。

作者简介 纳兰性德(1655—1685年)，纳兰为姓氏，原名成德，后改名为性德，字容若，号饮水，楞伽山人。属满洲正黄旗，是康熙朝大学士明珠之子。康熙十五年(1676年)进士，选授三等侍卫，寻进二等。清代最为著名的词人之一，与朱彝尊、陈维崧并称“清词三大家”。有《通志堂集》传世，《纳兰词》尤为知名。

题解 秣陵，南京古称。秦始皇改金陵为秣陵，首置秣陵郡。

注释 (1)寂寥，寂静、寥落。 (2)十三陵，明成祖以下十三代帝王的陵寝，均在北京市西北。萧萧，萧条冷落。 (3)中原事业如江左，明代的国事如同江左的六朝一样，都是亡于贪图享受，朝政腐败。中原，泛指北方，此指明王朝。从永乐到崇祯都是建都北京。事业，国事、朝政。江左，江东。 (4)芳草何须怨六朝，人们何必总是哀叹前朝呢。芳草，字面是指江南的美景，此处喻指清初具有强烈明代遗民意识和金陵情结的怀旧文人。

简析 作者通过对故都南京一片寂寥冷落，北京明代十三陵遗址也一派肃杀寂寞的描绘，揭示王朝兴亡更替不可避免，劝勉那些沉溺在前朝情结之中的人，不必为已成过去的事物嗟叹不已。此诗立意深远，颇有“劝君莫奏前朝曲”之意。

◎ 虞景星

湘中曲

风起黄陵庙下秋(1)，断猿声里系孤舟(2)。
云鬟雾鬓知何处(3)？竹色娟娟月影流(4)。

作者简介 虞景星(1669？—1751年)，字东皋，江苏金坛人。康熙五十一年(1712年)进士，初官知县，改授吴县教谕。工诗、书、画，尤善画松。

注释 (1)黄陵庙，即湘灵庙。湖南《湘阴县图志》记载：帝舜二妃娥皇、女英从帝南巡。帝死，二妃投洞庭湖殉夫，葬于湘阴县青山。原建有黄陵二妃墓，唐代建湘灵庙。 (2)断猿声，断断续续的猿啼声。 (3)云鬟雾鬓，形容二妃的装饰打扮。鬟，古代妇女的环形发结。鬓，耳旁的头发。 (4)娟娟，柔美、明媚貌。司马光《和杨卿中秋月》：“嘉宾勿轻去，桂影正娟娟。”

简析 秋夜船泊洞庭湖边黄陵庙下，耳畔断断续续传来猿啼声，诗人怀古生情：那美丽的湘灵哪里去了？眼前只见柔媚的湘妃竹色与皎洁月影倒映在流水中。此诗意境冷寂凄美，抒发了对湘灵的追怀之情。

◎ 沈德潜

夜月渡江

万里金波照眼明(1),布帆十幅破空行(2)。
微茫欲没三山影(3),浩荡还流六代声(4)。
水底鱼龙惊静夜,天边牛斗转深更(5)。
长风瞬息过京口(6),楚尾吴头无限情(7)。

作者简介 沈德潜(1673—1769年),字碻(què)士,号归愚,长洲(今江苏苏州)人。乾隆四年(1739年)进士,曾任内阁学士兼礼部侍郎。乾隆四十三年(1778年),即在其逝世九年后,因牵涉文字狱而被"罢祠削谥,仆其墓碑",并且全家治罪。沈德潜论诗主格调,提倡温柔敦厚诗教。其诗多歌功颂德之作,少数篇章对民间疾苦有所反映。所著有《沈归愚诗文全集》。又选著有《古诗源》《唐诗别裁》《明诗别裁》《清诗别裁》等,流传颇广。

注释 (1)金波,月光。沈佺期《古歌》:"水晶帘外金波下,云母窗前银汉回。" (2)布帆,布质的船帆。诗中借指帆船。十幅,虚数,比喻许多船只。李白《秋下荆门》:"霜落荆门江树空,布帆无恙挂秋风。" (3)微茫欲没三山影,天色微茫,金山、焦山、北固山若隐若现。 (4)浩荡还流六代声,江流浩荡,似乎还传来六朝的声音。 (5)牛斗,斗牛的倒装。即二十八星宿中的斗宿与牛宿星座。斗,北斗星。牛,牵牛星。 (6)京口,今镇江。 (7)楚尾吴头,楚地之尾,吴地之头。指长江中下游江西与江苏交界的一片区域。更大范围则包括江苏西部、安徽、江西、湖北东部沿江一带。

简析 这首七律描述诗人月夜渡江,逆水西行路上的所见所感。万里金波,帆船疾驶,三山隐隐约约退去,江流还回响着六朝古声;鱼龙惊夜,斗牛转更,长风破浪,瞬息间过了镇江,江西已遥遥在望了。此诗时空恢弘辽阔,意境寥廓壮美,充分表现了作者月夜行舟的快感,抒发了对大好河山的赞美之情。

过真州

扬州西去真州路(1),万树垂杨绕岸栽。
野店酒香帆尽落(2),寒塘渔散鹭初回(3)。
晓风残月屯田墓(4),零露浮云魏帝台(5)。

此夕临江动离思(6),白沙亭畔笛声哀(7)。

注释 (1)真州,今江苏仪征,在扬州市西南长江边。 (2)野店酒香帆尽落,船只都收帆停泊真州,舟子们都到酒店饮酒。 (3)寒塘渔散鹭初回,垂钓者都收杆从寒塘返回,白鹭也回巢。杜甫《新津寺》:“蝉声集古寺,鸟影渡寒塘。” (4)屯田墓,指北宋词人柳永的墓。柳永曾任屯田员外郎,死后葬在真州。其词《雨铃霖》中“今宵酒醒何处?杨柳岸,晓风残月”历来脍炙人口。 (5)魏帝台,相传魏文帝曹丕曾经在真州城子山筑有东巡台,亦称“乐游台”。 (6)此夕,这个晚上。离思,离别的思绪。 (7)白沙亭,旧址在仪征县南白沙洲附近。

简析 诗人在黄昏中乘舟行经真州,见垂杨绕岸,舟船收帆,寒塘人散,鹭鸟归巢,一片闲散冷落景象。柳永的坟墓孤立在晓风残月里,魏帝台的遗址残存在零落浮云中。孤寂冷僻的氛围,加之白沙亭畔飘来哀怨的笛声,更撩起了他的离愁别绪。此诗营造了真州江畔凄清冷僻的意境,流露了作者孤寂的羁旅之愁。

◎方 觐

子规啼

平羌江口江水清(1),峨眉山头山月明(2)。
江楼望月人未寝,肠断子规啼一声(3)。

作者简介 方觐(1680?—1730年),字近雯,皖南歙县(今安徽黄山歙县)人。康熙四十八年(1710年)进士,召授翰林院检讨、编修。五十二年为会试同考官,康熙六十年任四川学政,至雍正七年(1729年)晋西安布政使,上任途中卒。编校有《万寿诗》《御定佩文斋广群芳谱》。

注释 (1)平羌江,即四川青衣江,源出四川芦山县西北,向东南流经洪雅、夹江县至乐山,会大渡河入岷江。 (2)峨眉山,在平羌江的西南。 (3)子规,即杜鹃鸟、布谷鸟,相传为古蜀帝杜宇所化,其叫声悲鸣。李白《蜀道难》:“又闻子规啼夜月,愁空山。”

简析 平羌江口,诗人登楼望月,“江水清”“山月明”两个意象构造了凄美静谧的意境,烘托其孤寂的心情;而子规的啼叫以动衬静,反衬了月夜的空灵,勾起了作者的怀乡之愁。

◎ 郑板桥

绝句·渔翁

烟蓑雨笠水云居(1),鞋样船儿帽样庐(2)。
卖取青钱沽酒得(3),乱摊荷叶摆鲜鱼(4)。

作者简介 郑燮(xiè)(1695—1765年),字克柔,号板桥,江苏兴化人,祖籍苏州。乾隆元年(1736年)进士,官山东范县、潍县知县。因岁饥为民请赈,忤大吏,以病乞归,寄居扬州,卖画为生。"扬州八怪"之一。其诗、书、画均旷世独立,世称"三绝"。擅画兰、竹、石、松、菊等,其中画竹五十余年,成就最为突出。著有《板桥全集》。

题解 诗人由兴化迂回到高邮路上,共作七首绝句,此为其二。兴化,今为江苏省泰州市所属的县级市,古称昭阳,又名楚水。高邮,今为江苏省扬州市所属县级市。

注释 (1)渔翁住在雨雾缭绕的水边。蓑,蓑衣。笠,斗笠。均为旧时农村用竹、叶制作的雨具。 (2)鞋样船儿帽样庐,渔船像鞋,茅舍像帽子。庐,屋舍,茅舍。陶潜《饮酒》:"结庐在人境,而无车马喧。" (3)沽酒,买酒。 (4)乱摊荷叶摆鲜鱼,在集市路边随意摆几张荷叶放上鲜鱼叫卖。

简析 这首小诗再现了清代江南渔民自给自足的生活和民情风俗,流露出诗人的悠闲与羡慕之情。此诗形象生动,意境幽美,音韵流畅,语言明白如话。

念奴娇·石头城

悬岩千尺(1),借欧刀吴斧(2),削成城郭。千里金城回不尽(3),万里洪涛喷薄(4)。王浚楼船,旌麾直指(5),风利何曾泊(6)。船头列炬,等闲烧断铁索(7)。 而今春去秋来,一江烟雨,万点征鸿掠(8)。叫尽六朝兴废事,叫断孝陵殿阁(9)。山色苍凉,江流悍急,潮打空城脚。数声渔笛,芦花风起作作(10)。

题解 "念奴娇",词牌名,又名"百字令""酹江月"等。石头城,在今江苏南京市清凉山,东汉献帝建安十六年(公元211年),吴主孙权在原址上重筑,取名石头城。该词为郑板桥于雍正十年(1732年)参加乡试后游览南京城所作。

注释 (1)悬岩,指南京清凉山。 (2)欧刀吴斧,春秋时期名工欧冶子和吴国人所铸造的兵器。诗中比喻坚刀利器。《后汉书·虞诩传》:“宁卧欧刀,以示远近。” (3)回,曲折迂回。金城,指南京石头城,比喻固若金汤。 (4)喷薄,喷涌激荡。沈佺期《过蜀龙门》:“流水无昼夜,喷薄龙门中。” (5)王浚,西晋大将,两任益州刺史,最终攻灭东吴。楼船,带楼的战船。旌麾(jīng huī),帅旗,指挥军队的旗帜。 (6)风利何曾泊,据《晋书·王浚传》,晋帝要王浚到秣陵后受王浑调度。船过秣陵,王浚指着船帆对王浑的信使说“风利不得泊也”,只管下金陵抢功去了。 (7)船头列炬,船头置放火器。等闲,轻易。烧断铁索,王浚率领楼船用火烧断东吴拦江的铁锁,使得战船顺利通过,抵达石头城下。 (8)掠,极快地擦过或拂过,诗中作飞过解。 (9)叫尽六朝兴废事,叫断孝陵殿阁,大雁年年南飞,在它的鸣叫声中,建都在石头城的六朝和明朝都相继灭亡了。断,坍塌。孝陵,明太祖朱元璋的墓。 (10)作作,通“灼灼”,形容光芒四射。《史记·天官书》:“岁阴在酉,星居午……作作有芒。”此处作“漫天飞扬”解为宜。

简析 此词通过对比描绘了石头城历史上的雄伟气势和衰败荒凉的现实景象,借史事凭吊古今,揭示了历代王朝兴衰更替的不可避免,表达了作者的无奈之情与沧桑之感。全词咏古叹今,借景抒怀,情景交融;其意境雄浑苍凉,意象万千。

◎ 黄景仁

黄　州

青山壁立浪飞银(1),堞雉杈枒瞰水滨(2)。
隔岸武昌犹有树(3),下流彭泽渐无津(4)。
祇应风月归吾辈,谁见功名似昔人(5)?
解唱大江东去曲(6),苏公真是再来身(7)。

作者简介 黄景仁(1749—1783年),字汉镛,一字仲则,号鹿菲子,常州府武进县(今江苏常州市武进县)人,宋朝大诗人黄庭坚后裔。乾隆四十一年(1778年),朝廷平定金川,他献诗被评二等,授武英殿书签官。两年后例得主簿,加捐县丞。死于赴陕西途中。诗人一生坎坷,怀才不遇。诗负盛名,为毗陵(常州)七子之一。著有《两当轩集》《西蠡印稿》。

注释　(1)壁立，耸立如壁，形容山崖陡峭。　(2)堞雉，即雉堞，原指城上短墙，也泛指城墙。雉，古代计算城墙面积的单位，长三丈高一丈为一雉。堞，城墙上齿状的矮墙。司空曙《南原望汉宫》："荒原空有汉宫名，衰草茫茫雉堞平。"杈枒，原指树枝，此处形容城墙交错。瞰，俯视。　(3)武昌，黄州对岸的鄂城，今之鄂州市。树，指武昌柳。东晋陶侃在鄂州广植柳树。　(4)彭泽，一说指江西九江对面的湖北省黄梅县的湖泊，一说指鄱阳湖。无津，无边无涯。　(5)祇应风月归吾辈，谁见功名似昔人？意思是如今这江上风月虽然属于吾辈，可惜自己的功名事业不如前人。此句化用黄庭坚《次韵文潜立春日三绝句》："试问淮南风月主，新年桃李为谁开？"及诗中自注："江山风月本无常主，闲者便是主人。"当时黄州属淮南道。　(6)大江东去曲，即苏轼《念奴娇·赤壁怀古》。　(7)苏公，即苏轼。再来身，名垂千古之人。

简析　诗人游黄州，重温当年苏轼贬放此地时夜游长江的体会，追怀其"一词两赋"的意境，感叹自己虽然同样能拥有赤壁风月，而功名成就却远不及苏轼等前贤。诗中也暗含怀才不遇之情。

月中泛小孤山下

烟水月明处，中流一溯洄[(1)]。
湖过彭蠡尽[(2)]，潮到小孤回。
独鹤掠舟过，神鱼听曲来。
不知疏柳岸，长笛为谁哀。

题解　小孤山，长江中名曰小孤山者多处。按诗意，此山应为江西彭蠡湖口之小孤山，即石钟山。苏轼《石钟山记》："《水经》云：'彭蠡之口有石钟山焉。'"

注释　(1)溯洄，逆流而上的漩涡。　(2)彭蠡，即彭蠡湖，一说为鄱阳湖古称。

简析　诗人月夜泛舟彭蠡湖而作此诗。诗中描绘了水汽迷蒙，月光明朗，湖水洄流的壮美景象；又用"独鹤掠舟""神鱼听曲"以动衬静，突出了小孤山下的静谧与苍凉气氛。最后两句既是描写岸上有人吹笛的实景，也是作者此时孤寂心情的表露。

◎王　昙

焦山夜泊

华严灵馆压嶕峣(1)，一片风烟接寂寥(2)。
大地星河围永夜(3)，中江灯火见南朝(4)。
鱼龙古寺三秋水，神鬼虚堂八月潮(5)。
独上数层扪北极(6)，满天风露下银霄(7)。

作者简介　王昙(1760—1817年)，又名良士，字仲瞿，秀水(今浙江嘉兴)人。乾隆五十九年(1795年)举人。会试不第，白衣终身，著有《烟霞万古楼文集》等。

题解　焦山在江苏省镇江城东北长江边。

注释　(1)华严灵馆，即华严阁，位于焦山。嶕峣(jiāo yáo)，高耸貌。　(2)风烟，风尘、烟雾，云气。王勃《送杜少府之任蜀州》："城阙辅三秦，风烟望五津。"　(3)永夜，犹长夜。　(4)南朝，即宋、齐、梁、陈四朝。长江南北岸，为六朝统治之地。　(5)"鱼龙古寺"与"神鬼虚堂"应该是指焦山定慧寺。此处是化用朱彝尊《题南昌铁柱观》："阴洞蛟龙晴有气，虚堂神鬼昼无声。"三秋水，即九月的江水。一秋三月，三秋为九月。《诗经·采葛》："一日不见，如三秋兮。"八月潮，八月的潮水。　(6)扪北极，摸到北极星，极言山高。　(7)银霄，银汉(银河)与天空。诗中指星空。

简析　这首纪游诗描述雄奇壮阔如梦幻般的镇江夜景。首先突出描写华严阁的高峻，继而用"一片"涵盖整个空间，从大地星河之广阔，写到长江两岸的灯火辉煌，再写到焦山脚下江潮的波澜壮阔之势。最后以极其夸张的手法描写诗人独上绝顶，触摸北斗星，又带着满天风露，自银色夜空飘然而下，大有"挟飞仙而遨游"的神气。作者的想象力丰富，思绪驰骋在天地星辰、楼台庙宇和大江两岸的灯火之中，构造了一个如梦如幻、神奇壮美的意境。

◎ 张问陶

瞿塘峡

峡雨蒙蒙竟日闲，扁舟真落画图间。
纵将万管玲珑笔，难写瞿塘两岸山。

作者简介 张问陶(1764—1814年)，字仲冶，一字柳门，号船山，四川遂宁人。乾隆五十五年(1790年)进士，历任翰林院检讨、吏部郎中、山东莱州知府。晚年归隐吴门(今江苏苏州)，自号蜀山老猿。著有《船山诗草》20卷、《船山诗草补遗》6卷，存诗3500余首、书画1000余幅，是我国清代最著名的诗人和书画家。

题解 《瞿塘峡》一诗，系乾隆五十七年(1792年)腊月，张问陶由成都赴京师，经过三峡时所写。

简析 张问陶主张诗歌要表现“性灵”，因此此诗既未写景抒情，也未触景生情，只是抒写他雨中游峡时独特的心灵感悟：荡一叶扁舟仿佛“真落画图间”，置身于画中，与自然山水融为一体。这种感悟，表明诗人徜徉山水，恣意遨游，忘却红尘而沉醉在一种迷蒙空灵的氛围之中。雨中瞿塘峡之美，美不胜收，诗人只能意会，不可言传，因此用“纵将万管玲珑笔，难写瞿塘两岸山”一笔带过；至于具体的瞿塘峡山水之美，却留给人们去遐想。

大溪口风雪(二首)

其　一

残年容易感他乡(1)，纵不闻猿已断肠。
回首故园山万迭(2)，满船风雪下瞿塘。

其　二

北风吞峡一舟轻，雪里江声杂雨声。
篷底细倾村落酒(3)，残宵归梦不分明(4)。

题解 据作者自叙，此诗作于“乾隆癸丑(1793年)，扁舟出峡”之岁末。大溪口，川蜀称溪口地名甚多，根据诗人行程，应该在川鄂交界的西陵峡口一带。

注释 (1)残年,一年之岁末,一生之暮年。 (2)山万迭,群山连绵。迭,连着。 (3)倾,倾出。村落酒,乡村自酿的酒。 (4)残宵归梦,天快亮了才入睡。残宵,残夜。

简析 两诗均写岁末寒冬作者乘船出峡行程之险,孤独之愁和思乡之苦。第一首写诗人在行人急于归家的岁末却飘泊异地,因而更感孤苦。第二首写出峡时雪花漫天,风声、涛声、雪落声交织,诗人只有躲在船舱借酒浇愁,在残夜里迷迷糊糊梦回故乡。全诗写景、叙事和抒情融为一体,情境凄怆而悲凉。

阳湖道中

风迴五两月逢三(1),双桨平拖水蔚蓝。
百分桃花千分柳(2),冶红妖翠画江南(3)。

注释 (1)风迴五两月逢三,风吹“五两”之时,正是早春三月。迴,动词,指风转动“五两”。“五两”,古测风仪,用以观察风力、风向的变化。 (2)百分桃花千分柳,桃花全开了,杨柳更是多得难以计数。 (3)冶红妖翠,用“妖冶”形容桃花之红,杨柳之翠。妖冶(yāo yě),艳丽而轻佻。司马相如《上林赋》:“若夫青琴宓妃之徒,绝殊离俗,妖冶娴都。”

简析 《阳湖道中》描述了诗人在阳春三月,荡舟阳湖(清代江苏常州府下属县)湖面的情境,着意渲染了桃红柳绿,姹紫嫣红的江南春景。诗人能诗善画,故常用画家的眼光敏锐地观察景物,用绘画的手法写诗。此诗用描摹绘画和拟人的手法,作成了一幅令人陶醉的《诗画江南图》。

过黄州

蜻岭一叶独归舟(1),寒浸春衣夜水幽。
我似横江西去鹤(2),月明如梦过黄州。

注释 (1)蜻岭,一种轻便小舟。 (2)横江西去鹤,借用苏轼《后赤壁赋》:“适有孤鹤,横江东来。”

简析 乾隆五十年(1785年),诗人赴京应试落第,归乡途中夜经黄州,舟中遥望东坡赤壁,脑中浮现苏轼当年贬放黄州的情境,触景生情。即时借用《后赤壁赋》句意,以孤鹤横江自比,抒发江上漂泊的孤寂凄清之情;又以自己考场落第,与东坡当年贬放黄州的愁情产生情感共鸣。全诗意境梦幻空灵。

◎陈　沆

九日登黄鹤楼

自从十岁题诗后(1),不上兹楼二十年(2)。
吟到雨风秋老矣(3),坐来天地气苍然(4)。
大江帆影沉鸿雁,下界人声混管弦(5)。
寂寞繁华千感并(6),浮云郁郁到樽前(7)。

作者简介　陈沆(1785—1826年),亦名学濂,字太初,号秋舫,蕲水(今湖北浠水县)人。嘉庆二十四年(1819年),中殿试第一甲第一名(状元),授翰林院修撰。历任广东省主考官、礼部会试同考官、四川道监察御史,与魏源为至交。道光六年病逝于北京,归葬本县调军山南麓。为清代古赋七大家之一,诗文清刻。代表作有《简学斋赋存》《简学斋诗存》《诗比兴笺》等。

注释　(1)十岁题诗,作者十岁时,曾经在黄鹤楼题诗。　(2)兹楼,黄鹤楼。　(3)吟到雨风,比喻自己二十年来一直吟诗作赋。秋老,深秋。　(4)苍然,形容饱经沧桑,历史悠久。　(5)下界人生混管弦,黄鹤楼下嘈杂的人声与悠扬的歌乐声混成一片。管弦,乐器的统称,诗中指代乐声、歌声。　(6)寂寞繁华,繁华中诗人却深感寂寞。千感,多种感情。并,交并。　(7)浮云郁郁到樽前,阴暗的浮云漂浮到诗人的酒桌前。郁郁,此处作幽暗解。樽,本义是古代的酒具,此处借代酒桌。

简析　诗人髫龄即在黄鹤楼题诗,二十年后重阳节,重登黄鹤楼,面对江水滚滚东流,江城的管弦繁嚣,三十岁刚过的诗人却流露出人生易老,岁月如梭的沧桑之感。这种情怀寄寓在叙事、写景、抒情相交融的意境之中。

扬州城楼

涛声寒泊一城孤,万瓦霜中听雁呼(1)。
曾是绿杨千树好(2),只今明月一分无(3)。
穹商日夜荒歌舞(4),乐岁东南困转输(5)。

道谊既轻功利重[6]，临风还忆董江都[7]。

注释 （1）万瓦，指扬州城的千家万户。瓦，指代房屋。（2）绿杨，化用王士禛《浣溪沙·红桥》："绿杨城郭是扬州。"（3）只今明月一分无，翻用徐凝《忆扬州》："天下三分明月夜，二分无赖是扬州。"（4）穹商，天下的商贾，商人。荒歌舞，沉醉在酒色之中。（5）乐岁东南困转输，丰年之时，忙着为朝廷转运粮食。困，受困，苦于（转输）。乐岁，丰年。转输，为朝廷转运输送物资。（6）道谊既轻功利重，朝野都是急功近利而轻道义，这是反用《汉书·董仲舒传》语："夫仁人者，正其谊，不谋其利，明其道，不计其功。"谊，同"义"，通假字。（7）董江都，即董仲舒，曾任西汉江都王刘非国相10年，政绩卓著。

简析 扬州在清代是财富汇聚之地，但诗人登上扬州城楼感觉到的，却是一派凄清冷落，作者看到了繁华景象的表面之下潜藏着深刻的社会矛盾，如富商的荒淫奢侈，官吏的巧取豪夺，老百姓则困于赋税之重和转输之苦。从而深刻地揭露了嘉庆、道光年间在王朝统治下的贫富对立和风气败坏。此诗清苍幽峭，具有强烈的忧患意识。

◎ 龚自珍

己亥杂诗·风定月出半江白

六月十五别甘泉[1]，是夕丹徒风打船[2]。
风定月出半江白，江上女郎眠未眠[3]？

作者简介 龚自珍（1792—1841年），字璱（sè）人，号定庵。仁和（今浙江杭州）人。道光九年（1829年）进士，历官内阁中书、宗人府主事和礼部主事等闲职，后辞官南归。晚年居住昆山羽琌山馆，客死于丹阳云阳书院。龚自珍主张革除弊政，抵制外国侵略，曾全力支持林则徐禁除鸦片。其诗文多揭露统治者的腐朽，主张"更法""改图"。著有《定庵文集》，留存文章300余篇，诗词近800首，今人辑有《龚自珍全集》。

题解 诗人的诗作编入《己亥杂诗》者共350首。此诗编序为108，原无诗题。

注释 （1）甘泉，大江南北称甘泉者多处，根据诗意和作者行程，此甘泉应为江苏省扬州市邗江区甘泉镇。（2）是夕，当晚，这晚。丹徒，今江苏省镇江市丹徒区。

(3)江上女郎,指江船上的船女和渔女。

简析 这首小诗描述了船离甘泉至丹徒一路上的气候、景色和诗人心境的不断变化。六月十五之夜,本应皓月当空,可是却遇上大风,诗人苦恼之心可想而知。须臾风停月出,银辉照亮了半个江面,于是诗人心情豁然开朗,思绪飞扬,在闲情惬意之中又有一丝孤寂之感。

己亥杂诗·惠山秀气迎客舟

惠山秀气迎客舟(1),七十里外心先投(2)。
惠山妆成要妆镜,惠泉那许东北流(3)。

题解 此诗选自《己亥杂诗》第313首,诗题乃编者所加。原诗自注:“廿二日携女辛游惠山。”惠山,在今江苏省无锡市,南临太湖。作者所游之处可能是著名的风景名胜之地惠山古镇。

注释 (1)秀气,秀美。 (2)心先投,人未到,心先到了。形容诗人赴惠山游览心情之急迫。 (3)惠泉,即惠山泉,被乾隆封为“天下第二泉”。诗中将惠泉比作惠山的化妆镜。

简析 在这首纪游诗中,诗人运用拟人、比喻等手法,极赞惠山之秀美,抒发其喜爱之情。尤其是把惠山比拟为刚刚化妆打扮完毕的美女,把惠泉比喻为惠山的化妆镜,山水一体,更突出了惠山之娇媚。此诗意境优美,构思新颖。

◎魏　源

江行杂诗·汉口(八首选一)

江声兼汉壮(1),山色渡湘青(2)。
两岸争云树,孤帆入杳冥(3)。
繁华天寂寞,卑湿月晶荧(4)。
中夜闲鸥梦,随风落洞庭(5)。

作者简介 魏源(1794—1857年),名远达,字默深,又字墨生、汉士,号良图,湖南邵阳人。道光二十五年(1845年)始成进士,历任内阁中书、东台知县、高邮知州。

鸦片战争中入两江总督裕谦幕，参加抗英斗争。战后曾受林则徐之托编《海国图志》。主张经世之学，与龚自珍并称“龚魏”。工诗，早年在北京与林则徐、龚自珍同为“宣南诗社”成员。今人编有《魏源全集》。

题解 这首《汉口》是魏源《江行杂诗》(共八首)中的诗篇。作者自注曰：“嘉庆庚辰岁，奉母东下所作。”可知其作于嘉庆二十五年(1820年)，诗人时年26岁。

注释 (1)江声兼汉壮，长江与汉水汇流后，水声加倍宏壮。兼，加倍。 (2)山色渡湘青，湖北的山脉延伸到湖南，更加郁郁葱葱。渡，延伸。 (3)杳冥，深远幽暗貌。 (4)卑湿，地势低下潮湿。《史记·货殖列传》：“江南卑湿，丈夫早夭。”晶荧，明亮闪烁。 (5)末二句谓午夜时梦如自由自在的闲鸥，随风飘飞到洞庭湖去了。中夜，午夜、子夜、半夜。

简析 该诗前四句描绘白日江面壮阔优美的景色，后四句描述夜半梦见自己有如闲鸥，自由自在地飘飞到了洞庭湖的情景。作者借物遣怀，以鸥鸟比喻置身江湖美景中悠闲自在、思绪飞扬的情感。

◎ 王闿运

晓上空泠峡

猎猎南风拂驿亭(1)，五更牵缆上空泠(2)。
惯行不解愁风水(3)，瀑布滩雷只卧听(4)。

作者简介 王闿运(1833—1916年)，字壬秋，又字壬父，号湘绮，世称湘绮先生。湖南湘潭人。咸丰二年(1852年)举人，曾任咸丰朝权臣肃顺的家庭教师，后入曾国藩幕府。曾主讲成都尊经书院、长沙思贤讲舍、衡州船山书院、南昌高等学堂。授翰林院检讨，加侍读衔。辛亥革命后任清史馆馆长。著有《湘绮楼诗集、文集、日记》等。并辑有《八代诗选》。

题解 拂晓逆流而上空泠峡。空泠峡，即崆岭，又作空舲峡。在今湖北省秭归县东南。《水经注·江水二》：“江水自建平至东界峡，盛弘之谓之空泠峡。”空泠峡属三峡西陵峡段，以滩多水险著称。

注释 (1)猎猎，风声。李白《永王东巡歌》：“雷鼓嘈嘈喧武昌，云旗猎猎过浔阳。”驿亭，古时驿传有亭。杜甫《秦州杂诗》之九：“今日明人眼，临池好驿亭。” (2)牵缆,三峡逆水行舟,由纤夫拉着纤绳行驶。(3)惯行不解愁风水,常年行走在外,习惯了风雨。不解,不知。 (4)滩雷,江水冲险滩时发出的涛声如雷。

简析 该诗生动地描述了拂晓时分,逆水行舟穿越空冷峡的情境:纤夫拉着纤绳,艰难地跋涉在陡峻的峡岸上,小船在急流险滩中洄转逆行。而历经风雨、惯行险途的诗人,却逍遥自在地侧卧舟中,欣赏着如雷的惊涛骇浪声。其气定神闲,潇洒自如,充分体现了诗人直面社会人生,藐视自然风浪的豪迈气概。小诗意境深邃,言简意赅,意在言外。

寄怀辛眉

空山霜气深,落月千里阴。
之子未高卧,相思共此心[1]。
一夜梧桐老,闻君江上琴[2]。

题解 寄怀,作诗以寄托自己的心意。陆游《出游归鞍上口占》:"寄怀楚水吴山外,得意唐诗晋帖间。"辛眉,当为作者密友。

注释 (1)之子未高卧,相思共此心,作者和对方虽然没有共同高卧于此,但彼此依旧心心相印,相互思念。之子,这个人,诗中指辛眉。元好问《寄赠庞汉》:"之子贫居久,诗文日有功。" (2)梧桐老,梧桐树叶飘零。闻君江上琴,听见江上传来你的琴声。

简析 这首寄怀诗开篇的"空山""落月"点明了作者所处的地点、时间和凄清的景色,映衬了诗人孤寂的思念,继而直接抒发千里同心的深情。诗末运用夸张与想象,更深刻地表达了作者的别离之苦,思念之情。小诗情深意切,委婉感人。

◎ 黄遵宪

五月十三夜江行望月

洒泪填东海[1],而今月一圆。
江流仍此水,世界竟何年。
横折山河影[2],谁攀阊阖天[3]?

增城高赤嵌[4]，应照血痕殷[5]。

作者简介 黄遵宪（1848—1905年），字公度，别号人境庐主人，广东嘉应州（今梅州）人，光绪二年（1876年）中举人，历充驻日本参赞、旧金山总领事、驻英参赞、新加坡总领事，戊戌变法期间署湖南按察使，助巡抚陈宝箴推行新政，戊戌政变后罢归。工诗，喜以新事物熔铸入诗，有"诗界革新导师"之称。作品有《人境庐诗草》《日本国志》《日本杂事诗》等。

题解 《马关条约》签订后的光绪乙未年（1895）五月，黄遵宪至湖北办理教案，在汉口月夜泛舟长江，写下此诗。

注释 （1）填东海，典出《山海经·精卫填海》："炎帝少女名曰女娃。游于东海，溺而不返，故曰精卫，常衔西山之木石，以湮于东海。"诗人痛感国势衰弱，欲学精卫填海，救国救民。（2）横折山河影，指签订《马关条约》，清政府割地求和。横折，割地。山河影，语出《淮南子》："月中有物者，山河影也。"（3）谁攀阊阖天，此句设问谁能扳开天门，重振中国雄风？攀，同扳。阊阖天，天宫之门。王维《和贾舍人早朝》："九天阊阖开宫殿，万国衣冠拜冕旒。"（4）增城，重城。《楚辞·天问》："增城九重，其高几里？"赤嵌城，在台湾府城南。明崇祯八年，荷兰殖民者筑赤嵌城。这里指代台湾被日本占领。（5）血痕殷，鲜血呈现出赤黑色，比喻台湾人民为抵抗外来侵略而流血牺牲。

简析 诗人泛舟长江，仰望明月，仿佛看到月中山河破碎之影，联想到台湾人民斑斑血泪，不禁悲情难抑。诗人把圆月作为艺术意象，抒发其报国之心，填海之志，体现了强烈的爱国主义精神，"世界竟何年"之叹暗含对清政府丧权辱国行径的谴责。此诗悲壮凄怆，意境旷远苍凉。

上岳阳楼

巍峨雄关据上游[1]，重湖八百望中收[2]。
当心忽压秦头日[3]，画地难分禹迹州[4]。
从古荆蛮原小丑[5]，即今砥柱孰中流[6]。
红髯碧眼知何意，挈镜来登最上头[7]。

题解 此诗大约作于光绪二十四年（1898年）左右，作者任署湖南按察使期间。时值中日签订《马关条约》之后，列强开始在中国划分势力范围之际。岳阳楼位于湖南省岳阳古城西门外，与湖北武昌黄鹤楼、江西南昌滕王阁并称为"江南三大名楼”。

注释 (1)雄关,即岳州城,湖南水路咽喉,历代兵家必争之地。 (2)重湖,《名胜志》:“南曰青草(湖),北曰洞庭(湖),所谓重湖也。”方圆有八百里之广。望中收,尽收眼底。 (3)当心,小心。秦头日,典出潘永因《宋稗类钞》:“谢石善拆字,拆春字,谓秦头太重,压日无光。忤秦桧,死于戍。”作者在该句下自注曰:“近见西人势力范围图,竟将长江上下游及浙江、湖南指入英吉利属内矣。” (4)画地,指瓜分势力范围。禹迹州,即中国。大禹治水,足迹遍于九州,故称中国为禹迹州。《左传》襄公四年:“茫茫禹迹,画为九州。”此句谓中国不容瓜分。 (5)荆蛮,因南方开发稍晚,故古代称楚越一带为荆蛮。 (6)即今砥柱孰中流,谁来担当救国的中流砥柱呢? (7)末二句下有诗人自注:“是日有西人登楼者。”红髯碧眼,即指西人。知何意,不知怀有什么目的。挈镜,带着望远镜或照相机。

简析 在瓜分狂潮初起之际,诗人登上岳阳楼,眺望荆楚军事重地和大好河山,感慨万千。他既为国家内忧外患而忧心忡忡,但又坚信中国大地不可能被瓜分,于是呼唤力挽狂澜的荆楚人民出来承担中流砥柱的重任。全诗感情深沉复杂,充满悲痛乃至愤慨,表现了极为强烈的爱国主义精神。

◎ 陈三立

十一月十四日夜发南昌月江舟行

露气如微虫(1),波势如卧牛(2)。
明月如茧素(3),裹我江上舟(4)。

作者简介 陈三立(1852—1937年),字伯严,号散原,江西义宁(今修水)人。光绪十五年(1889年)进士,官吏部主事。早年曾协助其父湖南巡抚陈宝箴举办新政,支持戊戌变法。政变后父子均被革职。辛亥革命后以遗老自居,所作诗多忧伤国事,为“同光体”主要作家。著有《散原精舍诗》《续集》《别集》及《散原精舍文集》。

题解 1901年清政府与列强签订了丧权辱国的“辛丑条约”。当年十一月十四日夜,诗人乘舟从南昌起航去九江。夜发南昌时写下此诗。

注释 (1)露气,水汽。纳兰性德《采桑子》:“凉生露气湘弦润,暗滴花梢。”(2)波势,波浪起伏的形状态势。 (3)茧素,白色蚕茧抽出的细丝。 (4)裹我江上舟，将小舟紧紧缠绕、包裹。暗喻自己情感、意志被压抑。

简析 此诗在写景中蕴含着抒怀。前三句连用了三个新奇的比喻，描写长江月夜景色，意境清新空灵。一连串比喻则编织成了一串闪光的珍珠项链，使江面的露气、波浪、月光交织成了一幅幽冷的画面。诗中明写月夜江行景色及其感觉，暗则抒发自己被沉重压抑的忧国忧民之情。

晓抵九江作

藏舟夜半负之去(1)，摇兀江湖便可怜(2)。
合眼风涛移枕上(3)，抚膺家国逼灯前(4)。
鼾声邻榻添雷吼(5)，曙色孤篷漏日妍(6)。
咫尺琵琶亭畔客(7)，起看啼雁万峰巅(8)。

注释 （1）藏舟，典出《庄子·大宗师》："夫藏舟於壑，藏山於泽，谓之固矣；然而夜半有力者负之而走，昧者不知也。"以行舟比国事，喻指列强瓜分中国，而国人尚无觉醒之意。（2）摇兀，游荡、飘泊。国势飘摇自然可悲可怜。（3）合眼风涛移枕边，闭上眼睛睡觉，风涛声仍在耳边回响。（4）抚膺，捶胸，悲愤难抑、感叹不已貌。家国逼灯前，比喻民族危机就在眼前。（5）鼾声邻榻，化用《续通鉴长编》中宋太祖赵匡胤语："卧榻之侧，岂容他人鼾睡？"比喻东西列强环伺。添雷吼，侵略者发出了惊人的声音。（6）曙色孤篷，一抹阳光照在孤独的船篷上。漏日妍，阳光射进船舱，显得光亮可爱。比喻慈禧、光绪两宫回銮北京，发布"新政"上谕，使诗人看到一线希望。（7）咫尺，接近或刚满一尺，形容距离近。琵琶亭，旧在九江，为白居易《琵琶行》中送客处。此处琵琶亭畔客指作者本人。（8）起看啼雁万峰巅，隐喻中国将要从沉睡中奋起。

简析 陈三立的诗作历来被视为"艰涩"难懂，原因除了其好用僻词、拗句的文字风格之外，更与其家的遭遇有关。戊戌政变后，陈宝箴、陈三立父子不仅遭罢官遣回原籍，而且处于严密的监控之下。故其文字多隐语，诗歌多用暗喻。该诗中的藏舟被负，邻榻雷吼就是形容国势之危，而孤篷漏日、雁啼峰巅，则是由于在签订"辛丑条约"的同时，朝廷于1901年初发布了"变法上谕"，宣称"维新"，使人看到了新的希望（当然事后证明这些都只是幻想）。

◎ 刘光第

香　　溪

莫消蛮山恶(1),香溪有艳魂(2)。
一声巴女笛(3),千古汉妃村(4)。
夜月修篁怨(5),春风媚草生(6)。
崖泉如幽诉(7),环佩戛潺湲(8)。

作者简介　刘光第(1859—1898年),字裴邨,四川富顺人。光绪九年(1883年)进士,授刑部候补主事。1898年加入保国会,"百日维新"期间与谭嗣同、杨锐、林旭四人以四品卿衔在军机章京上行走,参预新政,推行变法。慈禧太后操纵政变,四章京及康广仁、杨深秀同时被捕,于9月28日被杀害于北京菜市口,时称戊戌六君子。刘光第著有《介白堂诗文集》。

题解　香溪,又名昭君溪,发源于鄂西神农架,流经王昭君故乡兴山县昭君村,在西陵峡口北岸流入长江。《水经注》称乡口溪。《寰宇记》曰:"兴山县有香溪,即王昭君所游处。"

注释　(1)消,讥消。蛮山,形容昭君故乡兴山穷乡恶水。　(2)艳魂,芳魂,美丽的灵魂,指王昭君。　(3)巴女,三峡一带的女子。春秋时三峡附近有巴国。　(4)汉妃村,即湖北兴山昭君村。杜甫《咏怀古迹五首(其三)》:"群山万壑赴荆门,生长明妃尚有村。"　(5)修篁,修长的竹子。　(6)媚草,《岭表异录》:"媚草,鹤子草也,蔓生,色浅紫,状如飞鹤。"　(7)崖泉如幽诉,山崖间的潺潺流水声,有如幽怨的诉说。　(8)环佩,佩玉。戛,敲击。潺湲(chán yuán),水缓缓流动的声音。末句说泉水流动的声音和美女身上的佩玉交相共鸣。

简析　这是一首优美的凭吊汉代明妃王昭君的写景抒情诗。诗中通过对昭君故里的景物描写,运用"修篁怨""媚草生""如幽诉"等拟人和比喻的手法,既描绘了香溪的秀美景色,又突出了故里人民对昭君悲剧命运的同情和千古不变的怀念,更融汇了作者深沉的悼念之情。

华严顶

闻说金刚台外地(1),夜灯浮上独兹峰(2)。
老猿抱子求僧饭(3),闲客看人打佛钟。

下界云霞招仗屦(4),夕阳红翠动杉风。
风吹铎语天中落(5),似惜尘凡去兴浓(6)。

题解 华严顶,四川峨眉山中一座独立的山峰,此山奇突俊秀,峰形如塔,高出群山之上,视野开阔,可观云海、日出。华严顶古有玉皇亭,清代雍正年间在峰顶扩建为寺,寺名也叫华严寺。

注释 (1)金刚台,位于华严顶。 (2)夜灯,圣灯。兹峰,指华严顶。兹,此。 (3)老猿抱子求僧饭,老猿抱着小猿向僧人求食。 (4)招,吸引。仗屦,拐杖和麻鞋。仗同杖。屦,麻制作的鞋子。此处指诗人自己。辛弃疾《水调歌头·盟鸥》:“带湖吾甚爱,千丈翠奁开。先生杖屦无事,一日走千回。” (5)铎语,诗中指华严顶寺庙中僧人们念经时敲击钟罄的声音。铎,古代乐器大铃。 (6)尘凡,人间,凡世。去兴浓,离开的想法很强烈。

简析 这首诗先描绘了夜游峨眉山华严顶所见的圣灯、猿猴、云海、杉松、佛钟等景象,渲染了浓烈的宗教神秘气氛,继而描述了云霞满天,夕阳红翠的自然美景。而最终山寺留不住诗人下山的脚步,从而表达了作者关注现实生活,积极进取的入世思想。

◎谭嗣同

晨登衡岳祝融峰(二首选一)

身高殊不觉(1),四顾乃无峰(2)。
但有浮云度(3),时时一荡胸(4)。
地沉星尽没(5),天跃日初镕(6)。
半勺洞庭水,秋寒欲起龙(7)!

作者简介 谭嗣同(1865—1898年),字复生,号壮飞,湖南浏阳人。早年遍历南北各地,观察风土人情,结交志士,吸纳新知,开湖南维新风气之先。1896年捐赀为江苏候补知府。1898年8月入京,擢四品衔军机章京,积极投入戊戌变法,同年9月政变后被杀,为“戊戌六君子”之一。著有《莽苍苍斋诗》和《仁学》。

题解 衡岳,南岳衡山。祝融峰是南岳衡山七十二峰的最高峰和主峰,以火神祝融氏命名。山高1300米，高耸云霄，雄峙南天。此诗作于1891年，作者时年26岁。

注释 (1)身高殊不觉，置身峰顶，竟然不觉高。殊，竟然。(2)四顾乃无峰，在山顶环视四周，仿佛看不到其他山峰。与“一览众山小”异曲同工。(3)浮云度，白云在四周漂浮。(4)荡胸，令人心旷神怡。(5)地沉星尽没，黎明前特别昏暗，大地仿佛沉没，星星也不见了。(6)天跃日初镕，太阳跃出天边，红得像熔化的金子。镕，同熔。(7)半勺洞庭水，是夸张手法，八百里洞庭只是半勺之水，既是因为深秋水落，也是作者气势阔大的表现。秋寒欲起龙，暗喻诗人远大的志向。

简析 诗人运用夸张的手法，描述登临祝融峰顶的独特感受，充分表现其青春焕发，心胸广阔，奋发向上的精神气概。结尾暗喻了他力挽狂澜，救国救民的远大志向。此诗意境恢弘壮丽，诗人的豪气干云，寄寓深远更发人深思。

潇湘晚景图二篇

其一

袅袅箫声袅袅风(1)，潇湘水绿楚天空(2)。

向人指点山深处，家在兰烟竹雨中(3)。

其二

我所思兮隔野烟(4)，画中情绪最凄然(5)。

悬知一叶扁舟上，凉月满湖秋梦圆(6)。

注释 (1)袅袅(niǎo niǎo)，前一个袅袅形容箫声延绵不绝，悠扬婉转。后一个形容微风轻拂。苏轼《前赤壁赋》：“余音袅袅，不绝如缕。” (2)楚天，泛指洞庭湖南北一带的天空。空，辽阔空旷。(3)兰烟竹雨，形容青兰翠竹，烟雨迷蒙的景色。(4)我所思兮隔野烟，意思是我所思念的家乡，隔着云烟迷蒙的无边山野。化用张旭《桃花溪》：“隐隐飞桥隔野烟，石矶西畔问渔船。” (5)情绪，诗中作情境解。凄然，悲哀凄凉。(6)悬知一叶扁舟上，凉月满湖秋梦圆，意思是预料将坐在一叶扁舟上，在这凉月满湖的秋夜，梦回故乡与家人团圆。悬知，预知，料想。

简析 这是一首思乡诗。诗人开篇用箫声、晚风、湘水和楚天几个意象营造了一幅凄美而苍茫的潇湘夜景图，并点明故乡就在画中的兰烟竹雨中。继而由景而情，由远而近，抒发作者的羁旅之愁，思乡之情。此诗情真意切，意境凄美苍凉。

武昌夜泊(二首选一)

秋老夜苍苍(1)，鸡鸣天雨霜(2)。
星河千里白，鼓角一城凉(3)。
镫炫新番舶(4)，磷啼旧战场(5)。
青山终不改，人事费兴亡(6)。

注释 (1)秋老，深秋，晚秋。苍苍，昏暗貌。 (2)雨，作动词用。雨霜，降霜。 (3)鼓角，武昌城军营的鼓角声。一城凉，整座城显得空旷凄凉。 (4)镫，古同灯。《楚辞·招魂》："兰膏明烛，华镫错些。"炫，光照。番舶，西洋的舰船。 (5)磷啼，鬼叫。磷，磷火，尸骨中含有磷，暴露在地面的骨磷夜间会发光。此处以磷啼比喻战场死者冤魂的哀鸣。 (6)末二句说青山常在，但是人的所作所为都耗费在朝代兴亡中了。

简析 该诗通过对武昌秋夜苍茫、冷寂、恐怖气氛的描述，暗喻当时社会的冷落萧条。用江面上西洋舰船灯火辉煌与旧战场上鬼火荧荧进行强烈对比，揭示了列强的气势和中国人的牺牲。青年谭嗣同渴望冲决各种"网罗"，"人"与"我"、"中"与"外"不应有隔绝和对立，以免把财富甚至生命都消耗在"兴亡"的斗争之中。这表明他的思想充满矛盾。

◎秋 瑾

赤壁怀古·潼潼水势向江东

潼潼水势向江东(1)，此地曾闻用火攻(2)。
怪道侬来凭吊日(3)，岸花焦灼尚余红(4)。

作者简介 秋瑾(1875—1907年)，原名秋闺瑾，字璿卿，号旦吾，乳名玉姑，1904年东渡日本时改名瑾，号竞雄，自称鉴湖女侠。祖籍浙江山阴(今绍兴)，生于福建福州。积极投身革命，先后参加过三合会、光复会、同盟会等革命组织。1907年联络会党计划响应萍浏醴起义未果，随即与徐锡麟等组织光复军，拟于7月6日在浙江、安徽同时起义，事泄被捕。7月15日从容就义于绍兴轩亭口。秋瑾工诗词，多感怀家国，追求平等、解放之作。后人辑有《秋瑾集》。

题解　此诗写于1890年，秋瑾寓居湖南时曾游览蒲圻赤壁，写了这首《赤壁怀古》诗。

注释　(1)潼潼，高大貌。宋玉《高唐赋》："巨石溺溺之瀺灂兮，沫潼潼而高厉。"诗中可作波浪滔天解。江东，长江下游江南地区。　(2)火攻，指三国时期的赤壁之战。　(3)侬，我，是吴方言。　(4)岸花焦灼尚余红，岸上的红花仿佛还映照着当年的火光。

简析　诗句描绘大江东去，雪浪排空的宏伟气势，追怀了赤壁之战激烈的战争场面，甚至形容眼前岸花怒放都闪现着当年战火的余光。作者触景生情，意在言外，充分体现了女诗人的豪情壮志。

去常德舟中感赋

一出江城百感生(1)，论交谁可并汪伦(2)？
多情不若堤边柳，犹是依依远送人(3)。

题解　根据诗意，该诗当是作者在湖南居留期间，离开江城，乘舟赴常德途中在舟中所写。常德古称武陵，位于湖南北部洞庭湖西面。

注释　(1)江城，可能是指长沙或湘潭，因为此两城都在湘江边。秋瑾在1896年与湘潭人王廷钧结婚后，曾在湖南居留数年。百感生，百感交集，这里指离别时的复杂心情。(2)汪伦，李白在泾县(现安徽皖南)桃花潭附近结识的一个朋友。李白《赠汪伦》："李白乘舟将欲行，忽闻岸上踏歌声。桃花潭水深千尺，不及汪伦送我情。"交，交情、友谊。并，同。　(3)依依，典出《诗经·采薇》："昔我往矣，杨柳依依。"比喻惜别的样子。

简析　此诗为作者乘舟渡洞庭湖赴常德途中所写。离别江城时她百感交集，感叹在胡南无知己，唯杨柳多情。反映了女诗人在湖南夫家居留期间因缺少志同道合者而郁积的苦闷心情。

近现代诗歌

◎黄　侃

乱后始至南京

征毂暂停意已轻[1]，疏灯断桥石头城[2]。
道旁一望皆黄土，乱后重来似隔生[3]。
劫后经秋留烧迹[4]，寒江入夜送潮声。
纷纷成败何须数[5]，独为遗民诉不平[6]。

作者简介　黄侃(1886—1935年)，字季刚，原名乔馨，字梅君，后改名侃，又字季子，号量守居士。湖北蕲春人。早年参加辛亥革命，并从章太炎习文字、音韵之学，成为著名的语言文字学家，历任北京大学、武汉大学、南京中央大学等校教授。

题解　1913年9月，张勋率兵攻陷南京，黄兴败走，孙中山领导的"二次革命"失败。该诗写于此次战后的1914年，作者到达南京之时，南京仍旧满目疮痍。

注释　(1)征毂，战车。毂(gǔ)，车轮中心的圆木，借指车轮或车。意已轻，意志松懈下来。　(2)疏灯断桥，灯光稀少昏暗，桥梁断毁。连同下句皆写战后南京的残破荒凉。　(3)隔生，隔世。仿佛是上辈子的事。苏轼《与谢民师推官书》："自还海北，见平生亲旧，惘然如隔世人。"　(4)劫后经秋留烧迹，战争过去了一年，城中仍旧留有燃烧过的痕迹(指张勋军队曾经在南京烧掠三日)。　(5)纷纷成败何须数，战乱频繁，数不胜数。　(6)遗民，此处是指劫后余生的老百姓。

简析　作者怀着极为沉重的心情，描述了民国初年"二次革命"失败后南京城的惨景，感叹战争频发，民不聊生的社会现实，表达了对劫后余生灾民极大的同情。全诗情感沉重压抑，意境苍凉凄怆，充分体现了作者的忧国忧民之情。

◎于右任

白水江

白水江头未了僧[1]，孤舟一夜入嘉陵。
云封蜀道无今古[2]，鬼哭周原有废兴[3]。
野渡招摇村市酒[4]，荒城出没戍楼灯[5]。

阳平关下多雷雨[6],净洗西南恐未能[7]。

作者简介 于右任(1879—1964年),原名伯循,字诱人,陕西三原人,祖籍泾阳。早年同盟会成员,辛亥革命前在上海创办《民立报》等鼓吹革命。1912年南京临时政府成立,任交通部次长。1924年孙中山改组国民党,于右任支持国共合作。此后长期在国民政府担任高级官员,是复旦大学、上海大学、国立西北农林专科学校(今西北农林科技大学)等高校的创办人之一。有《右任文存》《右任诗存》传世。

题解 白水江,嘉陵江上游最大支流,流经陕甘川。1922年,由广东革命政权支持的靖国军失败后,担任总司令的于右任逃离陕西进入四川,途经白水江时写下此诗。

注释 (1)未了僧,作者自谓。典出《菜根谭》,讲的是释家的出世思想,意思是即使没有出家的俗人,能够摆脱红尘就能进入真正的佛家境界。若是没有了悟,即便是出家云游,也和茫茫迷惑的众生没有差别。 (2)蜀道,古代由长安通往蜀地的道路。李白《蜀道难》:"蜀道难,难于上青天。" (3)周原,古代地名,今陕西岐山下,先秦西周的发祥之地。诗中泛指陕西。 (4)招摇,摆动貌,描述野渡酒旗飘动。 (5)戍楼灯,戍楼上的灯火,喻指荒城的军事要塞警备森严。 (6)阳平关,秦岭南麓川陕间的关隘,又名阳安关。雷雨,暗喻指当时四川境内的战争。 (7)西南,暗指西南反对北洋军阀的割据势力。净洗西南恐未能,相信北洋军阀不可能靠武力消灭西南的反对势力。

简析 1922年,作者奉孙中山委派,在陕西组织靖国军,与北洋军阀作战失败后退入四川。此诗记叙了自己入川时的途中所见和沉重的心情,但是仍然相信孙中山先生领导的反对北洋军阀的斗争将会继续。此诗情感沉郁,意境苍凉,景色描写中含意深远。

春雨中黄鹤楼写望

一江风雨昼冥冥[1],烟树参差认不清[2]。

壮观兼饶诗画意[3],万重新绿武昌城[4]。

题解 此诗作于1938年春。当时日本帝国主义的侵华战火渐渐逼近长江流域,南京国民政府筹划西迁,于右任来武汉参与前期准备工作。

注释 (1)昼冥冥,白天也那么昏暗不清。昼,白天。冥冥,幽暗深远。 (2)烟树,雨雾中的树木。参差,长短、高低不齐的样子。《诗经·关雎》:“参差荇菜,左右流之。” (3)壮观兼饶诗画意,景色壮丽富有诗画意境。兼,包含,兼有。饶,富裕,富于。 (4)新绿,春雨后的树木,更加郁郁葱葱。

简析 作者对日本帝国主义的侵华野心和战争前景有足够清醒的认识,诗中虽然无一字关涉时势,但心中对中日之战则念念不忘。故此诗中前两句写景的色彩暗淡,衬托诗人的沉重心情,后两句写大武汉的形胜壮美,则充分体现作者对祖国大好河山的热爱之情。该诗首先发表在同年的《民族诗坛》上,就是为了鼓舞全国人民的抗日斗争。

◎ 邓中夏

过洞庭(二首)

其 一

莽莽洞庭湖,五日两飞渡。
雪浪拍长空,阴森疑鬼怒。
问今为何世?豺虎满道路。
禽猕歼除之(1),我行适我素(2)。

其 二

莽莽洞庭湖,五日两飞渡。
秋水含落晖,彩霞如赤炷(3)。
问将为何世?共产均贫富。
惨淡经营之(4),我行适我素。

作者简介 邓中夏(1894—1933年),湖南宜章人。中国工人运动领导人之一。在五四运动中接受马克思主义,1920年初,发起和参加了北京的共产主义小组。1922年任中国劳动组合书记部书记。1923年任上海大学校务长。1925年参加领导上海工人二月大罢工以及省港大罢工。1933年5月在上海被捕,同年9月在南京雨花台英勇就义。

题解 此诗写于1920年秋。当时邓中夏因革命工作，经常奔走于长沙、汉口之间。此次五日内两过洞庭湖，目睹其自然景色，触景生情而发感慨，写下此诗。

注释 (1)禽狝歼除之，像捕杀鸟兽那样去消灭豺虎。禽狝(xiǎn)，擒拿、捉取。禽同“擒”。狝，古代秋天打猎称为“狝”。《尔雅·释天》：“秋猎为狝。”之，指代上句之豺虎。(2)我行适我素，意思是我的行为正符合我的信仰。适，趋向，适合。素，平生的志愿。(3)赤炷，红色的火柱，象征革命的火把。(4)惨淡经营，即苦心经营，诗中形容艰苦奋斗。

简析 作者通过五日内两过洞庭湖时两种不同的自然气候与景色的描绘，营造了两种截然不同的意境，象征着黑暗现实与光明未来两种世界的搏斗；形象地表达了推翻旧世界的决心和为实现理想社会而奋斗的坚定信念。此诗气势宏大，立意鲜明，意境壮阔；层次分明，对比强烈，首尾回环呼应。

◎毛泽东

沁园春·长沙

独立寒秋，湘江北去，橘子洲头[1]。看万山红遍，层林尽染[2]；漫江碧透，百舸争流。鹰击长空，鱼翔浅底，万类霜天竞自由[3]。怅寥廓[4]，问苍茫大地，谁主沉浮[5]？　携来百侣曾游[6]，忆往昔峥嵘岁月稠[7]。恰同学少年，风华正茂；书生意气，挥斥方遒[8]。指点江山，激扬文字[9]，粪土当年万户侯[10]。曾记否，到中流击水，浪遏飞舟[11]？

作者简介 毛泽东(1893—1976年)，字润之，湖南湘潭人。马克思主义者，无产阶级革命家、战略家、思想家和理论家。中国共产党、中国人民解放军和中华人民共和国的主要缔造者和领导人。同时又是风格卓异的诗人、书法家。

题解 “沁园春”，词牌。“长沙”，词题。此词作于1925年深秋，作者时年32岁。这年九月，毛泽东在广州参与国民党“二大”的筹备工作，十月被推选为国民党代理宣传部长。同年深秋，毛泽东去广州主持农民运动讲习所。在长沙停留期间重游橘子洲，眺望寥廓江天，回忆起意气风发的学生时代，写下了这首词。

注释 (1)橘子洲，地名，又名水陆洲，是长沙城西湘江中一个狭长小岛，西面靠近岳麓山。 (2)层林尽染,山上一层层的树林经霜变红,像染过一样。 (3)万类霜天竞自由,万物都在秋光中自由竞争。万类,总括世界上一切生物。万,虚数,所有之意。霜天,指深秋。 (4)怅寥廓,面对广阔的宇宙惆怅感慨。怅,惆怅,原义是失意,这里用来表达由深思而引发激昂慷慨的心绪。寥廓,形容天空、宇宙等之高远空旷。《楚辞·远游》:“下峥嵘而无地兮,上寥廓而无天。” (5)谁主沉浮?谁来主宰这世界的变化呢?主,主宰。沉浮,同“升沉”意思相近,诗中指社会的兴衰变化。 (6)百侣,很多伴侣。具体指1918年毛泽东和萧瑜、蔡和森等在长沙组织新民学会,开始早期的政治活动。 (7)峥嵘,山势高峻,此处形容非凡的斗争岁月。稠,多。 (8)挥斥,奔放、纵横。语出《庄子·田子方》:“夫至人者,上窥青天,下潜黄泉,挥斥八极,神气不变。”方遒,劲头正足。方,正。遒,强劲、刚劲。 (9)指点江山,激扬文字,评论国家大事,褒贬社会善恶现象,抒写激浊扬清的文章。 (10)粪土当年万户侯,视王侯如粪土。万户侯,汉代设置的最高一级侯爵,食邑万户。诗中借指当时的大军阀、大官僚。粪土,名词作动词用,视……如粪土。 (11)中流,水深流急的江中心。此处暗用祖逖的“中流击楫”典故。祖逖,东晋军事家,曾率军北伐。击水,作者自注:“击水:游泳。那时初学,盛夏水涨,几死者数,一群人终于坚持,直到隆冬,犹在江中。当时有一篇诗,都忘记了,只记得两句:自信人生二百年,会当水击三千里。”浪遏飞舟,激起的水浪阻遏了如飞的船只。

简析 此词上阕写景,彩笔描绘了灿烂多姿的秋色和万类霜天竞自由的壮丽场景,发出了“苍茫大地,谁主沉浮”的提问。这既是对大自然壮美秋景的赞美,更是对风起云涌形势的讴歌。下阕回忆往事,以“同学少年”的指点江山,激扬文字和击水弄潮来回答“谁主沉浮”的设问,从心底祝愿青年成为救国救民的中流砥柱。

菩萨蛮·黄鹤楼

茫茫九派流中国(1),沉沉一线穿南北(2)。烟雨莽苍苍,龟蛇锁大江(3)。 黄鹤知何去(4)?剩有游人处。把酒酹滔滔,心潮逐浪高(5)!

题解 “菩萨蛮”,词牌名。“黄鹤楼”,词题。此词作于1927年春游览黄鹤楼之时。作者有自注:“1927年,大革命失败的前夕,心情苍凉,一时不知如何是好,这是那年的春季。夏季,8月7号,党的紧急会议,决定武装反击,从此找到了出路。”

注释 (1)九派,泛指长江的九大支流。鲍照《登黄鹤矶》:“九派引沧流。”中国,即国中,指中国的中部地区。《孟子·梁惠王上》:“莅中国而抚四夷。” (2)一线,指当时长江以南的粤汉铁路和以北的京汉铁路(1957年武汉长江大桥建成,两条铁路已接通,改名京广铁路)。(3)龟蛇,指汉阳的龟山和武昌的蛇山。锁大江,两山隔江对峙,好像要把长江锁住一样。(4)黄鹤知何去?化用崔颢《黄鹤楼》之"昔人已乘黄鹤去,此地空余黄鹤楼"诗句。(5)把酒酹滔滔,心潮逐浪高,把酒洒向滔滔江水立誓,心潮就像这江涛一样激荡起伏。酹,以酒洒地上或水中,表示立誓或祭奠。滔滔,指江水。

简析 该词上阕写景,以"茫茫""沉沉",烟雨苍苍,龟蛇锁江等意象表征前景未明的形势和危机四伏的气氛,表现了作者对形势的担忧。下阕借怀古之意,抒发慷慨激昂的现实之情。作者面对滚滚江水,心潮翻滚如波浪滔滔,发誓要上下求索,百折不回,找到一条正确的道路。

七律·长征

红军不怕远征难,万水千山只等闲。
五岭逶迤腾细浪(1),乌蒙磅礴走泥丸(2)。
金沙水拍云崖暖(3),大渡桥横铁索寒(4)。
更喜岷山千里雪(5),三军过后尽开颜(6)。

题解 "七律",即七言律诗,是中国近体诗的一种。每首八行,每行七字。要求对偶工整,格律严密。"长征",诗题。该诗写于1935年10月,时红军已经攻占腊子口准备翻越六盘山,即将胜利结束长征的前夕。

注释 (1)五岭,横亘在江西、湖南、两广之间的五座山岭。即大庾岭、骑田岭、都庞岭、萌渚岭、越城岭。逶迤(wēi yí),亦作"委蛇""逶蛇",形容道路、山脉、河流等蜿蜒曲折。(2)乌蒙,乌蒙山,云贵间金沙江南岸的山脉。走泥丸,《汉书·蒯通传》:"阪上走丸。"从斜坡滚下泥丸,形容跳动之快。(3)金沙,金沙江,长江上游段,流经云贵川三省,穿行于深山峡谷之间,水流湍急。云崖,高耸入云的悬崖峭壁。暖,形容抢渡金沙江后的喜悦和温暖的感受。(4)大渡,大渡河,岷江最大支流,是长江的二级支流,位于四川省西部,古称沫水。寒,形容飞夺泸定桥的惊险悲壮。(5)岷山,在四川和甘肃边界,海拔四千米左右,常年积雪。1935年9月红军长征经此。(6)三军,春秋时大国多设三军。楚称中军、左军、右军。晋、齐、鲁、吴亦设上、中、下军。后用作军队的统称。开颜,喜笑颜开。

简析 该诗首联紧扣诗题,确定基调,高度概括红军在长征过程中的英雄气概和战斗精神。随后三联逐一描述典型的战斗场景。颔联写山,用"逶迤""磅礴"来形容山之绵延不断和险峻巍峨；而在作者的眼里，却如“细浪”“泥丸”一般。颈联写水，用了“云崖暖”“铁索寒”表达抢渡这两道天险成功后的喜悦之情。尾联不写跨越雪山的具体过程，而是直抒胸臆，用“更喜”和“尽开颜”表现红军抵达陕北后的喜悦兴奋，且与首联相呼应，突出和强化了“红军不怕远征难”的主题。此诗气势恢宏，意境壮阔，对偶工整，遣词用句极富形象性与创造性。

七律·人民解放军占领南京

钟山风雨起苍黄(1)，百万雄师过大江。
虎踞龙盘今胜昔(2)，天翻地覆慨而慷(3)。
宜将剩勇追穷寇(4)，不可沽名学霸王(5)。
天若有情天亦老(6)，人间正道是沧桑(7)。

题解 1949年4月21日，中国人民解放军在西起江西湖口，东至江苏江阴的千里战线上强渡长江，一举摧毁国民党军的长江防线，于4月23日占领国民党政府统治中心南京。毛泽东在北京香山双清别墅得知这一捷报后，心情久久不能平静，于是挥毫写下此诗。

注释 (1)钟山，位于南京东北郊，因山顶常有紫云萦绕，又名紫金山。诗中指代南京。苍黄，苍指青色，黄指黄色。素丝染色，可以染成青色，也可以染成黄色(语本《墨子·所染》)。形容事物的变化，南京解放意味着中国社会和时代一巨变。

(2)虎踞龙盘，形容南京的地势优异。典出《太平御览》引《吴录》：诸葛亮看到吴国都城建业(今南京)的地势曾说：“钟山龙蟠，石头虎踞，此帝王之宅。”今胜昔，现在的战胜过去的，比喻进步力量战胜落后的反动势力。 (3)慨而慷，感慨而激昂。曹操《短歌行》：“慨当以慷，忧思难忘。” (4)穷寇，走投无路的敌人。《后汉书·皇甫嵩传》：“兵法(指《司马兵法》)，穷寇勿追。”这里反其意而用之，号召坚决、彻底、干净、全部地歼灭掉敌人。 (5)沽名，故意做作或用某种手段猎取名誉。霸王，指楚霸王项羽，项羽不仅在鸿门宴上放走刘邦，此后又引兵东归，放任刘邦在关中坐大。 (6)天若有情天亦老，借用李贺《金铜仙人辞汉歌》中诗句。李贺的意思是，对于人间恨事，天若有情，也要因悲伤而衰老。而毛泽东诗中的意思是，天若有情，受到黑暗残酷的反动统治，也会因痛苦而变衰老，有天怒人怨之意。 (7)人间正道，社会发展的正常规律。沧桑，沧海(大海)变为桑田，这里比喻革命性的发展变化。葛洪《神仙传》载：女仙麻姑对另一仙人王方平说，他们相见以来，东海已经三次变为桑田了。

简析 《七律·人民解放军占领南京》表达了作者得知捷报后的无比喜悦和满腔

激情。作者用诗的语言欢呼这一胜利所具有的标志性意义，继而引用楚汉之争中项羽失败的历史教训，强调不获全胜不能收兵。末二句升华主题，指出变革和进步才是社会正道和历史规律。此诗立意高远，气势恢宏，引据恰切，语言铿锵有力；叙事与议论相结合，艺术的形象性与深邃的哲理性融为一体。

水调歌头·游泳

才饮长沙水，又食武昌鱼(1)。万里长江横渡，极目楚天舒(2)。不管风吹浪打，胜似闲庭信步(3)，今日得宽余。子在川上曰：逝者如斯夫(4)！

风樯动(5)，龟蛇静(6)，起宏图。一桥飞架南北，天堑变通途(7)。更立西江石壁，截断巫山云雨，高峡出平湖(8)。神女应无恙，当惊世界殊(9)。

题解 “水调歌头”，词牌。“游泳”，词题。1956年毛泽东巡视南方，5月底经长沙来到武汉。6月1日、3日、4日三次畅游长江，并写下此词。

注释 (1)才饮长沙水，又食武昌鱼，化用三国时期吴国童谣“宁饮建业水，不食武昌鱼”。据《三国志·吴书·陆凯传》记载，吴主孙皓要把都城从建业(故城在今南京市南)迁到武昌，老百姓不愿意，故流传此童谣。长沙水，作者自注：“民谣：常德德山山有德，长沙沙水水无沙。所谓无沙水，地在长沙城东，有一个有名的‘白沙井’。”武昌鱼，指古武昌(今鄂州市)樊口的鳊鱼，称团头鳊或团头鲂。(2)极目，放眼眺望。楚天，长江中游在春秋战国时属于楚国的范围，所以诗中把这一带的天空叫“楚天”。舒，舒展，开阔。柳永《雨霖铃》：“暮霭沉沉楚天阔。”(3)闲庭信步，在庭院里散步，形容很清闲、从容不迫的样子。 (4)子在川上曰：逝者如斯夫！《论语·子罕》：“子在川上，曰：‘逝者如斯夫！不舍昼夜。’”意思是孔子在河边感叹道：“时光就像这流水一样消逝，日夜不停。” (5)风，风帆。樯，桅杆。风樯借指帆船。动，行驶。 (6)龟蛇，诗中指汉阳龟山、武昌蛇山。静，安然屹立。 (7)一桥飞架南北，指当时正在修建武汉长江大桥。天堑(qiàn)，天生的鸿沟。古人把长江视为“天堑”。据《南史·孔范传》记载，隋伐陈，孔范向陈后主说：“长江天堑，古来限隔，虏军岂能飞渡？” (8)西江石壁，指计划修建的三峡大坝。巫山云雨，指长江三峡的江水。平湖，指三峡水库。 (9)神女，即传说中的巫山神女。恙，病。殊，不同，区别。诗中作巨变解。末二句谓神女应该还好吧，她应该为世界发生巨变而惊叹。

简析 《水调歌头·游泳》一词通过描绘横渡长江，极目楚天所看到的壮丽景色和在建大桥的宏伟景象，讴歌了各项建设的伟大成就，憧憬着“高峡出平湖”的远景蓝图，抒发了建设繁荣富强的新国家的雄心壮志。这首诗想象极其丰富，思接千古，情贯古今，充分展现了毛泽东诗词把革命浪漫主义和革命现实主义相结合的创作风格。

七律·登庐山

一山飞峙大江边(1)，跃上葱茏四百旋(2)。
冷眼向洋看世界(3)，热风吹雨洒江天(4)。
云横九派浮黄鹤(5)，浪下三吴起白烟(6)。
陶令不知何处去，桃花源里可耕田(7)？

题解 《七律·登庐山》原有小序：“一九五九年六月二十九日登庐山，望鄱阳湖、扬子江，千峦竞秀，万壑争流，红日方生，成诗八句”。该诗初稿成于同年七月一日。

注释 (1)飞峙，谓庐山高峻，拔地而起，凌空欲飞。(2)跃上，(驱车)快速登上。葱茏，形容郁郁葱葱的山峰。李善注郭璞《江赋》中的“潜荟葱茏”曰：“葱茏，青盛貌。”四百旋，庐山盘山公路转弯近四百处。(3)冷眼，冷峻的月光，有藐视义。向洋看世界，应是指当时包围和反对中国的国际敌对势力。(4)热风吹雨洒江天，王建《宫词》有“春风吹雨洒旗竿”之句。热风，语义双关，一为写实，指夏季湿热之风；二为暗喻，指中国的建设热潮。(5)九派，作者曾有解说：“九派，湘、鄂、赣三省的九条大河。究竟哪九条，其说不一，不必深究。”浮黄鹤，黄鹤驾云而去，此处指喻在庐山上游的武昌黄鹤楼。(6)三吴，作者曾有解说：“三吴，古称苏州为东吴，常州为中吴，湖州为西吴。”白烟，水汽。刘禹锡《途中早发》：“水流白烟起。”(7)陶令，指陶渊明，浔阳柴桑(今江西九江)人。东晋末曾任彭泽县令八十余日，即弃官归隐，躬耕庐山之阳，被后世誉为隐逸诗人之宗。桃花源，即陶渊明在《桃花源记》中所描写的生活图景，那里没有压迫和剥削，人人劳动，自由平等，但不了解外部世界，“问今是何世，乃不知有汉，无论魏晋。”末二句仅看字面就可两解，一为陶老先生在哪里？还在桃花源里耕田吗？二为陶老先生作古已久，桃花源里还能耕种，或有人在耕种吗？至于更深刻的含义，按照作者一以贯之的反对压迫和剥削，自由平等，人人参加劳动的主张，桃花源在这方面的象征意义值得欣赏。但另一方面的象征意义，关起门来建一个袖珍版的乌托邦，按照传统的组织方式和生产方式生活，显然不符合作者的理想和胸襟。虽然诗中以“何处去”“可耕田”提出设问而不作答，但作者相信读者通过思考，能够领悟作者对桃花源这种象征意义的否定态度。

简析 这首七律诗以描写自己乘车登临庐山所见开篇，使诗意与山水双美浑然一体。登高望远，遂把“世界”“江天”尽收眼底。继而作者以谙熟的地理方位手法，任诗情充沛奔流，于是西眺九派黄鹤，东望三吴白烟，祖国江山如此多娇！最后又回到庐山，并且由今及古，从外在进入内心，在成千上万的庐山人物典故和诗文作品中，用心择出陶渊明及其《桃花源记》，提出这一意象的象征意义以借古抒怀。全诗雄奇豪壮，从容洒脱，境阔意深，荡气回肠。

七律·答友人

九嶷山上白云飞(1)，帝子乘风下翠微(2)。
斑竹一枝千滴泪(3)，红霞万朵百重衣(4)。
洞庭波涌连天雪(5)，长岛人歌动地诗(6)。
我欲因之梦寥廓(7)，芙蓉国里尽朝晖(8)。

题解　据有关资料，这首《七律·答友人》的诗题原为《七律·答周世钊、李达、乐天宇》。周世钊（1897—1976年），湖南宁乡人。1913—1919年在湖南一师与毛泽东同学六年，新民学会会员，《湘江评论》顾问。20世纪20年代后期从南京东南大学毕业后，一直在长沙从事教育工作。1953年任民盟中央委员，1958年起任湖南省副省长。李达（1896—1966年），湖南零陵人，中共一大代表，1922年任湖南自修大学校长。大革命失败后，长期从事教育工作，坚持宣传马克思主义。1950—1966年历任湖南大学、武汉大学校长。乐天宇（1900—1984年），湖南宁远人。大革命时期从事农民运动。1940年代在延安自然科学院工作。1949年后在北京农业大学工作。1960年代初，上述三人商定送几件九嶷山的纪念品和各自的诗赋给毛泽东。毛泽东收到后感物生情，于1961年写下这首诗。

注释　(1)九嶷山，即苍梧山，“嶷”一作“疑”。山有九峰，形状相似，故名。在湖南省宁远县南。相传帝舜南巡，死葬此山南麓。白云飞，《新唐书·狄仁杰传》：“仁杰赴任于并州，登太行，南望白云孤飞，谓左右曰：‘吾亲所居，近此之下！’悲泣，伫立久之，候云移乃行。”后世诗文常以白云为思念家乡亲友之喻。　(2)帝子，帝舜的两个妃子娥皇、女英，为古圣君唐尧之二女，故称。帝舜南巡死葬于苍梧，二妃追至湘江，投水而死，成为湘水女神。《太平御览》引《郡国志》谓九疑九峰，四曰娥皇峰，六曰女英峰。屈原《九歌·湘夫人》：“帝子降兮北渚。”　(3)斑竹，湖南湘江一带特产一种斑竹，上有天然的褐色斑点。又称湘妃竹。张华《博物志》卷八《史补》：“帝崩，二妃啼，以涕挥竹，竹尽斑。”　(4)红霞万朵百重衣，以云霞为衣。谢朓《七夕赋》：“霏丹霞而为裳。”关于此句的诠释，多谓斑竹泪、红霞衣同属写二妃。因为人间的美好，引得九嶷山上的仙女也乘风云，降临人间。另有一说谓杨开慧烈士小名霞姑，诗意寄托着对亲人的忆念。作者本人晚年也说，他的“《七律·答友人》‘斑竹一枝千滴泪,红霞万朵百重衣’,就是怀念杨开慧的,杨开慧就是霞姑嘛!” (5)洞庭,即洞庭湖。连天雪,形容白浪滔天。杜甫《岁晏行》:“岁云暮矣多北风,潇湘洞庭白雪中。” (6)长岛,即橘子洲,此处代指长沙。人,即友人。动地诗,指友人所赠诗作。 (7)我欲因之梦寥廓,因之,因此,凭借。寥廓,广阔无边。李白《梦游天姥吟留别》:“我欲因之梦吴越。” (8)芙蓉国,湖南为水乡,处处有芙蓉(荷花),故名。五代谭用之《秋宿湘江遇雨》:“秋风万里芙蓉国,暮雨千家薜荔村。”

简析 这是一支文句优美,情感细腻的友谊之歌,怀亲之曲。诗中以九嶷山、洞庭湖代表故乡潇湘大地,以“动地诗”肯定朋友的深情厚谊,更以斑竹、红霞寄托“失骄杨”的沉痛,但仍以“尽朝晖”的乐观语调绾结全诗。可以说诗作因思绪万千而内容丰富,然而笔端如行云流水,妙句天成,读来既让人深思,更使人感奋。

七绝·庐山仙人洞

暮色苍茫看劲松(1),乱云飞渡仍从容(2)。
天生一个仙人洞(3),无限风光在险峰(4)。

题解 “七绝”,即七言绝句,属于近体诗范畴。庐山仙人洞,庐山上的一处著名景点,位于牯岭西南,御碑亭东侧,锦绣谷西侧。此诗写于1961年9月9日。

注释 (1)劲松,傲然挺立在山崖上的松树。 (2)乱云飞渡,喻指复杂多变的国际国内形势。从容,悠闲舒缓,从容不迫状。《庄子·秋水》:“儵鱼出游从容,是鱼之乐也。”根据该诗主题,“从容”应该是形容松之情态。 (3)天生,天设地造,未加人工修饰的原生态。 (4)无限风光在险峰,只有登上险峰,才能领略无限的自然风光。

简析 1961年,我国面临极为严峻的国内外形势的考验。为此,这年8月下旬至9月下旬,中共中央在庐山举行工作会议,以便深入贯彻“调整、巩固、充实、提高”的八字方针,使国民经济走出困境。毛泽东在会议期间题写此诗,借以表达对形势的看法和态度。诗中运用了象征、比喻的手法,浓缩了当时的巨大困难和尖锐复杂的斗争形势,寄情于景,寓理于景。其立意高远深邃,内涵丰富深刻,在沉郁苍凉的意境中蕴含着沉稳的豪情与坚定的意志。

◎ 瞿秋白

我是江南第一燕

万郊怒绿斗寒潮(1),检点新泥筑旧巢(2)。
我是江南第一燕(3),为衔春色上云梢(4)。

作者简介 瞿秋白(1899—1935年),生于江苏常州,20世纪20年代初曾游历苏俄,是中国共产党早期主要领导人之一,优秀的理论家和宣传家。1935年2月在福建长汀被国民党军逮捕,6月18日慷慨就义,时年36岁。

题解 此诗写于1923年春夏之交,是作者赠给第一位妻子王剑虹(王在七个月后即病逝)的抒情之作。此时正值国共合作的第一次大革命高潮前夕。

注释 (1)万郊,万方,四面八方。郊,原意是郊野、原野。怒,气势旺盛。绿,代指春天。寒潮,喻指反动势力。 (2)检点新泥筑旧巢,字面是说春燕衔泥筑巢,实则比喻用新思想、新制度改造旧中国。 (3)第一燕,春天飞来的第一只燕子,作者自喻。 (4)为衔春色上云梢,给人们带来春天的讯息。

简析 作者运用了象征、比拟的艺术手法,以迎春斗寒的"江南第一燕"自喻,热情讴歌了中国革命蓬勃发展的形势,表达了改造旧世界,建设新世界的坚定信念和雄心壮志。全诗气势磅礴,意境壮美。

红梅阁

出其东门外,相将访红梅(1)。
春意枝头闹,雪花满树开。
道人煨古拙(2),烟湿舞徘徊(3)。
此中有至境(4),一一入寒杯。
坐久不觉晚,瘦鹤竹边回。

题解 红梅阁,常州著名古迹。唐末属水田寺,后归荐福寺,相传为北宋道教南宗始祖紫阳真人张伯端著经处。南宋末毁于战乱,元代重建道观,成宗元贞元年(1295年)改名玄妙观,并建飞霞楼于观之东北。元末飞霞楼毁,明代在其旧址建红梅阁。瞿秋白从小喜爱红梅,曾用"铁梅""梅影山人"作为笔名。此诗为其怀念故乡红梅阁所作。

注释 (1)相将,相伴。瞿秋白青少年时代经常与“常州三杰”的张太雷、恽代英结伴前往游玩。 (2)煨古拙,道人用古拙的器皿在煮茶。 (3)烟湿舞徘徊,煮茶时烟气、水汽、茶叶的香味袅袅飘荡。 (4)至境,至高的境界。

简析 诗中用“春意枝头闹,雪花满树开”烘托环境气氛,而着重描述道士用古拙的器皿煮茶,烟气、水汽、茶香、花香袅袅飘荡的场景,营造出一个宁静安详的“至境”,表达了作者思想性格中超凡脱俗的一面。身处血与火斗争中的瞿秋白,此时怀念红梅阁而写此诗,或许是对曾经“相将访红梅”的战友的悼念(张太雷、恽代英已经牺牲),或许是对故乡和自己的青少年时代的追怀。

◎ 郭沫若

夜泊嘉州作

乘风剪浪下嘉州(1),暮鼓声声出雉楼(2)。
隐约云痕峨岭暗(3),深沉天影沫江流(4)。
两三渔火疑星落,千百帆樯戴月收。
借此扁舟宜载酒,明朝当作凌云游(5)。

作者简介 郭沫若(1892—1978年),原名郭开贞,号尚武,四川乐山人。民国初年赴日本留学。五四运动后期与郁达夫、成仿吾等发起创造社。1926年参加北伐,1927年参加南昌起义,1928年2月因被国民党政府通缉,流亡日本。期间著有《中国古代社会研究》《甲骨文字研究》等重要学术著作。1937年回国参加抗战。建国后,曾任中国科学院院长,全国人民代表大会副委员长。全部作品编成《郭沫若全集》38卷。

题解 1907年秋天,15岁的郭沫若离家就读嘉定府中学堂,船泊嘉州,在舟中过夜时作此诗。

注释 (1)嘉州,今四川省乐山市。 (2)雉楼,即城楼。古时城墙上排列如齿形的短墙,称为雉堞,指代城楼。 (3)峨岭,即峨眉山。 (4)沫江,即沫水,又名大渡河、铜河。 (5)借此扁舟宜载酒,明朝当作凌云游,化用苏轼《送张嘉州》:“颇愿身为汉嘉守,载酒时作凌云游。”凌云,即乐山凌云山,上有凌云寺。石壁上刻有苏轼的此诗，明代嘉州知州郭卫宸留有手书“苏东坡载酒时游处”。

简析　该诗前六句描绘了嘉州（乐山）迷人的幕色，流露出诗人对故乡山水的赞美与挚爱之情。尾联化用苏轼诗意，既突出了次日游览的目的地，更是一语双关，表明作者追步苏东坡的少年壮志。

归国杂吟·春申江上

炸裂横空走迅霆(1)，春申江上血风腥(2)。
清晨我自向天祝(3)：成得炮灰恨始轻(4)。

题解　全面抗战爆发后，南京国民政府撤销了对郭沫若的通缉令，作者得以回国参加抗战文艺的宣传组织工作。作者在《归国杂吟·跋语》中说明：这首诗写于“一九三七年十月二十四日晨，由前线访问归来，兴致尚佳。”《归国杂吟》共九首，此处选入的是第九首。

注释　(1)炸裂横空走迅霆，形容1937年8月13日至11月12日的“淞沪会战”中，日机对上海的狂轰乱炸，其爆炸声有如空中惊雷滚滚雷霆万钧。　(2)描写战争中上海血雨腥风的惨景。春申江，即申江，黄浦江。诗中指代上海市。战国末年楚国贵族黄歇称春申君，在江苏有封地。　(3)向天祝，向天祝告、发誓。　(4)成得炮灰恨始轻，只有牺牲了生命，把我的血肉化成炮灰，方能减轻对日寇的深仇大恨。

简析　这首诗真实地描写了日寇狂轰乱炸上海的惨烈场景：炸弹在空中呼啸，有如雷霆万钧，黄浦江上一片血雨腥风。面对敌寇的残暴罪行，诗人对天祝告：不把自己的血肉化成炮灰，不能减轻对敌人的深仇大恨。此诗把写实与抒情相结合，强烈控诉了日本帝国主义的战争罪行，表达了无所畏惧的战斗意志和视死如归的决心。

过瞿塘峡

滟滪已无堆(1)，瞿塘仍可危。
岸崖双壁立(2)，峡道九肠回(3)。
云彩留军帽(4)，江声隐雾帏(5)。
若言风景异，三峡此为魁(6)。

题解 1961年9月16日,郭沫若乘江轮穿越三峡,过瞿塘峡时作此诗。

注释 (1)位于瞿塘峡的滟滪堆于1958年炸掉。 (2)双壁,指瞿塘峡入口夔门两侧山崖对峙,壁立如削。 (3)九肠回,即九回肠,形容瞿塘峡回环曲折。柳宗元《登柳州城楼寄漳、汀、封、连四州刺史诗》:"岭树重遮千里目,江流曲似九回肠。" (4)军帽,即元帅帽山,瞿塘峡南岸山峰名。 (5)雾帏,江雾如同帷幕。(6)若言风景异,三峡此为魁,假如要说风景奇异,三峡中瞿塘峡必夺头名。魁,为首,第一名。

简析 该诗描绘了瞿塘峡几个典型的奇丽景观:夔门双峰对峙,壁立如削,峡江九曲回肠,军帽山高耸入云,浓雾中涛声如雷。最后作者断言:若论三峡的风景之奇美,首推瞿塘峡。

◎ 柳亚子

京口感怀并序

(1929年)四月携佩宜、馨丽、少屏至京口,既游金山及北固,遂渡江而登焦山,下榻松寥阁,抚事怀贤,辄成一律。

天堑长江第几州(1)? 十年梦想竟成游。
金山桴鼓停遗响(2),焦麓琴书镇上流(3)。
巷陌寄奴谁作主(4)? 风云玄德数从头(5)。
青青北固还无恙,莫忘当年病虎讴(6)。

作者简介 柳亚子(1887—1958年),江苏苏州人。清末创办并主持南社。曾任孙中山总统府秘书,中国国民党中央监察委员。1927年"四·一二"政变后,被国民党政府通缉,逃往日本。1928年回国,进行反蒋活动。抗日战争时期,与宋庆龄、何香凝等从事抗日民主活动,曾任中国国民党革命委员会中央常务委员兼监察委员会主席、中国民主同盟中央执行委员。1949年后,曾历任中央人民政府委员、全国人大常委会委员。

注释 (1)京口为镇江古称,被称为"天下第一江山",故作者认为京口乃万里长江第一重镇。 (2)桴鼓,宋高宗建炎四年(1130年),韩世忠率部截击金兵于镇江焦山、金山一带的长江上，夫人梁红玉亲自在金山擂鼓助阵，大败金兵。(3)焦麓，焦山脚下。(4)寄奴，南朝宋武帝刘裕的小名。刘裕出生在京口。辛弃疾《永遇乐·京口北固亭怀古》："斜阳草树，寻常巷陌，人道寄奴曾住。"(5)玄德，刘玄德，即三国时期蜀主刘备。《三国演义》载有孙(权)刘(备)在镇江北固山甘露寺联姻的故事。(6)病虎，指担任下级军官时的刘裕。讴，讴歌，歌唱。

简析 此诗并序记叙诗人携亲友游历京口的行程，在游览古战场遗址和人文景观后，作者"抚事怀贤"，缅怀历史上发生于此的几次重大事件，吟咏了梁红玉金山擂鼓抗金、孙刘甘露寺联姻抗曹和宋武帝刘裕等人的功业。诗人有感于中国近代民族危机屡至，故对上述历史上有所作为的人物表示缅怀。

初至玄武湖有作

莲叶莲花天际开，莫愁只合作舆台(1)。
一湖潋滟如明镜(2)，万感楂枒废酒杯(3)。
城郭参差宜入画(4)，岗峦起伏尽奇才(5)。
佳人绝代从今见(6)，值得偷生几载来(7)。

题解 对于此诗的写作时间，有1928年、1934年两说。所见版本中有一处的诗题为《谒中山陵初至玄武湖有作》，而中山陵落成于1929年6月，故此诗似应写于1934年夏天。

注释 (1)莫愁，指同在南京的莫愁湖。舆台，是中国古代奴隶制等级中的最低级别。此处用以比喻莫愁湖比玄武湖小得多。(2)潋滟(liàn yàn)，水波荡漾的样子。苏轼《饮湖上初晴后雨》："水光潋滟晴方好，山色空蒙雨亦奇。"(3)万感楂枒废酒杯，与上句一湖潋滟如明镜对偶，大意是面对潋滟的湖水，万感交集，竟然忘记饮酒。楂枒，原义指树枝错出。诗中引申为情感交集。废酒杯，停下酒杯。杨万里《上巳前一日欲雨复晴》："莫因岭外无花卉，便对春光废酒杯。"(4)参差，长短、高低不齐的样子。(5)尽奇才，地杰人灵，英才辈出之意。(6)佳人绝代，绝代佳人的倒置，比拟玄武湖优美的景色。(7)值得偷生几载来，值得我多活几年以便再来。

简析 此诗描述诗人初游玄武湖的新奇观感。湖面广阔，水波荡漾，莲叶莲花直连天际，而"城郭参差""岗峦起伏"因而"地杰人灵"尤其使诗人为之倾倒。尾联用"佳人绝代"比拟玄武湖之美，用"偷生几载来"来表达其无限的爱恋之情。全诗意境壮美，对偶工整，读来琅琅上口。

◎ 李济深

登庐山二首

一

万方多难上庐山(1),为报隆情一往还(2)。
纵使上清无限好(3),难忘忧患满人间。

二

庐山高处最清凉,却恐消磨半热肠(4)。
自是人间庸俗骨,从来不惯住仙乡(5)。

作者简介 李济深(1885—1959年),广西苍梧人,祖籍江苏。早年毕业于北京陆军大学,曾留学日本。历任粤军第一师师长,黄埔军校教练部主任、副校长,国民革命军第四军军长、国民革命军总司令部参谋长、广东省政府主席、国民革命军第八路总指挥等高级军政要职。1933年联合第十九路军蔡廷锴等在福建组织反蒋抗日的中华共和国人民革命政府。1937年抗日战争爆发,积极响应中国共产党一致抗日的号召。1948年任中国国民党革命委员会主席。1949年后曾任中华人民共和国中央人民政府副主席。

题解 1937年7月7日卢沟桥事变后,日本侵略军加快了灭亡中国的脚步。当月中旬,国共两党为停止内战,联合抗日,在庐山举行谈判,作者应邀前往。此诗即写于此时。

注释 (1)万方多难,喻指日寇全面入侵后的国内形势。杜甫《登楼》:“万方多难此登临。” (2)隆情,国共两党对他的盛情邀请。 (3)上清,道教中所谓“三清”之一,指灵宝道君所居仙境,诗中借指庐山。 (4)热肠,指自己的爱国热忱。 (5)从来不惯住仙乡,仙乡,仍指庐山,实代指国民党政府。此句意谓不愿与蒋介石当局为伍。

简析 作者于1937年盛夏应邀上庐山参与国共联合抗日谈判。此诗明赞庐山“上清”仙境般优美、清凉,暗讽蒋介石和国民党高层消极抗日,脱离群众,表明自己不愿在庐山消磨意志,而心系抗日前线,关心人民苦难的爱国热忱。

◎鲁　迅

湘灵歌

昔闻湘水碧如染(1),今闻湘水胭脂痕(2)。
湘灵妆成照湘水,皎如皓月窥彤云。
高丘寂寞竦中夜(3),芳荃零落无余春(4)。
鼓完瑶瑟人不闻(5),太平成象盈秋门(6)。

作者简介　鲁迅(1881—1936年),原名周樟寿,后改名周树人,字豫山,后改豫才,浙江绍兴人。新文化运动的主将,中国现代文学家、思想家和革命家。其作品以小说、杂文为主,亦工诗,著述被辑为《鲁迅全集》,多次重版。

题解　湘灵,传说中的湘水之神,即帝舜的妃子娥皇和女英姐妹。在湘江殉夫投水而死。此诗见于《鲁迅日记》1931年3月5日。是写赠日本友人片山松元的。原条幅现存,上款作"辛未仲春偶作,奉应松元先生雅属"。

注释　(1)碧如染,碧绿得像染过一样,形容昔日湘江之美。　(2)胭脂痕,胭脂一样的猩红。比喻当时湘江被鲜血染红,暗喻反动派对人民的大屠杀。　(3)高丘,楚国的高山。屈原《离骚》:"忽反顾以流涕兮,哀高丘之无女。"竦中夜,半夜里感到恐惧。竦,通"悚",恐惧。中夜,半夜。　(4)芳荃,香草,喻美好事物和贤人。　(5)鼓完瑶瑟人不闻,乐曲结束,却不见鼓瑟的人。化用钱起《湘灵鼓瑟》:"曲终人不见,江上数峰青。"　(6)太平成象盈秋门,京城秋门充盈着一片太平盛世的景象。秋门,洛阳有宜秋门、千秋门,诗中借指南京。暗讽国民党当局粉饰太平。

简析　鲁迅并未身临湘江,而是运用想象与联想,化用前人诗意,借用神话传说和典故,明悼湘灵,暗讽现实。他听说从前的湘江碧绿如染,湘灵皎如皓月;而今听到的是湘水血流成河,人们有如生活在夜半的恐惧中,芬芳的花草都凋零了,春天不见踪影。而京城(南京)却是一片太平盛世,歌舞升平的假象。全诗意境迷蒙,意象飘忽,借古讽今,充满暗喻与嘲讽。

无题·洞庭木落楚天高

洞庭木落楚天高(1),眉黛猩红涴战袍(2)。
泽畔有人吟不得(3),秋波渺渺失离骚(4)。

题解 据《鲁迅全集·鲁迅日记》(1932年12月31日)记载,本诗是书赠郁达夫的。当时正值蒋介石分别对苏区红军根据地、白区左翼文化界进行大规模的军事围剿与文化围剿。文化围剿的典型事件是左联五烈士被枪杀于龙华。

注释 (1)木落,叶落。《楚辞·九歌·湘夫人》:"袅袅兮秋风,洞庭波兮木叶下。" (2)眉黛,一种青黑色的颜料,古代妇女用来画眉。猩红,指鲜红的血。涴,污,弄脏,沾满。战袍,古代军大衣,诗中借指国民党军阀。一、二句暗喻国民党的军事围剿。 (3)泽畔有人吟不得,意思是在这屈原曾经行吟的洞庭湖泽畔,我心中的激情却不能自由抒发。有人,作者自谓。《楚辞·渔父》:"屈原既放,游走江潭,行吟泽畔。" (4)失离骚,再也不会有《离骚》了。三、四两句暗喻白色恐怖对革命文化的围剿。渺渺,水色邈远的样子。

简析 结合当时的历史背景,鲁迅的个性特征和诗意来理解,就能发现作者是用借古喻今的手法,揭露反动派的凶残,抒发被压抑的愤怒,借凭吊屈原痛悼牺牲的青年作家。全诗立意含蓄深刻,情感悲怆,气氛苍凉,意在诗外。

无　题

大江日夜向东流,聚义群雄又远游(1)。
六代绮罗成旧梦(2),石头城上月如钩(3)。

题解 1931年6月,蒋介石与立法院长胡汉民发生冲突,并扣留了后者。随即引发了蒋系与粤系之间的战争。此诗由此有感而作。根据《鲁迅日记》(1931年6月14日)记载:"为宫崎龙介书一幅云:'大江日夜向东流,……'。"宫崎龙介(1892—1971年),日本律师,一九三一年来上海时曾访问鲁迅。其父宫崎寅藏曾协助孙中山从事革命活动。

注释 (1)聚义群雄,原指啸聚一处的绿林好汉,诗中暗讽沆瀣一气又同床异梦的国民党新老军阀与政客。又远游,暗指当时国民党内又有人被迫出国或者下野。一个"又"字,说明这种内讧经常发生。包括蒋介石、汪精卫、胡汉民、冯玉祥、陈济棠等,都曾经被迫如此"远游"。 (2)六代绮罗成旧梦,暗指国民党政府将像次第垮台的古代六朝一样,命运不会长久。六代,三国时的吴、东晋,南朝的宋、齐、梁、陈六个朝代,合称六朝。 (3)石头城,指南京。月如钩,上弦月或下弦月犹如银钩,是取勾心斗角之意,还是暗喻国民党始终因为内斗而四分五裂,作者信手拈来,恐怕也大有深意。

简析 这首无题诗以暗喻、借代等手法,辛辣地嘲讽了"四一二"政变、"七一五"

分共后，由各派新军阀组成的南京国民政府深刻的内部矛盾，及其争权夺利、勾心斗角的丑行，预示了这个政权不久就会分崩离析的命运。该诗语调轻松幽默，但深邃的洞见寓其中。

◎ 常任侠

秦淮“潜社”曲会

座中酒客皆年少，一笑酡颜各解衣[1]。
半日豪情成放浪[2]，四筵雄辩有从违[3]。
轻舟泊岸楼阴静，远市初灯树色微。
长板桥西歌管盛[4]，夜凉明月送人归。

作者简介 常任侠(1904—1996年)，别名季青，生于安徽阜阳颍上县。著名艺术考古学家、东方艺术史研究专家、诗人，中国艺术史学会创办人之一。主要从事中国以及中亚、东亚、东南亚诸国美术史以及音乐、舞蹈史的研究，对中国与印度、日本的文艺交流史研究作出了开拓性贡献。

题解 潜社，20世纪30年代，南京中央大学学生组织的文学社团，学习中国古典词曲创作。此诗描述他们在秦淮河边举办的一次词曲研讨酒会。

注释 (1)酡颜，饮酒脸红的样子，亦泛指脸红，也称酡红。各解衣，因喝酒发热，纷纷解开了衣服。 (2)放浪，放纵而不受拘束。王羲之《兰亭集序》：“或因寄所托，放浪形骸之外。” (3)四筵雄辩，四座展开雄辩。有从违，有的赞成，有的反对。杜甫《饮中八仙歌》：“焦遂五斗方卓然，高谈雄辩惊四筵。” (4)长板桥西，指秦淮河上的旧板桥，板桥西头是当时的娱乐场所。

简析 此诗真实地记述了20世纪30年代南京大学生们一次文学酒会的情景。前四句描述他们青春焕发，开怀畅饮，激情雄辩的情态；后四句则描绘了秦淮河“轻舟泊岸”，灯树迷离的静谧夜景和大学生们在夜凉明月中归去的身影。这首诗描述生动形象，酒楼内的热烈喧哗场景与秦淮河朦胧静谧的夜色相互映衬，动静结合，充分展示了文学青年的性格特征与秦淮河之夜的特色。当然不久后就因为日军攻占南京而迫使青年学生四散流亡。

◎黄稚荃

率诸幼稚溯江返蜀十四首(选一)

序:七七事变后,八月日寇攻上海,轰炸南京。率诸幼稚溯江返蜀。殷忧侘傺,诗以志之。

佳丽南朝地(1),偏安不可求(2)。
风掀黄海浪(3),兵逼白门秋(4)。
未觉还家乐,翻成避地忧(5)。
覆巢悲累卵(6),何处足淹留(7)?

作者简介 黄稚荃(1908—1993),又名黄先泽。女,笔名杜邻。生于四川江安县。诗人、书法家、画家,四川大学教授,中华诗词学会顾问。著有《杜诗在中国诗史上的地位》《杜诗札记》《李清照著作十论》《楚辞考异》《文选颜、鲍、谢诗评补》《杜邻存稿》等。

题解 1937年秋天,日寇全面侵华,北平沦陷,上海、南京处于危急中。作者携孩子们溯江而上,返回四川家乡避难。此行作诗十四首,此选其一。

注释 (1)佳丽,指貌美的女子,或形容景物的美好。佳丽南朝地指南京等地。周邦彦《西河·金陵怀古》:“佳丽地,南朝盛事谁记?” (2)偏安,苟且偷安,暂避于一地。诸葛亮《后出师表》:“先帝虑汉贼不两立,王业不偏安,故托臣以讨贼也。” (3)风掀黄海浪,喻指七七事变后,华北沦陷。 (4)兵逼白门秋,指八月日寇进攻上海,轰炸南京。白门,南京城门。 (5)这两句的意思是,这次举家回四川故乡,不仅没有丝毫还家的快乐,反而因逃难躲避而感到忧愁。 (6)覆巢悲累卵,比喻国家残破,个人不能独存。典出“覆巢之下,岂有完卵!” (7)淹留,羁留,逗留。屈原《楚辞·离骚》:“时缤纷其变易兮,又何可以淹留?”

简析 此诗的前四句描述了日寇轰炸上海、逼近南京的战争形势,说明不得不举家逃难,离开景物优美的南京的原因。后四句发表感慨,叹息此次还乡,没有丝毫快乐,反而因国家残破,人民流离失所而深感忧愁与悲愤。此诗语言明丽,韵律优美,体现了女诗人的文句之美,思绪之深,情感之浓。

◎老 舍

述 怀

黄鹤楼头莫诉哀(1),酒酣风劲壮心来。
烟波自古留余恨(2),烽火从今燃死灰(3)。
如此江山空暮雨,有谁文章奋云雷。
奇师指日收河北,七步成诗战鼓催(4)。

作者简介 老舍(1899—1966年),本名舒庆春,字舍予,笔名老舍,满族正红旗人,生于北京。著名作家,杰出的语言大师、人民艺术家。老舍的文学语言通俗简易,朴实无华,幽默诙谐,具有较强的北京韵味。

题解 1937年卢沟桥事变,抗日战争全面爆发,老舍离开即将沦陷的济南,告别妻儿,只身前往武汉,积极投身于"中华全国文艺界抗敌协会"的组织领导和抗战文艺宣传工作。《述怀》即写于此时。

注释 (1)指古时文人多在黄鹤楼抒发离愁别绪,或者感叹江水长流而人生短暂等等。 (2)烟波,崔颢《黄鹤楼》:"日暮乡关何处是,烟波江上使人愁。" (3)燃死灰,死灰燃的倒置,即死灰复燃。指1937年日本军国主义者重新挑起战火,发动卢沟桥事变。 (4)七步成诗,指曹植的七步诗,比喻才思敏捷。此处是号召作家们为鼓舞全民抗战激情,拿起笔来,积极投入抗敌宣传斗争中去。

简析 置身抗战中心武汉的诗人独步黄鹤楼,仗着酒劲,迎着劲风,遥看抗战烽火,抒发自己的爱国豪情和报国壮志。并着重劝勉诗人们不要再哀叹"烟波江上使人愁",倾诉个人的离情别绪或人生感慨,号召大家振奋精神,拿起笔来,为早日驱除日寇,收复失地,摇旗呐喊,擂鼓助威。

◎郁达夫

和老舍《黄鹤楼》诗

文艺界抗敌协会同仁宴聚武昌,仆因事缺席,因用老舍韵赋呈在座诸公。

明月清风庾亮楼[1]，山河举目涕新流[2]。
一成有待收斯地[3]，三户无妨复楚仇[4]。
报国文章尊李杜[5]，攘夷大义著《春秋》[6]。
相期各奋如椽笔[7]，草檄教低魏武头[8]。

作者简介 郁达夫(1896—1945年)，原名郁文，字达夫，浙江富阳人。民国初年留学日本，开始文学创作，创造社的发起人之一。抗战爆发，先后在上海、武汉、福州及南洋各地积极从事抗日救国宣传活动。1945年6月29日，被日军杀害于印尼苏门答腊丛林。

题解 1938年3月27日，中华全国文艺界抗敌协会在汉口商会大礼堂开会宣告成立，郁达夫出席了大会。会上文艺界同仇敌忾，盛况空前。会后宴席上老舍即席赋七律一首。郁达夫会后因事未能赴宴，事后和诗一首。

注释 (1)庾亮楼，相传为东晋曾任江、荆、豫三州刺史的庾亮于1700多年前所建。传说有三处：一说在江西九江，一说在湖北鄂州，一说在武昌蛇山，又名白云楼、南楼。诗中指武昌南楼。 (2)山河举目，为举目山河的倒置。涕，眼泪。 (3)一成，中国古时以方圆十里为一成；以兵士五百人为一旅。形容地窄人少，力量单薄。《左传》哀公元年：少康“有田一成，有众一旅，能布其德而兆其谋，……复禹之绩。”斯，指示代词“这”。斯地，指代失地。 (4)三户，司马迁《史记·项羽本纪》：“故楚南公曰：‘楚虽三户，亡秦必楚’也。”三户在诗中指代全体中国。 (5)李杜，李白和杜甫。韩愈《调张籍》：“李杜文章在，光焰万丈长。” (6)攘夷，原义为排除蛮夷。典出《春秋公羊传》：“尊勤君王，攘斥外夷。”诗中意思是保卫中华，驱除日寇。 (7)相期，互相勉励。各奋，各自奋起。如椽笔，如椽大笔，像椽子一般粗大的笔。比喻大手笔和笔力雄健的文词。椽，古代架屋顶的椽条。 (8)草檄，草拟讨敌檄文，即写出声讨打击敌人的作品。教低魏武头，《三国志·魏志·陈琳传》载，曹操患头风病，卧读陈琳所作檄文，头风顿愈。魏武，即魏武帝曹操，此处借指日寇。

简析 诗人以当时抗战文化中心武汉为背景，抒发自己面对国土沦陷的巨大痛苦，借少康复国和三户亡秦的典故，表达了收复失地，抗敌复仇的期望和决心。呼吁发扬中国人的优秀传统，拿起如椽大笔，与日本法西斯作坚决斗争！全诗感情强烈，大气磅礴，引经据典，充分体现了作者强烈的爱国精神。

◎叶圣陶

自北碚夜发经小三峡至公园

初上月微昏,孤舟发野村。
江流惟静响[1],滩沸忽繁喧[2]。
浓黑峡垂影,深凹石露根[3]。
何能忘世虑[4],休说问桃源[5]。

作者简介 叶圣陶(1894—1988年),原名叶绍钧、字秉臣,出生于江苏苏州。现代作家、教育家、文学出版家和社会活动家。1949年后,先后出任教育部副部长、人民教育出版社社长和总编、中央文史研究馆馆长、中华人民共和国全国政协副主席等职。

题解 此诗作于抗战时期的1938年5月18日。其时作者住在国民政府陪都重庆郊区。北碚,重庆附近的风景区。小三峡指重庆附近的明月峡、广德峡、铜锣峡。

注释 (1)静响,寂静中仅有的声响。 (2)滩沸,浪打滩石水流涌起。繁喧,频繁的喧响声。 (3)石露根,岩石被水冲击,露出了底部。 (4)世虑,人世间的忧虑之事,诗中指抗战时期的国家大事。 (5)休说问桃源,不要再问哪里是桃花源了。

简析 诗人月夜乘舟从北碚风景区赶往抗战的陪都重庆。小三峡中月色迷离,滩流喧响、峡谷幽深,宛若世外桃源。可是诗人心系国家大事,无心欣赏这桃花源般的良辰美景。

◎陈九思

九日登上海海关大楼

独上层楼倦眼开[1],茫茫秋色逼愁来[2]。
江清木落千帆出,风急天高一雁回[3]。
寂寞河山疏酒伴[4],艰难升斗啬诗才[5]。
浮生未竭新亭泪[6],日暮孤城画角哀[7]。

作者简介 陈九思(1901—1998年),浙江义乌人。学者、诗人。20世纪30年代毕业于上海圣约翰大学。曾任上海师范大学中文系教授。著有《转丸集》《转丸一二续》。

题解 此诗写于1941年重阳节登高之时。其时上海除租界之外早已沦陷于日寇铁蹄之下,作者只能以登上海关大楼代替登山。

注释 (1)倦眼开,睁开疲倦的双眼。 (2)逼愁,引起忧愁。 (3)风急天高一雁回,杜甫《登高》:"风急天高猿啸哀,渚清沙白鸟飞回。" (4)寂寞河山,因国土沦陷人们离散,河山显得空寂。酒伴,故交旧友。 (5)升斗,量米的器具,比喻微薄的收入。啬,艰涩。啬诗才意谓诗兴枯竭。 (6)新亭泪,新亭旧址在南京市西,诗中指代南京。泪,流泪,因国土沦丧怆然泪下。夏完淳《大哀赋》:"楚囚无新亭之泪,《越绝》非石室之音。" (7)画角哀,画角发出凄凉悲哀的声音。画角,古代管乐器,发声凄厉高亢,古时军中多用以警昏晓,振士气,肃军容。帝王出巡则用以报警戒严。南朝梁简文帝萧纲《折杨柳》:"城高短箫发,林空画角悲。"

简析 此诗描写沦陷后大上海江清木落,风急天高的凄清情景,诉说了自己远离亲友、生计艰难的孤贫处境,表达了国土沦丧,怆然而泪下的悲愤之情。全诗感情真挚沉郁,意境悲怆凄凉,写景、叙述、议论融为一体,感人至深。

◎ 陈独秀

致欧阳竟无诗柬

贯休入蜀唯瓶钵(1),卧病山中生事微(2)。
岁暮家家足豚鸭(3),老馋独羡武荣碑(4)。

作者简介 陈独秀(1879—1942年),字仲甫。安徽怀宁(今属安庆市)人。早年参加辛亥革命,五四新文化运动的倡导者之一,中国共产党创始人和早期主要领导人之一。1927年大革命失败后,中共中央改组,陈独秀被停职。1929年在王明主持下,被开除党籍。1932年10月陈独秀被国民党当局逮捕囚禁。全面抗战爆发后获释,寄寓四川江津鹤山坪,靠朋友接济与写作稿费为生。1942年5月27日逝世。

题解 1941年岁暮之际,寄寓四川江津鹤山坪的陈独秀,得知密友佛学大师欧阳竟无珍藏有《武荣碑》帖，遂以诗代柬借之。欧阳竟无(1871—1943年)中国佛教学者、居士，抗战期间避难四川。

注释 (1)贯休入蜀唯瓶钵，作者以唐代著名诗僧贯休入蜀后虽然生活艰难，却醉心于蜀中山水自喻。贯休《陈情献蜀皇帝》："一瓶一钵垂垂老，万水千山得得来。" (2)卧病山中，指自己卧病在江津鹤山坪。生事微，指生活非常艰难。生事，生计、谋生的事业。微，微渺，渺茫，诗中形容艰难。 (3)足豚鸭，猪鸭丰盛充足。豚，乳猪，泛指猪。 (4)老馋独羡武荣碑，意思是又老又馋的我，独独羡慕你珍藏的武荣碑帖。武荣碑，全称"汉故执金吾丞武君之碑"。碑主武荣，东汉末年人，最后的官职是"执金吾丞"，三十六岁时病故，东汉灵帝建宁元年(168年)立碑，为山东武氏墓群石刻之一。石碑至明代被发现，明、清遂有此碑拓帖。诗中的"碑"实指该碑拓帖。原武荣墓石碑现保存在济宁市汉碑亭内。

简析 在这首以诗代柬的借帖诗中，作者以唐代诗僧贯休入蜀仅有"一瓶一钵"，而以拥有蜀中的山水为乐自比，表示自己虽垂老体衰，生计艰难，却以治学为精神追求。全诗情感真挚，语言生动，化用前人诗句恰当自如，充分体现出作者思想本色的另一面相，即传统文人的精神气质。

对月夜忆金陵旧游

匆匆二十年前事(1)，燕子矶边忆旧游(2)。
何处渔歌惊梦醒(3)，一江凉月载孤舟(4)。

题解 据钟扬《台静农所藏陈独秀佚诗》注："作者于诗后书：'壬午年暮春写寄静农兄，独秀白鹤山坪。'"壬午年即1942年。静农，即台静农(1902—1990年)，安徽霍邱县人，作家、文学评论家、书法家。白鹤山坪即鹤山坪，在四川江津城西约20余里的鹤山上。陈独秀写寄此诗后的当年五月，就逝世于此地。

注释 (1)二十年前事，二十年前应是1920年代初期，那正是陈独秀意气风发的人生辉煌时段。 (2)燕子矶，位于南京江边。旧游，与台静农等朋友游览江景。 (3)梦醒，语意双关，含意深沉，作者破灭的梦想何指不得而知，但此时他思想消沉则可肯定。 (4)一江凉月载孤舟，形容自己所处的凄清情境。

简析 《对月夜忆金陵旧游》一诗的情感复杂深沉，意境苍凉清寂，但孤傲的个性依然不变，可说是一位曾经叱咤风云，但晚景落拓者的绝唱，作者的不尽之意皆在诗外。该诗写于壬午暮春，而五月末作者即与世长辞。

◎齐白石

过巫峡

怒涛相击作春雷(1),江雾连天扫不开(2)。
欲乞赤乌收拾尽(3),老夫原为看山来(4)。

作者简介 齐白石(1864—1957年),原名纯芝,改名璜,自号白石老人,湖南湘潭人。世界文化名人。早年业木工,后以卖画为生,善画花鸟虫鱼、山水人物。1921年后定居北京。中华人民共和国成立后为中央美术学院名誉教授、中国美术家协会主席。工篆刻,善诗文,有《白石诗草》《白石老人自述》等。

题解 此诗当作于1949年前,作者乘舟赴四川游览,途经巫峡之时。

注释 (1)暗喻当时国共两党斗争激烈。 (2)喻指当时国统区一片昏暗。 (3)欲乞赤乌收拾尽,渴望太阳出来,扫除阴霾。赤乌,指红色的太阳。相传日中有三足乌,以此鸟代日。 (4)老夫原为看山来,表明作者希望有一个山清水秀的光明世界。

简析 作者赴四川,本欲看三峡河山之壮美,却连日浓雾满天,大觉扫兴。作者运用象征、隐喻的手法,借写巫峡之景色气候,比喻当时政治军事斗争激烈,国统区一片黑暗。表达了诗人热爱祖国河山,渴望光明,追求和平的一片赤子之心。

◎邓 拓

游长江大桥

仿佛天街亘碧霄(1),飘然来去自逍遥。
凭教万斛奔涛急(2),难撼长江第一桥(3)。

作者简介 邓拓(1912—1966年),原名邓子健,曾用笔名马南邨、邓云特,福建闽侯人。新闻工作者、政论家、诗人、杂文家,也是书画收藏家。

题解 此诗为1958年3月作者游武汉长江大桥所作。

注释 (1)天街,隋唐京师长安城朱雀大街的别称,也有人认为是承天门街的简称。韩愈《早春呈水部张十八员外》:“天街小雨润如酥,草色遥看近却无。”亘,横穿。碧霄,指青天。 (2)万斛,极言容量之大,古代以十斗为一斛。杜甫《夔州歌》之七:“蜀麻吴盐自古通,万斛之舟行若风。”杜诗以万斛形容船大,而此处是形容长江水量之巨大。 (3)撼,摇动。第一桥,指武汉长江大桥。

简析 诗人运用比拟与夸张的手法,形容长江大桥仿佛横贯碧空的天上街市,描述了自己在桥面上飘然来去时逍遥自得的心情,赞美大桥巍然屹立,坚不可摧,作者对新中国建设成就的赞颂之情,跃然纸上。

◎ 吴丈蜀

贺葛洲坝长江截流

巍峨大坝屹沧洲(1),汹涌长江庆截流。
雪洒西陵添瑞气(2),喜传葛坝起欢歌。
青滩忍性停风浪(3),崆岭无言不覆舟(4)。
他日夜明珠照彻(5),巨轮鱼贯过黄牛(6)。

作者简介 吴丈蜀(1919—2006年),字恂子,别署荀芷,生于四川泸州。当代著名学者、诗人、书法家。曾任湖北省社会科学院研究员、湖北省人民政府文史研究馆馆长、中华诗词学会副会长、湖北省诗词学会会长。著有《回春诗词抄》《词学概说》等。

题解 葛洲坝水利枢纽工程位于湖北宜昌市境内的长江三峡末端河段。为建设长江上第一座大型水电站,工程于1971年开工,1980年10月10日截流,1981年1月堵口合龙。

注释 (1)沧洲,滨水的地方。 (2)雪洒西陵,大坝合龙时,正值瑞雪纷飞。西陵,葛洲坝上游之西陵峡。 (3)青滩,又名新滩,在湖北秭归县东30里西陵峡中。 (4)崆岭,即崆岭峡,在湖北省秭归县东南40里西陵峡中。葛洲坝截流后,西陵峡水位升高,青滩、崆岭两处浅滩均深没水中,不再有覆舟之虞。 (5)夜明珠,作者自注:“葛洲坝左岸有一小山,俗呼为夜明珠。”这既是一种巧合,而且语意双关,到葛洲坝水电站建成发电以后,自然灯火通明。 (6)鱼贯,像鱼一样先后接续。黄牛,指西陵峡中之黄牛峡。

简析 该诗激情讴歌长江上第一座大坝合龙，截流成功的伟大成就，展望了工程完工后更加宏伟壮丽的前景。诗人热情洋溢，想象丰富，以一系列实地名称入诗，却能恰到好处。

◎李 锐

三峡工地之行(其一)

横空出世史超前(1)，高峡平湖现眼边(2)。
但愿无忧更无恙(3)，巫山神女总开颜(4)。

作者简介 李锐(1917—)，湖南平江人。20世纪40年代赴延安参加革命，曾在毛泽东身边工作，后任过中央宣传部副部长。著有《龙胆紫集》等。

注释 (1)横空出世，指三峡大坝又高又大，横兀峡江上空。 (2)高峡平湖，化用毛泽东《水调歌头·游泳》："更立西江石壁，截断巫山云雨，高峡出平湖。" (3)但愿无忧更无恙，由于担心地层压力，卵石和泥沙积压以及长江中下游水量变化等多种原因，科学界部分人对三峡大坝工程有所质疑。此事还须等待若干年后才能验证，作者只能首先表达良好的祝愿。 (4)巫山神女总开颜，化用毛泽东《水调歌头·游泳》："神女应无恙，当惊世界殊。"

简析 此诗作于2000年5月。作者漫步三峡大坝工地，既被眼前横空出世的世纪工程所震惊，又为毛泽东"高峡出平湖"的愿景即将实现而深感欣慰。同时针对社会上因担忧各种安全隐患而引起的某些质疑声，诗人真诚地表达了"但愿无忧更无恙，巫山神女总开颜"的良好愿望。

◎王鸿业

重修岳阳楼感赋

披襟纵步上层楼，万顷湖光一望收。
三峡江流遥入海，九嶷云物最宜秋(1)。

汨罗幽怨生烟渚(2),客座诗情对水鸥(3)。
多少英雄皆已矣(4),人民今日主沉浮(5)。

作者简介 王鸿业(1919—2005年),辽宁新民人。长期从事文化教育工作,锦州老龄诗社社长,辽宁诗词学会理事。

题解 1983年国务院拨专款对岳阳楼进行全面整修,1984年5月1日,岳阳楼大修竣工并对外开放。作者登上重修后的岳阳楼,有感而发作此诗。

注释 (1)九嶷云物,九嶷山的景物。九嶷山在湖南宁远县。《水经注》:"舜南巡崩于苍梧之野,葬于江南九嶷。"云物,犹景物。刘长卿《送崔处士适越》:"山阴好云物,此去又春风。" (2)汨罗幽怨,指屈原投汨罗江自沉。 (3)客座诗情对水鸥,满座客人诗兴大发,对着湖上飞翔的鸥鸟吟诗。 (4)多少英雄皆已矣,多少英雄豪杰已经成为往事。 (5)今日人们当家做主,自己决定自己的命运。主沉浮,毛泽东《沁园春·长沙》:"问苍茫大地,谁主沉浮?"

简析 作者置身于重修后恢弘壮丽的岳阳楼中,远眺辽阔无际的湖光山色,缅怀古今情势之变,慨叹昔日的英雄豪杰已成过去,用"人民今日主沉浮"的豪迈诗句,回应了毛泽东几十年前的提问:"问苍茫大地,谁主沉浮?"表达了作者对人民当家做主的赞美和对新生活的热爱。

◎启　功

南　来

千里南来访鹤铭(1),长桥飞跨大江横(2)。
河声岳色寻常见(3),一到金焦眼倍明(4)。

作者简介 启功(1912—2005年),字元伯,一作元白。满族,姓爱新觉罗。中国著名书法家,教育家,书画鉴定家。长于古典文学、古文字学的研究,早年曾在辅仁大学任教。1949年后任北京师范大学教授、故宫博物院顾问、国家文物鉴定委员会主任委员、中国书法家协会主席。著有《古代字体论稿》《诗文声律论稿》《启功丛稿》《论书绝句百首》等,出版《启功书画留影集》以及多种书法选集。

题解 此诗作于1983年。作者原序曰:"前年因出席会议之便,漫游江南。有感于江浙风物,赋此书赠邹霆、李璐同志。"

注释 (1)鹤铭,即《瘗(yì)鹤铭》,中国著名的摩崖刻石,相传为南朝梁天监十三年(514年)隐士华阳真逸所书,原刻在镇江焦山西麓石壁上。中唐以后始有著录,后崩落长江中,南宋淳熙间(1190—1195年)挽出一石二十余字,康熙五十二年(1713年)又挽出五石七十余字。1960年合五石为一,置于镇江定慧寺中。书家以为刻字"古拙奇峭,雄伟飞逸","点画灵动,字形开张"。 (2)长桥,指镇江长江大桥,当时在世界同类悬索桥中位列第一。 (3)河声岳色,江河的涛声,山岳的景色。寻常见,到处都可以看到。 (4)金焦,金山与焦山。眼倍明,眼睛格外一亮。

简析 作为书法大家,作者自北京南来镇江,本为考据焦山《瘗鹤铭》碑刻,却被眼前横跨长江的镇江大桥之宏伟壮丽所震惊,被江南处处的青山绿水所陶醉。而金山与焦山的景物,更使之眼前一亮,兴奋不已。该诗表达了作者对镇江历史文化景观、自然风物与现代化建设的高度赞美与喜爱。

◎田　汉

重游扬州

十访扬州卅载中(1),几回京口夕阳红。
听箫最爱西湖瘦(2),试剑何如北固雄(3)。
此日金焦拳击岸(4),当时青白锦包龙(5)。
长江千古浓如乳,哺育吾民到大同(6)。

作者简介 田汉(1898—1968年),原名寿昌,笔名田汉。湖南省长沙县人。剧作家、戏曲作家、电影编剧、诗人、文艺批评家、文艺活动家,中国现代戏剧三大奠基人之一。中华人民共和国国歌《义勇军进行曲》歌词的作者。

题解 1956年田汉重访扬州时作。这是作者30年中第十次访问扬州。

注释 (1)卅载,三十年。卅(sà),数字三十的代用字。 (2)听箫最爱西湖瘦,化用杜牧《寄扬州韩绰判官》:"二十四桥明月夜,玉人何处教吹箫。"西湖瘦,瘦西湖的倒置。为扬州景点。 (3)试剑何如北固雄,孙权、刘备当年曾在北固山试剑。 (4)金焦拳击岸,近代诗人罗惇曧等人的唱和长诗《车遥遥》中有"金焦两点大如拳"之语。 (5)青白锦包龙,《白蛇传》中,小青与白娘子水漫金山,法海和尚用“锦”(袈裟)围住金山寺顶,避免了灭顶之灾。青白,小青与白娘子。龙,指水漫金山。 (6)大同,中国儒家学说中理想的社会。

简析 此诗抒写作者第十次访问扬州的美好感受,追怀了扬州和镇江源远流长的历史文化和美丽的神话传说,表达了对山河壮景的赞美及对长江的感恩之情。

四季歌

春季到来绿满窗,
大姑娘窗下绣鸳鸯。
忽然一阵无情棒(1),
打得鸳鸯各一旁。

夏季到来柳丝长,
大姑娘漂泊到长江。
江南江北风光好,
怎及青纱起高粱(2)。

秋季到来荷花香,
大姑娘夜夜梦家乡。
醒来不见爹娘面,
只见窗前明月光。

冬季到来雪茫茫,
寒衣做好送情郎。
血肉筑出长城长(3),
奴愿做当年小孟姜(4)。

春季到来绿满窗,

夏季到来柳丝长；
秋季到来荷花香，
冬季到来雪茫茫。

题解 《四季歌》是1937年老电影《马路天使》中一首脍炙人口的插曲。田汉作词，贺绿汀作曲，周璇原唱。是国人最为熟悉与喜爱的流行歌曲之一。此为歌词。

注释 (1)无情棒，喻指1931年九一八事变及日寇占领东北，致使东三省人民流离失所，家破人亡。 (2)怎及青纱起高粱，怎么比得上故乡一望无际像青纱帐一样的高粱地。高粱是东北最主要的农作物。 (3)血肉筑出长城长，《义勇军进行曲》："用我们的血肉，筑成新的长城。" (4)孟姜，孟姜女，中国民间传说中战国时期的女子。她跋涉千里，送寒衣给在北方修筑长城的丈夫。

简析 歌词通过一位逃离东北家乡，流浪到长江的难女的口吻，以江南四季景色为背景，倾诉她家破人亡、流离失所的巨大痛苦，对家乡的无限思念，对抗战前线丈夫的深情怀念和鼓励；表达了作者对日本军国主义暴行的愤怒控诉和中国人民抗战到底的决心和意志。歌词具有鲜明的江南民歌风格，作者用明丽的辞藻描绘了优美的人物形象和景色意象，流露出仇怨、愤怒和热爱祖国山河的深情。

◎萧　华

四渡赤水出奇兵

横断山(1)，路难行。天如火，水似银。
亲人送水来解渴，军民鱼水一家人。
横断山，路难行。敌重兵，压黔境(2)。
战士双脚走天下，四渡赤水出奇兵。
乌江天险重飞渡(3)，兵临贵阳逼昆明。
敌人弃甲丢烟枪，我军乘胜赶路程。
调虎离山袭金沙(4)，毛主席用兵真如神。

作者简介 肖华(1916—1985年)，江西兴国县人，中国人民解放军高级将领。参加过土地革命战争、长征、抗日战争、解放战争。中华人民共和国成立后，历任空军政委、总政治部副主任等职。1955年被授予上将军衔。肖华谱写的《长征组歌》被评为二十世纪华人经典音乐作品之一。

题解 四渡赤水，遵义会议以后，在毛泽东指挥下，红军采取机动灵活的战略战术，三个月内六次穿越三条河流，其间四次渡过赤水河，在运动战中歼敌，摆脱了敌军的围追堵截。赤水，赤水河，长江上游支流，古称安乐水，流经云、贵、川三省接壤地区。本词选自《长征组歌》。

注释 （1）横断山，为四川、云南两省西部和西藏自治区东部一系列南北向平行山脉的总称。 （2）黔，贵州省简称。 （3）乌江天险，乌江为贵州省第一大河，长江上游右岸支流，古称黔江，水流湍急。1935年1月2日，红军先遣团胜利突破乌江天险。 （4）金沙，金沙江是长江上游，流经云贵川黔，山高谷深，水流湍急。1935年5月3日，红军抢渡金沙江，摆脱数十万国民党军队的追击。

简析 这首歌词形象地描述了遵义会议后红军四渡赤水，抢渡乌江、金沙江的战斗过程，高度赞颂了毛泽东机动灵活的战略战术和运筹帷幄的指挥才能。此词节律明快、词语简洁、热情活泼，是红军机动灵活的战略战术和革命乐观主义精神的艺术再现。

飞越大渡河

水湍急，山峭耸。雄关险，豺狼凶。
健儿巧渡金沙江，兄弟民族夹道迎[1]。
安顺场边孤舟勇[2]，踩波踏浪歼敌兵。
昼夜兼程二百四，猛打穷追夺泸定。
铁索桥上显威风，勇士万代留英名。

题解 大渡河，岷江最大支流，是长江的二级支流，位于四川省西部，古称沫水。1935年5月25日，红军在安顺场飞越了大渡河，接着又强夺泸定桥，粉碎了蒋介石将红军消灭于长江以南的战略企图。本词选自《长征组歌》。

注释 （1）兄弟民族夹道迎，指1935年红军长征途中，在四川大凉山刘伯承与小叶丹的“彝海结盟”。 （2）安顺场，位于四川省西南部的大渡河中游南岸。是太平天国翼王石达开全军覆灭之处，也是红军长征强渡大渡河的地点。

简析 此词描绘大渡河水流湍急，泸定桥险要难攻的地理形势，热情赞颂了红军与兄弟民族的鱼水深情，着重描述红军飞渡大渡河、抢夺泸定桥的战斗经过，歌颂勇士们的无畏精神。

◎乔 羽

我的祖国

一条大河波浪宽,风吹稻花香两岸。
我家就在岸上住,听惯了艄公的号子,看惯了船上的白帆。
这是美丽的祖国,是我生长的地方。
在这片辽阔的土地上,到处都有明媚的风光!

姑娘好像花儿一样,小伙儿心胸多宽广。
为了开辟新天地,唤醒了沉睡的高山,让那河流改变了模样。
这是英雄的祖国,是我生长的地方。
在这片古老的土地上,到处都有青春的力量!

好山好水好地方,条条大路都宽敞。
朋友来了有好酒,若是那豺狼来了,迎接它的有猎枪!
这是强大的祖国,是我生长的地方。
在这片温暖的土地上,到处都有和平的阳光!

作者简介 乔羽(1927—),著名诗人、词作家。出生于山东济宁。1948年毕业于晋冀鲁豫边区北方大学艺术学院。曾任北京大学歌剧研究院名誉院长、中国歌剧舞剧院院长、中国音乐文学学会主席、中国社会音乐研究会名誉会长。

题解 此为电影《上甘岭》主题歌《我的祖国》的歌词,词作者乔羽,作曲刘炽。1956年,乔羽接到配词的创作任务,他从在江西采风时看到的长江壮美景色的回忆中产生了灵感,很快写出了歌词。由郭兰英原唱的《我的祖国》风行全国,长唱不衰,成为20世纪中国音乐的经典之作。

简析 歌词以长江作为祖国的象征和抒情的艺术意象,深情地歌颂了祖国壮美的河山，勤劳勇敢的中国人民，表达了反对战争，热爱和平的民族精神和意志。此词意象优美，激情澎湃，气势磅礴，体现了中国人民强烈的爱国主义精神和革命英雄主义气概。

◎严　阵

长江在我窗前流过

长江在我窗前流过，
翻腾着金黄色的浊波，
啊，这热情澎湃的河流，
横贯了我的祖国。

每天黎明时分，
她总以潮声把我频催。
每当夜晚降临，
她总以涛音抚我入睡。

晴空万里啊，
她的水面上鸽群纷飞。
乌云翻涌啊，
她的波涛里藏着惊雷。

啊，她浩浩荡荡，
每天把红日托上。
宽阔的胸襟
容得下万船齐放。

啊，她滔滔不息，
后浪推着前浪。
她从历史的群峰中穿过，
谁能把她阻挡？！

啊，她从月夜里流过，
她从红霞里流过，
她从雷雨里流过，
她从阳光里流过。

这滚滚的河流
日夜都激动着我，
我这小小的窗口，
震响她强壮的脉搏。

长江在我窗前流过，
翻腾着金黄色的浊波，
啊，这热情澎湃的河流，
横贯了我的祖国。

作者简介 严阵(1930—)，原名阎桂青，山东莱阳人。历任《胶东日报》编辑、安徽省文艺创作研究室副主任、《清明》副主编、《诗歌报》主编、中国作协第四届理事、安徽省作协主席。著有诗集《长江在我窗前流过》《江南曲》《琴泉》，散文集《牡丹园记》，长篇小说《荒漠奇踪》，中篇小说集《南国的玫瑰》等个人文学专著30余部。

简析 这篇抒情长诗从“窗前”这一独特视角，描绘长江在不同时间、不同气候、不同季节千姿百态的壮美景色与滚滚东去的磅礴气势；赞颂长江以其宽阔的胸怀哺育了中华民族历史的发展；深情地抒发了对长江的无限依恋与挚爱。此诗以优美的语言，形象鲜明的画面，抒情的舒缓节律，给人以美的愉悦和情感的激荡。

◎胡宏伟

长江之歌

你从雪山走来,春潮是你的丰采;
你向东海奔去,惊涛是你的气概,
你用甘甜的乳汁,哺育各族儿女;
你用健美的臂膀,挽起高山大海,
我们赞美长江,你是无穷的源泉;
我们依恋长江,你有母亲的情怀。

你从远古走来,巨浪荡涤着尘埃;
你向未来奔去,涛声回荡在天外,
你用纯洁的清流,灌溉花的国土;
你用磅礴的力量,推动新的时代,
我们赞美长江,你是无穷的源泉;
我们依恋长江,你有母亲的情怀。
啊长江! 啊长江!

作者简介 胡宏伟(1953—),出生于辽宁沈阳。沈阳军区前进歌舞团副团长,国家一级编剧,中国音乐文学学会理事,辽宁省音乐家协会副主席、辽宁省音乐文学学会副主席。

题解 这是20世纪80年代风靡全国的电视纪录片《话说长江》的主题歌,由胡宏伟填词,王世光作曲。

简析 这首歌词从时空两方面赞美了长江的宏伟壮丽,源远流长,表达了诗人对祖国河山的挚爱与依恋之情。第一段着眼于空间,描绘长江自西向东奔流的磅礴气势,多姿的风采,用生命之源哺育了各族儿女。第二段着眼于时间,歌颂长江万古长存,以其源源不绝的力量为中华民族作出了历史贡献。词中用第二人称“你”,直接呼告长江,显得无比亲切;反复使用“我们赞美”,“我们依恋”,强调并且贯穿了热爱长江、歌唱长江的主题。全诗画面优美明丽,句式规范整齐,节律庄严恢弘，充分体现了闻一多先生对自由体新诗的“三美”（绘画美、音乐美、建筑美）要求，给人以巨大的艺术享受和心灵愉悦。

主要参考文献

游国恩:《中国文学史》[M],北京:人民文学出版社,1963年。

袁行霈:《中国诗歌艺术研究》[M],北京:北京大学出版社,1987年。

袁行霈主编:《中国文学史》[M],北京:高等教育出版社,1999年。

龚鹏程:《中国诗歌史论》[M],北京:北京大学出版社,2008年。

王力:《诗词格律》[M],北京:中华书局,2009年。

赵敏俐、吴思敬:《中国诗歌通史》[M],北京:人民文学出版社,2012年。

(南朝梁)萧统编:《文选(影印本)》[M],(唐)李善注,北京:中华书局,1977年。

(宋)李昉等编:《文苑英华(影印本)》[M],北京:中华书局,1966年

(唐)欧阳询等编:《艺文类聚》[M],上海:上海古籍出版社,1982年。

(南朝梁)徐陵编:《玉台新咏》[M],北京:中华书局,1985年。

北京图书馆藏明稿本影印:《诗渊》[M],北京:书目文献出版社,1984年。

(明)陆时雍:《诗镜》[M],任文京、赵东岚校,保定:河北大学出版社,2010年。

(明)何楷:《诗经世本古义》[M],上海鸿宝斋书局,1893年。

(宋)洪兴祖:《楚辞补注》[M],白化文点校,北京:中华书局,1983年。

(清)王士祯选:《古诗笺》[M],闻人倓笺,上海:上海古籍出版社,1980年。

(清)沈德潜选:《古诗源》[M],北京:中华书局,1963年。

(清)陈元龙辑:《历代赋汇》[M],南京:江苏古籍出版社,1987年。

赵逵夫:《历代赋评注》[M],成都:巴蜀书社,2010年。

丁福保编:《全汉三国晋南北朝诗》[M],北京:中华书局,1959年。

(明)张溥辑:《汉魏六朝百三家集》[M],南京:江苏古籍出版社,2002年。

逯钦立辑校:《先秦汉魏晋南北朝诗》[M],北京:中华书局,1983年。

(宋)郭茂倩编:《乐府诗集》[M],北京:中华书局,1979年。

彭黎明、彭勃:《全乐府》[M],上海:上海交通大学出版社,2011年。

(南朝宋)鲍照:《鲍参军集注》[M],钱仲联校,上海:上海古籍出版社,1980年。

(南朝宋)江淹:《江文通集汇注》[M],(明)胡之骥注,李长路、赵威点校,北京:中华书局,1984年。
傅璇琮,陈尚君,徐俊编:《唐人选唐诗新编(增订本)》[M],北京:中华书局,2014年。
(宋)王安石:《王荆公唐百家诗选》[M],黄永年,陈枫校点,沈阳:辽宁教育出版社,2000年。
施蛰存:《唐诗百话(全三册)》[M],西安:陕西师范大学出版总社有限公司,2014年。
(清)沈德潜:《唐诗别裁集》[M],上海:上海古籍出版社,2013年。
喻守真编注:《唐诗三百首详析》[M],北京:中华书局,1957年。
(唐)李白:《李太白全集(典藏本)》[M],(清)王琦注,北京:中华书局,2015年。
(唐)杜甫:《杜诗详注(全三册)》[M],(清)仇兆鳌注,北京:中华书局,2015年。
(唐)白居易:《白居易全集》[M],丁如明,聂世美校点,上海:上海古籍出版社,1999年。
徐鹏校注:《孟浩然集校注》[M],北京:人民文学出版社,1989年。
(唐)杜牧:《杜牧之诗集》[M],扬州:江苏广陵书社有限公司,2011年。
钱钟书:《宋诗选注》[M],北京:生活·读书·新知三联书店,2012年。
胡云翼:《宋词选》[M],上海:上海古籍出版社,1978年。
房开江:《宋诗》[M],上海:上海古籍出版社,1991年。
(清)王文浩辑注:《苏轼诗集》[M],孔凡礼点校,中华书局,1982年。
(宋)陆游:《陆游诗词选》[M],北京:大众文艺出版社,2009年。
夏承焘,游止水:《辛弃疾》[M],上海:上海古籍出版社,1979年。
(宋)王安石:《王安石诗文选注》[M],广州:广东人民出版社,1975年。
(清)不题撰人:《元曲三百首》[M],北京:京华出版社,2002年。
黄克主编:《元曲精选》[M],北京:中国国际广播出版社,1995年。
隋树森:《全元散曲》[M],北京:中华书局,1981年。
(清)沈德潜:《明诗别裁集》[M],上海:上海古籍出版社,1979年。
(清)沈德潜:《清诗别裁集》[M],北京:中华书局,1975年。
叶恭绰编:《全清词钞》[M],北京:中华书局,1982年。
霍有明:清代诗歌发展史[M],西安:陕西人民出版社,1993年。
周振甫:《鲁迅诗歌注》[M],杭州:浙江人民出版社,1980年。

徐四海编:《毛泽东诗词全集》[M],北京:东方出版社,2016年。
谭五昌:《新诗百年诗抄》[M],杭州:浙江人民出版社,2017年。
刘以光:《中国歌词简史》[M],厦门:厦门大学出版社,2008年。
张志民:《中国新文艺大系(1949—1966)·诗集》[M],北京:中国文联出版社,1990年。
谢冕:《中国新诗总系》[M],北京:人民文学出版社,2010年。
蔡靖泉:《长江流域诗词史论》[M],武汉:湖北教育出版社,2004年。
楚兰,荆荃:《长江流域的古典诗词》[M],武汉:长江出版社,2015年。
杨勇编著:《诗景长江》[M],上海:上海科学技术文献出版社,2009年。
陈元生,高金波编:《历代长江诗选》[M],武汉:长江文艺出版社,1993年。
陈元生、高金波编:《历代长江诗选续集》[M],武汉:未名诗社,2006年。